JN245754

# 尾張藩草莽隊

## 戊辰戦争と尾張藩の明治維新

秦 達之

Tatsuyuki Hata

風媒社

# まえがき

あるとき、友人が私に言ったことがある。

「君の書くものは、ドラマティックだね」

わが意を得た発言で、歴史に関する私の姿勢（中身の良し悪しはさておき）を見抜いた指摘だ。ただ、〝私の書くものが特にドラマティックなのか、歴史そのものがドラマティックなのか〟、われながらいささか迷うところである。私自身は後者のように考えているので、自然とそのようになる。

防空頭巾を携え、いなご取りの宿題が勉強より大切であった国民学校低学年の戦時中、占領下にあった少年時代（独立したのは高校一年）、第三次世界大戦が起こったかと思われた朝鮮内乱（開戦は中学二年）、全面講和か単独講和かの論争（中学三年～高校一年）、スターリン批判によるソ連の変化（高校・大学時代）――、ドラマティックではない歴史は、とても想定しにくい歴史環境であった。

私の中高大生時代に影響を受けたものに歴史小説がある。これらも、そもそもドラマティックであった。森鴎外の歴史小説群、島崎藤村「夜明け前」、江馬修（おさむ）（しゅう）「山の民」、久保栄「のぼり窯」「五稜郭血書」（戯曲）、田宮虎彦「（連作）落城」、社会人になってからは、杉浦明平「小説渡辺崋山」、安岡章太郎「流離譚（りゅうりたん）」など。

「歴史評論」一九七六年九月号の「歴史文学をどう読むか」、「歴史学研究」一九七八年六月号の「歴史研究と文学」などの特集には、歴史と歴史文学の境界の妙味に惹かれてついつい読み耽った覚えがあり、時折論争に及ぶと、野次馬的に興味を掻き立てられた。

今日でいうノンフィクション、または歴史的叙述も、歴史小説に劣らず、愛読書として欠かせない。

鵜崎鷺城「人物評論　薩の海軍長の陸軍」、子母沢寛「新選組始末記」、長谷川伸「相楽総三とその同志」、島田謹二「ロシヤにおける広瀬武夫　武骨天使伝」、服部之総「明治の政治家たち　原敬につらなる人々」、石光真清（まきよ）（息子の真人（まひと）が父の残した史料で父を描く）「城下の人」「曠野の花」「望郷の歌」「誰のために」、河上肇「自叙伝」、伊藤整・瀬沼茂樹「日本文壇史」、上野英信「天皇陛下萬歳　爆弾三勇士序説」、萩原延寿「馬場辰猪」、阿川弘之「井上成美」、深谷克己「南部百姓命助の生涯」、山崎朋子「サンダカン八番娼館　底辺女性史序節」、山本茂美「高山祭　この絢爛たる飛騨哀史」、佐藤忠男「キネマと砲聲　日本映画前史」、佐木隆三「波に夕陽の影もなく　海軍少佐竹内十次郎の生涯」、佐野真一「遠い「山びこ」　無着成恭と教え子たちの四十年」、山下智恵子「幻の塔　ハウスキーパー熊沢光子の場合」、作品が多過ぎて、とても絞りきれない吉村昭・鎌田慧（けい）・鶴見俊輔作品など。

さらに、一冊では代表させにくい田中正造、梅屋庄吉（孫文ファンで日中友好に務めた映画業者）の伝記、南京事件、七三一部隊、ミッドウェー沖海戦、ガダルカナル戦、インパール戦、シベリア抑留などなどの戦争関係史。こちらは、大学時代その後をはるかに超えて、人生の後半にまで及ぶ。

近現代史のオーラル・ヒストリーが貴重になってきた昨今だが、その先駆者は、子母沢寛氏。とりわけ『新選組始末記』（ここでは「始末記」「遺聞」「物語」を集大成した全集本第一回配本を指す。「始末記」の初版は一九二八年）は、一九二〇年代、新幹線も飛行機もない時代に、京都へ「夜行」で行き、取材して「夜行」で帰り、次の朝、勤め（新聞社）にも出たと回想しているような、驚嘆すべきスタミナと努力だ。

私自身には本書も含めて「オーラル・ヒストリー」の成果はほとんどない。「歴史学研究」誌上で論議が交され、その後、二冊の単行本にまとめられたのは、作者の胸の内が理解できて、大変有難かった。

『オーラル・ヒストリーと体験史　本多勝一の仕事をめぐって』（歴史学研究会編、青木書店、一九八八年）

『事実の検証とオーラル・ヒストリー　澤地久枝の仕事をめぐって』（同右）

裁判の証拠集めに近いとするクールな本多勝一氏と、語りの妙味溢れるウォームな澤地久枝氏とズレがあるのは、語り手からの受け止め方の違いをみせていて、実に興味深く読むことができた。

私の好みで勝手に本を並べてしまった。戊辰戦争を中心に明治維新を取上げる本書について言えば、卒業論文では藩制成立期、五〇代後半から七〇歳にかけて一九一〇年代、専守防衛を目指し薩閥の海軍と闘った太田三次郎（海軍大佐）を扱った私が、明治維新・戊辰戦争をまとめるに至ったのは、遡れば、幼年期に「アラカンの鞍馬天狗」に親しんだからかもしれない。高校時代には、田中惣五郎、服部之総、遠山茂樹、井上清、大学時代にはさらに尾佐竹猛、羽仁五郎、『明治維新史研究講座』（歴史学研究会編）などを、深く理解できないながらも繙き、その後も明治維新関係書を座右に置いてきたからであろう。

本書は、表題の如く、戊辰戦争の際に結成された尾張藩下で江戸・北越・信濃の戦争に直接参加した、中心的草莽(そうもう)隊を取上げている。尾張藩の場合、長州藩の奇兵隊などのいわゆる「諸隊」のように、多くは前々から（幕長戦争の頃から）結成され、正規兵よりも長州藩の旧体制をゆるがし主導権を握った隊とは、とてもいえない。尾張藩はご三家の一つとして、本来は旧・幕府の側に立つべく運命づけられていた筈だが、三河、美濃、信濃などの諸藩を「勤王誘引」、つまり朝廷＝西軍側に勧誘する側を選び、そのため草莽隊を急いで結成したところに端を発している。この大転換には上からのクーデター＝青松葉事件の解明が欠かせない。ここでは、水谷盛光、木原克之、両氏による研究とその対比にお任せしたい※。

にわか仕立の尾張藩草莽隊がどのようなメンバーから構成され、江戸・北越・信濃などでどのような戦闘を展開したか、従来は、長谷川昇・清水勝一両氏、（明治以後の分与賞典禄の支給については）松平（上野）秀治氏らや、（新旧）『可児市史』、須田肇氏の史料紹介、稲川明雄氏の尾張藩斥候史料紹介によって明らかにされてきたとはいえ、草莽隊そもそもが正規軍より軽視され、というよりも、尾張藩にとって戊辰戦争が詳しく取上げられることが少なく、薩長の蔭にあって全体像が充分に読み取りにくかった。活躍した草莽隊を目立たぬようにとの藩側の思惑が、後世にも影響を及ぼし、私たちもその呪縛に陥っていたのかもしれない。

　先に述べたような私の読書体験を踏まえると、理論的に考えるよりも、明治維新・戊辰戦争でいったい何が起こったのか、人間たちはどのように扱われ、どのような体験をしたのか、とりわけマイナーな、あるいは、草莽以下の存在に目を向けたい。「戦争」の意義を大きな視野で捉えることも歴史学には欠かせないとしても、「戦闘」の生生しい具体像や人間の行動のあり方にも惹かれる。「論ずる」よりも「描く」（但し、フィクションとは異なるし、ロマン的に美化せず、むしろ歴史の非情に注目）方に力点を置きがちなのは、私が好きなドキュメンタリー的な映画のカットバックのような表現が、脳裡にあるからかもしれない。描写力に優れる文章を綴る能力は全くないのに、描写に優れた史料に出合うと、つい引用したくなるのである。

　もし、若い頃から書名のような著作を心掛けて精進していたなら、もう少しましな内容になっていたかもしれない。綜合的な構想の下にあちこち目配りして書き上げるというより、史料として面白そうなものを散発的に突いてみたに過ぎず、八〇歳に近づいた頃に何となく文章を並べてみたに過ぎない。中野重治の『鷗外　その側面』というユニークな作品に準（なぞら）えるならば、『尾張藩草莽隊　その一面』とも呼ぶべき内容である。もはや、この程度で見切り発車するしかない。

　私も創刊から終刊まで同人であった東海近代史研究会の機関誌（ほぼ一年一冊発行）の〆切に追われ、しかも同人は多少無理がきくため、冗漫な文章を書き連ねてきたのが本書の大部分なので、少しは整理すべく努力はしてみたものの、むしろ「補」として付け加える部分が増加するようになった。系統的ではないが、さまざまなスケッチが多少散りばめられたことに満足するほかない。

思い残すことあるとすれば、「信濃」「伊那」などの雑誌や、草莽隊（及び尾張藩正規隊）が通行した街道及びその周辺などの史料を県市町村史を博捜し、尾張藩関係の隊を庄屋・農民・商人らがどのように見ていたか、どのような経験を街道筋に残したのか――を明らかにして複眼的に維新期の尾張藩を捉えることができなかったことである。さらに、動員された軍夫や軍夫を送り出した村むらの人びとが、尾張藩及び戊辰戦争から何を学んだのか、こまかく目を配るべきだが、後続の方にお任せするしかない。

大学の講師として、アジア・太平洋戦争中の愛知県豊川市の海軍工廠の空襲（広島原爆の翌日）で約二七〇〇人が亡くなったことに触れたことがある。ある学生が出席票を兼ねた感想に、「東京空襲は一〇万人が亡くなっていますから、較べると大したことはありませんね」とあって、びっくり。私の戦争の伝え方の不十分さを衝かれた経験がある、死（傷）者の数も大切だが、恐怖、戦慄、狂気、疑惑。戊辰戦争の場合、出発地と遠征地の気候・地形の落差、兵士・軍夫の境遇の落差――への想像力を働かせることを忘れてはなるまい（斥候・正気隊などの第四章、次の④⑤をぜひ参照）。

歴史の好きな「歴女」が増えているらしい。戦国大名クラスの有名人物ではなく、その下で動員される兵士・軍夫にも関心が及ぶならば、戦争・戦場の非人間性が身に沁みる筈である。読みやすくはないが、本書がそのような拡がりの一助となれば幸いである。

最後に、他書・論文などにはあまりない、強調されていない、若干の特色を挙げてみよう。
①戦後の二つの日本史大辞典に「草莽」が立項されていないことの指摘。（第一章）
②尾張藩磅礴隊からの江戸での持久戦を想定した兵粮・弾薬、さらに左官、大工、鍛冶などの職人の確保の

提案。

③磅礴隊員と尾張藩士（正規兵）との対立。（第三章）

④尾張藩北越出兵に伴う斥候の活躍。

⑤尾張藩正気隊、北越での雨の中での奮戦、死傷者続出、疲労困憊、帰郷への要望。（第四章）

⑥正気隊惣括・林吉左衛門の私的「日記」と公的「日誌」とのズレ。

⑦南郡隊員の博徒・永井金吾と父の苦労。

⑧長州藩脱隊騒動（失敗）の影響。

⑨挙兵未遂（？）事件。（第六章）

⑩草莽隊を含めた尾張藩の兵力。

⑪明治初年、草莽隊員の規律違反。

⑫出兵草莽隊員の士族化とその波紋。（第七章）

⑬歴史小説の「夜明け前」と「山の民」の対比。（第八章）

⑭歴史における勝者の中の敗者。（章外）

先学の史料発掘・紹介・研究の成果を活用する機会に恵まれなければ、本書のように草莽隊を軸にまとめることは不可能であった。先学の労を多としたい。ただ、本書のように草莽隊とその周辺に視野を拡げ、尾張藩の維新史をまとめていく試みはあまりなかったので、その点が本書の取り柄といえばいえよう。マイナーな問題や人物を俎上に上せたことで、明治維新への多様な考察を深めるきっかけになれば、一冊にまとめた甲斐があった、といえようか。それはともかく、気がついてみれば、前著『海軍の坊っちゃん　太田三次郎』も本書も、はからずも、「戦争（軍事）」と「人間」という古くて新しい問題に行き着いてしまったことになる。

なお、年号は西暦優先と考え、年賀状に元号を使用しない私だが、幕末・明治初年は、元号のもつ意義もそれなりにあるので、元号、西暦の順にした場合がほとんどである。了とされたい。

※　水谷盛光『尾張徳川家明治維新内紛秘史考察―青松葉事件集成―』（私家版、一九七一）
木原克之『尾張藩の維新　青松葉事件解読』（私家版、一九〇八）
なお、木原克之氏の著作（私家版）について、かつて紹介・評を認めたことがある。参考のためここに掲げる。

**木原克之『尾張藩の維新　青松葉事件解読』**

本来、幕府側につくべきご三家の一つ尾張藩が、なぜ倒幕派になったのか、転換のカギとなった青松葉事件とは何だったのか、この謎にみちた事件に挑んだ力作である。木原氏は、幕末・維新の尾張藩の動向を、14・17代藩主慶勝（及び子供の16代義宜（よしのり））と15代茂徳（もちなが）（茂栄（もちはる）、玄同。慶勝の弟、のち一橋藩を継ぐ）の交代劇から読み解こうとし、時代区分を提示する。

①慶勝の一国一主時代（一八四九―五八）
②茂徳の一国一主時代（一八五八―六二）
③藩主茂徳と隠居慶勝の一国二主時代（一八六二―六三）
④幼年藩主（義宜）と二人の隠居前藩主の一国三主時代（一八六三―六六）
⑤慶勝の独裁時代（一八六六―一八七一）

「直情径行の鎖国攘夷家」慶勝は、年寄成瀬正肥や金鉄組と手を組み、外国貿易を禁止する。他方、「西洋砲術」「貿易」「渡航」を支持する茂徳が手を組む年寄竹腰兵部らと対立し、茂徳派は藩の中枢から排除される。老獪な慶勝が強烈に浮かび上がる。

しかも、藩の大多数は、「西洋軍制に反対でも」「西洋医術・種痘は受け入れ」る「物言わぬ良識保守派であった」。

伊藤圭介（シーボルトに学ぶ）や上田帯刀は別として、宇都宮三郎や柳川春三らが脱藩し、江戸で活躍することになるのも、尾張藩を支配した雰囲気による。戊辰戦争前年の慶応三年四月に宮宿にやってきた二五歳のイギリス書記官アーネスト・サトウが、尾張藩を時代遅れであるとみた、と萩原延寿の『遠い崖―サトウ日記抄』から紹介される。

次の文にこそ、木原説の骨子がある。

「青松葉事件は攘夷鎖国の尾張金鉄組が仕掛けた異端恐怖のクー・デター（非合法の武力奇襲による権力奪取）である」。「異端の敵・開明派を一掃してはじめて、彼らは安んじて敵の理念、和親開国に集団転向しえたのである」。第一次幕長戦争に従軍し、「尾張藩では例外的に様式装備であった」渡辺新左衛門が、青松葉事件の標的として狙われる。同じ開明派の知多郡師崎に知行地をもつ千賀与八郎が処断を免れたのは、江戸にいたからだと推測されている。彼が横浜で調達したエンフィールド銃が戊辰戦争に役立ったのは、歴史の皮肉であった、という。末尾の、千賀与八郎宛の慶勝の手紙とその解説が貴重である。

後記に「青松葉」の呼称は「村に暮らす郷士百姓たちから始まった」とあるが、いろいろな説の中でなぜこれを採るのか、本文の中でもう少し実証的な説明が欲しかった。

登場人物に年齢を注記しているのは、年齢と行動の関係を考えようとする読者にとって大変親切である。本書の特色として挙げたい。

本書を読み了えて、一つ気にかかることがある。それは青松葉事件の解明に心血をそそぎ、大作『尾張徳川家明治維新内紛秘史考説―青松葉事件資料集成―』を著した水谷盛光氏が、全く姿を見せないことである。目立たない小冊子に発表されたわけではないだけに、青松葉事件以上に謎である。（秦　達之）

「東海近代史研究」33号（二〇一一年）

# 尾張藩草莽隊◉目次

## 第三章　磅礴隊の江戸・信濃出兵　137



## 第四章　正気隊の北越出兵　193

## 第五章　集義隊の成立と北越戦争　258



## 歴史の小径を散歩すれば　勝者の中の敗者　305

第六章　尾張藩草莽隊の諸相—断片を連ねながら（永井勉氏との共同執筆）　319



第七章　解隊期の尾張藩草莽隊　373

カバー図版・「越後国信濃川武田上杉大合戦之図」（明治元年）

# 第一章

# 草莽の時代・雑話

目次



## はじめに――先学へのオマージュ（賛辞）

最初にお断わりしておきたいのは、この文章は、論文などといえる代物（しろもの）ではないことです。「草莽」をめぐる座談・雑談・エピソード・連想譚ともいえるもので、よく言えば、モンタージュによる多彩な草莽像の模索、悪く言えば、既出の文献・研究に寄りかかっただけのオリジナリティの乏しい読物、ともいえます。私としては、私に刺激を与えて下さった研究へのオマージュを表したもので、一般に、論文（的な文章）には登場すべきでない「私」が顔を出します。私は草莽に特に関心をもっていたわけではありませんが、周辺からの影響、さらにたまたま尾張藩草莽隊に少し首を突っ込んでしまったため、そこから逆に「草莽」という存在に注目するようになりました。

研究史の整理ともなれば、すでに高木俊輔氏の学問的で緻密な仕事があります。私の文は、先学からの不充分な吸収だけに終始しているかもしれませんが、草莽に関心がない方々に、草莽及びその研究を通して、幕末・維新期の独特な躍動感を映し出していたとしたら、冗漫の中にも何らかの成果を挙げていることになりましょう。

前に書いたときには、先学の名前に敬称をつけずに書いたため、どうも文章の坐りが悪く、失礼な思いがしました。そこで、今回は、歴史上の人物は別として、敬称（氏）を付けることにしました。但し、表題は敬称なしです。

幕末は元号を先にし、西暦（但し日本流、太陽暦に非ず）を後に示しました。幕末のこまかい元号の変化は、こうした方が判りやすい筈です。明治七年以降は、原則として西暦表示とします。

全体として、私なりの「明治維新とは何か」の追究でもあります。

なお、この文は、私のいつもの文体とは異なっています。私的な告白も交え、先学の成果も断りながら多く取り入れています。私のオリジナリティはわずかかもしれません。先学の個々の研究を、テーマに副って一つに結び合わせようとしています。中村光夫調（です調）にしたのも、「座談」的要素を加味して親しみやすく、との願いからです。ワン・パターン化した研究論文スタイルに少しだけ風穴を開けたつもりです。これは論文の態をなしていないなどと途中で放棄せず、最後までお付き合い下されば幸いです。

# 一　服部之総の「草莽」

「草莽」――この言葉を私が最初に知ったのは、いつ、誰から、でしょうか。

私と同年輩の高木俊輔氏も挙げられている、服部之総の『近代日本のなりたち』（創元社、一九五三年）からです。書誌的ともいえる複雑な事情がこの本にはあります。二つの本を合本したものから構成されているからです。表題にもなり前半を構成する『近代日本のなりたち』（日本評論社、一九四九年）、後半を構成する『明治維新のはなし』（ナウカ社、一九四九年）で、いずれも幕末・維新を判りやすく説いた講演によるもので、初心者にも親しみやすい内容です。私は初版発行の時点では、前半の題名は知っていたものの、読んだのは『はなし』だけの記憶です。『はなし』はセンカ紙、戦後の貧相な出版事情を反映していました。

ここでは、本の後半、つまり第二編『明治維新のはなし』から「第二章　だれが徳川幕府をたおしたの?」の「2　草莽浪士ということば」の一部分を引用します。

「あのころの文献をみましても「草莽浪士」とかかれています。草莽とは百姓ということです。士農工商といいますが、この農工商の百姓出身の志士のことを草莽と漢字ふうにきどってよびました」（二八六―二八七頁）

服部氏のように「草莽」＝「百姓」と限定はせず、中間層と括った方が私には幅が出て適切のように思います。取り敢えず、服部説に従っておきましょう。

「近代日本のなりたち」

「「浪士」とは武士出身の志士のことで、政治運動にはいったために殿様から馘首され、または辞職して浪人となったものです。平野国臣（生野の乱）は浪士の典型ですが、筑前藩の足軽をやめて倒幕運動に一生をささげた人です。

　草莽浪士というのは文字の配列から判断してわかるように、草莽と浪士の同盟の事実をものがたっているものであります。……長州藩の例でも桂小五郎が維新後木戸孝允と名をあらためて、長閥の出世がしらとなるように、運動が成功すると、一世の支配者となり、明治時代の出世官僚になっているのです。……けれども……金のある「草莽」すなわちブルジョアジーとていけいして運動をおこしているのです」

（一八七頁）

幕末マニュファクチュア（工場制手工業）段階説を採る服部氏は、草莽とマニュファクチュアを結びつけて論ずるところに、その特色があります。

「水戸ではコンニャク会所（これはなかば藩営）をおいて、その製造と販売を藩が統制する。その製造は袋田の桜岡という「草莽」が一手にやって…。桜田義挙の軍資金も、この桜岡家からでていたのです……」（一八九―一九〇頁）

「コンニャクは、全国どこでもできますが、これをコンニャク玉のままでは商品にすると、くさってしまいますから、大量的な商品にはならないのです。ところが、水戸の袋田方面のコンニャクは、気候の関係で、あれをほしいもののようにしてかわかして、水車にかけて粉コンニャクにするのです」（一八九頁）

桜田門外の変（万延元〈一八六〇〉年、大老井伊直弼暗殺）に次ぐ坂下門外の変（文久二〈一八六二〉年、老中安藤信正重傷）についても、服部氏得意の草莽ブルジョアジーが出現します。

「この事件（坂下門外の変）でちょうど井上日昭（血盟団結成、昭和の暗殺の黒幕）のような役をした男があった。これは、江戸でそのころ越後屋（いまの三越）とならび称された木綿問屋である佐野屋の女婿で、有名な儒者だった大橋訥菴（一八一六—一八六二）と佐野屋の当主菊地教中（一八二六—一八六二）です。佐野屋の本家は宇都宮で、宇都宮方面の木綿織物業の総元締です。二人は坂下門事件の組織者でもあり、指導者でもありました。兄弟とも、のちに獄中で死んでおります。このような例はいくらでもあります」（一九〇頁、括弧内は秦）

「明治維新のはなし」

実は同じ頃、中学生向きに書かれた『明治維新』（福村書店、一九五一年、中学生歴史文庫の一冊）にも、同様のかなりレベルの高い記述があります。

ところで、服部の説く訥菴・教中について、その誤りを指摘した研究者がいます。秋本典夫氏で、その『北関東下野における封建権力と民衆』（山川出版社、一九八一年）で読んだのはずっとあとです。論文としての発表は、当然遡ります（一九六二年、一九六七年）。

詳細な研究を、かいつまんでみましょう。

教中の父知良の晩年には、江戸店は、「間口十間、奥行二十二間余」「家族僮僕百十人余」までに発展します。化政期から天保期への経済変動によるものでした。教中は一方で、「宇都宮宅類焼」「御領主御用金」「江戸店堺町類焼」ほかの打撃が発展にブレーキをかけます。江戸が外国との戦争に巻き込まれることを想定し、父知良の教えを守り、宇都宮を中心に新田開発に軸足を移そうとします。このような営業方針の転換は、江戸店の番頭たちと対立します。教中は、新田開発などをしやすくするため、藩権力との結びつきを強め、万延元（一八六〇）年には武士的待遇を認められます。教中の経済思想に大きな影響を与えたのは、尊王攘夷思想を抱く朱子学者の義兄訥菴（妻は知良の娘）でした。

秋本氏は、「経営は崩壊していないが、体制の動揺に強い危機感をいだいているもの」を「草莽」と呼び、「経営の崩壊によって、既に生活の地盤を喪失したものを草莽之志士」と呼んで区別し、前者はスポンサー、後者は実践的活動とみています（服部氏の「草莽」「志士・浪士」二分説と類似）。坂下門外の変の実行者は、在郷町村にあって没落する豪農商です。捕えられ病死する訥菴・教中は、木綿業＝マニュファクチュアとは関係ない存在であることを、史料によって実証しています。

もっとも、秋本氏の研究とは重ならないようですが、尾張一宮の例などをみると、大地主であることとマニュファクチュア経営者とは一向に矛盾しないようです。（塩沢君夫・川浦康次『寄生地主制論――ブルジョア的発展との関連――』（お茶の水書房、一九五七年）

一般に草莽といえば、誰しも想い浮かべるのは、古典的小説、島崎藤村の『夜明け前』でしょう。この作品の舞台が中山道にあり、私たち東海地方の人間には地理的に近く、訪れることが多い馬籠・妻籠であることが、読んでいなくとも何となく親近感を抱かせます。

私が『夜明け前』を初めて読んだのは高校一年。この頃まだ文庫本はなく、古本屋で買った「藤村文庫」と名付けられた重く厚い本でした。この『夜明け前』を論じた服部之総の『青山半蔵』を読んだのは、初出の雑誌（『文学評論』一九五四年）です。『青山半蔵――明治絶対主義の下部構造』が本題。当時、幕末・維新史で流行った「絶対主義」の語がここに顔を出しています。受験を前にして惹きつけられたこの論文が入っている『服部之総著作集　第六巻』の『明治の思想』（理論社、一九五五年）を手元において、読み返しています。

この論文であらためて認識したのは、すでに読んでいた文学評論家の『夜明け前』論のような文学からの視点ではなく、歴史研究者の鋭角的な研究をふまえて捉えていることです。歴史研究者は、このように文学にアプローチするものなのかと、大いに教えられました。
まず、一点目。『夜明け前』では、宮川寛斎（実は馬島靖庵穀生、中津川の医師・平田国学者）が横浜の生糸貿易に従事することが、半蔵（実は藤村の父島崎正樹重寛）によって、道をはずれた生き方のように慨嘆まじりで俎上に挙げられます。読者は、何となく半蔵に寄りそって納得してしまいます。

「夜明け前」

しかし、服部氏は、大国隆正（一七九二―一八七一）に注目します。
「藤村がこの事件（等持院の足利将軍三体の木像梟首事件（文久三〈一八六三〉年。逃走中の暮田正香、実は角田由三郎忠行を半蔵は匿う）の「平田門人」をしらべながら、『夜明け前』についぞ大国隆正（旧姓野之口隆生）の名前すらないとはどういうわけであろうか」（一三二頁）
隆正は石見津和野藩の江戸詰藩士、一五歳で篤胤の門に入り、三八歳で脱藩、天保一四〈一八四三〉年に篤胤が死んだときには五二歳、平田門人の筆頭におかれます。
服部氏は、次のように続けます。
「文久二、三年の大国隆正は、文久二年七十一歳、門人に玉松操・福羽美静・師国正胤以下、まえにあげたような面々（等持院事件の犯人たち）を擁して欝然たる「草莽・浪士」の大師匠である。一城の君主亀井茲監（津和野藩主）の公然たる師傅でもある」（一三二頁）
服部氏は、大国隆正の「尊王」「攘夷」論に触れたのち、攘夷論者でありながら、「尋常匪学者たちのいふ攘夷の説とはひとしからず」とする隆正の説を引きます。

「……天照大神の御慮は、延喜式八の巻にみえて、万国をひきよせ、わが天皇につかしめたまわんみころなれば、今の叡慮もそれにひとしく、一切に通路をたちきりたまふにあらざるべし」（一三四頁『尊王攘夷異説弁』）

「今より後は、日本人外国にわたりて、交易すべけれども、日本の品は、いよいよたかくなるべきなり。米価たかけれども、餓死するものなし。物価高けれど、人よくはたらきて倹約をまもれば、くらされぬことなし。今よりのちは、諸国のあれ地に、桑をうゑ、茶をうゑ、楮をうゑて、国益をはかるべし。異国よりは、材木のたぐひ、炭薪を多くとりよすべきなり」（一三五―一三六頁『新真公法論』）

よく読めば、万国を天皇にかしづかせる、日本を頂点とする〝世界共栄圏〟のような世界支配の思想もあるものの、当面は「攘夷」ではなく「交易」によって「国益」をはかるという、服部氏が主張してやまないマニュファクチュア・ブルジョアジーの真剣な表情をみてとることができます。

藤村は、作中の半蔵に「わたしたちの衷情としては、今迄通りの簡素清貧に甘んじてゐて頂きたかったけれど」と言わせ、香蔵（蜂谷姓、実は市岡殷政、中津川本陣）には、「（国学者の立場を）捨てて、ただ儲けさへすれば好いといふものではないでせう」と言わせていますが、服部氏は、「作者藤村のあたまのなかだけに通用する国学者簡素清貧論で、「ばかばかしいにもほどがある」」と手厳しく批判します。

「豪農は例外なく門閥地主であると同時に平田派全盛の時代にあっては、さまざまな資本家的商品の製造業者―マニュファクチュア・ブルジョアジー――を兼ねていたのである」（一三八頁）

二点目。平田国学者が多く参加し、苗木藩を吹き荒れた廃仏毀釈が、何故か全く登場しないことです。半蔵の馬籠から三里あまりを隔てた中津川の北西（現中津川市）にあり、馬籠と目と鼻の先にある苗木藩の明治三（一八七〇）年の大事件について、「藤村のしらべの盲点であった」のか、全く触れていないない（一二三頁）、というのが服部氏の主張のポイントです。大事件とは何のことでしょうか。

「苗木藩士青山景通父子が、平田派でいかに重きをなしていたのかは、神祇官設置とともに景通も京都に召されて、大国隆正とともに権判事となったことでもわかる。一方長男直通は二十四才の気鋭をもって苗木藩大参事となって一万石の実権を掌握する。明治三年一月十日、大参事青山直通は突如藩中総出仕を命じ、その場で反対派の巨頭十名を捕縛することで、大改革の火ぶたを切る。七月には廃仏棄（ママ）（毀）釈を主唱というよりは命令して、藩民を一人のこらず神道に転向させ、九月には藩主遠山氏の菩提寺苗木雲林院以下、領内二十四ヵ寺という寺をのこらず廃止し、住職は全部還俗させてしまう。……廃藩置県いぜんに、これだけの改革を断行したところは、この一万石の小藩をのぞいて日本中どこにもない。規模は小さくても平田派にとって空前絶後の胸のすくような出来事であったにちがいないのである。

　改革というよりはむしろクーデターであったのに、今日でも旧苗木領に仏寺がなく神葬祭がおこなわれていることから見ても、このクーデターが領内外の半蔵や香蔵や景蔵のような民間平田派の広汎な支持のもとに成功したものであることが、想像される」（一二二―一二三頁）

安丸良夫『神々の明治維新――神仏分離と廃仏毀釈』（岩波新書、一九七九年）や「東海の百年」（九）（「朝日」一九六七・三・五）などを参考に、このすさまじい廃仏毀釈について、服部説を補ってみましょう。

苗木藩藩主遠山友禄が若年寄を二度も務めたことなどから、莫大な藩債をかかえ、人材登用を断行せざるをえませんでした。改革の中心青山直通父子は、ともに軽格から出世した平田国学門下です。藩が勤王の道を歩んだため安泰となったのか、藩主自らも明治三年には入門。父景通は、明治政府に登用されて東京で神祇官権判事となり、長男直通は、地元苗木にあって大参事（旧家老にあたる）に就任しました。明治三（一八七〇）

年には、元藩家老千葉権右衛門、元用人の神山健之進ら重臣・中堅藩士を入牢させました。一年以内に四人が獄死し、死体にぬくもりがまだ残っていたと伝えています。すでに、明治元年に神仏分離令が政府から出されてはいますが、明治三年七月に旧藩主あらため藩知事は神葬祭を願い出るなど、藩知事を手始めに領内全域に及びました。藩知事の菩提寺雲林寺（臨済宗）が藩知事自らの手で焼き払われ、領内の一五寺はもとより、地蔵・石碑・小仏・家々の仏壇も壊され焼かれました。一方、農民の中には山中に仏を埋めた人もいたようです。

それにしても、極端な廃仏毀釈が一応成功してしまったのは、なぜでしょうか。安丸氏は、「苗木領が木曽川北岸の山間の村々だという地理的条件」を挙げ、当時の農民たちは、廃仏毀釈は全国どこでもこのようにおこなわれていると思いこんでいたため、朝廷の意向で「やむをえぬものとして受けいれさせた大きな理由らしい」、と推理しています。

他藩より急テンポの家禄返上は、直通に一杯喰わされた結果と考えた旧藩士四人は、直通の屋敷を焼くなど反撥し、一八八〇（明治一三）年には初代岐阜県大野池田郡（揖斐郡）の郡長となって帰った際、直通を襲撃しています。それでも直通は一九〇六（明治三九）年六一歳に至るまで、しぶとく生き続けました。

この苗木藩騒動は、仏教擁護をはかる檀家制度一つとってみても、江戸幕府による一方の宗門（仏教）重視に一つの原因があることは疑いなく、権力による神中心の宗教再編であったことは確かです。歴史上仲よく共存してきた神仏習合を極端に暴力的に崩して恐怖を誘うものであることは、長崎の隠れキリシタンを狭い檻に入れて弾圧した津和野藩（先の大国隆正に注目、激しい廃仏毀釈）のケースと共に「宗教改革」と呼ぶには、あまりにも片寄ったものと言わねばなりません。平田学の本質は、このように排他的・暴力的なところにあったのでしょうか。平田学自体、急激な維新の中でゆがんでしまったのではないでしょうか。

苗木藩が上からの「改革」「クーデター」だとすれば、一見下からの「改革」「クーデター」だとしてコミューン視されている事件があります。私が知ったのは、松本健一『隠岐島コミューン伝説』（河出書房、一九九四年）で、かなりあとの話ですが、平田国学が関連していますので、苗木藩と対比すべく、ここで取り上げることにします。

「隠岐島コミューン伝説」

隠岐島コミューンについて、H・ノーマン、ついでに竹内好氏の文章のなかにほんのわずか触れているのを、深く追究したのは、松本氏の成果です。

起こったのは慶応四＝明治元（一八六八）年。隠岐島の二つの島のうち東北にある「島後（どうご）」です。三月一一日の「同志中」から「同志衆中」へ宛てた檄文には、「御当国も天朝御料と相成、「夫についても懸合の筋有レ之候間」、明一二日夜正九ツ時（〇時）下西村総社（玉若酢神社）内へ来るように。事と次第によっては戦争になるかもしれないので、「武器類は勿論、腰兵糧等に至迄持参可レ被レ成候」とあります。ここにはありませんが、松江藩＝郡代に対する日頃の不満が爆発しようとしているのです。三月一五日には庄屋大会が開かれ、正義党と恭順派に分裂した、と言います。この前に、実は、慶応三（一八六七）年五月、松江藩に提出した「文武館」の設立建白書があります。十津川（現・奈良県十津川村）の「文武館」と名称が同じなのは、偶然ではなく、両方とも隠岐出身の平田学者中沼了三が関係しているからです。

松本氏は次のように説きます。

「この「文武館」設置運動は、島後島内の庄屋層や神官などまさしく草莽が、それまでの武士を中心とする封建的な「政治」に対して、その内部から変革を要求しようとするものだったのである。草莽とは、この時代にあっては、支配体制につらなるものでも、支配されるままの無告の民でもない。みずからすくっと立って民族＝国家をになわんとする国民の意味である」（七二頁）

「文武館」の設置を歎願した七三人の中には、松江藩陣屋のあった西郷町の町庄屋・豪商・僧侶は入っていません。七三人を中心に、松本氏の「みずからすくっと立っ」たところから「隠岐騒動」＝「コミューン」が始まります。全国的な戊辰戦争に呼応した運動によって自治政府は郡代を追放し、八一日間続いたものの、壊滅してしまいます。正義党側は一発も撃たず（?）、逆に、松江藩の弾で一四人の死者を出したようです。

この壊滅から一年足らずで、今度は島を廃仏毀釈が吹き荒れます。例えば適切でないかもしれませんが、言ってみれば、ワイマール憲法下から一年でナチズムに化け、しかも、主体的人間はさほど入れ替っていないのは、歴史の残酷さを示しています。人権侵害に簡単に一年でスライドしてしまうコミューンは、そもそも間違っているのでしょう。

真木和泉（久留米天宮宮司、禁門の変後に死去、第二章参照）の弟直人が隠岐藩知事として赴任すると、廃仏毀釈の推進者として腕を振いはじめます。松江藩と結んで安泰であるかにみえた仏教寺院や僧侶は今度は被害者となり、脱走僧侶一三人、還俗五三人、梵鐘など仏具の被害一四九〇貫余、焼き打ち・打ち毀しとなった寺院一〇〇か所に及び、後醍醐天皇の国分寺も例外ではありませんでした。

橋川文三氏は『ナショナリズム』（紀伊国屋新書、一九六八年、現在『著作集』所収）の中で、「……もしこの隠岐のコミューンに似たものが全国各地に凡そ百くらいも次々と出現し、中間的権力機構をそれぞれ排除して全国的にゆるやかなコミューン連合ができたとしたなら、……」（一五三頁）と高揚した文章を綴っていますが、いかにロマン派の松本氏も、「橋川文三という主体の物語、もっといえばロマンチックな夢」「文字どおり空想にちかい」（一五四—一五五頁）と、やや共感しつつも、一方で皮肉っています。

武蔵大学歴史研究会のメンバーが、隠岐の廃仏毀釈の『聞き書き』を孔版刷りで著しているものによりますと（一九七〇年）、西郷町（当時は村）の野津家の老女は、問「お寺さんはこの辺にないのですか」答「お寺はないです。廃仏毀釈以来ないです。私のところも仏廃止の時、仲間に入ったのでしょう。……この加茂は殆ど神道です。仏は（自分の家を含めて）二軒です」。

「コミューン」のすぐあとこの凄じさは、全国的にも一時的にはみられたとしても、私（秦）には、井出孫六氏がどこかで言っていたように、ストレス解消が宗教を通じておこなわれているようにみえ、苗木藩の事例と共に慄然とさせられます。「コミューン」という美名によって過大に評価することに、ある恐怖を感じないわけにはいきません。


ここで脱線ついでに、話を服部氏に戻します。

服部氏は、「講座派」の中では『黒船前後』（初版一九三三年、筆者の手元には角川文庫一九五五年）、『微視の史学』（理論社、一九五三年）、『原敬百歳』（朝日新聞社、一九五五年）のエッセイ三冊にみられるように、公式的な中にも柔軟な発想を持つ研究者です。「歴史家羽仁五郎の如きは」と、あまりにも自己顕示的な羽仁五郎の啓蒙的史書にうんざりした私には、同じ維新史家でも、服部氏の方に親しみがもてました。のちに主として戦前の仕事がまとめられた羽仁氏の歴史研究者の仕事（『明治維新史研究』（岩波書店、一九五六年））には、敬意を払うようになったものの、遊びの精神が溢れる服部氏の方に惹かれました。

それだけに、一九五六年、お茶の水の順天堂病院で五四歳の若さ（！）で飛び降り自殺したのを新聞記事で知ったときには、びっくりしたものです。服部氏は結核で入院中であった筈ですが、しばしば氏を悩ませたノイローゼのせいでしょうか。老齢になる前に多臓器不全で自殺に近い亡くなり方をした江口圭一氏にも、ごく晩年の姿を知らなかっただけに、衝撃を受けました。アルコール中毒・躁鬱病などの精神的病いに中年以降崩れていく優れた研究者のことをあとで知り、全盛期の仕事を知るだけに、秀才の歴史研究者として生涯を貫くのはいかに大変なのか、凡才の私は、妙に納得させられました。

しかし、同じ歴史研究者でも、その翌年、E・ハーバート・ノーマン氏（日本研究者、当時エジプト大使）が四七歳の若さでビル屋上から投身自殺（一九五七年）のニュースは、新聞報道も一面トップで、そのショックはほかり知れないものがありました。軽井沢で宣教師を父に生まれたカナダ人ノーマンは、『忘れられた思想家　安藤昌益のこと』『日本の兵士と農民』『クリオの顔』などを通じて、私に、日本の研究者に欠けている歴史叙述の何かを伝えてくれました。当時、アメリカをハリケーンのように襲っていたマッカーシズム（戦後、上院議員が強行した赤狩り）の犠牲者であったH・ノーマンは、ソ連などの「スターリニズム（スターリンの粛清による独裁）」などと共に、権力による人権侵害の恐ろしさを教えてくれました。

都留重人氏（のち一橋大学学長）が回想しています。一九四二年八月、アメリカから帰国したとき、アメリカのアパートに残してきた「文章は、現在第三者が読めば、明らかに共産主義者の手になるものとしか思えないに違いない。つきつけられてみると、自分にはこれを書いた記憶があるし、他方私が党の組織に関係していなかったことも事実である」。都留氏が一九五七年三月、ハーバード大学客員教授のとき、上院でおこなった証言を、翌月（一週間後）のH・ノーマンの死（二人は友人）と結びつけようとする陰謀があったことは、事実でしょう。しかし、都留氏のうっかりより、マッカーシズムそのもののどす黒い包囲網こそ非難されるべきでしょう。

『真昼の決闘　ハイヌーン』『フィールド・オブ・ドリームス』『マジェスティック』『グッドナイト&グッ

ドラック』（最近では『トランボ　ハリウッドに最も嫌われた男』）など、アメリカでは数年おきにマッカーシズム批判の映画がつくられますが、ロシアからは、スターリン体制の過酷さを描く映画は、輸入が少ないせいかごくまれにしかみられません。

雑誌『思想』の『ハーバート・ノーマン――死後二十年』特集号（一九七九年）を、私は大切に保存しています。鹿野政直氏の『「セルフ・ガバメント」の交響詩』、丸山眞男・萩原延寿両氏の対談『「クリオの愛でし人」のこと』などを初め、この偉大な歴史家を追悼するすばらしい文章群が、痛恨の想いでその人柄を蘇らせてくれます。お膝元のアメリカ・カナダでは、H・ノーマン氏は忘れられてしまったかにみえました。けれど、加藤周一氏編『ハーバート・ノーマン　人と業績』（岩波書店、二〇〇二年）が前記特集号所収の一部も含めて復活しました。ジョン・W・ダワー氏『生きた歴史家』によれば、「単純だがきわめて深遠」「独創的で統合的な洞察」「博学の魅力」などと絶讃されているのは、まことに嬉しいことです。

伝記としては、工藤美代子氏『悲劇の外交官――ハーバート・ノーマンの生涯――』（岩波書店、一九九一年）、中薗英助氏『オリンボスの柱の蔭に　外交官ハーバート・ノーマンのたたかい』（社会思想社、一九九三年、初版は一九八五年）がお薦めです。

## 二　藤田省三の「処士横議」

こまかい史実を積み重ねながら原因・結果を時系列的にたどり、変化を綿密に彫琢していくのが歴史学の常道であるとすれば、キーワードを使いながら一気に歴史の特質を骨太に描きあげてしまう人もいます。後者で連想するのは、イラストレーターでいえば、山藤章二氏の一コマ肖像画で、実物より実物に近い絶妙なタッチとアイデアは、「週刊朝日」を裏からめくらしめたといわれます。作家では、見事なデフォルメでリアルな従来の型を崩して、一般には見逃していた人物像を浮彫りにする杉浦明平氏の「歴史小説」（『小説渡辺崋山』ほか）が、これに相当しましょう。

私の心をゆさぶった藤田省三氏の『維新の精神』（みすず書房、一九六九年）の鋭い発想は、後者に通ずるものがあります。六つの論文が収録されている中で、書名と同じ論文がここでの対象です。雑誌『みすず』に発表されたのは、それより一、二年前のことです。

「維新は何によって維新たりえたのであろうか」（三頁）

まえがきの部分の次（二）でこの文章がずばりと現れて、私たちをギクリとさせます。藤田氏は、ペリー来航以降の「海防策」問題から論を展開します。

「しかし、このムチャクチャな「海防策」論議の沸騰は、その内容とは無関係に、幕藩体制を揺がす一つのファクターとなった。何故ならば、その議論の筋が百分千裂の模様を呈したからである。「百論沸騰」し「処士横議」の状態がここに生まれた。幕府による「国論の統一」はハカナク消えた。「統一的海防策」が崩れて様々の勝手な「海防策」が噴出した。つまり「海防策」が盛に出ることによって実際の「海防」は最も弱く不安定になったのである」（四頁）

幕府のための「海防策」論議が、「海防策」を不安定にさせ、幕府的秩序を危うくさせていくというパラドックスがここに露呈しています。上役が意見を吸い上げ、藩主と藩中枢役人の決定にしていく幕藩体制の意見体系は、次第に解体していきます。

「「処士横議」の禁は哀れにも「高札」のみとなった。実際には横断的議論は普通のこととなっていた。ただそうした傾向はそこに止ったのではない。他のあらゆる場合と同じく、横への議論の展開は横への

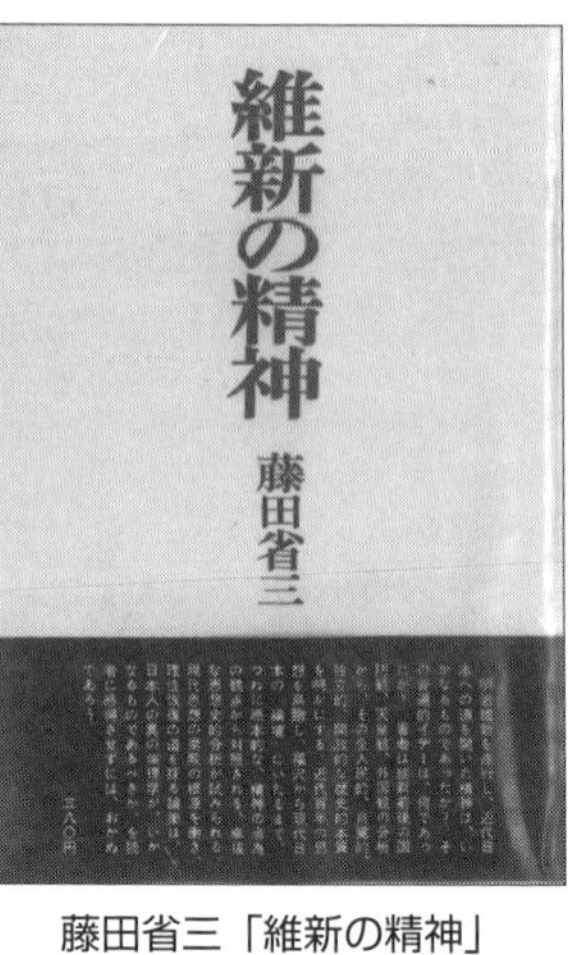


藤田省三「維新の精神」

行動の展開を伴う。「横議」の発生は「横行」の発生をもたらした。藩の境界を踏み破って全国を「横行」するものが増大していった。すなわち「脱藩」の浪人が「浮浪」し始めたのである。もはや浪人とは可哀想な失業者だけではない。「勝手」な議論を提げて、論争に連絡に飛び廻ることでもあった」（傍点藤田、五頁）

ここで、歴史事典にない「処士」を手元の『大辞林』（小学館）で引いてみますと、「仕官しない人。在野の人。多くの士人。多くのさむらい。」とあります。藤田氏の展開をみると、「脱藩し、浮浪しはじめた浪人、つまりもと武士」といったニュアンスが強く、「在野の人」＝草莽がもう一つ鮮明に出ていないきらいがあります。

しかし、――

「……一たび「身分」・「格式」・「門閥」の原理を取っ払って「志」による統合の原理を打ち樹てた場合には、横の連絡はもはや士族の間の連結に止ることは出来ないはずである」（六頁）

とあるところからすると、下級武士から上・中層庶民に及ぶ中間層、つまり草莽の横議といった方がより正確です。

それはともかく、「処士横議」という言葉は当時使われたのでしょうか。幕末の史料をざっと点検してみたところでは、この熟語を見つけることが出来ませんでした。使われたとすれば、安政の大獄・桜田門外の変以降ではないかと推定してみましたが、使用云々より藤田氏独特の四文字への集約化だったのかもしれません。しかし、この当時の風潮をずばり示したこの熟語は、藤田氏以降、幕末維新史の本に頻繁に登場するようになりました。誰しも共感したのに違いありません。

「処士横議」のそもそもの語源としては、『孟子』に「聖王作（オコ）ラズ、諸侯放恣ニシテ処士横議ス」とあるのが知られ、処士については、『荀子』に、「古ノ謂フ所ノ処士トハ、徳ノ盛ナル者」とあるとのことです（寺尾五郎『草莽の維新史』（徳間書店、一九八〇年、一〇頁）。

清河八郎（一八三〇―一八六三）という人物がいます。出羽国庄内の郷士・豪農出身で、江戸で千葉周作に剣を学び、尊王攘夷各派の間の周旋を計り、文久三（一八六三）年、幕府の浪士隊の編成に応じたものの、京都見廻組の佐々木唯三郎らに暗殺されます。新選組がここから誕生する話はあまりに有名でしょう。

この清河八郎が、文久元（一八六一）年末から翌年初めにかけて大谷雄蔵の変名で、近い将来の義兵を募るべく、九州の尊皇攘夷の人びとの間を廻ります。これこそ、まさに「処士横議」でしょう。彼の『潜中始末』から抜粋します。

松村大成（一八〇八―一八六七、熊本藩郷士・医師）訪問　12・2　大成の子深蔵も顔を出す。匿まっている平野国臣（二郎　生野の変）を紹介。後日、二郎と再会。二郎が密かに言うには、「肥後の人物は、表のみ飾りて事実稀なり。油断ならず。所謂肥後の議論倒れと云ふ噂あり。併し松村及び川上などはよかるべきも、其外は見計ふべし」

真木和泉（一八一三―一八六四、禁門の変に敗れ、自刃）訪問　12・7　平野によれば「鎮西人物和泉守に越す者なし」。真木は築後久留米水天宮の祠官。当時、真木は激しすぎて久留米から四里はなれた弟大鳥井敬太方に蟄居。「即、忍び〳〵に小室に到るに、和泉守自ら手燭を点じ、雨戸より迎ひに出で、其体五十位の惣髪、人物至てよろしく、一見して九州第一の品格顕はる。頗る威容あり」

川上彦斎（げんさい）（一八三四―一八七一、熊本藩国老付坊主、翌年、佐久間象山を暗殺）訪問　12・18　留守のため永島三平宅へ。「暮方よりして、川上の宅に到る。彦斎我を待ありき。……此国の風を脱して少しく果断のある者故、我等などにては三平（松平大成の弟）などよりは、遥に意気を合へり。終夜談合、例の悪酒にて頭痛に及ぶ」

宮部鼎蔵（一八二〇―一八六四、熊本藩兵学師範、池田屋事件で重傷自刃）訪問　12・28　松村深蔵・川上と共に面会。「久しき間空論のみ申立て、更に赤心の決断も無く、剰へ諸有志に面会の作法とてもあらず。誠に卑吝のあしらひ苦々敷有様なれば、とても御決心無き処に、長々と罷在るにも及ばずとて、暮方に早々立去る」

小河弥右衛門（一八二三―一八八六、一敏、豊後岡藩）訪問　12・29～「小河は四十七、八の人ニて至って気の爽かなる男にて……」、「今朝暇乞の時、相成るべくは金子（軍資金）調へ呉候様申遣すに、小河訳なく承知いたし、然らば五十金（両）出すべしと云ふ。誠に感入りたる心得、肥役人なども及ぶ所にあらずと両人（清河と小河）内心感涙に堪へず」、「義挙の時期を約し、岡城を出づ」

清河の「処士横議」＝九州遊説は、共感し合う人物もいれば、判りあえぬ人物もあって、この種の運動の難しさも伝わってきます。九州に渡る前、文久元（一八六一）年・11・27、大坂から小倉行の船で、赤間関（下関）に着き、白石正一郎（一八一二―一八八〇）を訪れています。下関の海陸運送業者として、高杉晋作・平野国臣・西郷隆盛ほか、私財を投じて「志士」を助けたことは、あまりにも有名です。宿泊の世話にもなった清河の白石評価は高いかと思いきや、実は辛辣な批判を浴びせています。

「正一郎は……当時衰落の風にて格別の気力も見えず、併し我等を一宿せしむ。いろいろ議論等もあれども、必竟町人根生（性）にて、大計に暗く、己の利を計るのみにて採るに足らず。され共あながちに捨つべき者にもあらず。時ありて用をもなすべきものなりける」

「害の無き有様故、(伊牟田)尚平(薩摩藩下級武士、清河に同行)より事の仔細を藩に相談しけるに、異向もあれ共、先同意の風にて、翌朝出立の時、尚平口上にて一円(両)相乞ひぬ。元来大家故、宜しくば万事相託し、衣服も頼むべき訳なりしも、思の外にて僅に害の無きのみにて、必竟頼むに足らぬ町人腹の男なりき。長州などの下々振ひある様子等も相糺し、長居は困る風なれば、翌日に去る」(以上すべて山路愛山編『清河八郎遺著』民友社、一九一三年、一四二頁)

否定的な表現が、これでもか、これでもか、と飛び出します。――「必竟町人根生」「大計に暗く、己の利を計するのみ」「採るに足らず」「必竟頼むに足らぬ町人腹」。清河とて郷士・豪農(酒造も)であるのに、ここには町人を見下げる差別的表現が溢れるばかりです。「時ありて用をもなすべき者なりける」との言葉もどこか浮いてしまっています。「志士」をしばしば宿泊させ、応援した白石にとって、清河はよほどうさんくさい人物と見え、軽くあしらわれたのでしょう。少なくとも、高杉・西郷や龍馬のように将来を語る存在に、とても思えない――その確信こそ、清河を厚く遇さずに、早く立ち去って欲しい、「長居は困る」と思わさせる態度に繋がったのに違いないでしょう。どうやら白石の観察の方が正解のようですが、草莽同士の交流は盛んになっても、状況判断のズレ、相性の悪さも手伝って、直ちに意気投合とはいかなかったようです。幕末にテロ(暗殺)が多いのもそのためですし、ほかならぬ清河自身も暗殺されてしまうご本人なのですから。

先に挙げた寺尾五郎氏の『草莽の維新史』も、清河八郎及び本間精一郎(越後の豪農・豪商の出身)をあいついで取上げ、志士のもつ誠実と真摯さ・革命的ストイシズムに欠け、派手で策謀的、と退けています。「草莽の自称はあっても」「真の草莽の志士と呼べるかどうか疑わしい」と、手厳しい評価です。顕示欲の濃厚な人物も、アジテーターとしてこの時代に輩出していることも見逃せません。

藤田氏の文章に戻ります。

「……むしろ維新をもたらしたのは「百論沸騰」と「処士横議」と浪人横行と「志士」の横断的連結とであった。言い換えれば、「海防策」でなくても、他のどのような問題についてであっても、横断的議論と横断的行動と現世的地位（ステイタス）によらずして「志」によって相集る横断的連帯とが出現した場合、その場合のみ維新は維新となったのである。」（傍点藤田、七頁）

ともすれば薩長＝倒幕史観に陥りやすい政権中心史観から解放され、パースペクティブ（遠近法）な見方から幕末維新を見通すべきでしょう。

「……注意すべきは、そうした横の結集は決して「尊皇倒幕」の「志士」のことだけではなかったという点である。「佐幕派」の「志士」もまた同様な社会的課題を実現しつつあったのである」（五頁）

なお、橋川文三氏が『ナショナリズム』（紀伊国屋書店、一九六八年）で、「一般に藩の枠をこえた有志たちの交流ということが、当時においていかに大きな思想的変化をひきおこしたかは、今では想像できないほどであることを想起しておこう」（六〇頁、現在は「著作集」）と藤田氏の「処士横議」に言及、大隈重信の回想録（「大隈伯昔日譚」）を例に挙げていることを忘れないでおきましょう。

二人の政治学者のすばらしい合奏が、ここにはあります。このテーマに関しては、第一ヴァイオリンが藤田氏、第二ヴァイオリンが橋川氏といったところです。

橋川氏の著書発行が藤田氏の著書発行より早いのは、雑誌「みすず」発表の論文を参照して書かれているためです。なお、幕末・維新期の意議・状況を端的に表現すれば、「処士横議」であることがすでに明らかになりました。ここにいう「処士」こそ「草莽」とほぼ同じであり、草莽の活動によって、当時「国」といえば藩を示す狭い領域を超えて全国的な交流・見聞を深めていくのです。

なお、高木俊輔氏が、「処士横議」について、次のように述べたことにも触れねばなりません。「(吉田松陰の――秦)草莽崛起論にささえられたその後の志士の政治運動の展開をみると、まず安政期には処士横議の形をとり、つぎに文久期になると天誅形式が中心となり、さらに文久三年(一八六三)ころから志士の集団的武装化ともいうべき諸隊による蜂起の形へと転回をみせていく」(『それからの志士――もう一つの明治維新――』有斐閣、一九八五年)。

高木氏によれば、幕末の志士の運動を、①処士横議→②天誅(暗殺)→③諸隊による蜂起、と三段階をたどって変質していくと捉えています。これは、局面を細部にわたり検討した大著『明治維新草莽運動史』(勁草書房、一九七四年)に至る論証をなしとげた高木氏ならではの研究成果といえますが、明治の自由民権運動へと連なっていく潮流を大きく把握するとすれば、つまり大きなカッコでこの時代を括るには、「処士横議」の方が適切なのではないでしょうか。維新前後を俯瞰するとすれば、「処士横議」という表現にしくはないのではないでしょう。大カッコと小カッコの違いとみれば、さほど矛盾しないテーマでしょう。

## 三　「草莽」「草莽隊」とは何か

不思議なことがあります。「草莽(そうもう)」を辞書から探ろうとするとき、大部な日本史辞典として一九五〇年代と一九八〇年代に発行され、多くの人に親しまれた『日本歴史大辞典』(河出書房)と『國史大辞典』をまず手に取りますと、なんと「草莽」が立項されていないのです。前者には「草莽雑誌」「草莽事情」という明治初年の雑誌、後者には「草莽雑誌」「草莽の国学」は立項されているというのに、もととなる「草莽」そのものが抜けているのは、まことに不可解なことです。戦争中に「草莽」が天皇崇拝と結びつき、戦争協力の役割を果したため、歴史用語から削除されてしまったのでしょうか。それとも、明治維新史で多くは敗者の側に廻る「草莽」を評価せずに無視したのでしょうか。河出版は、幕末・維新期の草莽の意義を提唱した服部之総氏が参加しているだけに（但し、発行時には「故」）、実に奇妙なことといわなければなりません。

辞典のすべてに目を通したわけではありませんが、比較的早く立項されたのは、前期二つの辞典の中間期に発行された『日本史用語大辞典　用語編』（柏書房、一九七八年）でしょうか。次のように記されています。

「**そうもう　草莽**　一般には幕末・維新期に活躍した尊攘派志士をいう。本来の意味は在野の臣、民間の士をいうが、幕末期には武士以外の階層から尊攘・倒幕運動に参加する者があらわれ、かれらはみずからを「草莽之臣」と称した。相楽総三の指揮した赤報隊などその一例。多くは地方の豪商・豪農でありまた郷士・神官であったが、明治維新政権確立後、草莽は政府に重要視されることが少なかった」

二つの「大辞典」以外で「草莽」が立項されていない日本史辞典は、まずないといってよいでしょう。「草莽」及び「草莽隊」の研究者として第一に挙げるべき高木俊輔氏は（『明治維新草莽運動史』勁草書房、一九七四年、ほか）、あちこちの辞典に執筆していますが、ここでは『日本史大辞典』（平凡社、一九九三年）から引いておきましょう。少し長すぎますが、字数が多いだけ過不足の少ない内容となっています。

「**草莽　そうもう**

語源的には草むら、やぶの意から、仕官しないで民間にある者も指すが、日本では政治的意味あいを強く帯びて使われた。もともと草莽は、諸侯やその体制に「臣」として忠誠を誓う在野の協力者であり、体制の危機に際してはなによりも忠誠に出た行動を期待されていた。けっして権力を志向してはならず、政治的活動ののちには再び野に戻るべき人とされた。日本において草莽と自己規定した政治的発言者が登場するのは、幕藩体制が構造的危機の段階に入った一八世紀後半からで、幕府政治に発言のルートのない者が自分を草莽に仮託して建言を始め、それはしだいに尊王論と結びついた内容となる。一九世紀になると危機意識の一般化に対応して地方の農村に住む豪農層にも草莽の意識が広まり、幕末の安政期（一八五四―六〇）には政治的決起論として「草莽崛起」論が生み出された。これは吉田松陰を典型として唱えられ、一八六〇年代の志士輩出の要因となる。「草莽崛起」論による運動は脱藩浪士と豪農商出身の志士を中心的担い手として、まず身分的制約を超えて国事を談じ政局に関与しようとした「処士横議」から、天誅さらに集団的蜂起へと展開をみせた。蜂起には一般農民層を動員したが、しばしば彼らの離反にあい、中央政局でも尊王攘夷運動の敗退とともに力を失い、明治初年には敗者の姿で立ち現れる。一方、一八九〇年代からは天皇制への忠誠の手本として、国家の側から草莽の賛美が行われた」

この文は、草莽の、幕末から明治に至る動き・歴史上の役割を、手際よく描き出していて見事です。

これを前提に私なりに補足しますと、①「政治的活動ののちには再び野に戻るべき人」というのは少し理想的に過ぎ、草莽の擡頭には上昇志向がかなり見られた。②草莽の活躍（例えば、坂本龍馬とか、長州藩諸隊とか）なくして、明治維新の成立は難しかった。③平田国学に代表されるような復古的な考え方が濃く（高木の文にある「尊王攘夷の敗退とともに力を失い」）、開明性に乏しく、ファナティック（狂信的）なタイプも少なからず存在した。④戊辰戦争・新政府に協力しながら、多くは排除されていくところから、新政府への批判者として、その独裁制を衝く役割を果たした。⑤かつて服部之総も指摘したように、草莽たちの失意にもかかわらず、神道的体制は明治以降の国家に色濃く浸透し、その目的はかなり成功した。――この五点を強調したいところです。

②④をさらに敷衍するとすれば、民撰議院設立について批判した加藤弘之に対し、板垣・後藤・副島の「答ふる書」の中に最も適切な件りがあります。副島・福岡孝悌は「潤飾」しているものの、事実上の執筆者は、建白者の一人・古沢滋です。

「我国今日一新政府の組立、皆其下ニ由テ起ル者ナリ。其初メヤ草莽・浮浪ノ士首唱シテ藩士ヲ動カシ、藩士亦其藩侯ヲ動カシ、同心協力幼冲ノ　天皇陛下ヲ奉戴シ、以テ徳川氏ノ政府ヲ踣シ、政体ヲ造リ、首トシテ御誓文ヲ掲ケ、萬機公論ニ決ス可キヲ以テシ……」（原文より句読点を増やす）

（指原安三「明治政史」第七編『明治文化全集』第九巻「正史篇」上巻）

板垣・後藤・副島・古沢は何れも旧藩士であるにもかかわらず、「草莽・浮浪の士」の行動が下から順に藩士・大名・天皇を動かしたことを認めているのは、広範の人びとを結集しようとする戦術・戦略があるとしても、それを超える歴史認識の共通性を物語っています。ここには、「草莽・浪士」の果たした役割を無視しようとする政府への痛烈な思いが代弁されています。この論は一八六八（慶応四）年の著者不明の「復古論」『明治文化全集』第二四巻、雑史篇（宮地正人氏より平田延胤の文と確認〔『明治維新と平田国学』国立民俗博物館、二〇〇四年〕）のリライトのような内容です。このような考え方は、以前からあったのでしょう。

草莽によって組織された隊を草莽隊といいます。『日本歴史大辞典』（小学館、二〇〇〇年）は、「草莽諸隊」を立項し、三宅紹宣氏が次のようにまとめています。

「**草莽諸隊　そうもうしょたい**

幕末・維新期に創出された民間的要素の強い軍事組織。農兵とは性格を異にするが、諸隊は多様であり、草莽諸隊の厳密な概念規定があるわけではない。

長州藩では、一八六三年（文久三）六月、外国艦隊の攻撃の危機のなかで、藩士のみならず、農民や町民の有志を加えた奇兵隊が結成された。ついでに御楯隊、遊撃隊、八幡隊など新編成の隊が次々に生れ、これらを諸隊と総称した。長州藩諸隊は、武器・俸給を藩庁が支給し、指揮系統も藩の統制下に置かれていた。これに対し、志士が各地で組織した諸隊には、大和五条で挙兵した天誅組、但馬生野で挙兵した生野組、九十九里浜で挙兵し世直し運動を進めた真忠組などがある。これらは藩権力の支援をもたず、広範な出身者を結集した草莽諸隊であるが、十分な武力をもたず、いずれも鎮圧された。

一八六八年（慶応四）の戊辰戦争期になると全国的に志士の決起が起こり、新政府側に多くの諸隊が結成された。しかし、諸藩が新政府側に従う情勢になると、新政府は諸藩の武力を取り込むのを重視するようになり、草莽諸隊は役割を軽視されるようになって、北九州において花山院隊、東山道において赤報隊（嚮導隊）が弾圧されるなど、悲劇的な最期を迎えることになった」

ここでは、「農兵とは性格を異にする」ことを指摘しても、「厳密な概念規定」を避けています。具体的には、①指揮が藩の統制下におかれる奇兵隊を初めとする長州藩諸隊を、まず挙げる。尾張藩草莽隊の多くは細部は異なるものの、このタイプに入る。②一方で、藩とは別に草莽・浪士が組織し、決起し、あちこちで鎮圧された諸隊がある。③戊辰戦争期に朝廷・新政府に利用されながら、結局は軽視され弾圧されるタイプを指摘される。一八六九（明治二）年に脱隊騒動を起こした奇兵隊などは、③でもあるといった次第です。

ここにみるような草莽隊に対し、農兵（隊）が存在します。オリンピックの輪のように両者が重なり合う部分がありますが、本来、区別されるべきものです。

とりあえず、『日本史広辞典』（山川出版社、一九九七年）から引きましょう。

「**のうへい【農兵】**　幕末〜明治初年に組織された農民兵。弱体化した幕藩体制の軍事力の補強のため、武士を農村に土着させ事が起きたときに農民を率いて戦わせようという武士土着論は、江戸前期の熊沢蕃山（ばんざん）らによってしばしば説かれたが、実際の農兵組織は幕末期になって実現した。幕府は伊豆国韮山（にらやま）代官江川太郎左衛門英竜の一八四九年（嘉永二）の海防農兵建議は採用しなかったが、六一年（文久元）の江川英敏による村方の治安維持に力点をおく農兵制建議をうけ、六三年に農兵取立にふみきった。この江川農兵をはじめ幕領の農兵は、しだいに豪農層の治安維持の目的に使われ、六六年（慶応二）の武州一揆などの鎮圧に威力を発揮した。農兵は諸藩でも藩の強力な指揮下で組織された」

ここでは、幕領の農兵取立は順調にいったように受け取れますが、必ずしもそうとは言い切れません。一九六六（慶応二）年一二月、幕府から直轄領に出された農兵取立に対し、「武州足立郡村々役人共」は、次のような願書を出しています。「御料所農兵取立」を「難レ有」と形式的に感謝しながら、村々の非常のため鉄砲を拝借して射撃の稽古をするのはいいけれども、村々からかねて「兵賦」（軍事費としての税）を差し出しているから、「軍役」として（中央に）常備軍を徴兵されるのはお断わりしたい。あくまで、貧農による一揆を防ぐための村々の非常の節を見越した自衛のための農兵でありたい、というのです。一口に農兵といっても、幕府側要請による農業と切り離された農兵ではなく、農民上中層の子弟を中心とした地元のための農業をしながらの農兵なのです（井上清氏『日本現代史　第一巻　明治維新』一九五一年、第五章。なお、同『新版日本の軍国主義Ⅰ　天皇制軍隊の形成』一九七五年、第一編第三章も参照。拙稿第二章と重複するところがあるが敢えて削除していません）。

農兵が記録に出てきた場合、どちらに近いのか、よく吟味しないと、農兵の本質を見誤ります。訓練を受けた農民たちが自信をつけ一揆側に廻ることもあるだけに、その性格を的確に掴む必要があります。

最近、ある研究会に参加して、尾張藩草莽隊の研究報告を聞いたところ、今までほとんど手がつけられていなかった農兵についていくつかの事例を挙げたまではよかったのですが、草莽隊と農兵隊とを区別せずに、混戦したまま論じているのに驚きました。「草莽」そのものの研究史や本質が、吉川版のせいではないでしょうが、ほとんど理解されていないのもその一因のようでした。

元の文では、ここで草莽隊と農兵（隊）との違いをまとめていますが、のちに第二章の「おわりに」で再考して整理していますので、そちらに目を通して戴くとして、ここでは省略します。

なお、一般に草莽隊は反幕的傾向が強いので、排除されがちな新徴組（庄内藩お抱え）・新選組（会津藩お抱え）など幹部が思想的に公武合体派らしい（宮地正人氏『歴史のなかの新選組』、松浦玲氏『新選組』、いずれも岩波書店、二〇〇〇年）グループも草莽隊の変種と考えると、思想の違いを越えて、幅広い共通性が浮かび上がってきます。

つまり、日本の危機を目の前にして自分たちを生かした何かをしたいという情熱（そこに狂信的というべき傾向がなきにしもあらずですが）が迸っている在野の軍事的グループが草莽隊で、上から管理されるとしても、一定の自主性が認められます。同じ下からの軍事的組織でも、やや自主性に乏しい（農業が第一の）農兵隊と大きく違うところです。

この辺りでこの節を終わりにしたいのですが、少し余分なことを付け加えます。それは最近、政治史を研究しているのに、きわめて静的に過ぎ、力動的にみようとしない傾向があることです。これは社会史の影響なのかもしれません。社会史はそれでいいとしても、政治史がこれでは拙いのではないでしょうか。それに加えて、老獪・謀略・欺瞞・韜晦・狡猾・偽装・排他・蔑視・虚々実々などなどの、政治世界で渦巻くさまざまなからくりに目が向いていないことです。そのため、平板で制度史的な研究に陥りがちです。私は、日本史のみならず外国史を含めた若い人の研究発表に接し、そのことを痛感しました。この文章は、そうしたあり方への懐疑と批判が潜在的なモチーフとなっています。

# 四　剣客の季節

## a　剣術が駄目な武士たち

武士は本来、武力によってその領民を守るべき責務を負っています。守るべき範囲は藩（幕府）領内か、日本国全体か、はひとまず措くとしても、武術から離れて生活することはありえない存在です。文官タイプ（役方）は言い逃れができるかもしれませんが、いや、それでも、全体への目配りは武官タイプ（番方）を上廻るものがなければならないでしょう。ところが、戦火がくすぶる江戸初期は別として、幕末ともなると、武士の武術離れは想像を超えたところに来ていました。出世と無関係という現実によるところが大きいのでしょう。

ペリーが軍艦四隻を率いて浦賀にやってきたのは一八五三（嘉永六）年六月ですが、弱った幕府は、直ちに諸大名や幕臣に今後のあり方を質ねています。民主的といえば聞こえがよいのですが、要するに幕府自身どうしたらよいのか判らないので、名案がないものかと責任を転嫁しているのです。『大日本古文書　幕末外国関係文書一』に収められている山本元七郎の上書のなかにこんなのがあります。

「廿五六まては、独身ニ無ㇾ之候ては、文武とも芸術修業は行届不ㇾ申、武芸稽古盛と申は、十五六歳より廿四五迄之所肝要にて御座候処、漸々拾五六歳にて妻を迎ひ（へ）、十七八にて人の親と成候故、いつとなく妻子の愛におぼれ、大切の修業中の年限も空敷徒（むなしくいたつら）に過行（すぎゆき）、生涯をあやまつるもの少なからず候」

一五、六歳の若さで結婚し、一七、八歳で子の親となるので、いきおいマイ・ホーム主義に傾く。「文武」に及ぶ「芸術修業」、とりわけ武芸の修業は、一五、六歳から二四、五歳の頃、即ち本来は独身時代に熱中しないといけないのに、これでは逞しい幕臣は育たないというのです。ここに挙げられた「早婚」の流行は少し誇張があるかもしれませんが、基本的には間違っていないとみていいでしょう。刀か弓か槍か鉄砲か、などという問題以前の頽廃ぶりがここにあまりにも鮮やかです。これは旗本・御家人の場合で、藩士の場合、少しはましかもしれませんが、類似の現象が日本を掩っていたのではないでしょうか。

だからこそ、いざというとき草莽隊の手を借りなければならないのです。

もう一つ具体例を挙げましょう。幕府お雇えの医者でポンペに学んだ松本良順（一八三二―一九〇七）という人がいます。西洋医学所頭取の緒方洪庵没後、その後任になり、戊辰戦争では会津で軍事病院を設けて負傷者の治療にあたりました。鈴木要吾『蘭学全盛時代と蘭疇（らんちゅう）（良順の雅号）の生涯』（東京医事新誌局、一九三三年）の中には、将軍の供として京に入り、西本願寺を訪れて旧知の新選組近藤勇と会う場面があります。慶応元（一八六五）年五月のことです（三五章）。

幕臣の軍人としての脆弱さをこぼして、こんな風に語り始めます。

（良順）「近藤君、今度の上洛で僕はつくづく直参武士には情けなくなった。非戦闘員視される僕達でさへ御家存亡の秋に当って今少し気概もあれば、君恩に報ゆると覚悟もある。処が戦場に赴く武士が草鞋（わらじ）の紐を下郎に結んで貰う始末、縮緬（ちりめん）の夜具を運んでの征長（幕長戦争）を見ては将軍家の御武運の末も思はれる。三河武士は大阪（ママ）夏の陣以後死んで了ったよ。そういふ情無い直参達と行を共にして来て、今君に合ふと涙の出る程うれしく思ふ。寥々（りょうりょう）の士をもってよく傾いた徳川を支へて呉れる。士は己をよく知るものの為に死す。そこだな武士の値うちは」

（近藤）「御同感だ、直参なぞは云はば二百年餌をあてがはれて飼育せられた籠の鳥も同然、征長と云った処、長藩は野に放った猛虎、勝負は戦はざる前に決すだな。大樹の倒るる秋、我々僅少の者がどれ程の支へになる。それは物の数ではないが、己を知る者の為めには女でも心中するのではないか、はははは。いくら徳川も末とは申しても、男の為めに死ぬのだから、聊か死んでも死に心地が良いな」

（良順）「直参共は女の為なら喜んで死にもしやうが、君忠などとなると尻込みする奴がざらだ」

この会話のあと、近藤から新選組隊士の集団検診の依頼があり、良順と南部精一郎（良順の父佐藤泰然の門下）によって検診と往診がおこなわれ、新選組の衛生状態が一新されます。しかし、ここに及ぶと大幅に脱線してしまうので、この辺で話を切りましょう。

時期としては、第一次幕長戦争と第二次幕長戦争のはざまにあたります。第一次幕長戦争で幕府が勝利したにもかかわらず、良順の気持は、草鞋の紐を自分で結ぼうとせず、縮緬の布団にくるまる旗本らに絶望的です。幕府側の草莽隊長近藤に、「古武士のやうな面影を見ると、限りなく親しみの情が湧いてくる」（良順発言の前にある地の文）というのは、決してお世辞とはいえません。

武士たちの不甲斐なさに引替え、民間では剣術がきわめて盛んでした。近藤もその一人に入ります。このアンバランスなコントラストこそ、幕末という時代の特質を映し出す鏡ではないでしょうか。まず、剣客が競い合う百花繚乱の江戸を中心に展望してみましょう。

### b 民間の剣客たち——江戸

断っておきますが、私は剣術を中心とする武芸の歴史には至って疎いのです。従ってこれから述べることは、以下の本を参考にして私なりに整理したものです。

山田治朗吉『日本剣道史』（水心社、一九二二年）、大坪武門『斎藤弥九郎伝』（京橋堂書店、一九一八年）、藤島一虎『幕末剣客物語』（東京中日、一九六三年）、藤島一虎『日本剣客物語』（人物往来社、一九六七年）、金子治司『幕末の日本』（早川書房、一九六八年）、森銑三『見山島田虎之助』（『森銑三著作集』第九巻、中央公論社、一九七一年）、杉田幸三『決定版　日本剣客事典』（河出書房新社、二〇〇八年）勝海舟伝記各種ほか。

江戸時代に武士の剣術が衰微したのは、太平の流れの中で、武術の家柄が固定され、下手でも代々続き、しかも木剣によったため、形の稽古が中心になったからでしょう。木剣で真面目に正面から立合えば、死傷を免れません。そのため見た目には美しいがまるで舞踊のような、勝負にこだわらぬあり方になってしまったのではないでしょうか。竹刀・防具によれば激しく打合っても大丈夫なので、勝負にこだわる行動的な剣術が、幕末には民を中心に盛んになったのに違いありませんが、官、つまり幕府・藩では剣術師範役の家柄が万一負けこむようなことがあっては具合が悪いので、いきおい「形」中心が続いたのでしょう。

勝海舟の父小吉の自伝『夢酔独言』（平凡社東洋文庫、一九六九年）にでている話です。

「十一（つまり一八一二〈文化九〉）の年、駿河台に鵜飼甚左衛門といふ剣術の先生がある。御簾中様（高貴な人）の御用人を勤む、忠世流・一刀流にて銘人とて、友達が咄しおった故、門弟になったが、木刀の形ばかりおしへおる故、いいことにおもってせいを出していたが、左右とかいふ伝受を呉たよ」

ここに出てくる木刀の形ばかり教える「御簾中様の御用人」である剣術師範は、古くからある典型的なタイプです。小吉の従弟の子、男谷精一郎は、おそらく幼少時から竹刀・防具を付けて実践的な稽古をしたことが、後年名をなしたのでしょう。

幕末の有名刺客を、ひとわたり見てみます。

⑴千葉周作（一九七四〈寛政6〉年――一八五五〈安政2〉年）盛岡藩の郷士（馬医）の子。中西猪太郎・浅利又七郎から、小野派一刀流を学ぶ。神田お玉ヶ池に玄武館を設け、北辰一刀流を教授、門人一万三〇〇

○人を数えたという。水戸藩に仕え、一〇〇石取、門下に海保帆平、北上八郎。次男栄次郎門下に、清河八郎、下江秀太郎、山岡鉄舟。周作の弟定吉の長男重太郎門下に、坂本龍馬がいる。

(2)斎藤弥九郎（一七九八〈寛政10〉年――一八七一〈明治4〉年）越中国氷見郡仏生寺村の農家の長男。油屋の小僧ののち、銀一分を懐にして江戸に出、撃剣館の岡田十松に剣術を学ぶ。馬術・兵法を学ぶかたわら、高島秋帆から西洋砲術を会得。岡田十松が一八二〇（文政三）年病のため死去すると、門弟や同門の江川担庵の推薦によって十松のあとを継ぐ。弥九郎は、俎橋（まないた）、のち麹町三番町に移転した練兵館で、神道無念流を広める。門人三〇〇〇人という。岡田十松と同門で親しい関係にある江川担庵を助けて、藤田東湖、渡辺崋山とも交流。晩年は、剣より政治活動に重点を移す。門下に桂小五郎、仏生寺弥助。長男新太郎は二代目。

(3)桃井春蔵（一八二六〈文政9〉年――一八八五〈明治18〉年）沼津藩士田中十（重）郎左衛門の次男。南八丁堀の蜊（あさり）河岸の士学館の主桃井春蔵直雄（三代目）に見込まれ、桃井氏を継ぎ、二四歳で鏡新明智流皆伝。一八六七（慶応三）年、幕府遊撃隊頭取として切米二〇〇俵。門下に土佐藩関係者（例えば岡田以蔵）が多い。コレラで死去。貴公子タイプの好男子であった。

以上が幕末三傑とされます。三人が特に傑出していたというよりも、道場経営者として成功し、門下生がとりわけ多い、ということに由来しているようです。他にも落とせない剣客がいます。

(4)男谷精一郎（一七九八〈寛政10〉年――一八六四〈元治元〉年）旗本。男谷家から従兄男谷彦四郎の養子となる。一〇〇〇石、のち三〇〇〇石、勝海舟とは従弟同士。団野源之進から直心影流を学ぶ。初め深川霊岸島、のち浅草新堀に道場。直心影流は他流試合を禁じていたが、他流試合を積極的に行った。幕府の講武所創設に積極的関与。頭取（のち奉行並）兼剣術師範役。門下に榊原鍵吉、島田虎之助。

(5)島田虎之助（一八一四〈文化11〉年――一八五二〈嘉永5〉年）九州中津藩御料理方の四男。九州・近畿を修行、江戸に出て男谷に学ぶ。浅草新堀に道場を開く。鼻が高く、目がくぼみ、顴骨が出ている特異な容貌。水口藩の中村栗園や津藩の斎藤拙堂と交流、義気に富み、沈着な人柄であった。癌（?）のせいか、三九歳で死去。

(6)大石　進（一七九七〈寛政9〉年――一八六三〈文久3〉年）柳川藩士の父大石種行から神陰流を学ぶ。五尺余（約一六〇センチ）の竹刀をもって江戸に遠征し、その身長の高く、臂力も強いことから江戸の各道場で勝利をおさめ、名声を博した。このあと、長竹刀が一時流行した。

ここに挙げた六人に較べると知名度は少し落ちるかもしれませんが、実力としては、ほとんど変わらなかったと思われる人がいます。三河国吉田（現豊橋）の生んだ剣客です。意外に知られていないので、やや長目に紹介しましょう。

(7)金子健四郎（一八一七〈文化14〉年――一八六四〈元治元〉年）吉田の魚屋の四男に生まれ、最初に江戸に出たのは、吉田藩の雇足軽として。師と仰いだ五尺七寸以上の渡辺崋山を抜く六尺余（藤田東湖の文では八尺！）の大柄なタイプ。学問・画（雅号　豊水）を崋山に学び、剣術を杉山東七郎、岡田十松の各門下に学ぶ。つまり年上の斎藤弥九郎と同門。小石川に百錬館を設ける。蛮社の獄（一八三九〈天保一〇〉年）には崋山救済に尽力。一八四〇年に斎藤弥九郎、武田耕雲斎、藤田東湖の推挙で、水戸藩剣術指南役に召抱えられ、一〇〇石。崋山は健四郎に彼の学問の乏しさをカバーするため、「友を択び、頻に往来」することを勧め、「忠告の友」として藤田東湖を推している。この忠告を含む崋山の天保一二（一八四一）年閏正月の手紙は、崋山がまさに教育者であることを物語る。この年一〇月に崋山は自殺。桜田門外の変（一八六〇）参加の水戸藩士に門下生が多い。晩年は尊皇運動に従事し、癌（?）のため、京都で没。

金子健四郎を知るために参照した文献は以下の通りです。
安藤徳器『金子健四郎と其時代』（弘道閣、一九二七年）、市川光宣『剣客金子健四郎』（東三文化研究会、一九三二年）、竹内梅松「金子豊水と斎藤香玉」（「塔影」一〇ノ八）、小沢耕一編『崋山書簡集』（国書刊行会、一九八二年）、別所興一訳注『渡辺崋山書簡集』（平凡社、二〇一六年）。

以上に掲げた人びとを見渡すと、武士出身より庶民出身が目立ちます。男谷精一郎はあと廻しにして、桃井春蔵、島田虎之助、大石進は一応武士に分類されますが、島田は「御料理方の四男」で、いっときは養子に出されたくらいで、貧困を体験しています。果たして武士に分類してよいのか、疑問といえましょう。

千葉周作の場合、仙台藩の指南役として召抱えられる話があったとき、彼は盛岡藩の村の人間ではないか、武士ではない、として、話が立ち消えになったといわれています。興味深いのは、彼が学んだ師の浅利又七郎です。いつも道場をのぞきにくる浅蜊（あさり）売りが、そんなに関心があるなら、道場で稽古をしてみないか、と誘われ、やってみたらめきめき頭角を現した、というのです。そろそろ苗字がないと様にならぬといわれ、職業柄から浅蜊という

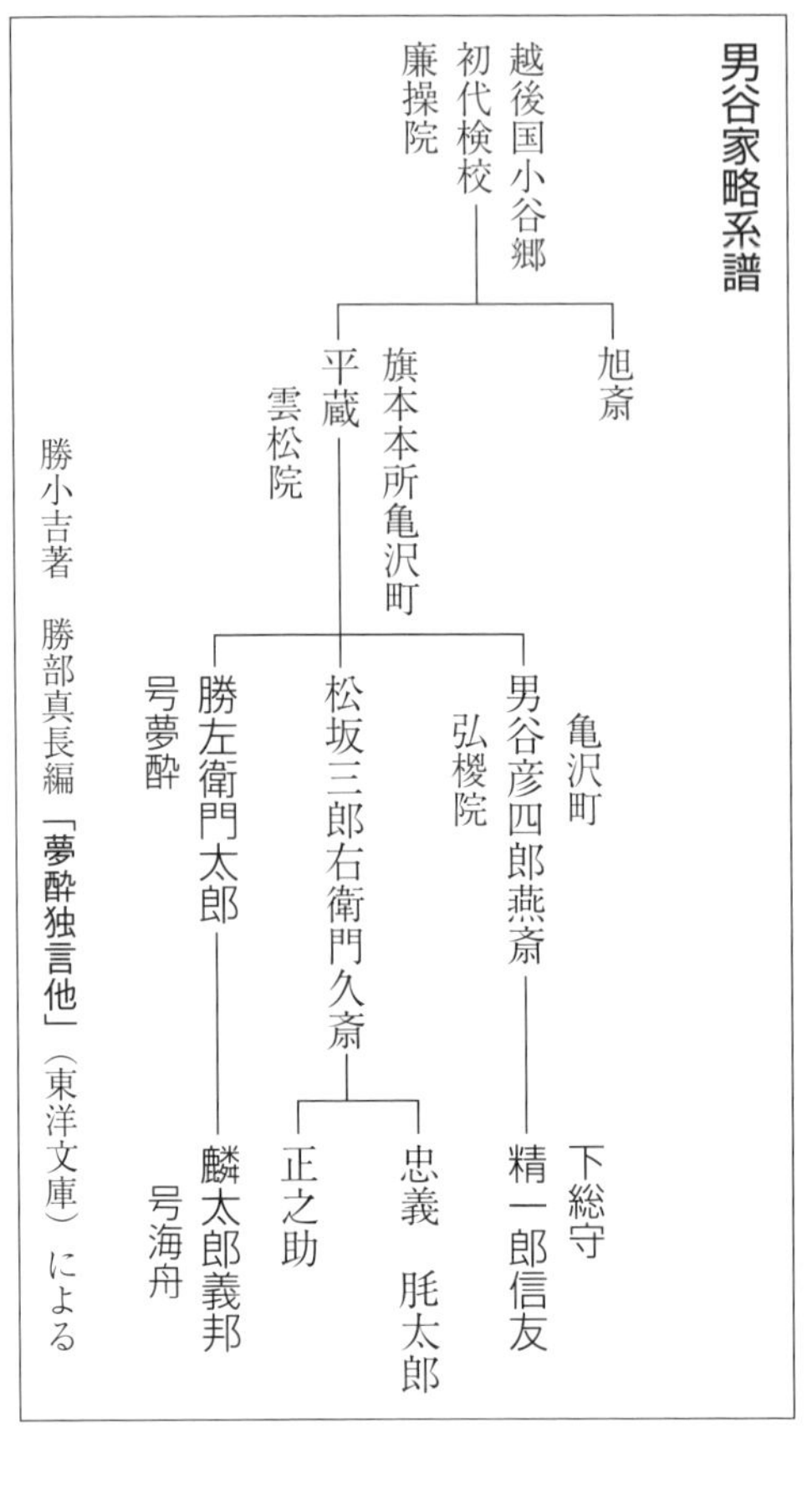

名字を名乗った、という嘘のようなほんとの話があります。この話は、金子健四郎を思い起こす格好なエピソードです。魚屋の四男といえば、魚屋を継ぐのも難しく、かえってその体格を生かして、おそらく崋山の勧めもあり、剣術で身を立てようとしたのです。吉田藩の雇人足のような低い地位であれ、江戸へ出たことが、彼の転身の契機となりました。こまかい経過については不明ですが、崋山などの優れた人物たちが周辺で彼を盛りたてたことが幸いしたのです。杉浦明平氏の『小説渡辺崋山』では、崋山が田舎弁まるだしの歳下の健四郎に好意を抱き、健四郎が崋山を尊敬のまなざしでみつめる姿が、ユーモラスに綴られています。魚屋の四男がこのような立派な剣客になりうるとは、まさに幕末の面白さでしょう。

ところで、男谷精一郎はれっきとした旗本ではないか、剣客ないし剣豪は官民両方ありうる、と批判される人がきっとあることでしょう。右の男谷家系図を見て下さい。確かに一見堂々たる武士です。しかし、少し遡(さかのぼ)って、例えば勝小吉（左衛門太郎）の祖父にあたる人物に目を向けて下さい。越後小千谷の農家出身の十七、八歳の盲目の子が江戸に出て奥医師石坂宗哲の門前で倒れ、憫れんだ宗哲から貰った金で賭博をおこなって、巨額の富を手中にし、江戸に一七か所の土地を得、水戸藩に一七万両を貸し付けるに至った、というすさまじい人物です。スケールが大き過ぎますが、全くの駄法螺(だぼら)ではないようです。

この盲目の農民出身の高利貸の九子が旗本平山平蔵で、これだけ大金があれば、旗本・御家人株の購入はわけもないことでした。その息子彦四郎は、旗本株男谷家を、その一方で御家人株勝家を購入しています。田村栄太郎氏『勝麟太郎』（雄山閣、一九六七年）の中で、男谷家は一〇〇〇両、勝家は一〇〇両の相場だった、と弾(はじ)き出しています。彦四郎の息子が精一郎ですから、系図上は男谷家・勝家となるにしても、金の力で幕臣の家を乗っ取ってしまった庶民ということになりましょう。徳川の昔からの恩顧の家臣でない者が家臣として大活躍するわけですから、大変妙なものです。

男谷家のブランドは形式的には昔から続く旗本であるにしても、内実は高利貸が金で乗っ取って息子（孫）たちを主人にすえた家柄なのです。本来の武士よりも素質ある庶民だったからこそ、幕末に活躍しえたにちがいないのですが、庶民の血の行方に関心がある私としては、男谷＝旗本を額面通りには受けとれません。

旧・幕臣として北海道の箱館戦争にリーダーとして参加し、降伏後、収監三年を経て明治政府の外交に貢献した榎本武揚の場合、いかにも生粋の武士タイプにみえますが、実はそうでもないのです。父・箱田真与（良助）は天文方の高橋景保や伊能忠敬に師事し、数学者・測量家として世に認められ、文政元年（一八一八）、榎本家（御家人）を一〇〇〇両で買い（支出したのは良助の父か）、榎本家の娘と養子縁組し、その間に生まれたのが武揚ですから、勝家のケースとよく似ています。但し、榎本家は剣客筋ではなく、長崎海軍伝習所（勝家と同じ）やオランダ留学で学んだ内容からみても、技術から兵制・法律に及ぶ、幅広い学者・外交官タイプでした。

それにしても、幕臣そのもので幕末期に幕府海軍を背負った二人に、庶民の血が色濃く流れていたとは、妙なものです。

（加茂儀一『榎本武揚』（中央公論社、一九六〇年）

なお、ここに登場した庶民出身の剣客も、のちにはほとんど士分になっています。江戸の小日向（文京区）柳町に道場があった近藤勇の場合も同じです。尤も、当時は近藤や他の幹部たちの腕は、沖田総司（塾頭、師範代）は別にして、まだ未熟だったようです。

剣客だけクローズアップしましたが、道場に通う人たちの割合は、おそらく庶民層が圧倒的でしょう。広い意味での庶民による剣術の広がり、剣客の輩出こそ、問題にすべきです。

## C　民間の剣客たち——地方

江戸を中心に見てきましたが、実は、地方とても基本的には変わらないのです。

第五章で述べる集義隊の中核地である愛知県の江南市には、集義隊に参加する信濃屋喜兵衛の道場の人びとと共に、集義隊とは無関係な道場がもう一つ、つまり二つの道場が存在しました。この割合が尾張・三河、あるいは全国に当てはまるかどうか、江戸時代の道場の研究が全く遅れているので何とも判断しかねます。しかし、庶民の通う道場が、われわれの想像以上にあったと考えないと、幕末の剣術の流行は説明できません。

もう一つ道場の方を先に取り上げますと、丹羽郡中奈良村の伊藤東（あずま）（一八二一—一八九七）とその長男一刀太の武揚場（ぶようじょう）です（以下、寺沢英樹「尾張一刀太道場について」、『江南市史　本文編』第五編第一章の拙稿「庶民の中の剣術者たち」、『江南市史　資料四』、『愛知県教育史　第一巻』参照）。伊藤家は伊勢国松坂から移住したといわれ、三代伝右衛門のとき、即ち一九世紀初め、油荏（えごま）、味噌、大豆、溜（たまり）、塩などを売って財をなし、総高四三三石余、明治期には八一三石余に倍増し、中奈良村のみならず周辺を統轄する大地主でした。

三代伝右衛門の子・東左衛門の長子である東は、ひと頃美濃に住み、小野派一刀流の佐藤久松の門人となり、一八六二（文久二）年に弟（二男）東左衛門に家督を譲ると、翌年には、屋敷内に道場を設けました。佐藤久松は一八〇三（享保三）年、磐城平（いわきだいら）藩安藤信成が美濃国厚見郡一帯を加増された際この地におかれた役人で、道場をもっていました。東は、どうやらそこで学んだようです（信濃屋喜兵衛及びその一家も佐藤が師）。尾張藩の付家老成瀬家（犬山中心）の財政にも関与し、士分にも取立てられた東は、水戸天狗党の乱（一八六四〈元治元〉年）の武田耕雲斎ら一行に対し、木曽川沿岸の警備を担当しました。

東の二男二女のうち、長子は一刀太と名付けられました。剣豪伊藤一刀斎にあやかったといいます。一刀太（一八四六〈弘化三〉年—一九〇二〈明治三五〉年、または一九〇三年）は、父と同じように佐藤久松の門人となり、一八七〇年には父と同じく名古屋藩に召し抱えられました。一刀太は専ら羅卒（警官）に剣術を教え、大日本武徳会会員にもなっています。亡くなる頃には、武道場を中心に三九〇余人の門人を数えたそうです。一九〇三年に建てられた「伊藤東翁碑」は、仏教哲学者井上円了の選文によるもので、裏面には、親族六人のほか、門人三九〇人の二三パーセントにあたる九一人の名が刻まれています。寺沢英樹氏の研究によれば、門人は伊藤家を中心とした半径約五キロメートル以内に密集し、職業・身分については、農民が圧倒的です（判明した八七人のうち七九人、うち地主層は二〇人）。

この碑に刻まれた門人たちは、日清戦争前後以降、尚武の気風が高まった時期の門人でしょうが、伊藤家に残る「四海英名録」には、外部から道場を訪れた剣客の名が、一八六三（文久三）年から記録され、一八六八（明治元）年、一八六九年には二五、二六人とピークを記録しています。今では物置として保存されているこの道場を一見したところでは、きわめて狭く、同時に稽古できるのは、一、二組でしょうが、付属の畳部屋は、門人や来訪剣客の控え室・宿舎にも利用される広さがありました。

この道場の門から草莽隊の参加者がいたかどうか明らかではありませんが、それにしても、地主の家に道場があり、農民の門人が圧倒的に多かったとなれば、庶民の娯楽（？）の場としての剣術道場が立派に機能していたといえます。

秩父事件のあと北海道へ逃れた会計長井上伝蔵は、一八八七（明治二〇）年か、その翌年、大きな家を持つ札幌軽川の侠客（村上藤吉か？）の許へ立ち寄り、助けられています。このとき、伝蔵は、侠客の子分らに日本歴史や剣術を教えたといいます（新井佐次郎『秩父困民軍会計長　井上伝蔵』新人物往来社、一九八一年）。秩父にいるとき剣術をかなりたしなんでいなければ、剣術を教えることなどできるわけがありません。してみれば、伝蔵が住んでいた秩父でも剣術の道場があり、腕をあげたにちがいありません。時代が変化していましたから、秩父事件がいきおい鉄砲を主としていたのは当然とはいえ、剣術への過信が事件の底流にあったといえるかもしれません。

剣術→剣客→草莽隊というふうに単純に図式化することは適当とはいえませんが、幕末・維新期に各地で結成される草莽隊の指導層が国学・水戸学などの洗礼を受けていたにせよ、草莽たちが剣術を通じて武士を超える行動力と自信を身につけたことが大きいのではないでしょうか。あまりに奇想天外と非難されるかもしれませんが、私には、満州国で真面目に「五族協和」を夢みた人たちが巧みに利用され、翻弄されていく悲劇的流れと草莽（隊）の歩みとは、どこか似通っているように思えてなりません。

もちろん剣術だけでは、もう過去になりつつありました。鉄砲、それも新式の鉄砲を活用する時代に移っています。従って鉄砲を持たない草莽隊は、いかに意気壮んでも滅びてゆくほかありません。剣術組と鉄砲（大砲）組との間に意識のずれがあったにせよ、両者への理解なくしては行動できない時代でした。

その辺りのことを頭に入れつつ、相楽総三ら赤報隊（草莽隊）へと進みます。

## 五　戊辰戦争と草莽隊

### a　戊辰戦争の開始

戊辰戦争（一八六八―一八六九）は、ふつう一月三日の鳥羽・伏見の戦いから始まったとされます。これはどの本にも書かれていることで、戊辰戦争の「戊辰」がそもそも慶応四＝明治元年の干支であるのは、周知の事実です。確かに、一月二日、旧幕府軍は大坂を出発し、会津・桑名の二藩兵が先鋒、姫路・高松・松山（伊豫）・大垣・浜田・忍・笠間などの諸藩兵がこれに続き、淀川を経て鳥羽・伏見から京都を目指しました。

京都では、議定徳川慶勝（前尾張藩主）・同松平慶永（前福井藩主）が岩倉具視と連絡をとって戦争に至らぬよう協議していたところ、旧幕軍が京都に迫るとの報に、薩長二藩は戦意を決定的にしたといいます。

大久保利通は、二日夜、西郷吉之助に次のような手紙を送っています。

「慶喜上京相成候而者、実以難二取返一次第ニ立至候ハ必定候付、……若無二其儀一上京相成候得ハ、戦ハ窮而出来不レ申、今日ニ相成候而ハ戦ニ不レ及候得ハ、皇国之事ハ夫限水泡ト相成可レ申」

「是ヲ救ヒ返スニハ勤王無二ノ藩、決然干戈ヲ期シ、戮力（力を合わせて仕事をする）合体、非常ノ尽力ニ及ハサレハ不レ能ト被レ存候」

このチャンスを逃しては朝廷派藩が旧幕府（徳川慶喜）と戦うことはできない――というわけで、ここにみる強気の姿勢が翌三日の開戦に至るのです。

しかし、前日、つまり大久保の手紙の少し前の夕刻、実は兵庫沖ですでに海戦が始まっていました。大坂天保山沖に碇泊中の薩摩藩平運丸が鹿児島へ戻ろうとして抜錨するや、旧幕府の開陽、蟠龍の二艦がこれを追いかけ、砲撃を加えていたのです。平運丸は驚いて兵庫港に入って、難を避け、翌三日には、薩摩藩の使者が白旗を立てて開陽丸へ行き、榎本武揚になぜ不法攻撃をしたのかを糾問しました。榎本は、昨年末、江戸では薩邸浪士の狼藉に対し薩摩藩邸を庄内藩ら旧幕府側が焼き討ちする事件があり、両者はすでに敵対しているから砲撃は当然だ、と言い返しました。兵庫港にあった薩摩藩の平運丸、春日丸、二日に入港した鳳翔丸（後述）の三隻は兵庫港を脱出、西へ航路をとりました。このときには、すでに鳥羽・伏見の戦いは始まっています。春日丸には、のち元帥の東郷平八郎、伊東祐亨、井上良馨が乗っていたというエピソードが残されています（以上、維新史料編纂事務局『維新史』第五巻　一九四一年）。

さて、ここで焦点をあてたいのは、榎本が、旧幕府側と薩摩藩とはすでに戦争状態である、と発言していることです。これは、鳥羽・伏見の戦いの一〇日足らず前、一八六七（慶応三）年一二月二四日夜、幕府の命令を受けた庄内藩を軸にした六藩二千余人（羽後松山・上ノ山・前橋・西尾・鯖江）が、江戸高輪（現・東京都港区）の薩摩藩の（下）屋敷（及び支藩佐土原藩屋敷）を砲撃しているからです。この当時約五〇人いた草莽・浪士（大多数が薩摩藩士ではないことに注意）は、一〇倍以上の敵を相手に応戦したものの、死者・逮捕者を出し、品川沖に碇泊中の鳳翔丸によってかろうじて逃れました。これが事実上の旧幕府軍と薩摩軍（討旧幕軍）との開戦で、榎本の見解は当を得ているのです。

問題は、なぜ旧幕府側が薩摩藩邸の攻撃に踏切ったか、です。旧幕府側が後に大きな影響を及ぼすにもかかわらず、どうして戦端を開くような強気の態度に出たのでしょうか。

高輪の薩摩藩邸にいた「浪士」たちが、次の箇所を襲撃したからです。①下野国出流山（いずるさん）（現・栃木市）、②相模国荻野山中藩陣屋（現・厚木市）、③甲府城、④江戸二の丸焼き討ち。成功したのは④のみで、各所で事を起こし幕府の力を分散させる方法は、ことごとく失敗しました。一八六七年一一月から一二月にかけてのことです。うまくいかないとみるや、江戸の町の攪乱戦術に力点を移しました。ⓐ旧幕府に加担する家、ⓑ浪士を妨害する家、ⓒ洋物の取引をしている家（薩摩藩首脳は開国に転換しているにもかかわらず）、を狙って襲撃をし、幕府を悩ませる作戦です。「偽浪士」の行動も加わって、そこら中でいわゆる「御用党」が活躍し、江戸の町は混乱に陥れられました。幕府側が兵力の大坂集中を図っていたことも、浪士側に有利に働きました。

では、どうして薩摩藩下屋敷に薩摩藩士や薩摩関係者がごく少なく、浪士が多かったのでしょうか。浪士というと、「主家を離れ、禄を失った武士」「仕える主家をもたない武士」など、武士の一形態となりますから、「草莽・浪士」として武士にこだわらない方がよいのですが、先駆的な仕事をした長谷川伸氏が、『相楽総三とその同志』（後述）の中で使用しているので、ここでは、とりあえず、「浪士」と呼んでおきましょう。

以下に述べるのは周知の事実ですが、展開の都合上、触れておきます。一八六七年一〇月初め、あるいは九月末、薩摩藩の西郷隆盛が京都三条の料亭へ小島四郎（変名は相楽総三）を招き、薩摩藩の益満休之助・伊牟田尚平、遅れてきた大久保利通の五人で会合をもちました。相楽は下総の豪農の息子で江戸の赤坂に住み、旗本・酒井錦之助の家臣ということになっていました。おそらく、小島家が酒井家を経済的に助けた縁による形式的なものにちがいありません。相楽は国学や兵学を学び、やがて、京都でも活躍していました。益満は勇敢な剣客で知られ、山岡鉄舟とも親しく、のち、江戸開城に貢献します。「西郷が愛した男」と言われますが、さて、どうでしょうか。伊牟田は石高の多い医師の家来で城下より五、六里離れた所に住み、「刺客にでも仕はれたもの」という身分で、益満の輩下に位置しました。西郷が三人に託したのは、江戸で浪士を募集し、「まぜ返して来い。さうすれば（幕府側は）必ず兵を向けるであらう。其時は出たり隠れたりして充分にまぜ返して呉れ、其挙句には抵抗して来い」、そうすれば「開戦の名」が立つ、というのです。「西郷氏の目的は真の廃物利用で廃物人を集めて旧幕府の治安に妨害を与へて、唯戦端を開くべき用に立つのみの目的であったやうでありました」「末々にはつまらぬ者もありましたらうが」「然し集まったものは皆一廉の国家の用に立つ精神の者」でした。

要するに玉石混淆、前後合わせて五〇〇人ほど集まったといいます。

いま引用した部分は、『史談会速記録』（第一二、一三輯、いずれも一八九三年、原書房版合本、一九七一年から引用）の落合直亮（浪士幹部の一人）・市来四郎（薩摩藩士）の談話によったものですが、問「夜など切取り強盗などに出た者もあるのでありませうネー」、答「あります」、問「集まった浪士の中には、或は博徒であれ、若くは牢破り、さういふ者もありませうネー」、答「有った様であります」と落合が応じているのは嘘ではないでしょう。質問者が、「アナタ方は幾分か西郷の幕府困らせ策の犠牲にお立ちになったのでありますネー」と同情を示しているのは、真に迫っています。西郷は、禁門の変（一八六四）にしても、征韓論（一八七三、但し、これは実現せず）にしても、相手を怒らせ相手に攻撃を仕掛けさせる、というのがお得意でした。なかなか優れた策謀家です。前後五〇〇人の浪士を養う資金は、西郷の方から出したわけではなく、各地に顔のきく相楽総三が五〇〇〇両は出したそうです。高木俊輔氏の分析によれば、幹部クラスには豪農商出身者が多いので、彼らからの拠出もあったのでしょう。不足分は「押借り」で補ったのでしょうか。「御一新になりましたから助かったので、是れが銚子（ママ）（調子）が違ふと大賊である」（市来）との説は、乱世ゆえのものでしょうか。薩摩藩としては、①浪士のために部屋・食料を提供する、②幕府側の攻撃にあっても薩摩藩関係者の犠牲を少なくする、③そのため、下屋敷の薩摩藩系人間を減らし、家財道具を国へ運ぶ、――この対応をしていました。そこへ旧幕府側（庄内藩ほか）の攻撃ですから、衝撃は少なからずあるにせよ、痛手は比較的小さくて、戦争に持ち込む口実ができたわけです。

京都の政局は、倒幕の密勅、大政奉還（いずれも10・14）、王政復古（12・9）とめまぐるしいだけに、直ちに応答する通信のない当時としては、京都の薩摩藩（西郷ら）と江戸浪士との呼吸がぴったりあっていたとは必ずしもいえません。かなりズレも出ています。薩摩屋敷焼き討ち第一報を受けた西郷は一月一日付で、次のような手紙を蓑田伝兵衛（藩の中枢・久光の側役）に書き送っています。

「……大いに驚駭（きょうがく）いたし候仕合いに御座候。……何分様子相分からず候に付き、早々探索の者差し出し候儀に御座候。江戸において諸方へ浪士相起ち（た）、動乱に及び候趣に相聞かれ候間、必ず諸方へ義挙いたし候事かと相察せられ申し候。京都においても相響き候趣と相聞かれ、爰許（ここもと）にて壮士の者暴発致さざる様御達し御座候得共、いまだ訳も相分からず……。……乙名敷（おとなしく）罷り在り候趣は近比（ちかごろ）迄相聞こ得居り候処、右等の恐れこれあり、先（手）をいたし候ものか、残念千万の次第に御座候」（『西郷隆盛全集』第二巻、大和書房、一九七七年）

あとに紹介する卓抜な目良誠二郎氏論文は、「この時点で西郷が薩邸焼き打ちを予測も歓迎もしておらず、逆に浪士たちの早まった行動によるものと見ていることは、疑いない」としますが、私は必ずしもそうは思いません。目良氏は、その前に京都留守居役の吉井幸輔が益満・伊牟田に宛てて「先今日ハ戦ニ不ㇾ相成、……御鎮静被ㇾ下候様御一同へ宜御伝声可ㇾ被ㇾ下候」との手紙を引いています。この日付が王政復古の当日一二月九日だけにひとまず自重をうながしたのでしょう。私は以前、目良論文を受けて、これらを簡単に紹介し、次のように述べたことがあります。

「たしかに、薩摩藩邸が襲撃されたのを、「してやったり」と拍手するわけにはいかないし、この後の不安材料も沢山ある。宛先の蓑田にこのように表現しておいた方が、万一討幕に失敗した場合、久光に対する弁明にもなる。しかし、江戸薩摩藩邸（下屋敷）の薩摩人をすでに多数引き上げさせて万一に備えていたことから推せば、西郷の周到な韜晦（とうかい）をこそみるべきではなかろうか」（「赤報隊の悲劇」、都築亨編『近世東海の群像――江戸と上方の間に生きた在の知恵――』〈青山社、一九九五年〉所収、本書第八章）

先の「史談会速記録」に登場した落合直亮が後年残した手記「薩邸事件畧記」は、薩摩藩鳳翔丸に乗船し、紀伊国尾鷲に至って陸路をとって鳥羽・伏見の戦いが起ころうとする三日、京都に入ったことを記しています（但し、相楽たちは船に乗ったまま）。

「氏（西郷）喜デ曰ク、予去月三十日ニ江戸藩邸ノ事件ヲ聞ケリ。予ハ作三日ノ戦争ハ遂ニハ起ルベシトハ推考セシカドモ、此ノ如ク速カナラムトハ思ハザリキ。然ルニ此戦争ヲ早メ徳川氏滅亡ノ端ヲ聞キタルハ、実ニ貴兄等ノ力ナリ、感謝ニ堪ヘズト」

目良氏は、これは一八九〇（明治二三）年の聞き書きだから、薩邸焼き打ち事件に至る浪士たちの行動を讃えていると額面通り受け取るのは正しくなく、そのことは、ここに続く「畧記」の部分にこそ、西郷の本質が表れている、といいます。

「此時本船（鳳翔丸）ハ神戸ニ着セリト雖モ、会（津）藩ノ為ニ擁撃セラレテ上陸スル能ハズト聞テ、西郷ニ応援ヲ乞フ、兵寡（スクナ）シトテ応ゼス。将満（相楽）等長芸二藩ノ応援ヲ得テ上陸スルヲ得タリ」

（傍点、秦）

兵が少ないからと、救援を拒否している西郷のこの対応の仕方に、相楽に対する評価の低さ、つまり、あくまでワン・ノブ・ゼムに過ぎなかったのではないか、とするのです。しかし、実際この頃は、西郷も超多忙で、薩摩兵をあちこちに出兵させる（あるいは兵を集中させる）関係上、兵を割く余裕がなかったことも事実でしょう。

私は、長谷川伸『相楽総三とその同志』が、岩倉具視の草莽抹殺の冷酷さが相楽らを犠牲にしたとするのは適切だとしても、西郷に対するあまりにも甘い視点には反対ですが、さりとて、このときの態度から直ちに相楽を無視している証拠とするのは、少し厳し過ぎる見解に思えるのです。「東国の浪士も地利国情は得候事には候得共、格別智謀の士も御座なく候……」（一月二三日、大久保一蔵（利通）宛手紙、『西郷隆盛全集』第二巻、前出）の如き「東国の浪士」をあまり評価しない傾向は、その後に影をおとすことを忘れてはいけませんが……。

話の焦点がそれてしまいました。ここで私が強調したいのは、戦争は、慶応三（一八六七）年一二月二四日、つまり戊辰ではなく、丁卯の年末に、幕府側による薩摩藩下屋敷への砲撃をもって始まった、とみるべきではないか、——ということです。その前の薩邸「浪士」の幕府側要所の攻撃を重視する見方もありうるかもしれませんが、これらは殆ど失敗に終わっているし、次の江戸攪乱も散発ですので、その後に誘導された幕府側の攻撃こそ起点が明確であり、強調されるべきではないでしょうか。だからこそ、立場が違う西郷も榎本も共に〝すでに開戦〟と見做したのではないでしょうか。丁卯戦争といえなくもありませんが、戦争の中心は戊辰の年ですから、名称はこのままにしておきましょう。相楽総三や赤報隊というと、次に取り上げる年貢半減令問題に力点をおくのが常ですが、それはさておき、開戦への道程をもう少しこまかく追究しては如何でしょう。

この視点に立てば、薩摩藩下の草莽（隊）による開戦という実態も鮮明になります。だが、同時に、草莽（隊）の活躍が目立ち自信を持てば持つほど、藩直属の正規兵から反発や嫉妬を招くことにもつながります。

## b　年貢半減令とその撤回

幕末～明治期についての優れた研究者で東大史料編纂所所長・国立歴史民俗博物館館長であった宮地正人氏は、「幕末維新史の史科学」（「歴史研究の最前線」三号、吉川弘文館、二〇〇四年）で言います。

「戦前維新史通史の最高傑作といえば、私は、ためらいなく文部省編『維新史』五冊本（プラス索引、史料編別冊、一九三六―四三年）を挙げます。……幕末維新期の二六年間の史実が広く深く確認された上での歴史叙述と評価・判断となっており、実証主義の典型といっていいものです。近年のさまざまな異説・新説と比較して、私はますますこの感慨を強めているのです」

この文（講演）は、元所長として戦前の公的史料編纂の意義と成果を顧みたものですから、いきおい、高い評価になるのは当然かもしれません。事実、先に触れた薩摩と幕府の軍艦が遭遇する箇所など類書にないものがあります。

ところが、この『維新史』第五巻を繙いてみても、いわゆる年貢半減令とその撤回については何も記されていません。この空白を見事に衝いた長谷川伸氏『相楽総三とその同志』は、民間史学ならではのすばらしい仕事でした。その意義についてはあとで触れるとして、私は高木俊輔氏ほどの立派な仕事は全くしていませんが、長谷川伸本を高校二年のとき読み感動して以来、関心だけは持ち続けてきました。

①「年貢半減——明治維新ノート——」（東海高校社研部機関誌「世紀」六号、一九五五年、高校三年）

②「年貢半減令始末記——戊辰戦争における東山道軍の年貢半減令とその撤回をめぐって」（一九五九年、大学三年のときの洞富雄先生へのレポート）

③「赤報隊の悲劇」「『夜明け前』と『山の民』」（都築亨編『近世東海の群像』所収、一九九五年、前掲、第八章参照）

右は、年時によって少しは進歩しているものの、江馬修『山の民』にも刺激を受け、相楽総三と竹沢寛三郎（飛騨国取締）を『相楽総三関係史料集』『飛騨史料』他の史料を重ね合わせながら書いた拙い内容です。

年貢半減令をめぐる研究は、長谷川伸本に登場する人物をカード化して研究を進めたといわれる高木氏によって、本格的に深められました。

Ⓐ高木俊輔『維新史の再発掘』（NHKブックス、一九七〇年）

Ⓑ同『明治維新草莽運動史』（勁草書房、一九七四年）

ⓒ同『それからの志士　もう一つの明治維新』（有斐閣選書、一九八五年）

一九九〇年代に入ると、高木氏以外の研究者によっても著しく進展しました。この背景には、家永教科書裁判の争点の一つがここにあったこともあるようです。年貢半減令は朝廷から何ら約束していないのに、相楽総三らが勝手に布告したもの、という文部省側のクレームに対して、研究に一層力が入ったからでしょう。

私が知る限り、注目すべき文献は次の通りです。

Ⓓ目良誠二郎「年貢半減令撤回に関する岩倉父子の書翰をめぐって」（海城中学・高校「研究集録」第一四集、一九九〇年）

Ⓔ宮地正人「『復古記』原史料の基礎的研究」（東大史料編纂所「研究紀要」第一号、一九九一年）

Ⓕ原口　清「「年貢半減令」は朝廷がだしたのではなかったのか?――草莽隊記述への検定について――」（教科書裁判〈第三次訴訟控訴審の証言「意見書」〉、一九九七年?）

Ⓖ佐々木克「赤報隊の結成と年貢半減令」（京大人文科学研究所「人文学報」第七三号、一九九四年）

それぞれ力のこもった精緻な研究で、教えられるところが大きいのですが、①年貢半減令そのものが出されたか否か、②出されたとすれば、どこから出されたのか、③いつ撤回されたのか、について誰にも判りやすい先駆的仕事は、目良氏の史料紹介です（但し、目良・宮地両氏の仕事は殆ど同時なのかもしれません）。

一つは、岩倉具定から父岩倉具視への手紙です。目良氏が国会図書館憲政資料室の「岩倉具視文書」中の「東山道督府書類」から見つけ出したものです（以下、読みやすくするため、句読点を加えました）。

「（略）

一年貢半減も大分夫々御施行候哉ニ申来候得共、今日ニ而ハ又朝儀御止メニ相成候哉之儀、実以不㆓容易㆒儀ニ付、如何仕候哉ト苦心仕候。何分ニモ一旦以㆓朝命㆒半減ト御沙汰有㆑之候以上、猶御止メトハ甚申難ク、夫々申候処々ハ如何之所置ニ仕候哉、是又伺度候。

（略）

正月廿六日認　（岩倉）具定」

言上

内容

この手紙で、①いままで、朝廷が年貢半減令を出していたことを認めた上で、（実施されたとしても年末だから具体化されていない。昨年未納の分は別）、②年貢半減令を朝廷が廃止したのは、なぜか、③いまさら廃止とは言いにくい、どのように処置すべきか、——と質問しています。

撤回はいつか。これより先、岩倉具視の輩下香川敬三（水戸藩出身の草莽）第五章参照の一月二二日付手紙に答えて、岩倉具視が否定していたのです。

「此事よわり（弱）苦心候得とも不レ被レ行、別帋に申入候通り也。乍レ去民心を治る事口実而、已に而ハ決而不レ可レ成候間、臨機之所置を以而大ニ民心をとるへく候。乍レ去散財穀之筋ニ而半減をやるハ不レ可レ然事」（所蔵、前に同じ、「岩倉旧蹟保存会所蔵文書」所収）

別紙に書いた通り、①年貢半減令には弱るところだが、中止するほかない、②いかに民衆の心を捉えるか、臨機応変の処置をとらねばならない、③しかし、民衆の心を捉えるため年貢半減令を出すのは拙い。——というのです。一月二四日あたりの具視の返翰を受けて、香川から最初に掲げた撤回命令が具定らに届いたので、そこで具定から父具視への、なぜ撤回するのか、と問う手紙となったのでしょう。当然、具視から説明の手紙があった筈ですが、それは見つかっていないとのことです。

その代わりに、具視からの手紙に対する一月二六日付の具定・具経連名の返信があります。「東山道督府書類」の中にあるそうです。

「（略）

一年貢半減之儀御施行難レ被レ遊趣キ承知仕候。貧民共江能金穀ヲ散シ、王化ニ服シ候様可レ致旨奉レ畏候。

但シ、金穀之儀者奸大名等己ニ一両藩有レ之候間、当分御預リト仕、其金米ヲ以困民ヲ恤ミ候様可レ仕候。……

（略）

正月廿六日午刻

八千麿（具経）

具定」

文中にある「貧民共江能金穀ヲ散シ王化ニ服シ候様」にあたるものが、宮地氏Ⓔ論文に、『復古記』には、そのままないものの、『復古記』原資料として一月二七日の条に紹介されています。宛先は「将軍宮并所々出張惣督江」。「天領与称し来候徳川之采地及賊徒之所領」について、「当年租税半減」「去年未納之分も可二為同様一」を消去して「先無告之貧民天災ニ罹リ、困難之者江は夫々御取糺之上御救助も可レ有レ之候」。前の文と消去した文を同時にみれば、その変化がはっきり読み取れます。「御救助」が限定的過ぎて、具視の方が冷たく感じられるのは、息子たちの方が、「金穀を散シ」「王化ニ服」すことに積極的であったからでしょうか。目良氏前史料の中から、具視の政策転換の巧妙さが伝わってきます。宮地氏の次のコメントは、いままでの研究の混乱をひとまずしめくくる重要な結論です。

「半減令の撤回は伺に答える形でのみ表明され、半減令撤回の布告はまったくなされなかった」（傍点、秦）

さて、年貢半減というと、相楽総三に結びつけて論じられることが多いのですが、もう少し視野を広げてみる必要があります。高木書にもあるように、大和天誅組の変、生野銀山の変（いずれも一八六三）には、年貢半減が民衆に伝えられています。今日、野党が減税を主張して与党を追い込むような面があったのでしょうか。一八六六（慶応二）年の岡山の一揆でも、要求項目の一つに年貢半減があることを高木氏は指摘しています。

一般的でかなり漠然としたスローガンであるものの、相楽らの上にある西郷も一八六八（慶応四）年一月一六日の蓑田伝兵衛宛の手紙で、興奮気味に次のように書いているのは、彼もまた推進者の一人であったことを物語っています。

「東国は勿論、諸国の内、是迄徳川の領分、旗下士の知行所共王民と相成候得ば、今年の租税は半減、昨年未納も物も同様被㆓仰出㆒、積年の苛政を被㆑寛（ゆるめられ）候事に御座候」

Ⓕ原口「意見書」が指摘しているように、「天皇＝朝廷」から「被㆓仰出㆒」たことはいうまでもなく、西郷が働きかけたか否かは別として、西郷自身が「被㆓仰出㆒」などと勝手に言うわけはありません。

以前、原口氏の『戊辰戦争』（塙書房、一九六三年）を読んだとき、私は次の註（第三章第一節）に注目しました。他の研究者からその後言及されていないようですので、少し長いが註全文を引用してみます。

「年貢半減令は一月十二日に布告されているが、同十四日、政府が長門・安芸・備前三藩に山陽道諸藩の向背を問わせ、旧幕府の調査を命じたときには、まだ年貢半減をうたっていた（『復古記』〈第一冊〉五五七頁）。ところが同月二十七日、三道鎮撫使および関西諸藩に命じて旧幕領の土地台帳を提出させたときには、年貢半減については一言もふれていない。これに対する諸藩からの伺に対しては、口答で年貢半減令は取消しになった旨を答えている（「章政家記」〈同上〉七四六頁）。つまり正月二十七日の若狭・越前諸藩宛達書の中には、年貢半減令が含まれているが、これは連絡不便のため取消しがまた達しなかったせいであろう。というのも、三月五日に、同総督府の加賀・越中・越後諸藩に対する達書には、年貢半減令はとりのぞかれているからである。しかし、奥羽・北越地方で戦況が困難をきわめると、政府軍は年貢半減の布達をしばしば行っている。たとえば、六月に北陸道副総督四條隆平は在越の会津・桑名領の年貢半減を布達し、平潟口でも八月に田租の全免あるいは半減令を下し、越後でも八月に全免令を

だしている」（傍点　秦）

ここでは、いままで東山道・東海道に目が向いていたのを一転して他道へ関心を払い、①山陽道で年貢半減令、②若狭・越前諸藩宛達書の中に、年貢半減令（のち取消しか）、③戦況が激しくなると越後の会津・桑名の各藩領に年貢半減令、④八月に平潟口で田租（年貢）の全免・半減を布達していることが判ります。①②は全国的流れと一致するものの、③④となると、そのときの状況に応じて民衆を味方につけるため、いったん撤回した年貢半減令をまたもや地域を限って復活させているのです。八月という月は、通達取消しの遅れなどというものではありません。私たちは、政治なるもののご都合主義をそこにみてしまいます。もちろん、結局は取消され、実施されなかったでしょう。しかし、原口氏のこの指摘はもう少し注目すべきでしょう。

原口清氏は一月一二日布告を最初のものとしていますが、これは正確ではありません。一月四日、山陰道鎮撫総督の西園寺公望が丹波の村々へ与えた檄文にすでにあります。これが最初でしょう。

「一王政復古に付ては、是迄幕吏の悪弊を相改め、土民安堵の御処置なされ候間、いささかも疑惑致すまじく候事。

一会津・桑名等へ一味の賊徒御誅伐に付、勤王の志有の輩は、各武具得物相携え、速やかに官軍へ馳せ加はるべき事。

一官軍へ加はり候村々は、当年限り年貢半納の御沙汰之あるべき候。若し孤疑いたし、不参せしむるに於ては、其一村立どころに御誅罰相加へらるべき事。

戊辰正月四日

」

（仲村研『山国隊』学生社、一九六八年）

二条目は、武具などをもって「官軍」へ参加せよ、といういわば農兵の徴募を前提とし、二条目は、参加村々に対してのみ「年貢半納」と、内容も表現も後のものと異なっています。幕領と限定もしていないし、のちにみられない「半納」という妙な言い方です。しかし、年貢半減令の最初の形態として、この檄文を無視することはできません。これは相楽らの献策以前に、朝廷側で年貢半減（半納）の考え方が存在していたことを物語るものです。

このあたりをたどってくると、相楽総三ら赤報隊（のうち相楽を隊長とする一番隊）は、とりわけ歴史に翻弄されたという感を否めません。「至って精神家で膽力もあり、先づ凡人ではなかったのでござります」「夫故先づ頭（かしら）にして不服を申した者もござりませぬ」（落合直亮談話）、「ちょっと見ると怖いようだが、非常に優しく気性は上に強く下に弱かった。是なりと信じたら梃子でも動かない。そういったことが欠点だ」（藤井誠三郎〈蜂尾小一郎〉談話、いずれも『史談会速記録』）――これは浪士の語る相楽総三のプロフィールですが、「是なりと信じたら……」というあたりが、「その後」を考える老獪（ろうかい）な政治（家）と衝突する破目になったのでしょうか。しかし、同じ年貢半減令がらみでも、飛騨の竹沢寛三郎と違いすぎます。「……足下ニ於テハ天下ヲ治ルノ大要ヲ知ラズ。漫（ミダリ）ニ民心ヲ取ントシテ、一時之小悪ヲ施シ、年貢半減ヲ許シ……以テノ外ニ事ニ候」（二月一一日付、東山道総督府の竹沢への出頭命令、『飛騨史料』）と叱責されながらも、三月に武蔵国忍藩預けになり、一〇月に許され帰郷したのに較べると、相楽らへの処置は重すぎます。高山と東山道の重さのちがいが影響してか、取り調べもなく下諏訪で逮捕→処刑→梟首（きゅうしゅ）（三月一日〜三日）となった相楽ら八人は、いかにも見せしめのための残酷な処置の犠牲者です。

判決文には「年貢半減令」の文字はないものの、そのPR活動への厳罰も含まれていたことは、否定できません。これまでの「功績」から、入牢→取調べ→釈放というプロセスもありえたと思われます。そのことを進言する人がいなかったのでしょうか。年貢半減は、幕領→抵抗諸藩、さらに→朝廷側諸藩へと広がっていくだけに、そもそも無理があったように思われます。責任を他に転嫁していくあざとさは、岩倉はもちろん、西郷にもあったでしょう。

私がかつて「赤報隊の悲劇」（第八章）で書いたように、西郷がその輩下の益満休之助や伊牟田尚平を救おうとしない態度にも疑問を感じています。二人の死について「江戸攪乱という事実そのものを歴史から抹殺したという暗鬱（あんうつ）な力が、背後に動いていたのではないか、との疑いを抱かざるをえない」とした文は、依然として有効なのではないでしょうか。

### c　長谷川伸『相楽総三とその同志』と田中惣五郎『北越草莽維新史』

相楽総三ら草莽の悲劇を最初に明らかにしたのは、長谷川伸氏の功績です。歴史研究者の中には、作家の仕事であるとか、ノンフィクションであるとして（つまり証明する史料を示す註がない）、研究ではないとひそかに考えて、その仕事を過小評価する人がいるようですが、研究とスタイルは違っていても、立派な仕事であることは否定できません。もちろん、キイ・ワード「勤王」の価値基準、岩倉に較べて西郷への甘さ、相楽総三への思い入れなどの古さは否定できないにせよ、開巻の「木村亀太郎泣血記」のような魅力的なドキュメントを書いた歴史研究者があったでしょうか。これ以前に関東の草莽の活動を明らかにした研究者があったでしょうか。長谷川本以前と以後と、維新研究者の対応が格段に変化していることに注目すべきです。今では、先にも挙げたような研究（Ⓐ〜Ⓖ）が出て深化していますが、最初に鍬をとった人を忘れてはいけません。

「ある限界の中での充実した仕事は、たやすくこれを超えたつもりの仕事より、しばしば、もっと先まで見通させるものを内に含んでいる」

これは、佐藤忠男氏『長谷川伸論』（「苦労人の立場」の章、中央公論社、一九七五年）の中の一節です。実に含蓄のある言葉です。

ただ、教科書裁判をみても、文部省側の証人はもちろん、家永側の証人の中にも、このことを理解できない研究者がいたようです。永原慶二『20世紀日本の歴史学』を読んで考えたこと」の副題をもつ大串潤児「多くの「宿題」のなかで」は、次のように指摘し、永原氏の本（吉川弘文館、二〇〇三年）に疑問を投げかけました（「歴史評論」、二〇〇四―二）。

学校教育を充分受けていない「在野の歴史家」の苦労人としての「経験」や「方法」をふくんだ作品、つまり長谷川伸氏『相楽総三とその同志』、上野英信氏『天皇陛下萬歳　爆弾三勇士序説』、森崎和江氏『奈落の神々・炭鉱労働精神史』などの作品を「「歴史を描く営み」の何処に位置づけるか。こうしたタイプの歴史家にとっての「経験の位相」は、歴史学の問題領域の拡大という主題のもとで見過ごされがちなのであろうが、重要な問題だと思う」というのです。これは大学出の秀才たちによるアカデミックな歴史学しか念頭にない永原慶二氏への鋭い指摘です。永原氏のような家永裁判を支援するいわゆる進歩的な研究者でさえも、案外古い枠の中でしか歴史（学）を考えていないのですから、問題はこれからも残ることでしょう。

『相楽総三とその同志』（新小説社）が一九四三（昭和一八）年の五月に出版されていることは、案外注目されていません。一九四三年とはどのような年でしょうか。年表を繰ってみると、四月、山本五十六連合艦隊司令長官戦死、五月、日本軍アッツ島守備隊全滅、九月、イタリア無条件降伏、一〇月、学徒出陣、中野正剛逮捕・自殺、一一月、大東亜会議開催、カイロ宣言、一二月、徴兵適令の一年引下げ、――などなど、日本及び三国同盟劣勢（イタリアは降伏で二国同盟へ）が明らかになって、日本の敗戦も近いのを知る人ぞ知る、年です。長谷川伸氏は反戦論者ではありません。この戦争にはたくさんのお金を寄附したそうですから、一

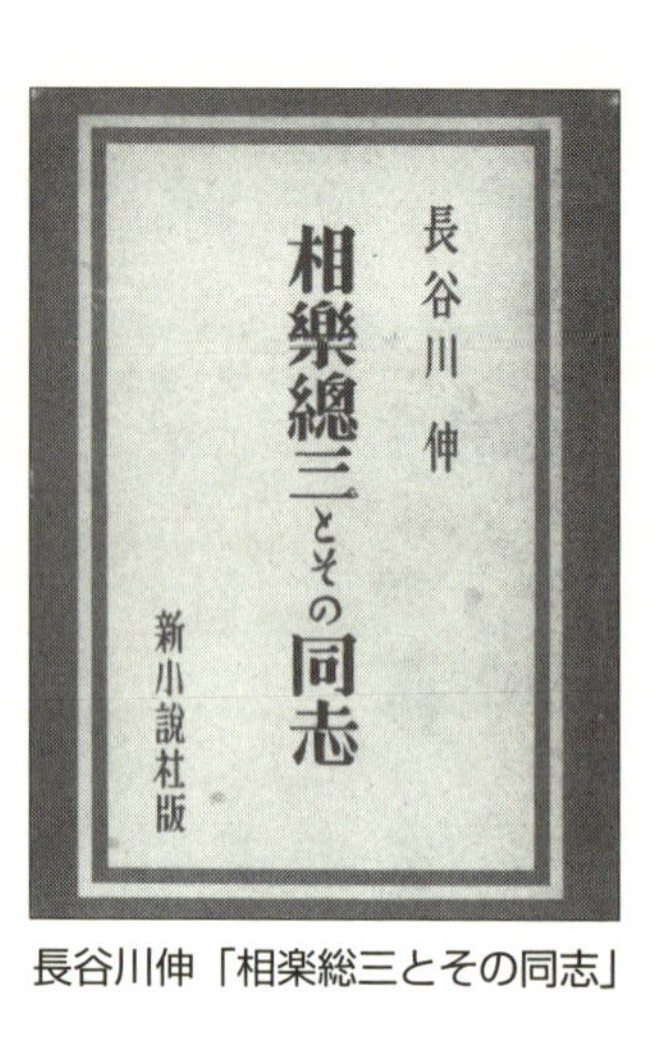

長谷川伸「相楽総三とその同志」

田中惣五郎「北越草莽維新史」

般国民と同じように、いやむしろ、それ以上にのめりこんでいたのかもしれません。しかし、専門の将兵だけでなく、一般庶民が次々と徴集されて死んでいくことに対して不安を抱いていたにちがいありません。『相楽総三とその同志』を書き始めたのは数年前の雑誌連載からでしょうが、出版事情が悪くなりつつあるこの年に敢えて出版したのは、藩士＝正規兵たちが後方にいて、草莽・浪士＝非正規兵が前線で利用され、あげくの果ては捨てられて処刑されていく維新期の政治、つまり〝狡兎死して走狗烹らる〟のような状況とがオーバー・ラップすることを痛感したからではないでしょうか。おそらく、彼の弟子たちやその周辺で徴兵され、帰国しなかった人びとへの無念もあったことでしょう。

彼は、これとは別に、戦争中にはとても出版できない仕事を進め、一部を雑誌に発表しました。『日本捕虜志』（上・下、時事通信社、一九六二年）です。系統だったものではなく、一種のエピソード集で、明治時代の日本人がいかに捕虜を大切にしたか、を明らかにしています。今日からみれば、思い入れによる選択の片寄りが多少はあるにせよ、「生きて虜囚の辱めを受るなかれ」（戦陣訓）が生きている中での仕事であることを思えば、「戦争中にはとても出版できない」意味が判ります。いまではヒューマニズムの大切さといえましょうが、長谷川氏にあっては、戦争（＝対立）はしていても、「人情」がいかに大切かを常に考えていたからです。（戦後の『印度洋の常陸丸』一九六三年も、これに連なるドキュメント）。
　同じ一九四三年の四月、つまり、ほとんど同時期に出版された本に田中惣五郎氏の『北越草莽維新史』がありあます。田中氏は、のちに明治大学の教授になり、『幸徳秋水』『吉野作造』『北一輝』つまり近代の思想家の伝記三部作を著した堂々たる学者です。しかし、学歴も乏しく、戦時下で、維新期の伝記・読物を執筆している、まだ若き研究者でした。私も高校の頃、戦争中の読物風著作に親しんだことがあります。しかも、この『北越草莽維新史』は長谷川氏の『相楽』と同じように史料を駆使した考証的読物で、長谷川氏の本よりは学問的といえるでしょう。その分やや読みにくい研究です。二人の学歴のない苦労人の手で、同じ頃、草莽（浪士）に関する著作が世に問われたのは、偶然とはいえ、実に興味深いものです。長谷川氏が戦後の改訂版で田中氏の本に触れているのは、よほど心強く共鳴したからでしょう（但し、晩年のメモのため、書名が不正確）。

　田中氏は、「序詞」で「一筋に錦旗につながる草莽のこゝろを探りえたことを喜ぶ」とか、「大政翼賛会地方文化会、文学報国会、言論報国会」で、「庶民がいかに天朝につながって居たかを明らかにすることは……」などと、長谷川氏より若い新人だけに出版のためやむをえない事情があるにしても、同時代の時局にかなりすりよったコメントをしています。それに引き替え、長谷川氏は「紙の記念碑」「筆の香華（こうげ）」としつつも、「自序」で（もちろん本文中でも）時局に全く触れていないのは、当時としては驚くべきことです。一見進歩的な研究者（田中）の時局への「饒舌」と、一見保守的な作家（長谷川）の「沈黙」と対比すると、若い頃、田中惣五郎氏の愛読者であった私でも、長谷川伸氏のありように敬意を表せざるをえません。捕虜の史料蒐集と共に、見事な生き方です。「人情」や「義理」を過去のものと一蹴するわけにはいきません。

　ただ、「錦旗」や「大政翼賛会」へ収斂（しゅうれん）する一方で、田中氏が次のように本書の内容や目的を披瀝していることは、今日としても大いに汲むべきことに違いありません。

「…庶民を中心にした基底的なものに最も慾念があり、この方面にむかっていささか勉強したい」

「その中で、いささかこの慾念に近いものといへば、この「北越草莽維新史」一遍（編）がある。庶民史は、資料的に見て最も地方的のものであり、地味な、さりげない資料の中に横たはるものと考へて居る私は、無名の士にして尚且つ漁りうる範圍として、これを郷里の越後に求め、ここからはじめることにした」

「…従来の維新史の史実に若干の添加と訂正を求めえたことに満足を感ずるものである。況んや、庶民上層部と藩、庶民と藩士、庶民の階層による運動形態の種々なる相違と差別、地主と商人、儒者と浪人、その他の人々の運動振りと、…それぐの萌芽を見せて居ることに興味をもつものである」

一面では戦中の時局に添いながらも、戦後の歴史学を特徴づける「地方史」と「民衆史」に戦中から深い関心を寄せ、事実、社会運動史の開拓者の一人ともなったのが田中惣五郎氏です。作家の長谷川伸氏による、マイナーな人びとを発掘するノンフィクションと重ね合わせてみると、二人の先駆者としての成果が忘れられかねないのを残念に思うのは、ひとり私だけでしょうか。

## おわりに――林屋辰三郎の「草莽」像

草莽をめぐって、「私」を挿入するなど、あれこれとまとまらぬ文章を綴ってきました。

先に挙げた寺尾氏の著書は、本人が断っているにも拘らず、さながら草莽人名辞典の態をなしています。「地上にすくっと立つ指揮者」「天下のためにすくっと立った庶民・農民」「常民のなかの土着としてすくっと立ちあらわれてくる者」と、ある頁に三回も登場する「すくっと立つ」という表現に、何よりも「草莽」の本領が強調されます。寺尾氏が理想に描く革命家像を優先するため、高木俊輔氏の「バイプレイヤー」との表現を不服とし、「維新革命における超一流の志士」と評価し、「革命の交響楽は第一バイオリンだけでは成立しない」と厳しく批判します。ここでは、二人の彫琢する草莽像から少し離れ、ロングショットで捉えた見方を紹介して、結びとしましょう。

それは、どちらかといえば、中世・近世初期の専門家で広い視野に立つ碩学・林屋辰三郎氏の「幕末期の文化的指標――幕末文化研究序説――」（同氏編『幕末文化の研究』所収、岩波書店、一九七八年）です。氏は、三つの幕末、即ち、㈠鎌倉、㈡室町、㈢江戸、を同時に提示し、各時代における抑制しがたい民衆勢力として㈠悪党、㈡足軽、㈢草莽を挙げます。彼らを突き動かす内乱への契機となったのは外圧で、㈠モンゴルの襲来、㈡ポルトガル・イスパニア人の渡来による鉄砲・キリスト教の伝来、㈢欧米の要求による開国、を指摘します。㈢をこまかく見れば、海外情報から国家構想への進化、遊学の精神から私塾の発達、剣術修業、時事問題の討議のための交流、舶来物の入荷による国内生産の変化、に及びます。

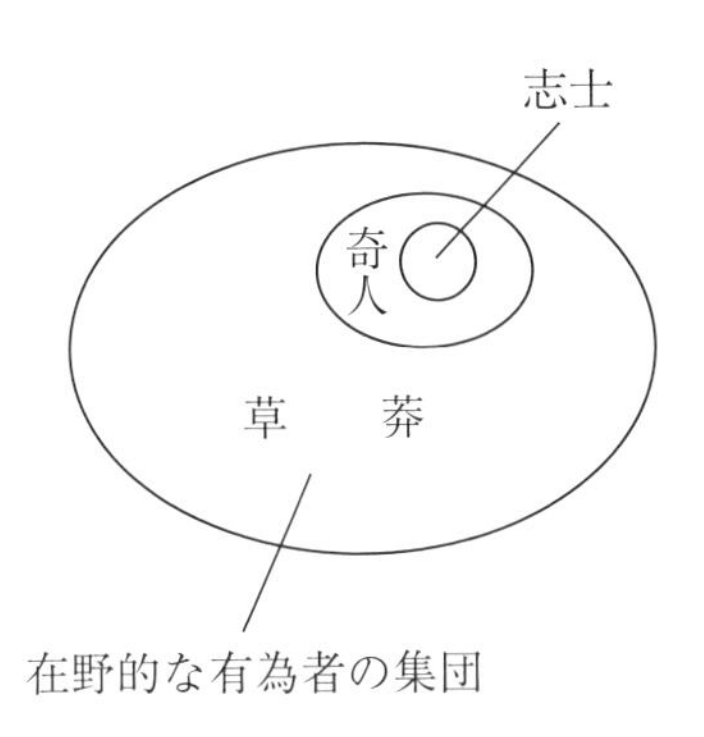


㈢の文化として「奇」「異」、とりわけ、近世後期の「奇人」の登場に着目、寛政の三奇人（蒲生君平、林子平、高山彦九郎）、『近世畸人伝』（伴蒿蹊（ばんこうけい）、寛政二〈一七九〇〉年）が例示されます。氏は、吉田松陰が佐久間象山の甥北山安世に「奇児異議の士なれば」（傍点、

秦）と書き送っていることや、ひいては長州藩の正兵に対する奇兵隊（傍点、秦）にこだわります。象山の甥北山が「奇」である象山の見識につながるものであると共に、この手紙に有名な「草莽崛起論」が含まれることから、「草莽」「奇」が自ずとオーバーラップしてみえます。

林屋氏にあっては、私が図解したように、草莽の中に奇人あり、奇人の中に志士が含まれる構造と認識されています。

「異国船」「異人館」といった「船来物」を通して海外智識を得、やがて開国に至る、という意味で、異は「開国」に通ずるとします。氏にあっては、幕末の美意識を、「ばさら」「かぶき」を系譜的にうけつぐものと考えられていますが、この点に関しては、浅学の私には理解不充分です。

草莽というと、江戸時代の幕末につい目が集中しがちです。日本の歴史をもう少し広く見渡してみることの大切さを教えられました。

この辺りで、文を閉じることにしましょう。

# 第二章

# 農兵隊と草莽隊

目次



# はじめに

## 農兵隊と草莽隊――どこが違うのか

私事から始めたい。

蟹江和子氏には、蓬左文庫に勤められているときの『名古屋叢書』の校正などや閲覧者への親切な対応から始まって、自治体史への参加、現在の名古屋大谷クラブ主宰の「古文書の会」への貢献に至るまで、その博覧強記によるアドヴァイスや抜群の古文書読解力によって、多くの方々がいつもお世話になっている。

蟹江氏は、参加された研究会で「草莽隊」が話題になると、早速、私に知らせて下さる。ある研究会で「尾張藩草莽隊」があると教えられて、少し遅刻して着席すると、私を知らないせいか、レポーター氏によって「秦氏」の書いたものが批判の対象となっていた。最初の部分を聞き洩らしたのは残念だったが、草莽隊と農兵隊が混線されている卒業論文の発表だった。農兵隊の研究としては興味あるものの、とまどったまま拝聴した。二〇〇四年のことである。この研究会で二〇一一年の春（?）、別の人が尾張藩の衽革隊（じんかく）について発表したレジュメに、私の「草莽隊」と「農兵隊」の文が引用されていたからと、コピーを下さった。拙稿「尾張藩草莽隊の成立」（前）（「東海近代史研究」第二六号、二〇〇四年　改稿して本書第一章）の五頁が引用され、衽革隊はどちらに属するのか、決めかねていたらしい。

そこで、この文章では、農兵隊の成立を中心に、その推移をたどることにしたい。

## 一九四三年の三つの研究

小野武夫氏『日本兵農史論』（一九三八年）、大山敷太郎氏『農兵論』（一九四二年）を別として、私にとって草莽隊についての先駆的仕事といえば、アジア・太平洋戦争の終盤に近い一九四三年発行の長谷川伸氏『相楽総三とその同志』（新小説社）と田中惣五郎氏『北越草莽維新史』（武蔵野書房）である。前者は「浪士隊」と表現し、後者は「草莽」の率いる「農兵隊」と表現する。もっとも、田中氏が一年半ほど前に著した『明治維新運動人物考』（東洋書館、一九四一年）の中で二章を割き、「農兵団の人々」という題でのちに取上げる越後国の居之隊（きょし）（方義隊改め）・北辰隊・金革隊・正気隊に触れている。そこでは、表題の「農兵団」といい、「草莽隊」といい、「民兵隊」といい、必ずしも一定していない。

戦後、一九四七年（陸井三郎訳、白日書院）、さらにあらためて一九五八年（大窪愿二訳、岩波書店）に出版されたE・H・ノーマン氏『日本の兵士と農民』の原本は、一九四三年にアメリカで出版されているから、奇しくも、先の長谷川・田中両氏の著書と同じ年に世に出たことになる。

ノーマン氏の著書は、「日本の支配階級が、明治政権の樹立からわずか四、五年ののちに、強固な封建社会の羈絆からぬけ出したばかりの国に、一般的徴兵制を導入することを決定した、その歴史的環境を手みじかに検討したものである」と「歴史的環境」をこそ重視し、「近代化のあらゆる部面が国の武装兵力を強化するという一義的な欲求に従属させられたのであった」とする。中でも、「藩の農兵の最も興味ある実例は、長州の奇兵隊の場合である」とし、高杉晋作や大村益次郎のような指導者を論じ、「奇兵隊は、上から強制され、幕府に向けられた一種の農民反抗である」との、ひと頃、しばしば引用された一節に続き、「歴史はこの少数ながら大胆な軍隊がいかに手剛い武器であったかを記録している」と記す。

奇兵隊が下級の武士と農民から構成され、多くの諸隊の先駆けをなしたことは今日では常識であるが、ここでは、農兵隊という範疇で論じられている。

ノーマン氏の文には、「強い性格であった大村は封建主義の窮屈な兵制に全く愛想をつかすようになったから、ある戦友が何かの会議のとき長い刀を帯びているのに腹を立てて、これに口をきこうとしなかったという話が伝えられているくらいである」とした上、発表時点（アジア・太平洋戦争中）で長刀を腰にぶらさげている日本陸軍の将校の姿を皮肉っている。

この頃の研究は、「草莽隊」と「農兵隊」を区別する視点は不充分で、一括して論じられ、いささか混沌としている、といえよう。「草莽隊」と「農兵隊」は、オーバーラップする面があるとはいえ、腑分けするようになったのは、第二次大戦後の日本の研究からであろう。

そこで、現在多くの研究者の間では周知の事実をまとめていくことにしたい。従って、これは私のオリジナルな研究ではなく、先学の研究成果をたどることに力点があり、私は一〇パーセント位しか寄与していないことを、盗作だなどと言われないために、最初にお断りしておきたい。私が参照した文献は多岐にわたる。いちいち註記するのはわずらわしいので、末尾に節毎の主な文献一覧を掲げ、これまでの研究に謝意を表したい。

なお、前の拙稿では、農兵隊の構成員を農民とは限らずに庶民兵隊の意味で使用すべきことを書き洩らしている上に、農兵隊はなぜ出来たのか、その歴史的背景への言及が不充分であったのが、混乱を招いたのかもしれない。そのあたりを考慮して、農兵隊の成立と推移に力点をおき、足どりをたどってみよう。

# 一　江川太郎左衛門家の農兵隊提案

## 江川太郎左衛門（坦庵）の農兵隊構想

農兵隊を抽象論ではなく、その必要性を具体的に深く考え提示した幕末の人物として、旗本の江川太郎左衛門を挙げることに異論のある人は少なかろう。

ここでは、享和元（一八〇一）年に生まれ安政二（一八五五）年五五歳（数え年、以下同じ）で亡くなった、英龍（坦庵〔たんなん〕）が中心になるが、三男の英敏、五男の英武を含めたほうが、その提案の継承を考える場合適切なので、代々共通の通称太郎左衛門を章題とした。

開明的な坦庵は、渡辺崋山（外国事情についての意見を仰ぐ）や高島秋帆（砲術の師）と親しく、そのために蛮社の獄・高島秋帆逮捕の危機に遭遇したが、何とか回避し、相模・伊豆・駿河・武蔵（多摩）・（のちの甲斐を含む）の各国八万石余の代官として、伊豆韮山〔にらやま〕代官所及び江戸役所で政務を担当し続けた。とりわけ、伊豆諸島と下田を含む伊豆国を支配する彼にとって、海防は一般論ではなく喫緊で実践的なテーマであり、そこから農兵隊の必要論（建議）が出てくる。農兵隊に触れたものに限って、次に掲げよう。

①天保一〇（一八三九）年五月「伊豆国御備場之儀ニ付申上候書付」

「農兵」は、訓練すれば国家の役に立つから、幕府から武器弾薬を貸与して調練させるとよい。上達した者に一、二人扶持を与え、緊急事態などで非常勤務につく場合には手当を支給し、功ある者へは褒賞を与えるとよい。

②弘化三（一八四六）年夏（閏五月、ビッドルの浦賀来航をふまえて、「急務論」草稿

限りなく長い海浜を、限りある「兵卒」（下級武士）のみで防禦するのはいかがか。私が先に論じた「農兵」でなければ叶えられない。

③嘉永二（一八四九）年五月（閏四月、下田でイギリス船マリーナー号の退去交渉成功）「農兵之義申上候書付」

伊豆韮山屋敷の最寄り支配所村々百姓どものうちから、「人物」を選び、農業の暇なときを見計い、砲術はもちろん「武術稽古」をしておき、「非常出張」のときに召連れれば、その場に臨んだ駆引きもしやすく、万一のときには「一廉（ひとかど）の御用」にも役立つ。もっとも、「足軽」に召仕うときは「帯刀」を許し、平日は「百姓並」に取扱えば、「農民」と同じである。彼らを召連れるとき、「砲術稽古」のとき、「苗字帯刀」を許すようにしたい。その際、「御扶持方」並びに「相当の御手当」を。

④嘉永三（一八五〇）年六月「豆州下田湊海防御備向存寄之趣申上候書付」

伊豆・駿河両国の幕府直轄領から農兵を取立てて備えたい。農兵について質問があれば、答申書を出したい。

⑤嘉永四（一八五一）年四月「豆州下田表御備向引請被二仰付一見込之趣御尋ニ付申上候書付」

兼て申上げておいた「農兵取立之義」であるが、下田備場に韮山役所から多人数を割けないので、家臣に限らず、「百姓・町人」からも優れた人物を選び、「下田御備場役人」の名目で五〇人、同じく「足軽」一五〇人を召抱え、私の全権で運営したい。

先に提示した②は、「笈底ニ秘ス」草稿だからさておくとしても、四回に及ぶ提案が反故にされた坦庵に

好機が訪れた。嘉永五（一八五二）年九月、川路聖謨が勘定奉行に就任し、その直後、坦庵をその下の海防係に任命した。だが、能吏といえる川路でさえ、坦庵の下田港についての「大砲鋳立て、御台場築立て、出張陣屋、居小屋取建て等」にはある程度理解を示したものの、「農兵、仕立て方により何等後弊生ずまじくとも申しがたく候間、右等の場合深く差含み、人物精撰の上、平生よくよく教育いたし、遂に屯田の姿に相成り候はば、永久の御手当に相成るべく候」と、農兵取立について疑問を呈している。弊害を川路が考えたのは、のちに触れる「世直し」一揆が武士・豪農に立ち向かうような反体制的勢力に成長する危険や、さらに（軍事）費用の増大などを意識したからであろう。

坦庵の反論が次に示される。

⑥嘉永六（一八五三）年一月「伊豆国下田湊御備向の儀、なほ御談じにつき申上候書付」

「まづおよそ百五十人と見積り人撰の上、平日は百姓、非常の節はもちろんの義、左なくとも下田陣屋または韮山屋敷に於て、芸術（技術）稽古の砌のみ苗字・帯刀差し免し候様仕りたく、……後弊も生じ申すまじく、往々は一廉の御用にも相立ち申すべく存じ奉り候」

③⑤と主張してきた坦庵の提案が一層熱をおびてきたことが読みとれる。とはいえ、幕府の腰はまだまだ重い。

## 徳川斉昭と江川太郎左衛門（英龍・英敏・英武）の違い

嘉永六年六月、アメリカのペリーが浦賀に来航したことから、幕府の方針にも転換のきざしがみえ始める。幕府の海防参与を命じられた前水戸藩主徳川斉昭が、七月に海防の根本策一〇条を幕閣に提出、さらに老中阿部正弘の質問に答えて「海防愚存」を発表した。その中に、「士兵」という表現で農兵への言及が見られる。これは、旗本の意見の段階にとどまっていた農兵が、幕府中枢の話題にまで進捗したことを意味する。

「御領・私領海岸要害の場所へ屯戍を設け、漁師等相交り、士兵相備へたきこと」

この見出しのもと、次のような解説がある。異国船渡来の節に城下等から人数をいちいち出していては費用も続かないから、「土地の漁師等」を兵のグループとし、「郷士等身分」の者を隊長にし、折にふれて「簡便の調練」をする。平常から万一の場合は軍功によって恩賞を与えると申し含めておけば、「筋骨丈夫、殊に海上鍛錬の者ども」が、あっぱれの働きをする。そのほか「城下遊卒等」から撰抜し、「屯戍」(国境を守る兵士の駐屯地)を設け、平日に「文武の修行」をさせる。事あるときには、「士兵」を指揮して「火砲ならびに槍剣」にて「夷賊退治」をすべきである。「士兵」を組織するため「双刀」を許し、「格式」「扶持」を与え、「実用」向きの、永久の「手当」をしたい(傍点秦、以下同じ)。

この斉昭の意見に、坦庵らは上申書を提出した。農兵に焦点をあてれば、次の箇所が重要であろう。

⑦嘉永六(一八五三)年八月「海防の義に向、前中納言殿御書取の趣き、拝見奉り候。存じ寄左に申上候」

「……異国人は小船の水主までも、ことごとく鉄砲を持ち居り、百人は即ち百人の戦争相成り候へども、四家(会津・彦根・川越・忍の各藩)人数の十分の一も戦争人(戦闘する兵)はこれなき由につき、……」

「夷国の風俗・人情を詳に相弁じ居り申さず候ては、間違ひ出来候わけにつき、蘭学の軍学・砲術を第一にて、多く飜訳仰せ付けられ候はば然るべきや、これ等は学問中の御急務に御座候」

「鉄砲・合薬等、公辺はじめ諸家にて十分に備置き申したしとの思召は、追々申上げ候通り、……」

外国船は下々まで武装しているのに、日本側は非武装の「無益の小者・中間」ばかり多く、武装し戦闘できるのは、一〇の一にも過ぎないとは、やや極論ではあるが、幕閣への、痛烈なショック療法でもあろう。

それだけに、この機会に斉昭の意見に乗っかって、下々にも武装させ、一歩も二歩も進めようとする。坦庵は「再考」の上、斉昭へさらに意見を追加する。⑦が「勘定奉行等」数人の意見であるのに対し、あくまで個人のものである。

⑧嘉永六（一八五三）年九月「水戸前中納言殿御書取拝見仕り候義につき、御含み願ひ奉り候書付」

坦庵は決して攘夷派ではない。ロシアは、アメリカと違い「至って礼を厚く仕」る国なので、ご英断を以って通商するのが急務であるとする。ロシアとの通商重視は、他の文書（一か月あとの一〇月）にもあるが、ここでは立入らない。

「……大筒（大砲）のみ製作仕り候趣は相聞え候へども、小筒（鉄砲）はあまり心と仕らざる様相見え申し候。畢竟小筒十分に備へ申さず候ては、事に臨み不都合の義出来仕るべく存じ奉り候」

坦庵の力点が銃隊としての農兵隊にあることが鮮明に浮び上がってくる。

ペリー来航下でも一向に進展しない農兵について、幕府より早く藩として先手を打ったのは、水戸藩であった。坦庵と違い攘夷論の水戸藩は、安政二（一八五五）年四月に、突然、アメリカ船が藩領の那珂湊へ来航したことから、農兵（隊）を実現することになる。九月に「郷士」以下「義民」数百人を「御備人数御組入」として、農閑期に砲術・剣術の訓練をさせることとし、勤務中は「帯刀御免無レ之」者も勤務中は許された。

安政五（一八五八）年、井伊直弼（なおすけ）が大老に就任すると、日米修好通商条約に調印、徳川慶福（よしとみ）が将軍に就任後、幕府は大弾圧＝安政の大獄を開始し、水戸藩関係首脳、斉昭を江戸邸謹慎、慶篤（よしあつ）（水戸藩主）・慶喜（よしのぶ）（斉昭の子、一橋藩）を登城禁止とした。井伊家『探索書』によると、「御当主（慶篤）方も追々天狗連に被二引込一、四、五年已前（いぜん）より農兵と唱え、百姓方にて帯刀いたし候者凡二千人余も可レ有レ之、……」と、斉昭の意図を超えてふくれ上がっていることが判る。あちこちの宿駅に屯集した水戸藩勢のうち、佐倉の八幡宿（現、佐倉市）に、一六〇〇〜一七〇〇人いるが、「八幡宿へ出張の者は大概農兵に御座候」と記している。国替を心配して出動した農兵たちは、「御宥免の御沙汰」の風聞に安心し、八月末から九月末の斉昭の国入りにあたっては、農兵が必死になって警備し、「御家来は勿論、百姓どもに至る迄も稽古為二相励一」となったが、一方で自信を抱いた「百姓共までも我儘高慢の気味」と記されている。

元治元（一八六四）年の藩内争乱期の天狗派への参加者を集計した木戸田四郎氏の研究によれば、村役人・農民は全二八九五人中九四一人（三二・五パーセント）に達し、水戸藩士（下士を含む）六一七人（二一・八パーセント）をはるかに凌駕している。芝原拓自氏が激派は農民層を組織のために使役したに過ぎないとしたのに対し、木戸田氏は農民層の参加がより積極的だとして、見解が分かれている。ただ、いずれにせよ、草莽隊の範疇に入る天狗派と諸生派との党争によって、自滅していくのが水戸藩の趨勢であることは間違いない。

## 築地講武所と八王子千人同心

ところで、英武の建議が通る六年前、安政三（一八五六）年四月、老中阿部正弘によって江戸築地に講武所が開かれる。その教科の中枢となる砲術方頭取に任命されたのが、下曽根信敦、勝海舟、そして江川英敏であった。「西洋法隊伍調練之事」と規定された砲術の勉強のために、いち早く参加したのが、武蔵国多摩郡八王子（現、東京都八王子市）千人同心で、元はといえば、九〇〇人の長槍部隊であった。八王子千人頭（旗本）の下、組頭・平同心からなり、平時には農耕に従事しながら軍事訓練を行い、江戸後期には郷士扱いされた。その組頭九人が英敏に入門し、砲術調練を学ぶことによって「教示方手伝」の肩書を得て、各組から同心を選んで調練した。これこそ、足軽・同心による幕府農兵隊（歩兵銃隊）である。
安政四（一八五七）年一二月には二〇〇挺、翌年一二月には五〇〇挺のゲベール銃が下賜され、銃隊としての農兵隊が発足する。

部分的に農兵銃隊が成立したものの、大老となった井伊直弼は、日本古来の弓・剣・槍を尊重し、西洋砲術を歓迎しなかった。安政五（一八五八）年かと思われる講武所掛目付の建白書によれば、幕臣全般としてサボタージュの横行が目立ってる。

「……稽古罷り出で候ものも次第に人数相減じ、随って熟術成業のものもまた少く、畢竟教授職の者も稽古罷り出で候ものの気配に乗じ、おのづから精粗の諭し方等これあるべくや、当今の模様にては年月を経候とも、実用御用立ち候ものに数多教育相遂げ候見据ゑもこれなき儀と相聞え……」

稽古へ出席するものが熱心で立派であるかといえば、そうともいえない。理由をつけて手抜きし、形式的で実質が伴わない者が多い。

「……御役前、名目のためにのみ出席、或いは御番入等の廉を差し含み、成業の心掛は差し置き、多少の日数ただただ出席いたし候までにて、頭取等の手前、品よく取繕ひ候ものもこれあるやに相聞へ候ども、……」

今の状態では、「老若病者」などが多くて、「捗々」しき稽古もおこなわれないので、下級武士まで対象を広げなくてはならない。

「なほ、与力・同心か次三男をもそれぞれ差し出し、稽古いたさせ、盛業のものは老人・病者の相減じ居り候人数に相立て、その時々頭より申し上げ、別段御扶持方等下され候様成し遣はされ候はば、一廉の御用も相勤まり申すべきか」

## 文久二年の旗本兵賦令

遅々として進まなかった幕府の本格的な軍制改革が始まるのは、桜田門外の変（萬延元〈一八六〇〉年三月三日）で井伊大老政権が崩壊したのち、文久二（一八六二）年一二月のいわゆる旗本兵賦令からである。なんと、古き慶安軍役令を改正して、旗本五〇〇石に一人、一〇〇〇石に三人、三〇〇〇石に一〇人の割合で歩兵を取り立てる（但し当分は半減）。

ア、兵賦（農民から徴兵）は銃隊とし、主人（旗本）から分離して屯所に結集する。翌年に開かれた屯所は、西丸下、大手前、小川町、三番町の四か所。

イ、一七～四五歳の壮健な者を選び差出す。一人五年季で、年限がくれば交代。

ウ、「歩兵組」とし、三両一人半扶持の最下層の奉公人（浅草御蔵小揚の者）に同じ。士分以下。銃隊（最初はゲベール銃か）なので、脇差のみ帯びる。

エ、給料は主人（旗本）から支給、年間一〇両を上限。

オ、諸道具・衣服・脇差は貸与、食糧は支給。

カ、衣服は羅紗胴服、羅紗股引袴、小袴、草履（草鞋は廃止）。

キ、歩兵数の予定は六三八一人。

要するに、旗本の知行所から差出し（主人から切離し）、中央で組織される農兵（庶民兵）銃隊である。指揮官（上官層）は旗本が当るが、編成は旗本から分離して幕府側で行う。費用は旗本から農民に高割で課したから、村人用は増え、農民の不満の原因にもなった。

徴兵によるこの歩兵隊の最初の出動は、元治元（一八六四）年、先述の水戸天狗党の鎮圧であった。

考えてみれば、織豊期の長篠の戦（天正三〈一五七五〉年）以降、鉄砲隊の活躍が勝敗を分けたにもかかわらず、幕末に至るまで、歩兵銃隊がほとんど成立しない軍制改革の遅れこそ、結局、幕府の滅亡を招くに至る。①武士が銃（あるいは大砲）を武器として持つのを恥とする思想と、②武士—徒士・足軽の主従関係にある。旧体制の温存が、太平の夢を破ることに気づくのが、あまりに遅過ぎたのである。③銃の性能の良し悪しが、問題になるが、これは少しあとの問題になろう。

**主な参考文献**

仲田正之『江川担庵』（吉川弘文館、一九八五年）
松浦　玲（解題）『勝海舟全集11～14　陸軍歴史Ⅰ～Ⅳ』（講談社、一九七四～五年）（二～四節も）
井上　清『新版　日本の軍国主義Ⅰ　天皇制軍隊の形成』（現代評論社、一九七五年、初出一九五三年）（三、四節も）
熊澤（保谷）徹「幕府軍制改革の展開と挫折」（家近良樹編『幕末維新論集3　幕政改革』吉川弘文館、２００１年、所収、初出一九九三年）（三、四節も）
木戸田四郎『維新期豪農層と民衆—幕末水戸藩民衆史研究—』（ぺりかん社、一九八九年）
芝原拓自『明治維新の権力基盤』（御茶の水書房　一九六五年）
田中惣五郎『日本軍隊史　成立時代の巻』（理論社、一九五四年）

## 二 「世直し」一揆と農兵隊の転回

### 御料所（幕府直轄領）の農兵取立

江川三代による農兵取立が、「其方支配所限り見込之通銃隊取建候様可レ然」と許可されたのは、旗本兵賦令の翌年文久三（一八六三）年一〇月以降のことであった。農兵許可にあたって、「其方支配所限り」とあるものの、これが幕府直轄領に拡大する農兵取立の嚆矢となった。

須田努氏の引く東大和市内野家蔵「里正日記」によれば、江川代官所から村々に出された農兵についての触書に、次のようにある。

「今般御料所一体江農兵御取立之儀被二仰出一、外御代官江は見込之趣夫々御尋中之由、当方之儀は御先代が被二仰立一之次第も有レ之候故、……虚を窺ひ盗賊・悪党共蜂起し、銘々辛苦致し貯たる金銭・米穀を被レ奪、吾物を吾ものと安心不二相成一、或は妻子迄も被二掠取一、遂ニは家を失ひ身を損し、道路ニ泣号候をも時勢煩雑之折から是を憐ミ救ふものなく、……外寇は猶更之儀、依而今、治ニ居て乱を忘れさる御趣意より宿村々憂患を未然ニ御防可二レ被成レ遣一と之御配慮ニ候、……村高又は人員ニ応し過当不二相成一様、壮年強健之ものを以農兵御取立、期限を定め交代をも可二レ被仰付一と之事ニ而、右は畢竟上は国家之御為、下は宿村無レ難、産業・子孫繁栄之基本たるを得と弁別憤発いたし、……」

この内容を要約すれば、①海防（外寇）への対処は後退し、②盗賊・悪党（「世直し」一揆）対策のため、③壮年強健之者を農兵として取立て、④時期を見て交代させる。この農兵取立が、⑤上は国家のため、下は宿・村の平和・安定を築く、ということになろう。

茂木陽一氏も、「当時之形勢に至り候而は、海岸防禦筋よりは内地之御警衛却而心配仕候」の資料を提示し、陣屋に稽古場をおき、「身元宜敷もの」（上層農民）の「鎗劒稽古差免」（銃兵は次の段階？）し、関東一円に武装力が養成された、という。大舘右喜氏らの研究も合わせると、名主・組頭の子弟で三〇歳以下が多く、一般百姓の場合も七石以上が九二パーセントを占めていた。農兵の費用は、村入用と富裕層の献金によるところが多い。

## 天保七年の甲斐国一揆

では、なぜ、このように重点の置き方が変化してしまったのであろうか。その原因はどこから来ているのか。

坦庵（英龍）が生きていた天保年間、中でも天保七（一八三六）年の甲斐国（現・山梨県）の郡内騒動に遡る必要がある。

天保の大飢饉と一口にいうが、天保四（一八三三）年と天保七（一八三六）年の二回に及んでいるのは周知であろう。とりわけ、後者のために甲斐国で八月に起こった郡内騒動と、一月後の九月に起こった三河国加茂一揆は、いずれも米穀の収穫の少ない山間部を舞台にし、徳川斉昭の「戊戌封事」（将軍への意見書）に登場する著名な一揆である。私は、以前、一巻だけで挫折した『幕末群像』を、天保七年、それも地元の愛知県の加茂一揆の跡を豊田市に住む安藤勇氏の案内で廻り、その紀行から書き始めた。明治維新前約三〇年の二つの一揆は、前段階と後段階とで大きく様変わりしているところに共通点がある。

甲斐国に隣接する相模国（うち、津久井郡・愛甲郡）・武蔵国（うち、多摩郡）などを支配する代官江川坦庵にとって、甲斐国郡内騒動は、鮮明に刻印された大一揆であった。

保坂智氏『百姓一揆とその作法』その他百姓一揆の研究者が指摘するように、幕末を除く多くの百姓一揆は、少数のリーダーで多くの成果を挙げることを目指す。そのために、リーダーの行動統制の下に大名・旗本ら権力との駆引きを重視し、自己犠牲を厭わぬ行動者が、のちに義民、あるいは準義民扱いを受ける。しかし、暴力を内に秘めながらの粘り強い談合を軽視すると、領主の連合による暴力で多くの犠牲者を出して敗北を招くことは否定できない。

甲斐国郡内騒動は、甲州道中周辺の二二か村（甲斐国東三郡を郡内という）に廻状を出し、村々の者が集合しやすい中初狩村（現・大月市）で会合を持った。青木美智雄氏の研究によれば、甲斐国は、天保四（一八三三）年より天保九（一八三八）年までの六年間に、「人別六万七千余人、小児その人別に入れざる者多く、餓死人数を知らず、飢渇・病流行死に候一万七千余人」の悲惨な状況であった。下和田村（現・上野原市）次右衛門・武七、犬目村（現・上野原市）兵助、鳥沢村（現・大月市）重兵衛、黒野田村（現・大月市）泰順ら中心人物は、このままでは飢えてしまう村々小前らを見捨てるわけにはいかない、甲斐の東の米穀屋が買置きをしているので、彼らから米穀を買入れるのがよい、そのことを石和（いさわ）（現・笛吹市）・谷村（やむら）（現・都留市）両陣屋へ願い出ようとし、一村一代表の願書を差出した。陣屋によって却下されると、山梨郡熊野堂村（現・笛吹市）の豪商農奥右衛門へ、貯えた米麦を二二か村へ貸付けて欲しい、決して損はかけない、と交渉したが、奥右衛門は、郡内絹の生産を主にして田（米麦）を大切にしなかったのは村役人の失敗だと説いたため、交渉は決裂した。

代表たちが血判した連判状の主要箇条のみ、左に挙げる。モラルの尊重がきめこまかく記されていることが判る。

一　銘々一刀づつ帯可レ申事。　一　夫食の儀は、行懸にて焚出可レ頼、尤も食籠一つ宛可二用意一事。

一　鐘太鼓、一箇村にて二組宛為レ持可レ申事。　一　鉞(まさかり)・斧・三尺柄の鎌可二持参一事。　一　掛ケ引きの儀は、頭取の指揮に可レ任事。　一　金銀等決して盗取べからず事。　一　人に怪我させ間敷事。　一　火の用心大切に可二相守一事。

この連判状の特徴は、頭取＝リーダーの指揮による「掛ケ引き」に任せ、金銀などの窃盗を禁じ、暴力的な行為を抑制し、家などに放火しない――といった秩序と統制の尊重である。

八月二一日午前四時頃、三〇〇人以上が笹子峠（現・大月市）を下り駒飼宿（現・甲州市）へと押寄せたところからこの騒動（一揆）が始まり、勝沼宿（現・甲州市）で池田屋へかけ合い大釜四つで焚出し、握り飯にして出させた頃には六〇〇人に及んでいた。その後、打ちこわしを重ねたのち、二二日朝には、先の熊野堂村奥右衛門の言動への恨みもあって「本家三軒其外五箇所」を打ちこわし、質物や諸帳面・證文などを庭で燃やした。他家に対するとは異なる破壊のし方が、ここではみられた。さらに笛吹川を渡って、石和陣屋へ押入ろうとすると、陣屋から鉄砲が放たれた。空砲であるのが判ると、一揆勢は、石和・市川大門（現・西八代郡市川三郷町）へと向かった。

破壊はすでに連判状から逸脱しているが、騒動が東の郡内から西の国中方面へ入り、国中勢も加わった二二日夜から二三日にかけて大きな変化がみられた。「悪党」の登場である。状況の変化を多分予想できなかった郡内の頭取は、石和の辺りから統制は不可能とみて、引返さざるをえなくなる。

この「悪党」の存在に注目したのは須田努氏である。中世の悪党と同じように、自称ではなく、あくまで他称であるが、楠木正成も悪党の範疇に入るような中世とは時代も異なる。

須田氏の指摘に耳を傾けよう。

「「悪党」による国中局面での打ちこわしは、かつての階級闘争・人民闘争・民衆運動研究の側面からは積極的な位置づけはなされなかった。……国中局面に登場する「悪党」のいでたち・得物・作物の「異形」さも注目されることがなかった」

「悪党」の実態は、どのようであったか。

「……此節ハ無頼之悪党共大勢相加り、惣人数昼之内六、七百人、夜ニ入弐千人程ニも相成、三、四手に分り、白旗・赤旗目印様之もの相立、先手後手等を分、鐘太鼓を打、竹息（貝）等を吹立候もの共は帯刀有レ之、捨置候ハハ、猶人数相加り、何様之大事可二指起一も難レ斗奉レ存……」

長浜村（現・山梨県南都留郡富士河口湖町）無宿民五郎は、典型的「悪党」で、奥右衛門宅を打ちこわした中心も、彼のような顕示欲に充ち、結末が読めない、読もうとしないタイプの人間だった。

「……長脇差を帯、盗取候女帯を襷にかけ、徒党之者共を指揮いたし、……」

藤村潤一郎氏によれば、参加した「悪党」勢二三二人のうち、無宿一一五人で、無宿の中には「滞留」無宿と、「地付き」無宿に分類できる。しかし、この無宿とほぼ同数一一四人が村々の百姓であった、というから、無宿が牽引力が強かったというべきか、無宿に近い百姓もあまり変わらなかったというべきか。無宿らの暴力により強制的に駆り出された百姓も少なからずいたことは確かであろう。いずれにせよ、その境界の線引は難しい。

全体で約二四六軒の家を打ちこわし、幕府領の甲府城下でも続いたので、幕府（代官所）は、ついに「悪党」の殺害を許可する。国中地方の村々（在郷町を含む）は、自衛のため殺害側に立つようになる。

「……頭取体之者壱人馬ニ乗り候を、西丸村（？）茂十郎と申者鉄炮ニて打殺し候由……御触流も有レ之候ニ付、宿内之者大勢罷出、大狼藉者切殺可レ申旨を申……」

「荊沢（現・南アルプス市）辺ニては十六、七人も打殺候由、台ヶ原（現・北杜市）ニては五、六人も打殺候故、皆々百姓之手ニて右様厳敷防キ候間、早速ニ相静り候由、……」

武士（領主）・豪農・農民の連合、「鉄炮」「大筒（大砲）」の暴力によって、烏合の衆的な「悪党」の暴力は崩壊する。

しかし、この一揆で露呈した領主側の手薄な軍事態勢は、領主層の恐怖心を深め、防衛・弾圧の体制の必要さを痛感させた。

## 江川坦庵・斎藤弥九郎のコンビ

この年八月二九日、数え年三六歳の坦庵（英龍）は、参加者三万人に及ぶといわれるこの一揆が韮山代官支配地の相模国の津久井郡に及んだのを鎮圧した上、武蔵・相模両国を視察している。打ちこわしにあった熊野堂村の奥右衛門は、江川家と姻戚関係にあったというから、情報を得ていたに違いない。

翌天保八（一八三七）年二月、大塩平八郎の乱が起こるや、その残党が甲斐国に横行するとの風聞があったので、手代で越中国生まれの神道無念流の剣客・斎藤弥九郎（この年四〇歳）を大坂に派遣し調査させた（藤田東湖「浪華騒擾紀（記）事」参照）。その上、坦庵・弥九郎ともども刀剣商を装い、甲斐国領内の民情を視察するに至る（図版参照）。

天保九（一八三八）年七月には、甲斐国都留郡（郡内のうち）二万一〇〇〇石余が坦庵の支配下となったので、坦庵は谷村陣屋の元締手代の一か年二〇〇〇両の接待や、代官の巡検の際一泊一五両、昼食五、六両などの過大な費用を、縮小することに務めた。郡内では、「世直し江川大明神」の幟が立ったといわれる。

坦庵の農兵隊提起は、第一章で示したように天保一〇（一八三九）年からであり、それ以降も海岸防備のためとされているが、甲斐国一揆がそれ以前であったことを考えれば、本心では、想定を上廻る「悪党」の

甲州微行之圖
江川太郎左衛門（戯畫）

齋藤彌九郎
「幕末偉人齋藤彌九郎傳」より

登場に至る非常事態こそ、農兵隊を必要としていたことは疑いあるまい。文久三（一八六三）年一〇月英武の時に幕府がようやく認めたとは、約二五年も遅れたことになる。この遅れが、幕府をペリー来航から一五年足らずで滅ぼすことにもつながった。

## 天保七年の三河国加茂一揆

ここで、甲斐国一揆のちょうど一月あと、九月二一日に起こった三河国（現・愛知県）加茂一揆にも触れておこう。甲斐国ほどではないが、丘陵地が続く加茂地方は、拡大した現在の豊田市とほぼ等しい。同じ愛知県でも知多郡に住みなれた私には、山の傾斜を利用した畑をみると、江戸期の米穀の収穫は少なかったであろうと思われた。中馬街道が東西に貫くこの地域は、米は他地域からの購入に頼ることが多く、丘陵の山林地帯に特色があった。甲斐国とほぼ似た米穀の高騰が、百姓たちの生活をおびやかしたことが想像できた。現地を一見しただけでは判らないが、小藩や旗本らの財政難を農民に押しつける課税「無尽（頼母子講）」への不満も渦巻いていた。

この一揆は、三河国幡豆（はず）郡（現・西尾市）の寺津八幡宮の神官渡辺政香（まさか）の「鴨の騒立（さわだち）」によって広く知られた。そこでは、主謀者の一人で前半活躍する下河内村の松平辰蔵が、とりわけ生き生きと描かれている。

「初め大工を業とせしが、後は小相撲を取り博奕を好み、俗云道楽者なり。然れども邪智ありて、小ざかしく口きく男子なり」

ここにある「邪智」「小ざかしく」は、別の主謀者・松平村隆蔵（柳助）の説明にもあって、政香特有の視点を示しているが、偏見なしに捉えれば、公事師的存在で、弁舌さわやか、交渉に長け、農民から頼りにされる存在だった、といえよう。公事師とは、滝川政次郎氏や青木美智雄氏が明らかにしたように、この時代の訴訟の際の私設弁護士である。

辰蔵は、のちに捕えられ、取調べを受けたとき、次のように応じている。

「……諸人難渋にて命に拘る趣、右に付世間世直の祭を致し、難渋を救合との事にて、石御堂（滝脇村）で会合仕ツタ者……」

「米を買いしめ、又露命を繋ぐ米をつぶして酒に致せば弥諸人難渋の基、……余り人の喉首しめる者は、間には憂目に逢わねば、黄泉の障りになりまする」

「……、上がゆがむと下は猶ゆがみます」

このふてぶてしい態度から、先述の「悪党」と同一視されかねない。しかし、次にみるように、もう死刑は免れぬと開き直った上での発言であることを考慮に入れなければならない。〝辰ヤン〟と愛称された辰蔵は、田三反七畝、畑五反ほど、家族は母と妻、息子二人、計五人の他に丁稚一人、馬一匹、大工業や割り木職人、この地方では上の下の農民に位置する。彼自身だけなら生活は出来るのに頭取になったのは、九久平村の千吉（仙橘）・繁吉（繁喜）兄弟・北川向村の仙蔵・松平村の隆蔵（隆助）に頼まれたからであった。三年前の山から切り出した割り木の交渉でも、値下げをはかった問屋たちとの交渉で、百姓に有利に解決した実績があり、駆け引きの巧みさで、仲間から信頼をあつめたていた。

九月二一日には、滝脇村の庄屋文右衛門、二二日には、加茂郡の南、額田郡の米価つり上げの張本人・酒屋日野屋への打ちこわしから始まった。辰蔵、とりわけ柳助は、打ちこわしそのものが目的ではなく、あくまで交渉による農民側に有利な解決を目指していたらしい。ところが、辰蔵らのこの態度を妥協的だとして疑惑を抱く連中が増え始め、二二日には辰蔵の家を打ちこわし、街道筋で尤も豪商（酒屋、穀屋、質屋など）の多い足助（七〇〇〇石の旗本本多氏の陣屋がある）へ向かい、二三日には激しく打ちこわした。「今日ただいま、世直し神々来て現罰（厳）を当て給う」と、叫んだという。

旗本らの領地が散在するや小地域から始まったこの一揆は、東の足助から西の城下町挙母（ころも）（挙母藩二万石、内藤氏、豊田市の中心）を襲うべく、矢作川へ移動した。挙母・岡崎の各藩兵、三河国寺部に陣屋を持つ尾張藩の渡辺半蔵（万石以上の家臣五家の一つ、一万石）の兵とその発砲で一揆勢は後退し、再び足助を襲ったが、結局、敗退を余儀なくされ、たくさんの犠牲を出すことになる。「悪党」の語は出てこないようだが、岡崎藩領の追録には、岡崎藩の仁木村に到着した一揆勢を「長脇差招帯（ママ）平日不レ宜所業のみにて日を送候無宿之悪党共も多打交り、飛道具を携罷在候様子之由」とある。予断による誇張であろうか。甲斐国ほどではないにせよ、後半は、ハレ状態で浮かれて暴れ過ぎ、自制心を喪い、一揆を崩壊させた点では共通性がある。

## 「悪党」とは何か

甲斐国一揆では、後半に登場した「無宿」たちが「引廻之上獄門」「引廻之上死罪」となったが、実は「牢死」が多く（一二一人）、「存命には候はば」の語がそえられていた。前半の頭取も「磔（はりつけ）」「重死罪」に処せられた。ただ、頭取の一人、犬目宿（現・山梨県）宿役人兵助（判決当時の天保九年に四二歳）は、逃亡し続けた。

三河国加茂一揆では、辰蔵・仙橋の二人は獄門、他の三人の協力者は遠島とされ、足助打ちこわしや辰蔵宅打ちこわしの主導者の一二人は、中追放・江戸十里四方追放・所払・手鎖などの刑を受けた。この一揆の場合、「百姓」ばかりで、「無宿」が目だたない。名古屋から信濃へ抜ける中馬街道の運送労働者も本籍は農民で、甲州街道に多い「無宿」が少なく、その分だけ「悪党」色が薄かったのであろうか。だが、赤坂陣屋（現・豊川市）で、翌天保八年三月八日、江戸送りが決まった八人のうち五人、つまり仙橋・繁喜・隆助・仙蔵・藤兵衛は、牢番の油断を見て首を括った（仙蔵のみ生き返る）。加茂一揆についての先駆的で緻密な研究者である布川清司氏が、思わず胸襟を開いて感情を吐露したのを、私（秦）は記憶している。「ほの白くなった牢内で、牢番のわずかなすきに申し合わせて、死に急いだ百姓の胸奥を思いやるとき、哀れさと鬼気迫るものを感じないではいられない」。仙橋・辰蔵ら四人は、天保九（一八三八）年閏四月八日には、江戸で牢死したとの知らせが赤坂代官のもとに届いた。激しい拷問が彼らを処刑前に死に追い込んだのであろう。一九一三（大正二）年に、八一歳で亡くなった辰蔵の子広吉は、「みなのために一揆をたてた人だから、どこで死なれたかわからないが、行方を惜しむな」と、子孫に話していたという。一方で、一揆に関与しながら欠落し、行方不明になった者が四人いる。彼らこそは、「悪党」に相当する存在であったかもしれない。

背後に打ちこわしをちらつかせたり、一部打ちこわしをしつつも、交渉によって米の放出、米穀の値下げ、無尽の休会を実現し、飢餓的状況を克服しようとする方向が、ひとたび無統制に広がれば、撹乱され、思はぬ方向へそれる。この状況に、領主層も百姓一揆のリーダーもたじろがざるをえず、防禦のため農兵隊の存在を必要とする事態を招いたことは間違いない。

「悪党」あるいは、それに近い存在は、幕末に増加した博徒であることが多い。本来の博徒は、一匹狼か小グループの場合を除けば、二足のわらじをはいているから（つまり、体制側にも加担）、「悪党」にはなりにくい。国定忠治などは、二足のわらじをはかなかったため、破滅的で、抵抗的姿勢が美化され、昭和初年の「傾向（左翼的）映画」の主人公になったり、そのモデルになったりすることが多かった。

エリック・ホブズボームの『匪賊の社会史』には、教えられることが多い。

「……暴力の行使に節度があることがロビン・フッドのイメージの同じような重要な部分である。アンダルシア（イスパニア南部）のティエゴ・コリエンテスについて流布している文句はこうである。――「彼は金持ちから奪い、貧乏人を助け、誰をも殺さない」」

この箇所は「匪賊」には当てはまっても「悪党」とは異なる。むしろ、一揆の発案者にこそ重なるところがあろう。

しかし、次のようなくだりは、「悪党」の特質に近いのではなかろうか。

「だが社会における地位のゆえに、必要な行動の自由をもっている集団というものが常に存在する。そのうちでもっとも重要なのは、**思春期を過ぎているが、まだ結婚するに至らない青年の年齢集団**であり、彼らはまだ所帯持ちの責務が重くのしかかって背中を曲げるには至っていない」

一生にわたって結婚がほとんど成立せず、学習も不十分な階層の青年たち、あるいは青年のＯＢたちが、「悪党」の中核をなしていたのではあるまいか。実証的な提示を伴わないこのような想定は、間違っているだろうか。

ホブズボームの描く匪賊と「悪党」とは重なるところがあるが、「悪党」誕生の背景として農民分解が進み、貧富の差が広がったことを指摘した『世事見聞録』（武陽隠士著、文化一三〈一八一六〉年成立）の「百姓の事」こそ、むしろ、歴史の流れに即した的確な形象かもしれない。

「……有徳人一人あれば、その辺に困窮の百姓二十人も三十人も出来、……大家の傍には百姓も野立ち兼ね、自然と福有の威に吸ひ取られ、困窮のもの余多出来るなり」

「百姓の一揆、徒党など発る場所は、極めて右体の福有人と困窮人と偏りたるなり。百姓の騒動するは、領主・地頭（藩主から土地を給与される家臣）の責め誣ぐる事のみにはあるべからず。必ずその土地に有余のものあって、大勢の小前を貪るゆゑ、苦痛に迫りて一揆など企つるなり」

「……本業一図なる窮民も、……兎角悪しき道へ入るべきより外になく、或は諸品似せしものを拵へ、或は隠売女の口入れをいたし、或は博奕・三笠（雑俳博夹）などの宿をいたし、或は無宿・悪党に拘り合ひなどして、心になき利欲もの、悪逆ものと変化し、御法度の裏道へ行くなり、国々追々悪民にのみ変化するなり」

このあたりのことは、今日の歴史学でも実証されているといってよいが、徹底的なアウトローがアジア・太平洋戦争末期の日本軍隊に存在したことが、政治学者・丸山眞男の体験として語られている。時代が飛躍し過ぎるが、耳を傾けてみよう（丸山眞男『自由について　七つの問答』）。

「……片隅異端というのがある。これはぼくの軍隊での体験なんです。軍隊では内務班で初年兵を躾けるでしょ。そのとき、いくらぶん殴られても言うことをきかない奴がいる。大体やくざが多いけれど、必ず少数いますよ。そうすると初年兵係の上等兵も、あいつはしょうがないと、諦めて放っとくわけ、それでも全体の内務班の秩序の維持にはそう差しつかえない。すると彼らは片隅で勝手なことをやっている。それをぼくは片隅異端と言う（笑）。……いつまでたっても一等兵というやつ、これが古兵、大体いちばん意地悪をするのはこの古兵で、暇でしょうがないんだから、片隅異端は古兵が多い」

「……この間に何を教えるか、極端に言うと字も読めない兵隊、ぼくはラブレターを何通書かされたか知れません。中隊のなかの第一小隊で軽機関銃の部隊ですから、とにかくそういう人たちが軽機を使えるように訓練しなければいけない。それは大変なことです」

「……どの内務班にも必ずいます。どうにもならんというのが。演習には出ます。出なきゃ軍法会議になっちゃうからね。でも点呼で並ぶとき悠々として遅かったり。普通ならものすごいビンタを食うんだけれど、あいつはしょうがないと放っておく」

ここにみる古年兵のように、ふてぶてしく、軍隊の秩序をものともしないような存在は、戦場では「活躍」するとの説もあるが、一揆でひとたび祝祭的な雰囲気を味わうと、おそらく突然変異するのではあるまいか。「悪党」に通ずるこの人間性は、差別的な生育歴の中で愛情や教養・思慮に欠けているために培われてしまったものか。江戸末期にも現代にも、社会の下に沈殿するカオスなのであろうか。思いやりの乏しい社会が構造的に生み落とすものであるなら、「悪党」は過去の話とはいいきれない。

**主な参考文献**


青木美智男『天保騒動記』(三省堂、一九七九年)

青木美智男『百姓一揆の時代』(校倉書房、一九八八年)(四節も)

青木美智男編『文政・天保期の史料と研究』(ゆまに書房、二〇〇五年)特に第一編

百姓一揆研究会『天保期の人民闘争と社会変革　上下』(校倉書房、一九八〇年)

佐々木潤之介『世直し』(岩波新書、一九七九年)(四節も)

武陽隠士『世事見聞録』(校訂本庄栄次郎、解説滝川政次郎、青蛙房、?年)(現在、岩波文庫)

須田　努『「悪党」の一九世紀　民衆運動の変質と〝近代移行期〟』(青木書店、二〇〇二年)(四節も)

須田　努『幕末の世直し　万人の戦争状態』(吉川弘文館、二〇一〇年)(四節も)

保坂　智『百姓一揆とその作法』（吉川弘文館、二〇〇二年）（四節も）
青木美智男ほか編『一揆　1、2、4』（東大出版、一九八一年）（三、四節も）
滝川政次郎「公事宿としての二条陣屋」（同編『二条陣屋の研究・公事宿の研究』（早稲田大学比較法研究所、一九六二年）
高橋　敏『江戸の訴訟―御宿村一件顚末―』（岩波新書、一九九六年）
深谷克己『八右衛門・兵助・伴助』（朝日新聞社、一九七八年）
深谷克己『江戸時代の身分願望　身上りと上下無し』（吉川弘文館、二〇〇六年）
庄司・林・安丸編『民衆運動の思想　日本思想体系58』（岩波書店、一九七〇年）
布川清司『農民騒擾の思想史的研究―幕末・維新期、三河山間地域の場合―』（未来社、一九七〇年）
小野武夫編『増訂徳川時代百姓一揆叢談　下』（刀江書院、初出一九二七年）特に「郡内騒動」
安丸良夫『日本近代化と民衆思想』（青木書店、一九七四年）特に「民衆闘争の思想」
増田広美「郡内騒動とその鎮圧について」（北島正元編『幕藩制国家解体過程の研究』吉川弘文館、一九七八年）
豊田市『豊田市史二　近世』（一九八一年）特に四節（斎藤純）
大坪武門『幕末偉人齋藤彌九郎傳』（京橋堂書店、一九一八年）
エリック・ホブズボーム『匪賊の社会史』（ちくま学芸文庫、二〇一一年、原著は一九六九年）
丸山眞男『自由について　七つの問答』（聞き手鶴見俊輔ほか、編集グループ〈ＳＵＲＥ〉、二〇〇五年）
冨士田元彦『現代映画の起点』（紀伊國屋新書、一九六五年）

## 三　幕府の兵制改革と組合村農兵

### 組合村農兵

先節の冒頭で触れた江川支配所内の農兵の受皿になったのは、北島正元氏らが明らかにした、文政改革における文政一〇（一八二七）年の関東全域を対象とした「御取締筋御改革」の触書にある組合村の規定である。触書が四五か条に及んでいるのは文化二（一八〇五）年の関東取締出役、いわゆる八州廻りによる無宿者・博徒の取締り、強訴・徒党の禁止、風俗匡正などを「集大成」した上に、組合村の結成規定を追加したからである。

四五か村を目安に領主の異同に関係なく大組合を結成し、その中から三か村乃至五か村による小組合を作り、大組合の中で村高も大きく中心的な村を寄場（よせば）、その名主を寄場役人とした。その上、各村名主の中から身元相応の人物を選び小惣代と名づけ、その中から大惣代数名を選び、大惣代と寄場役人で組合村全体を管轄させた。

江川代官所管内で男子約一〇〇人に一人の割合で農兵を選び、武蔵・相模で一五組合、四一五人が予定された。文久三（一八六三）年中に農兵の選定はなされたものの、具体的な訓練を始めるのは翌年の元治元（一八六四）年九、一〇月に江戸新銭座（江戸屋敷）の幹部教育を了えた幹部が村へ帰ってからである。幹部の一人下田半兵衛（田無村、現・西東京市）は、生糸改所きっての豪農商で、生糸改所の肝煎役を勤め、天保期に一〇〇石余の土地を所有し、質屋・穀商・肥料商として江戸へも出店し、代官所の支配と結びついていた。彼は文久二年には小銃三〇挺を江川に献上、慶応元（一八六五）年には江川から農兵全体に一七四挺を貸与している。
農兵の階層上の特質をみると、五石以下の貧農層は除かれ、五〜二〇石以下の自作中・上層が圧倒的で、武蔵・蔵敷村組合の場合（慶応元年）、名主・組頭層の子弟が大半を占める。農兵隊の指揮者としては各組合の惣代が「農兵世話役」として任命され、ゲベール銃・弾薬を管理し、代官所→農兵世話役→世話掛農兵→一般農兵という指揮系統が貫いていた。組合村毎に一隊、二五人を一小隊とし、小隊には頭取二、什兵組合二、差引役一、計五人が役方で、二〇人を五人ずつの伍卒組に分け、各組一人を小頭役とした。

田無村組合に属する清戸下宿村では、慶応二（一八六六）年二月に農兵一人に対し一か月給金三両が村方負担で支払われ、翌年には半分に減給されている。農兵費用は村入用と富裕者からの献金によったが、村内の反対があまりなかったのは、上層農民が村方治安の維持に必要だと考えて自ら負担したからであろう。

このような農兵取立の動きは、出羽国村山郡（現・山形県山形市・天童市・東根市）でもみられた。渡辺信夫、青木美智男、渡辺尚志の各氏の研究によって、以下綴ることにしよう。

文久三（一八六三）年、寒河江・柴橋（現・寒河江市ほか）合わせて七万石の代官となった新見蠖蔵は、赴任後、村々に農兵取立を命じた。

「今般、浪士悪党共、長刀帯ビ押歩行、不持(時)百姓家江押入り、金銭ねだり……」（万延元〈一八六〇〉年）

「最上川東村々何与なく騒鋪様子……松前伊豆守様預所野川村・沢渡村外三、四ヶ村より百姓大勢打寄騒立候」（万延二〈一八六一〉年）

「異風の筒袖、異様之冠物……外国之製に紛敷仕立候儀は不二相成一条、……心得違ひ無レ之様……」（文久元〈一八六一〉年）

「……大勢之権勢を以地主江一応之断も無レ之、（ならし平等化）抔と申聞強威之押願等いたし……小作大

勢寄合等は兼而被㆓仰出㆒候通御法度之義ニ而、一切仕間敷、巌敷御断被㆓仰聞㆒……」（文久元年）

外国に対する備えより、農村の不穏な「世直し」状況に代官が敏感になっている点では、江川英武の場合と同じであろう。ここに取上げない天誅組の乱（文久三年八月）、生野の変（文久三年一〇月）などの尊王攘夷運動いわば初期草莽隊からの防衛の必要が、農兵の設置を急がせた主な理由であろう。豪農たちのためというより、むしろ代官所の防衛に力点があった。

新見の構想では、農兵頭（別名農兵備頭）二〇人、弐拾五人頭一〇〇人、農兵頭自分下人一〇人迄、弐拾五人頭自分下人三人迄、そこへ附属する農兵一二五人、計五〇〇人、農兵本隊弓三〇〇人、鉄砲五〇〇人、鎗一二〇〇人、合図并諸使役五〇〇人、合計三〇〇〇人、とされていた。しかし、農兵頭に予定されていた豪農層が賛否双方の対応を示した。柴橋付一〇組、寒河江付一〇組のうち（いずれも一組は二～七村で構成）、前者は農兵に積極的なのに、後者は消極的のみならず、代官の罷免運動を展開する。

柴橋付最大の豪農、松橋村堀米四郎兵衛は、幕末には約九〇〇石、有名な特産紅花の問屋として農民の商品生産をも支配する村山地方きっての豪農であった。彼は、青木氏の著書や高木俊輔氏執筆の「農兵隊」（『國史大辞典』）が掲げる、馬上で指揮する農兵頭と展開する農兵を描いた「文久三年農兵陣立図」を一見すれば判るように、皮肉をこめて「気違農兵」「俠客之気質」「農兵仕立候得者、御旗本ニも御取立相成候様心得」と評される存在で、山形へ大砲二門を七〇両で注文して代官から咎められることさえあった。

幕末に二〇〇石余の豪農に成長した寒河江付の山口村伊藤義左衛門は、農兵取立に賛成する堀米を次のように批判している。

「……百姓共農事を廃し終者国害を生し候様成行可㆑申者眼前之義、……村々之難儀旦者人夫之虚実ニも頓着不㆑致、戯同様之組立いたし……」

伊藤の「農兵取立反対趣意書」では、堀米への感情的批判よりも、もう少し実情にそって語られる。

「今般農兵御仕立方被二仰付一……村々高持百姓共而已ニ而者引足不レ申、無高困窮之者共よりも撰出候様罷成候間、一般農業差支候間、……却而農兵御仕立之ため一統衰微困窮仕候ハヽ、違作凶年等之備も不二相立一、窮民共露命繋留候様成行、結局国乱を生し可レ申歟……」

大僧・閣老にも手を伸ばした伊藤らの代官罷免運動は成功し、元治元（一八六四）年一一月、農兵取立計画は取止めになり、「天佑」と喜ぶ一方、別の形での自衛を豪農たちは模索せざるをえなくなる。伊藤自身、「農兵仕立武器之類者何駄ニ而も馬差出候間、……拙者共江武器書差出候得者何疋も出来候間、……農兵者御支配相変り候共差止ニ者相成間敷……」と武器購入を怠らず、「乍レ去農兵皆式御差止ニ者相成不レ申間、此段御心掛武芸も嗜候様可レ被レ成……」と、代官所による農兵とは別の、豪農による私兵化を意図していたことが知られる。

ところが、慶応二（一八六六）年七月二七日夜、村山郡内で六月以来の陸奥国信達地方の「世直し」一揆の影響を受けた「兵蔵騒動」が起こり、農兵について再転換を余儀なくされる。この点については、あとに廻すことにしよう。

**文久三年の譜代大名兵賦令**

関東や出羽国で農兵隊がすすめられていた文久三（一八六三）年一〇月、前年一一月の旗本兵賦令に続いて、譜代大名の兵賦令（兵制改革）が出された。主な点は次の通り。

ア、銃卒取建は、一〇〇〇石に付三人、一万石に付三〇人、一〇万石に付三〇〇人。

イ、一〇万石以下は銃卒のみ。一〇万石以上は、高のうち二万五〇〇〇石を以て野砲隊半座づつ、残高の七万五〇〇〇石の分は銃卒、二〇万石以上は、高のうち五万石を以て野砲隊一座づつ、残高一五万石は銃卒。

ウ、目下のところ、一万石は銃卒三〇人のところ、半減して一五人、士分以上家来一人、足軽二人。二万石は銃卒六〇人のところ、半減して三〇人、士分二人、足軽四人。五万石は銃卒一五〇人のところ、半減して七五人、士分三人、足軽八人。一〇万石は砲隊半座、熕卒（大砲を扱う兵）三二人、銃卒二二五人のところ半減して一一二人、士分以上一〇人、足軽二〇人。

エ、粮米・器械・銅服・陣股引・兵賦佩刀は、人員に応じ、大名より差し出す。

オ、小銃は、同口径のミニエー銃に統一しないと不都合なので、一定の品を幕府で買上げて払下げる。大砲・小銃とも弾薬は幕府から支給する。

カ、兵賦（農民からの徴兵）は、大名の農民の中から、身元慥かな「次・三男、厄介」、年齢一七歳から四〇歳の「身材強壮の人物」を選び、五か年交代を見込んで差出すこと。但し、農民ではない士分以下・足軽等を以て、兵賦へ加えてもよいが、勤務中は帯刀しないこと。

キ、（下げ札）銃卒・熕卒は、各大名領内の農民から差出しては、出費もかかるので、家来・足軽から差出した方が出費も減り、砲術の技も秀れ、全体として好都合である。

文久二（一八六二）年一二月の旗本兵賦令と較べると、①年齢が一七～四五歳から一七～四〇歳へ、②銃隊のみから砲隊も加わり、③長男が除外されていること、④銃の統一がはかられている、などが異なっている。農民（庶民）から採用するとかえって財政的負担がかかるとみたか、家来・足軽から差出させた方が経費が少ないとの助言をしたあたり、農民の抵抗を見通したためであろうか。

文久の軍制改革が、御料所・旗本・譜代大名を対象に続けて実施されたのは、幕府としても、海防強化・

尊攘運動、百姓一揆の「世直し」化、来るべき長州藩との対決（第一次幕長戦争）、などに対処せざるをえず、ようやく重い腰を上げたといえよう。しかし、旗本の場合、熊沢徹氏が指摘するように、知行地の農民の反発やサボタージュにあって、給金問題（農民の「ねだり」行為）や兵士の「質」の問題に悩まされることになる。

江川英武の代官所管内でも、のちに触れる慶応二（一八六六）年の武蔵国「世直し」一揆鎮圧には成果を挙げるものの、助郷負担や甲斐国幕領の水戸天狗党侵入に備える農兵取立など重なる兵賦徴発に対し、江川側は「民心不レ伏、惑乱之基」と反発している。幕府最後の年の慶応三年に、農兵を江戸の江川新銭座屋敷へ派遣するようにとの江川の命令に対し、「村方空屋に相成、取締り抱り乍レ恐当惑仕」と、拒否にあっている。こうした農民側の対応を受け、戊辰戦争が始まった翌年、朝廷（新政府）からの征討のための農兵派遣の命令に対しては、在地の治安維持をするのが農兵の役割だとして断っている。

## 旗本と大名の場合

旗本について、青山氏の例を挙げよう。

摂津国川辺郡下坂部と武庫郡（現・尼崎市・西宮市）二か村、計三か村に七〇〇石を知行していた青山氏は、経済的に苦しくて本家の青山氏からの援助で家計をやりくりしていた。文久三年一月、三か村からの歎願書によると、親類筋の同じ旗本領主から摂津国七か村に対し兵賦人足七人の割当てが命じられた。「歩人足五、六人共、早々出府（江戸行）可レ致様被二レ為仰付一、右ニ付、御用意金弐、三百両御銀主相頼、百五拾両丈ケ早々差下し候様、三ヶ村役人共へ右始末被二仰聞一、驚入……」という。「歩人足」を三か村から差出そうとしたところ、百姓たちは拒否してきた。先に江戸表へ罷出た人足は、「一向人気悪敷候ニ付、此比（このごろ）

右人足不レ残逃返り(帰)」、さらに別家青山氏へ派遣された「歩人足」も逃げ帰ってきた。村々で人足を募集しているが、「江戸表人気悪敷候故、人足相調(ととのひ)不レ申候ニ付」、と断っている。

しかし、三月にはやむなく人足を江戸へ送ったものの、六月に入ると二、三人の増徴を求められたので、これには村役人側から断っている。村役人は前に派遣した「歩人足(陣夫)」を「武人足(農兵)」と思ったことから、年一〇両よりは安くできず、どのように処遇するか紛糾している。

将軍家につらなる三卿に、将軍慶喜を出した一橋藩(約一〇万石)がある。慶喜が将軍後見職から禁裏守衛総督になったばかりの元治元(一八六四)年五月、農兵を募集した例が、渋沢栄一の自伝『雨夜譚(あまよがたり)』などによって知られている。渋沢の談話では、譜代大名への兵賦令とは別に彼が考案したかのようになっているが、同類の応用例に入れてよかろう。

「……御領内の農民を集めて歩兵を組立てたら、ずいぶん千人ぐらいは出来ましょう。……金の工夫が付くものなら、三大隊の兵はたちまち備えることが出来ますといったれば、黒川(嘉兵衛、一橋家用人)はいかにも妙案だけれども、なかなかその人数が集まるものではないが……」

渋沢が慶喜に拝謁して言上した要点は――

「京都御守衛総督への職任を十分に御尽しなさるには是非とも兵備が入用である。兵備を設くるにはまず歩兵隊を編成するが第一である。而してその兵員は領分から農民を集めるのが一番好い趣向である。」

慶応元(一八六五)年二月、歩兵取立御用掛となった渋沢は、三月から備中国に出向いて、募集を開始したが、志願者が出ない。庄屋たちは「今度の歩兵取立の事も、誰もいやでござる」と、本音を渋沢に打ちあける。渋沢は兵隊がなくては総督のつとめが果せぬ。「せめて領分の二、三男で志願の者を集めて兵隊を組立てたならば、万一の時には相当の用に立つであろう」と、ここでも、長男は除外した上で説得にあたった。

「ソコで翌日から再説諭にかかると、今度は続々願い出るものがあって、たちまち備中で二百人余りも出来た。……備中を出立し、それから播州・摂州・泉州を廻った所が、既に備中でかようかようという通知があったから、各村で精々拵えて出すような訳になって居て、……総体の人数がおよそ四百五十六、七人出来たによって、ソコで五月の中頃に京都へ帰って復命……」

「その後追々募集の人数が各地から来着するから、いずれも紫野（京都）の大徳寺へ止宿させて置いて、……ちょうどその年の七月になっていささか兵制の組立が出来たのであります」

農兵（歩兵）の手当は、一人前仕度料五両、武術を修行し小隊に入るまでの一か月は一両、入隊後は月二両、以後は本人の努力次第とした。渋沢の談話では巧くいったようにみえるが、実際は難題が続出した。一一月一三日の回状では、鉄砲組の者が帯刀して領内を歩き回って一般農民に無心したり、大徳寺の洋式訓練では、幕長戦争を目前にして厳しい訓練が実施されたせいか、偽って帰村する者が絶えなかった。小林茂氏が指摘するように、一橋藩の農兵は、「村から強要されて仕方なく応じた者とか、粗暴で手におえない者とか、生計のためやむなく募集に応じた者」であった。

のち、明治三（一八七〇）年五月の「難渋人」取調べによると、摂津国豊嶋郡原田村（一橋藩領）の無高宗治郎が鳥羽伏見の戦に参加して行方不明、同じく、無高利助が同じ戦で薩軍に鉄砲で撃たれ、死亡。何れも老齢の家族が村方の「厄介」になっている。この村の人口は一五八人の小村なのに、四人も貧農が戦争の犠牲者になっている。

現実は、渋沢の自伝にあるようには巧くいかなかったらしく、「自伝」を読むときに注意しなければならない事例を、ここから見出すべきようである。

**主な参考文献**

飯島　章「文久の軍制改革と旗本知行所徴発兵賦」（家近良樹編『幕末維新論集3　幕政改革』吉川弘文館、二〇〇一年、所収、初出一九九六年）
熊澤（保谷）徹「幕末維新期の軍事と徴兵」（『歴史学研究』増刊号、一九九六年）
熊澤（保谷）徹「幕末の軍制改革と兵賦徴発」（『歴史評論』四九九号、一九九一年）
保谷　徹「近世近代移行期の軍隊と輜重（しちょう）」（『歴史学研究』八八二号、二〇一一年）（保谷論文、いずれも四節も）
茂木陽一「幕末期幕領農兵組織の成立と展開―多摩郡蔵敷組合農兵を例として―」（『歴史学研究』四六四号、一九七九年）
渡辺信夫「幕末の農兵と農民一揆」（『歴史科学体系　農民闘争史　下』校倉書房、一九七四年、所収、初出一九五九年）
青木美智男『近世非領国地域の民衆運動と郡中議定』（ゆまに書房、二〇〇四年）（四節も）
渡辺尚志『百姓たちの幕末維新』（草思社、二〇一二年）（四節も）
北島正元「化成期の政治と民衆」（『岩波講座　日本歴史12　近世4』一九六三年、所収）
小林　茂『封建社会解体期の研究』（明石書店、一九九二年）
渋沢栄一『雨夜譚（あまよがたり）』（長幸男校注、岩波文庫、一九八四年）

## 四　幕長戦争と慶応二年「世直し」一揆

### 人より金の慶応二年旗本軍制改革

第二次幕長戦争で幕府の敗色が濃厚になった慶応二（一八六六）年七月、幕府は旗本への二度目の軍制改革を始めた。

「御旗本惣体の高、殆ど二百九十万石余も御座候ところ、全く方今御用立ち候分は、四、五千の兵に過ぎず」

このような危機意識に始まる改革案の力点は――。

ア、旗本軍役の義は、すべて銃卒の員数を以て定める。

イ、万石以下一〇〇〇石まで、高一〇〇〇石に付、銃卒八人宛とする。それぞれ銃卒を足し、一大隊を作り、組合銃隊とする。

ウ、二〇〇〇石以上の者は、残らず大砲組と定める。

エ、二〇〇〇石以下一〇〇石まで、高一〇〇〇石に付、銃卒六人と定める。

オ、三〇〇石以下一〇〇石までは、正人(せいじん)(実際の人間、兵賦)は差出さず、軍役金として一〇〇石に付、三両差出す。

カ、一〇〇石以下は、軍役はご免。

キ、将来は、摂・河・泉・播の四国にて、農兵を取立てる。

ク、四〇〇人で一大隊のつもり。計三〇大隊。

この原案が素直に通ったわけではなく、こまかく修正されたようだが、付け加えられた大切なものに、次の項目がある。

ケ、奥詰銃隊の編成(三〇〇〇石以下一〇〇俵以上の者から)

文久二(一八六二)年の軍制改革と較べると、銃砲隊を強化した長州藩の草莽隊などに圧倒され続けたことが、幕府に深刻な軍制転換をうながしたことが明らかである。

三〇〇石以下一〇〇石までの旗本が家来や知行地の兵賦が無理だとみた幕府は、オのように「百石に付三両」徴集した金で、江戸の「歩兵請負人頭取」を申付けた者に、「人物よろしく強壮な者相撰み」「兵卒抱入れ」を依託した。

番組宿下谷（したや）御数寄屋町（現・東京都台東区）　惣兵衛地借　俊蔵
同　箔屋（はくや）町（現・東京都中央区）　熊　七地借　政次郎
（ほか三人略）

問題は給与である。「給金の義は一ヶ年七両、一人扶持までを限り、聊かたりとも右より相増さず」とした上、訓練については、「稽古出席等閑（なおざり）に候義、決して相成らず、……十日以上不参の者は、主人より沙汰次第、速やかに引替代人差し出し……」と、サボタージュをあらかじめ想定した規定を設けた。しかし、上乗せ金がはね上がり、一八両にものぼった。七月には、「市中より御抱入れの兵」から特別に砲兵を任命し、一か年一人金三〇両ずつ渡すとしている。

八月になると、海軍奉行並・陸軍奉行並以下の軍制改制掛は、兵卒の確保にはすべて金納がよい、との意見をまとめている。その理由として、「士分」「足軽」が混じった上に「新規抱入れ候賤卒」が入っていては、貧富の違いも出て小隊が「人心一和」にならず、「整然の軍備」とはならないところにある。

「……せめて兵卒と相成り候者、その身の階級は資給の多寡とは一様にこれなくては、とても衆心一和は仕るまじきところ、……就中（なかんづく）新規抱入れ候賤卒の中には、磊落不羈（らいらくふき）の徒もこれあるべく、この乱雑不整の兵種、実際死生の巷（ちまた）に臨み、隊長一令の下に進退仕り候義は、如何御座あるべくや、……自然（じねん）人足欠乏に至り申すべく候につき、たとへ御定めは一人七両の給料に候とも、二倍以上手当にても差し遣はし申さず候ては、募（つの）りに応じ候者これなき様相成るべきは、必然の勢と存じ奉り……」

一人分七両や扶持米の給与相場は必ずや高騰し、旗本に任せていては、「咎めを蒙り候者」が多数出るであろう、という。一万三八〇〇人必要と想定し、軍役銃卒一人当たり給与二〇両と衣食等の経費三〇両計五

○両と見積もった建議書もあり、旗本から取立てる兵賦金は増加せざるをえない。結局、この段階では、三〇〇〇石以下は金納選択制になった。

慶応三（一八六七）年の「歩兵組の者（出身からみれば、農村からの出稼ぎ人）給金」について勘定奉行への伺いによれば、いよいよ深刻な状況にある。

「……地頭（旗本、またはその家臣）より兵賦どもへ（一か年六〜一〇両）直渡しに仕来り相成し居り候ところ、追々都会の風習に馴染み、失費多きの趣を以て、地頭へ迫り、分外の資給貪り候族もこれある趣承り及び、……自然驕奢の弊風増長いたし、貪惏厭くなきに至り、……不都合に御座候間、……」

このような、幕府・旗本や豪農たちの足元をみた農兵たちの〝ねだり〟が蔓延する末期的症状ののち、慶応三年九月には、全額金納、それも、旗本は物成（貢租）の半分を軍役金として上納すること（半知上納）にこぎつける。幕長戦争が終わり、幕府の弱体化があらわになったことはもちろんだが、江戸城火災、将軍上洛なども、財政窮乏に拍車をかけた。その代わりに「万石以下歩卒御廃止」となり、「当年中之給金を与へ暇出し」に至った。五〇〇〇人余の歩兵隊員は全員馘になり、そのうち七〇〇人が再び雇用されたというから、四三〇〇人余が失業させられたことになる。失業者が江戸吉原で屋敷を占処し、暴れ廻り、五〇軒以上に被害を与えたりした。制服のままで鉄砲・弾薬を持出し、隊列のまま行動した。旗本屋敷の部屋頭・小頭たちがリーダー格で加わり、商家から米などを金を払わずに持ち去るなど、農兵というより下層奉公人のアナーキーな一面をさらけ出す始末になった。

## 慶応二年の「世直し」一揆（武蔵国の場合）

一年前の慶応二（一八六六）年に話を戻そう。この年は不作で米価も騰貴し、一揆・打ちこわしが頻発し、幕府に決定的なダメージを与えた。

山中清孝氏は、この年の武蔵国（現・埼玉県、東京都、及び神奈川県北東部）「世直し」一揆を論じて次のように書き出している。

「武州世直し一揆は、江戸時代の百姓一揆の、最後のそして最高の昂揚期、いわば直接的革命情勢期ともいうべき慶応二年に、江戸近郊の、しかも関東郡代直轄領から発生しており、その展開の速さ、範囲の広さ、参加人員の多さ等、関東地方で最大級の一揆であることは周知の事実である。この一揆の特徴を端的に表現すれば、〝広域・同時多発〟であろう。長州再征開始一週間後という内乱状況下に、江戸・大坂の打毀し、会津の信達一揆とあたかも相互間に連絡があったかのごとく殆ど時を同じく発生しており、「世直し闘争」のピークを形成する最も重要な一揆の一つであることは今さら多言を要しないであろう」

ここにある「あたかも相互間に連絡があったかのごとく」とされるほど、踵（きびす）を接して起こっていることに、まず注目したい。

ここでも農兵隊がからんでいることが、自ずと明らかになる。

始まったのは六月一三日、飯能村（現・埼玉県飯能市）の打ちこわしからである。多摩郡下成木村（現・東京都青梅市）の組頭石灰（あく）商喜左衛門五八歳、一・一七石、秩父郡上名栗村（現・埼玉県飯能市）の大工紋次郎四二歳、〇・一六石、同村桶屋豊五郎四四歳、〇・〇六石、が一揆の頭取であった。この三人を中心に、指導者集団は約三〇人、「銘々真綿を頭上に冠り、其上ニ茜（あかね）木綿ニ而鉢巻致し居り候よし」「頭（かしら）立候ものハ白キ毛之様成ルものを冠（かむり）、襷（たす）キをかけ居候」とあり、目立つような装いをしていた。「帳面ニ打ちこわし順を配置、差図致候由」とあるように、打ちこわしの対象・順序をあらかじめ決めていた。すばやい拡大を目指

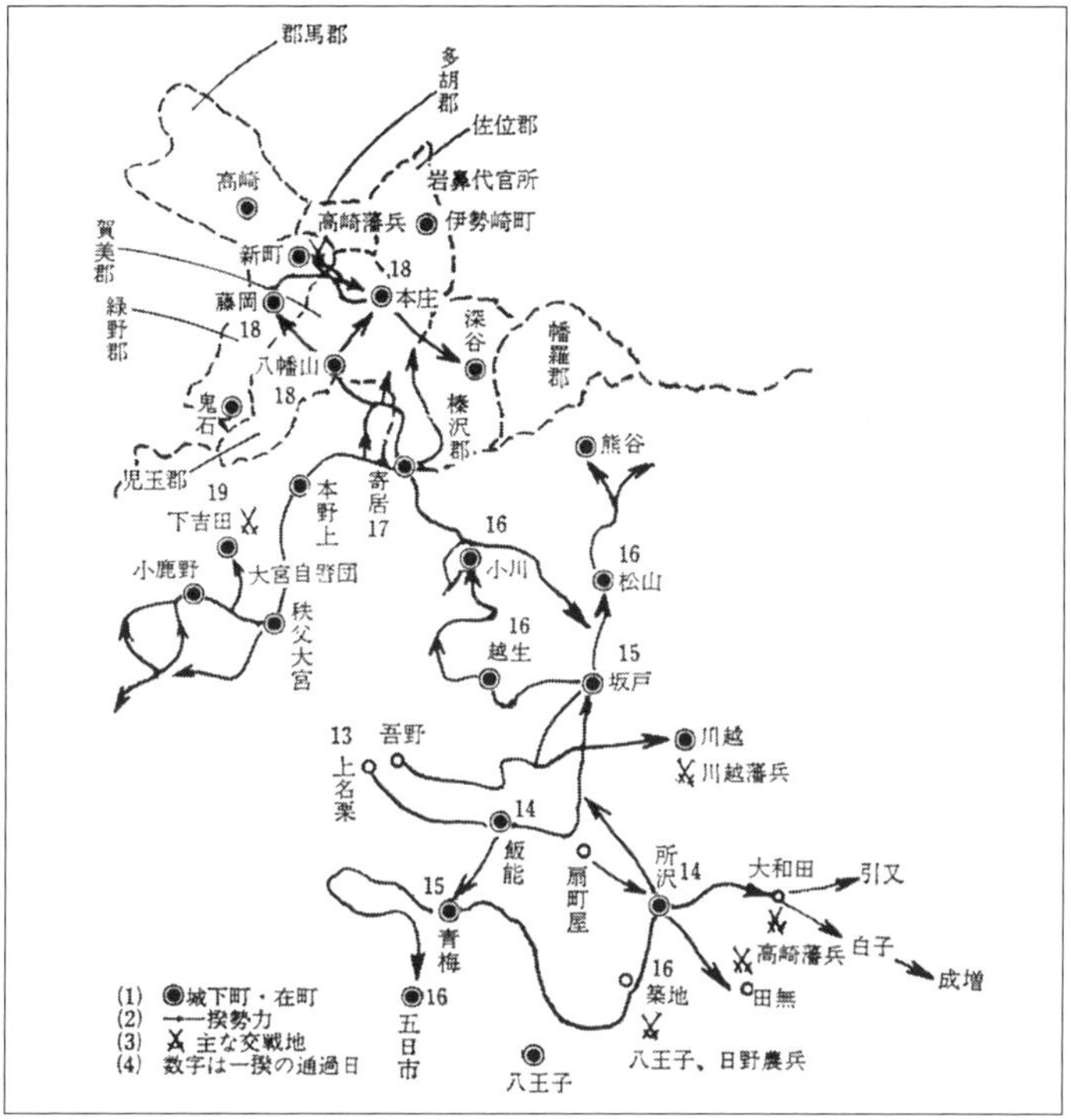

武州世直し一揆概観図（慶応二年六月一三日〜一九日）

(1) ◉城下町・在町
(2) 一揆勢力
(3) 主な交戦地
(4) 数字は一揆の通過日

落合延孝論文による

した一揆は、先遣グループが「世直し」の要求を豪農商層に突きつけ、諾否を判断して攻勢をかけた。要求項目は、施米・施金・質物無償返還が中心で、打ちこわし勢力が継続するため、人足提供や食事提供も請求した。自分たちの村の打ちこわしには、他村の人間を立てるなど巧妙で周到な作戦をとる一方、略奪・危害の禁止などを原則にした。

　七日間に及び、武蔵国一五郡、上野国二郡、二〇〇か村余、一〇万人を下らない民衆が参加し、五二〇軒を打ちこわしたといわれるこの一揆は、いったい何が原因だったのであろうか。

　米穀の異常な騰貴が大きな要求の背景にあることはいうまでもない。打ちこわしの対象に、①高利貸・質屋、②穀屋・酒造業などが挙がっているのは天保期にも通ずるが、③組合村大惣代（組合村寄合は豪農商の結集の場、関東取締出役と連携）が加えられているのが目につく。その上、④横浜商人・生糸会所・生糸肝煎が狙われたのは、物価騰貴の原因が横浜貿易で莫大な利益を得ている生糸商人にあるとの認識が、民衆にあったからである。

先述の多摩郡田無村の名主下田家の他に、天明期には約七石だったのに、文久年間から始めた生糸商として土地を集め、明治四（一八七一）年には五一石余の比企郡上古寺村（現・埼玉県小川町）の名主松本家、江戸中期には一〇石以下だったのに、開港後に木綿商・酒造業・生糸仲買商を営み、明治四年には約九二石の高麗郡中藤村（現・埼玉県飯能市）の渡辺家等々。一揆が「横浜商人は大小に不レ限、施行に不レ拘難二捨置一」「第一横浜向商人を打毀し」、「横浜へ札入致し国病の根を断」つことを最終目標としたのは、単に排外主義とは片付けられない。ますます拡がる貧富の差を肌で感じていたからであろう。「日本窮民為」「天下太平世直し」「平均世直し大明神」などの幟・旗は、貧農や非農民たちの気持ちを代弁していた。

要求の中に、年貢減免・諸役負担軽減などの領主に対する願望が少ないのは、農民というより没落した半労働者、職人・日雇、奉公人・借家人、及び土地に根づかない流動的な前労働者（無宿を含む）特有の存在を浮かび上がらせている。

「世直し」一揆は、南武蔵では①飯能（現・埼玉県飯能市）から所沢（現・埼玉県所沢市）へ、所沢から三手に分かれ、②川越城下（現・埼玉県川越市）、または、③田無を目指し、もう一手は、北武蔵の秩父郡大宮（現・埼玉県さいたま市）へ戻る。北は、武蔵・上野の西国境近くまで展開した。

一揆は、第二次幕長戦争のため関東譜代大名が西日本へ動員されている空白期を衝いたが、幕府側も一五日には早くも体制を整え始めた。江川英武代官所の支配下の組合村の農兵動員令を示そう。

「秩父辺より騒立凡人数三千人程所々に及二乱妨一、当支配所江可二打入一様子之旨訴有レ之間、村々農兵差出見掛次第可二打殺一……」

ここに「打ち殺すべし」とあることに注目しよう。英武は伊豆・駿河の農兵投入も考えたが、両国でも一揆が起こらないとは限らないので、武蔵国多摩川の農兵を中心とした。幕府は武蔵・上野両国の大名に家臣を動員させた。とりわけ重視したのは、武蔵国・上野国の国境にある岩鼻陣屋（関東郡代支配、現・群馬県高崎市）の防衛である。ここが一揆に狙われたのは、生糸改印政策の拠点として生糸運上を取立てると共に、蚕種・菜種油運上を推進する役所でもあったからだ。ここに派遣されていたのは、上級の旗本である。

一揆は、江川代官所農兵（組合農兵）・川越藩銃砲隊・八王子千人同心銃兵、関東取締出役・関東郡代・忍藩・猟師隊などの兵力により、致命的打撃を受ける。豪農の私兵として、大里郡甲山村（現・埼玉県熊谷市）の名主根岸友山、多摩郡日野宿（現・東京都日野市）の名主佐藤彦五郎や、先述の田無村下田半兵衛の下にある博徒「小川無宿幸坊」子分五〇人余のようなケースもあった。

一揆に打撃を与え崩壊させたのは、武士というより、実質的には、幕藩・旗本・豪農商の管理下にあった農兵隊である。

「世直し」一揆側は、一揆討伐側の勢力に巻き返され、無宿者の参加でゲリラ化すればするほど、ますます「悪党」「悪者」と呼ばれ、飛道具はほとんど持っていないのに、「皆毀（殺）し」の対象となる。須田努氏が紹介する史料にある、「多摩郡下大久野村（現・東京都西多摩郡日の出町）」のある農民が「身体中、胸・腹・背・指など、いたるところに、一寸程度の致命傷にいたらない傷を受け」、「複数の人間」に「時間をかけて殺害」されていった凄惨な状況は、目を覆わしめる。

須田氏は、熊谷宿（現・埼玉県熊谷市）近郊の名主の手記を引き、秩序の崩壊、世相の悪化など、「中間層」の「時代認識」、を読みとっている。

「国土愁之基本と被レ存、必然と人気荒ら立、太平之世風ニ立戻り申間敷心配致し候、最早君臣・父子・
上下之無二差別一様可二近かる一歟と被レ思候」

一揆が終わっても、幕府側は、一揆に狙われたであろう豪農商に対しては費用を課す一方、六月の関東郡代岩鼻役所から支配下への触書では「困窮之者相救ひ候様可二心掛一候」と、一揆の原因への多少の配慮をせざるをえなかった。

## 一揆のあとに──農兵の取立をめぐって

武蔵国一揆のあと、九月には荏原（現・東京都世田谷区、大田区ほか）・橘樹（現・川崎市ほか）両郡五三か村の豪農商層が、名主・組頭・上層農民の子弟で農兵隊を組織するための鉄砲を借り受けたい、と代官所に願い出て、許可されている。一二月には、足立郡（現・埼玉県さいたま市）の豪農商たちが、幕府領に出された村方維持のための農兵隊は認めるものの、「兵賦令」に対しては「差出御免」を願い出ている。

「今般私共農兵御取建之儀奉二願上一候は、村々非常之ため御鉄砲拝借村方稽古相願罷在儀にて、如何程熟練仕候共、兼て御軍役として村々より兵賦差出置候儀ニ付、御軍役等被二仰付一候儀は御免被二成下
一、全村々非常之節防方迄にて農兵御取建被二成下置一度奉レ願候」

豪農商層が武蔵「世直し」一揆から何を学んだかが、きわめて鮮明であろう。

川越藩では、一揆が終わった一か月後、七月二六日、領内へ触れを出した。①高一〇〇石に付、農民一人（幕府領の約二倍）を本百姓から選抜、②農兵の給金、一人当り一五両、来年は一〇両徴収する、というのである。八日、川越藩領の南一八か村は反対し、藩へ歎願し、断られるや、粘り強い闘いを開始した。南が反対に廻ったのは、北が肥沃な地帯が多いのに対し、南は台地上の畑作地帯にあったからだ、という。一〇月

一一日には役所で吟味中に縄をかけ、逮捕者一八人に及んだ。中新田村（現・埼玉県狭山市）の小前百姓は惣代が入牢のままなので、釈放を願い出ると共に農兵取立を承諾した。惣代の藤田村浅右衛門は牢死、やはり惣代の松原村亀二郎は、明治元（一八六八）年一二月に釈放されたが、失明していたという。農民たちは逮捕者が釈放されるまで、正月の餅もつかなかったと伝えられる。川越藩主松平大和守は、慶応二（一八六六）年一〇月に前橋に所替となり、結局、農兵取立は実現しなかった。

このときの、農民の言い分が顕著に窺われる歎願書（慶応二年八月一七日）を、次に示そう。

「……窮民共大勢相催悪党共防方之義は、兼て被二仰付一候組合村三拾四ヶ村頭取・名主其外小組合惣代之者之指揮を御頼当、……村々におゐて竹鑓・合印を以、手抜無レ之様厳重ニ防キ、取極メ可レ申候間、何卒農兵之儀は幾重ニも御免被二成下一候様……」

銃を携え同じ庶民同志闘うことの空しさを感じたのか、農兵は組合村に任せ、屋上屋を架す農兵を丁重に断っている。「竹鑓」で「手抜無レ之」といったあたりに、巧妙な辞退の姿勢がみえる。

この例も、先の荏原・橘樹・足立の各郡のケースと類似している。即ち、幕藩への農兵提供は断り、村（組合の豪農が主体）を自衛する農兵——鉄砲・竹鑓の違いはあるが——は、認めていこうというのである。

### 慶応二年の「世直し」一揆（陸奥・出羽の場合）

武蔵国一揆から二日あとの六月一五日、一九万八〇〇〇石（うち、幕領一二万石）の陸奥国信達で一揆が起きた。東北の養蚕・生糸地帯の信夫・伊達両郡（現・福島県福島市、伊達氏、桑折（こおり）町ほか）のこの一揆は、この時期特有の物価高騰などへの反発があるのは当然といえるが、とりわけ、生糸の改印制度による冥加金徴集に対する中下層農民の反対に特徴があり、農民の生糸で利益を得る桑折代官と豪農への反発が底流にある。

「金銭品物は身につけるな、この働きは私欲にあらず万人のためなるぞ」と、正当性を掲げる農民に対し、豪農商は「一揆様、一揆様、さあさあ御酒をあがりなされ、握り飯をおあがりなされ」との低姿勢で応ずるほかなかった。打ちこわしにあった者は、糸役、蚕種役、蚕種・蚕糸業、絹問屋、目明しなど。一揆の指導者は、火の用心を第一にせよ、米穀を散らすな、質物に手をかけるな、と触れて廻った。しかし、一揆の中には、浮かれて女装し、娘の鬘を冠り、三味線・笛・太鼓・鼓に踊り舞う、翌年の「ええじゃないか」（但し、東北では起こっていない）を思わせる者も現れた。博徒が金原田村（現・伊達市）百姓の菅野八郎を指導者だと指弾し、八郎は遠島にされてしまう（八郎自身は否定）。六月二〇日に終わったこの一揆は、一八〇か村が参加し、一六四戸を打ちこわし、農民側の勝利に帰した（翌年、改印に戻るが、農民は反対）。

この一揆が終わってから約一月後の七月二五日夜、今度は出羽国村山郡（現・山形県天童市中心）で、兵蔵騒動と呼ばれる事件が起こった。これは、武蔵国「世直し」一揆から信達一揆、さらに……と続くので、「世直し」一揆の一環であるかのようにみえる。しかし、その頭取は「武州（下野国）栃木浪人　北村幸助」「越後国浪人　秀八」「東根村無宿（博徒）兵蔵」「猪の澤（沼沢）村　重吉」ら一〇人余で、松明を手に集まり、刀や一〇〜二〇挺の鉄砲を持って、発砲したところから始まった。兵蔵は、「平日農業を嫌ひ甚身持不レ宜もの」で、「出先ニおゐて何様之悪事仕出し」、といわれる「悪党」で、頭取の主だった者は、陣笠・鉢金をかぶり、首に数珠をかけていた、という。

この頃、米価高騰のため最上川東岸で不穏な集会や放火が繰返され、「無宿無頼之輩」が「所々徘徊」する状況にあり、いつ騒動が勃発しても不思議ではなかった。こうした中で起こった兵蔵騒動は、山間部から平野へ拡がり、農民を強制的に動員し、豪農商を襲い、一〇〇〇両とか二〇〇両といった単位の金を要求した。一般の「世直し」一揆の、米価値下げや穀物の提供、質入地の返還といった要求が見られないのは不思議であった。帰村した農民に対し「天下儀士(義)」を名乗る指導者は、「我等一命懸、困民之ため相勤メ候義心得之段」一五歳から七〇歳までの男を差出さないなら焼払うと「急廻状」で要求した。ホンネは、「困民」に施すかねよりも指導者の逃亡のための「路用金」だった。つまり、これは「世直し」一揆に便乗した、あるいは「世直し」一揆と見せかけた、浪人・博徒による強盗といわなければならない。

ただ、青木美智男氏が指摘するように、騒動は、幕府領よりも松前、土浦、舘林の各藩の飛地村落で、豪農商というより中小地主しかいない、自衛力の弱い村々で起こっていることが、徴発とは別に注目されよう。自発的に参加した農民「買食い層」は、村落外で豊かな生活をした経験をもち、帳簿を破棄するような村方騒動的要素が存在していた、といえる。ここにもまた、二重の便乗があった。

七月二六、二七日の二日間で終わった騒動で、兵蔵は捕まっても、三人の頭取は消息不明となった。「出稼ぎ」「賃稼ぎ」など流動的な半労働者は、他領への逃亡に巧みであったせいであろう。

この年一〇月の出羽国村山郡の郡集会では、郡内の米穀に関する規定と共に、浮浪人の取締りを強化する「郡中議定」が制定されると共に、柴橋・寒河江の代官山田佐金二が、「穀類融通掛り」として一八人の豪農商を任命した。逸してはならないのは、この山田が、八月に、去る文久三年の農兵制を五分の二に縮小させながら、復活させる手を打っていることである。下層農民への負担軽減をはかりつつ、下層農民へ武器を与える危険も考慮して、「強壮人」(豪農商の子弟)を選んで農兵とし、鉄砲・大砲を貸与している。この段階では、「世直し」一揆・騒動への防衛として、代官・豪農商の連携により農兵隊取立が、反対もなく(?)、通ってしまったらしい。

但し、慶応四(明治元)年には戊辰戦争が東北地方に及ぶため、順調に進まぬ要素が付け加わることになる。

## 主な参考文献


野口武彦『幕府歩兵隊　幕末を駆けぬけた兵士集団』（中公新書、二〇〇二年）（一～三節も）
熊澤（保谷）徹「慶応軍役令と歩兵徴発―幕府組合銃隊一件―」（『歴史評論』五九三号、一九九九年）
大舘右喜『幕末社会の基礎構造　武州世直し層の形成』（埼玉新聞社、一九八一年）
山中清孝「幕藩制崩壊期における武州世直し一揆」（『歴史学研究』別冊、一九七四年）
近世村落史研究会「幕末の社会運動と民衆意識―慶応二年武州世直し一揆の考察―」（『歴史学研究』四五八号、一九七八年）
庄司吉之助『世直し一揆の研究　増補版』（校倉書房、一九七五年、初出一九七〇年）
落合延孝「武州世直し一揆と在町下層農民の動向」（『歴史評論』三二二号、一九七六年）
落合延孝『幕末民衆の情報世界　風説留が語るもの』（有志舎、二〇〇六年）
森　安彦『幕藩制国家の基礎構造―村落構造の展開と農民闘争―』（吉川弘文館、一九八一年）
阿部昭・長谷川伸三編『明治維新期の民衆運動』（岩田書店、二〇〇三年）
福島正義「幕藩制の崩壊と川越藩の農兵反対一揆」（『地方史研究』一〇九号、一九七一年）
篠田鉱造『幕末百話』（岩波文庫、一九九六年、初出一九二九年）
東京日日新聞社社会部編『戊辰物語』（岩波文庫、一九八三年、初出一九二八年）
佐藤誠朗『幕末維新の民衆世界』（岩波新書、一九九四年）

## 五　農兵隊か、草莽隊か——尾張藩春日井郡草薙隊の場合

### 尾張藩 太田・佐屋の非常守

ここで、「はじめに」で触れた尾張藩の衽革隊を取上げよう。私はこの隊名は知っていても、その成立・性格については判らない。そこで、この発表のレジュメから教えられた点を要約してみたい。

代官所に置かれた代官所警固のための農兵を非常守（非常衛とも）・陸屋守という。美濃国の尾張藩太田代官所（中山道の宿場）に、文政年間（一八一八—一八二九）に置かれたのが最初である。尾張国に非常守組織が置かれたのは文久三（一八六三）年で、史料的に確認できるのは、北方・清洲・佐屋・小牧・水野・鵜多須の各代官所管内で、大代官所及び横須賀・鳴海の各代官所管内では確認できない、という。各代官所は指揮官の下裁許人を帯刀人など村々の有力者から選び、一般の非常守（兵）を統括させた。藩は非常守たちに武術稽古をさせ、苗字帯刀を許したが、士分・徒士などの待遇はしなかった。非常時の際は、鳶口・棒などを携え、寄場、即ち、村人たちが警固すべき拠点へ赴き、守衛に励んだ。武術の稽古は、最初は剣術、やがて砲術が加えられ、明治初期には後者に重点がおかれた。衽革隊は、清洲代官所におかれた非常守（兵）である。

以上の大よその成立・性格を、江川代官所、陸奥・出羽の代官所の農兵取立、譜代大名の文久三年兵賦令などと重ね合わせてみると、尾張藩の銃砲への取組みの遅れが反映しているとはいえ、大きく括れば、まさに農兵隊と呼ぶほかなかろう。外国船の渡来、「悪党」が登場するような「世直し」一揆の多発（三河国加茂一揆が尾張藩万石以上の家臣渡辺半蔵の給地でも起こったことを想起しよう）、さらに水戸天狗党が尾張藩領を通過

することに示されるような尊攘運動の激化などが、尾張藩に農兵隊の必要を痛感させたことは、前章（節）までの記述で明らかである。事実、足元の美濃路の宿の一つ、尾張国稲葉宿（現・稲沢市）を起点として一三三か村に拡がった大一揆・稲葉騒動（明治二〈一八六九〉年）の鎮圧に出動したのは、ほかならぬ衽革隊であった。草莽隊でも次に触れる草薙隊のように一揆鎮圧へ出動するケースがあるにせよ、農兵隊こそ「世直し」一揆に対抗すべく成立したところに、そもそもの根拠があったことを想起しなければなるまい。レジュメにある、「農兵（隊）に近いものなのか、草莽隊に近いものなのか」は、「全く不明な状況」と迷うほどではなかろう。

私のこの文章の発表後、佐屋代官所（東海道の佐屋海道が通る）管轄下の農兵の研究に接する機会を得た。尾張藩社会研究会（岸野俊彦氏・松田憲治氏主催）での小川一朗氏の発表である。前述の衽革隊と相似形といえよう。

文久三（一八六三）年九月、もし近国で「異変騒動」が起これば尾張藩兵が出動するが、容易ならぬ時は、代官所下の村むらの壮年の者が「有合候道具」を以て代官所（陣屋）に集結し、代官所の指示に従わなければならない、として「非常守」を設定した。最初に指名されたのは、有力農民やその倅（せがれ）ら二三人である。翌元治元（一八六四）年、尾張藩領（中山道）を通過する天狗党の変あたりから緊張感が増す。慶応元（一八六五）年八月には、さらに四二人と倍近く増加、指導者として「下裁許人」四人が任命される。農閑期に鎗・刀など「武芸稽古」の指導を受ける。兵士である非常守が陣屋へ稽古に罷出る節は、「苗字帯刀」が許可される。江川太郎左衛門が嘉永六（一八五三）年に申立てた農兵によく似ている。

しかし、慶応二（一八六六）年になると、「武芸稽古」に出席しない「非常守」も多く、下裁許人をやきもきさせる。「近頃は一向怠り（オコタ）不出精ニ相見候」とは、四月一〇日の代官所の達書の示すところだ。農繁期の五月には、二日にわたり「弁当御持参」で、佐屋河原で「太鼓・貝」の鳴物を加えた「調練」を催す。八月に入ると、指導者を呼んで、火薬の製造を含む小銃の指南を受ける。慶応三年には五月に九日間、非常守四四人が寺などに合宿し、調練を受け、その経費が約四六両に及ぶ。そのうち三三両が「非常守拠出」とあるから、上層農民の自己負担にほかならない。

明治二（一八六九）年には、佐屋代官・天野勘太夫（藩士）によって、再編成され、正合隊を名乗る。一二月の稲葉騒動に出兵した点では衽革隊と同じである。明治三年には、ツボン・マンテル（ズボン・マント）の制服で、小銃を拝借し、津島神社の祭礼の警戒に当っている。解散したのは、廃藩置県の明治四（一八七一）年である。

以上、小川氏の研究によって概略をたどれば、農兵隊の一つの型を示していることは間違いない。慶応二年の「怠り不ㇾ出精ㇾ」や、正合隊編成時（明治二年）の「村々無ㇾ差支ㇾ、遅刻不ㇾ致様、急度相心得」（代官通達）から漂ってくるのは、消極的な農民の姿勢である。

## 林金兵衛と草薙隊以前

ところで、尾張藩下春日井郡上篠村（明治二二〈一八八九〉年から合併して和爾良（かにら）村（現・春日井市））の豪農林金兵衛を中心に成立した草薙（くさなぎ）隊は、通常、磅礴隊・集義隊・正気隊・帰順正気隊・精鋭隊・愛知隊・南郡隊・忠烈隊と並んで、尾張藩草莽隊の一つに数えられている。しかし、よく見てみると、農兵隊と草莽隊の両面を持っていて、簡単には分類しにくい要素があることに気づく。

林金兵衛を中心に、幕末の足どりを左に書き出してみよう（西尾豊作、津田應助、河地清、森田朋子の各氏によるる）

天保一〇（一八三九）年　金兵衛の父重郷、住居の近くに「三餘私邸」[※]と名づける道場をつくり、近村の青年を集め、学問を授けると共に、剣術・弓術を錬磨する。

※三餘とは、読書に最も適した冬・夜・雨の三つの暇な時。

弘化三（一八四六）年　二二歳　尾張藩主徳川慶勝（よしかつ）、幕命により外国船が出没する志摩国鳥羽港とその周辺の警備を担当。重郷、家督前の金兵衛と五〇余人の農民を動員する。

嘉永二（一八四九）年　二五歳　重郷六三歳で病没。金兵衛家督。

安政五（一八五八）年　三四歳　水野代官所の惣庄屋（一六か村総代）を命ぜられる。玉野川・味鋺川通船締役。

文久元（一八六一）年　三七歳　藩から勧業御用係に。和宮江戸へ、藩から中山道の道中御用係に。人馬宰領役、御本陣固め役などを果たす。

文久二（一八六二）年　三八歳　藩主徳川義宜（よしのり）から賞詞、水野代官所から囲米を命じられる。八〇〇石貯蓄。将軍家茂京都へ、藩から馬の飼料調達を命じられる。

文久三（一八六三）年　三九歳　「三餘私邸」での武芸熟練者、累計五〇〇人を超す。藩、水野代官所を通じて、剣・鎗・弓・銃を錬磨し、非常招集に応ずることを命ずる。勧農世話方に。尾張藩・田宮如雲、雨中に金兵衛を訪問。水野代官所の依頼で山廻同心一〇〇人を選ぶ。

元治元（一八六四）年　四〇歳　硝石（火薬の原料）製造方に。第一次幕長戦争で、前藩主徳川慶勝の供。

慶応元（一八六五）年　四一歳　家康二五〇回忌、中山道宮越・奈良井間の人馬手配。

慶応二（一八六六）年　四二歳　綿凶作、藩の命を受け、他国の綿を買入れ、貧民たちに貸渡す。

慶応三（一八六七）年　王政復古

金兵衛は、父の代からある道場「三餘私邸」で近村の青年を集めて学問や武術の修練に尽くす一方、水野代官所（瀬戸市）管内の豪農としてリーダーシップを発揮、第一次幕長戦争に慶勝の供をしたり、和宮の江戸行き・家康二五〇回忌のため街道の人馬の手配をしたり、囲米に尽くしたり、活躍の幅を次第に広げている。文久三年に銃を取入れ、翌年に火薬の原料の製造方になるなど、一～四節でみてきた銃武装の農兵隊の組織者に今一歩である。文久三年の田宮如雲（藩主慶勝の側大寄、城代、明倫堂総裁、金鉄党の中心）の訪問の中味は不明ながら、農兵隊組織の要請であったかもしれない。

## 林金兵衛と草薙隊以後

鳥羽伏見の戦が起こる直前（？）、日頃「三餘私邸」で武芸の鍛錬をしている青年たちのうちから、金兵衛の家に三一人が集まり、金兵衛の檄によって「義勇」の旗をもって京へ上った。大津に着いたとき、朝廷側の兵に止められたが、了解を得て、京の皇居南門に達した。一月三日のことである。榊原文翠という画家の絵を見ると、冑に陣羽織、腰に大刀、一枚草鞋、肩には肩章、長柄の鎗、という出で立ちである。銃兵とはみえないが、さて、どうであろうか。

このとき、如雲の私兵としての出兵・偵察であるのか、はっきりはしない。旧幕府側の敗色を知り、義勇隊は故郷へ帰っている。三月には如雲が尾張藩として京都市中の取締りを担当したことから、あらためて、代官所宛に正式な京都守護が命じられた。

四月一八日、水野代官から金兵衛に届いた手紙（森田朋子氏発表「明治維新と草莽隊」による）は、注目すべき内容である。

「京都市尹（しいん）隊（京都を治める兵隊―秦）と申者、此日人選いたし置候処、中には年喰ひ過し居候もの有之、難二御問合一、随て人数相減候条、年齢十五歳より廿才迄を限にて、人質正直、無病壮健なるもの、多分人用に付、篤と人選いたし、当月廿六、七日頃より京都え発足為レ致候積、尤大小羽織等は手当に不レ及、着の侭にて宜、同中旗籠代等は御勘定所より支払可二相成一筈候条、得二其意一、急卒人選の者召連、陣屋え可二罷出一候。其節、此状可レ返候。以上」

京への出兵を命じたこの手紙で、目を見張るのは、一五〜二〇歳のきわめて若い人間を要望し、年齢とった人間、文字通りにとれば二一歳以上は断っていることである。津田應助氏の著書では、村名と人名はあっても年齢は見当らず、私にはこのような青少年とは思いもよらないことであった。農作業で多忙な一家を背負う人間をはずした方が、危険の伴う準戦場であるだけに、使いやすかったのであろうか。この手紙は太田（現・岐阜県美濃加茂市）、上有知（こうずち）（現・岐阜県美濃市）の代官所（いずれも美濃国）の締役にも出されているから、水野代官所だけの特例ではない。

出征したのは、水野、太田、上有知の順に三三人（森田氏は三一人）、二五人、五人、計六三人（森田氏は六一人）。率いる隊長は金兵衛であった。代官所支配下の農兵隊というべきこの隊は、草薙（くさなぎ）隊と命名され、朝廷側に立つ尾張藩の草莽隊の一つとして四月二六日発足、二七日名古屋出立、閏四月三日に入京、その後、如雲が宿陣する尾張藩兵を助けるべく甲斐国へ向かい、五月二日には合流する。

八月には太田・北地代官所からの命令で、兵一七九人を募り、計二四一人に達する。最初から参加の一番隊は一人につき年五石五斗六升、日に銀一匁宛とやや多く、次いで二番隊一人につき五石、三番隊から新しく加わった大砲方まで一人につき年四石五斗が、手当として支給された。

このあとを再び年表風に記せば――、

明治二（一八六九）年　四五歳　三月。飛騨国で内乱（梅村騒動）。如雲の命令で密使として単身高山へ向かい、体の大きいことから、梅村速水と誤解され、捕縛される。釈放(脱出)、太田代官所へ帰る。六月、尾張藩は名古屋藩と改称。七月、美濃国東(現・多治見市ほか)に百姓一揆。草薙隊、久々利隊(正気隊とは別か)と共に出兵、鎮圧に尽くす。一二月、名古屋藩下尾張国で稲葉騒動、数万(三万余)人参加。草薙隊一〇〇人出兵。同月、大参事志水武雅に南郡隊(知多郡横須賀村町方、現・東海市)の増員(五〇人)を頼まれ、隊員を募集し引渡す(南郡隊については第六章三〜六参照)。

明治三(一八七〇)年　四六歳　三月、草薙隊、藩兵と合併、北地隊(太田駐屯)となる。隊長田宮如雲、兵隊総取締金兵衛。一二月、近くの五村、東谷山麓(現・名古屋市守山区)に集合する一揆を、米二〇〇石、金三〇〇〇両の貸付で防ぐ、他の一四村を説諭。東方総管所、主謀者五人を捕えて投獄。

明治四(一八七一)年　四七歳　二月、北地隊解散。屯田法により各務か原(現・岐阜県各務原市)開墾、三〇〇町歩に及ぶ。

詳細は他書に譲るが、金兵衛といえば忘れてはならない地租改正反対運動がある。一八七七(明治一〇)年から一八七九(明治一二)年に及ぶ、春日井郡四三か村のこの運動(脱落した高蔵寺村を除くと四二か村)は、金兵衛が福沢諭吉から助言を仰ぐなどの粘り強い運動で、尾張徳川家から五万円の貸与を受けて解決した。この解決の裏には、慶勝—如雲—金兵衛の多年にわたる関係が効果を生んだことを考慮しないと、謎は解けない。農兵隊プラス草莽隊、中心を貫く豪農の政治・経済へのリーダーとしての「貢献」が、地租改正の増租と県の圧政の壁を破る路を切り開いたのではないだろうか。

但し、如雲は明治二(一八六九)年名古屋藩大参事となるも、明治四年には六四歳で亡くなっている。地租改正反対運動のときには、息子兵治の代になっていた。

尾張藩が草薙隊を一九四人とし、すべて「戦功無レ之者」に入れているのは、草莽隊には分類しても、戊辰戦争出兵とは認めていなかったことになる。旧藩当局のこのうしろめたさが、地租改正反対運動に苦労する金兵衛への「理解」を増し、徳川家の貸与を導いた一因であったのかもしれない。明治二二(一八八九)年、この一九四人は、運動を経たのち、他の草莽隊員と共に士族に編入された。

なお、林家の所有地は、一八七三(明治六)年で約一〇町である。他に山林が多かったのかもしれない。

**主な参考文献**


津田應助編『贈従五位　林金兵衛翁』(同顕彰会、一九二五年)
河地　清『福沢諭吉の農民観　春日井郡地租改正反対運動』(日本経済評論社、一九九九年)
西尾豊作『子爵田中不二麿傳(尾張勤王史)』(咬菜塾、一九三四年)
中部大学シンポジウム「林金兵衛とその時代―幕末・維新期の春日井」(二〇一二年)
森田朋子「幕末維新の自分変動―春日井の草薙隊事例から考える―」(「GLOCAL」一号、中部大学大学院国際人間学研究科、二〇一二年)
小川一朗「佐屋代官所管下の農兵―非常守より正合隊へ―」(尾張藩社会研究会報告、二〇一六年)
美濃加茂市『美濃加茂市史3　通史編』(一九八〇年)
近藤哲生『地租改正の研究―地主制との関連において―』(未来社、一九六七年)


## おわりに

五節にわたる文章をふまえて、草莽隊と農兵隊を次に示したい。

両隊に共通するのは、ⓐ既成の武士による軍隊への補完、ⓑ既成の武士による軍隊の温存(出兵するも犠牲を減らす)、をふまえていることである。このことを確認した上で、両隊の相違点を挙げてみよう。

草莽隊

①指導者層には、現状を打破しようとする何がしかの「志」、例えば、尊王攘夷・倒幕・公武合体・平田国学・水戸学の思想、あるいは逆に反倒幕・反朝廷の思想に裏づけられたものがある。

②指導者層も中心となる一般隊員も、生家が農商層であっても生家の仕事にあまり従事せず、他の職業の人びとも含めて、故郷を出て行動することが可能で、上昇志向を秘めている。

③武士出身でも、部屋住など二、三男が多く、現実の秩序に安住しないタイプが多い。

④指導者層は、全国を股にかけて「横議」する「処士」タイプまたは、そのようなタイプの人につながっているタイプが多い。

⑤剣術（あるいは砲術などの武術）にある程度通じている者が多い。

⑥出兵した場合、正規兵をしのぐ活躍をすることが多い。

⑦①の「志」に副う出兵には、積極的に参加する。

⑧命令を受け、「世直し」一揆鎮圧にも出動するが、主たる目的は①にある。

農兵隊

①農民出身とは限らず、庶民兵の意味で使用される。

②旗本で代官の江川太郎左衛門家（三代）による、海防（外憂）のための兵の取立提案が幕末の起源である。

③しかし、江川担庵もひそかに考えていたように、天保期以来の大規模な「世直し」一揆に対する防衛・

鎮圧の発想が根底にある。即ち「外憂」より「内患」への対処に力点がある。
④直接の指導者層は、多くの場合、豪農商出身者で、草莽隊の「志」よりも豪農商が支配する村・町を守り、下層農民・脱農民層・前期労働者層による「世直し」一揆を抑止する目的が濃厚である。
⑤隊員たちの多くは村・町の住民なので、居住を離れて遠くへ出ることを望まない。
⑥鉄砲を扱うことを屈辱とは思わない。
⑦尊攘運動や二度の幕長戦争で、幕府・大名・旗本の軍事態勢の改革を迫られ、銃歩兵を強化したが、この兵たちもこの範疇に加えられる。
⑧上昇志向はあまりない。
⑨「志」が伴わない成立事情から、隊員のサボタージュや給与の引上げ要求が目立つ。

予定より長文になってしまい、われながら困惑するほかない。いささか品のない言葉ながら「他人の褌で相撲をとる」（他の研究者の成果に頼る）結果になってしまったことも、内心忸怩たるものがないでもない。しかし、先学による蓄積が豊富にあるのに、後学に充分に咀嚼されていない状況を残念に思うところから、この文章は誕生した。「世直し」一揆という補助線をもっと活用すると、幕末維新史のダイナミズムが面白く見えてくる反面、歴史の狡知や策略、さらに非情さも見えてくるとの想いが濃密に迫ってきたのが、書き了えての率直な感想である。

# 第三章

# 磅礴隊の江戸・信濃出兵

目次



## はじめに

本稿では、戊辰戦争に際して成立した尾張藩の代表的草莽隊―磅礴（ほ（ぼ）うはく）隊、集義隊、正氣（せいき）隊、帰順（きじゅん）正気隊、草薙（くさなぎ）隊、精鋭隊、愛知隊、南郡隊、忠烈隊の九隊―のうち、人数で四番目、戦功度において正氣隊、集義隊と並ぶ磅礴隊をクローズアップする。最初に、草莽隊を何故取上げるのか、その意義はどこにあるのかを、先学の成果に言及しつつ明らかにし、戊辰戦争中の磅礴隊、とりわけ江戸派遣隊を中心にその足跡を辿りつつ、藩士によって構成される正規兵とは異質な行動様式を具体的に炙り出してみたい。最後には、岡三省（誠一）という磅礴隊の指導者に焦点を当て、その人物像を浮び上がらせたい。

本稿で活用する史料は、多年にわたって愛知県を中心に自由民権運動・草莽隊の研究を続けてきた長谷川昇氏が探し得た岡勇二氏文書が中心である。快く貸与されたご厚意に深く感謝したい。のちに触れるように、すでに長谷川昇氏によって岡文書を中心に据えた研究がされているので、本稿ではできるだけ重複は避けようとした。そのため、やや落穂拾い的に流れるのはやむをえない。その上、私の既出草莽隊研究で扱っている点への遡及も控えた。併読されることを切に希望したい。

これまでの尾張藩士族、というより正確には兵士の研究に少しでも新しい知見と視点を加え、今後の研究の一層の進展につらなることが出来れば、筆者にとって幸いなことである。

## 一　草莽隊の研究史

尾張藩（明治維新後の名古屋藩、犬山藩を含む）の家臣（団）の研究は、新見吉治氏、林董一氏の研究以来、大きな成果を挙げて今日に至っているが、戊辰戦争（以前も含む）の際に編成された草莽隊[1]及び隊員については、研究がやや立遅れているように思われる。少なくとも、充分な〝市民権〟を得ているとはいい難い。それは、①家臣といえば、歴史的にも長期にわたる累代の士族＝正規兵が中心である、②草莽は、戊辰戦争を中心とした短期間の臨時的参加に過ぎず、士族と認められぬケースもあるから、例外的存在でしかない、③史料が散佚し、研究しにくい状態にある、といった暗黙の理解が底流としてあるからではないだろうか。林董一氏編『尾張藩家臣団の研究』が、旧版も、新しい論稿を加えた新編も、いずれも草莽隊関係の論文を一編も含んでいないのは、研究自体が乏しいとはいえ、このような事情が反映している、と見做すべきであろう。草莽隊を含む明治初年の尾張藩の兵力については、第七章一を参照。

しかしながら幕末から戊辰戦争を経て明治初年に至る時期は、士族や庶民の枠組を固定的にではなく流動的にみなければ、時代相そのものを把握しそこねてしまうことに留意する必要がある。[2] この点は、士族と庶民の混成による長州藩の奇兵隊に、もっとも顕著に表れている。正規兵に対して「奇道を以て勝を制する」「奇兵」と名付けたのは、[3] いいえて妙であるが、組織者の高杉晋作が、「今日の国勢に当り、肉食の士人等皆事に堪へず、故に藩主に乞ひ、新兵を編せんと欲せば、務めて門閥の習弊を矯め、……士庶を不レ問、俸を厚くして、専ら強健の者を募り、其兵を駆するや、賞罰を厳明にせば、縦へ凶険無頼の徒と雖も、之が用をなさざるといふ事なし」[4] と述べていることに、その目的・構成員が見事に浮び上がってくる。「上から統制され、幕府に向けられた一種の農民反抗」（傍点は原文）だとするE・H・ノーマンの『日本の兵士と農民』[5] における規定は、賛否はともあれ、その後の研究者がしばしば取上げる焦点となった。

　長州藩の奇兵隊とそれに続く諸隊は、幕長戦争・戊辰戦争など討幕軍の中核を担っているし、長州藩自体が明治政府の一翼でもあるため、高杉晋作・山県有朋ら指導者と共によく知られるところであるが、他藩（地域）の草莽隊については、かつてほとんど視野の外にあった、といってよい。ようやく重視されたのが一五年戦争たけなわ、というより敗色が濃くなりつつある昭和一八（一九四三）年、応召兵が大量に投入された時代であったのは、歴史の皮肉であった。この年、田中惣五郎『北越草莽維新史』[6]、長谷川伸『相楽総三とその同志』[7] があいついで発刊されている。田中が「薩長的維新史から解放すると同時に、武士維新史に再検討を加へ……転換時代における現代人の運動と心構へに、一つの示唆を与へるであらう」と指摘し、長谷川が、「埋もれたる人物と事蹟の掘返し」、「有名と比べて劣らざる有名でない人物と事蹟とを過去にもつ豊富さ」を強調しているのは、「庶民がいかに天朝につながって居たかを明らかにする」（田中）との方向に収斂するこの時期ならではの時局に即応した言葉がそえられているとはいえ、従来の支配者・成功者中心の歴史に対する民衆を基軸にすえた異議申立てとして、はなはだ意義深いものがある。これらの著書が、いずれも学歴に乏しい苦労人の歴史家と作家によって著されたところに、[8] これまでの官学的歴史に対する新鮮な問題提起があった。このような志向が、先に触れたE・H・ノーマンの著書[9]を経て、高木俊輔『明治維新草莽運動史』[10]に見事に結実し、明治維新史研究を深めたことは、もはや周知のことであろう。（第一章参照）

尾張藩草莽隊の研究も、量的には乏しいが、このような全国的な研究の潮流と雁行とはいえぬまでも、ある程度の相似形を描いて今日に至っている。

尾張藩の草莽隊については、戦前の小菅廉氏著『尾参宝鑑』（明治三〇〈一八九七〉年）、津田応助氏著『林金兵衛翁』（大正一四〈一九二五〉年）、西尾豊作氏著『子爵田中不二麿傳（尾藩勤王史）』（昭和九〈一九三四〉年）などに記述はあるが、歴史学の対象として最初に俎上に載せたのは、長谷川昇氏「尾張藩草莽隊始末攷」[11]であった。この論文は、「一　磅礴隊結成」、「二　集義隊結成―その他」、「三　諸隊の出兵―戦功」、「四　常備兵―解隊―その後」から成る。もともと自由民権運動の研究者として出発した長谷川氏は、その関連から草莽隊員や隊員中の博徒へと追究の手が及んでいるため、その成果が『博徒と自由民権―名古屋事件始末記―』[12]にまとめられた。長谷川氏の草莽隊（員）についての大よその研究成果はこの本から得られるものの、「始末攷」の方が詳細であるため、依然として参照すべき研究である。

私の尾張藩草莽隊や隊員像についての研究[13]にも、右の長谷川昇氏を含む研究史が投影されている。

尾張藩（時期的には名古屋藩と呼ぶべきか）家臣団の維新後における賞典禄の綿密な統計によって草莽隊にも触れた（松平）上野秀治氏の一連の研究[14]は、以上とはやや別なアプローチから新しい分野を拓いたものとして、参照すべき内容をもつ。

博徒史の研究者水谷藤博氏の一連の研究[15]も草莽隊と関わるし、水谷盛光氏も青松葉事件を研究する中で磅礴隊その他に触れているので、[16] 共に見逃せない。

本稿で、のちに若干言及する中島明氏の研究[17]のように、私たちの眼の及ばぬ草莽隊転戦先の地方で、尾張藩草莽隊の重要な足跡が掘り起こされ、研究が深められている可能性もある。広い目配りと新しい視点、他地域（藩）草莽隊との比較史的研究の必要が痛感される。

## 二　出兵

磅礴（まじりあってひとつになる、または広がり満ちあふれる意）隊の起源について、慶応四（一八六八）年一月二四日、土田（どた）哲二、岡三省[18]、松山義根ら二〇名の草莽有志が尾張藩家老成瀬正肥（とみ）を通じて前尾張藩主徳川慶勝に対して次のように願い出たことによる—と、かつては考えられていた[19]。

「草莽之私共累世御鴻恩（こうおん）（大恩）ニ沐浴安業乍二仕居一、斯ル御大変之御場合、空敷袖手野処（ムナシクシュウシュ）罷在候而ハ何とも恐縮之至ニ奉レ存候。且一同蠢爾（シュンジ）・蒙昧（モウマイ）之者（とるに足らぬ愚かな者）ニハ御座候得共、積年来勤王之微志相抱憤懣（ワンマン）罷在候処、……実ニ千載之一時此機会ト奉レ存候」

「然ル上ハ、縦令（たとへ）弾丸矢石ノ際尤甘心罷在候間、勤王之御一端草莽相応之御用途ニ相立候得ハ、期二万死一一同踊躍難レ有奉レ存候」

しかし、この点に他の史料から異議を唱えたのは、先述の長谷川昇氏である。長谷川氏は、丹羽賢（淳太郎）（及び田中不二麿〈國之輔〉）と昵懇（じっこん）で慶応二（一八六六）年頃、名古屋に来て「御使番席御雇」の職をえた松本暢（ちょう）（省庵[20]　補1参照）が、すでに一月八日に「磅礴隊と申す在人町人高田本坊（現・名古屋市西区）に寄集め居り」[21]とあるのに注目、一月二四日以前に「磅礴隊」が成立していることを明らかにした。従って嘆願書を提出し、「当分徴士参与機密懸り」の指揮を受けるように命ぜられ、その後二八日「松本省庵総轄被レ命、始而磅礴隊相称之事」[22]というのは、土田哲司ら二〇名のものにとっての呼称であって、別のグループによって構成される磅礴隊は、名称はともあれ、彼らよりひと足先に事実上成立していたと推定される。磅礴隊の中のそれぞれのグループが成立や系列を異にしていることが、同じ磅礴隊を名乗っても、のちにみるように行動（出兵先　江戸と信濃）が別であることにつながるのではあるまいか。

ただ、一月八日成立を記す『慶応四年密日誌』に、「正月一五日渡辺新左衛門上り屋敷へ磅礴隊仮陣の由」とある。青松葉事件の年寄列渡辺新左衛門が死罪となったのは二〇日（逮捕も直前）であるから、日程的に正確とはいえない。おそらく、二〇日以降近い日に、高田本坊とは別の磅礴隊の仮りの屯所が、没収された渡辺新左衛門旧邸に置かれた、とみるべきであろう[23]。

一月二八日には、三河の諸藩・旗本を「勤王誘引」、つまり倒幕側参加を勧誘するため、土田哲二、岡三省、松山義根、平田鋭之輔、加藤幸八、武田屯（たむろ）、大橋栄次郎の七人が出張、翌二九日には二万五〇〇〇石を管轄する重原村（現・知立市）の陣屋を訪れ、勤王誓書と兵器献納書を出させ、この書面を岡、平田の二人が徴士参与の田中國之輔へ渡している。

二月二日には、伏見から敗走した幕府側の船が知多郡の師崎の海岸、または篠嶋、日間賀島にたどりついたため、急報を受けて馳せ参じている。知多郡の海防責任者である千賀与八郎を隊長に、山上甚之丞（軍（いくさ）目付）、犬飼司馬太郎（附属）ら尾張藩家臣の下に、磅礴隊員が従った。二月六日の払暁、風雨濃霧に乗じて抜刀隊を組織して旧幕府側の船を襲撃、降伏させ、銃五三挺、鎗一三筋、弾薬若干[24]を分捕っている。これが彼らにとって最初の軍事行動であり、成果であった。

二月一八日、前日の東海道総督府からの命令を受け、尾張藩から富永兼保（孫太夫）を隊長とする七八四人が出発した。この隊が府中（駿府）に達した二六日、大総督有栖川熾仁親王（ありすがわたるひとしんのう）に従った尾張藩兵が、上野内

### 図表三-1　磅礴隊江戸派遣軍幹部

| 役職 | 氏名 | 本籍 | 住所 | 父・職業 | 数え年齢（明治元年） |
|---|---|---|---|---|---|
| 参謀 | 八代逸平 | 甲斐国<br>八代郡白井河原村 | | 八代喚平<br>医師 | |
| 総括 | 土田哲二 | | | | |
| 小荷駄 | 加藤幸八 | | | | |
| 参謀<br>監察五伍長兼 | 松山義根 | 丹羽郡楽田村 | 丹羽郡楽田村 | 父庄七 | 27 |
| 五伍長 | 平田鋭之輔 | 丹羽郡瀬部村 | | 父延重郎（長男）<br>代々油問屋 | |
| 五伍長監軍兼 | 岡　三省<br>（誠一） | 和歌山県<br>伊都郡清水村 | 春日井郡下原新田 | 父隆勝（了照）<br>（長男）　医師 | 29 |
| 剣鎗師範役 | 榎　才蔵<br>（与三兵衛） | 近江国水口 | | | |
| 大小砲師範方 | 岡本左仲 | 名古屋末広町？ | 名古屋末広町？ | 医師？ | |
| 大小砲師範方 | 大橋栄次郎 | 宇都宮県（下野）<br>芳賀郡板戸村 | 名古屋三輪町<br>南側中程 | 大橋要右衛門 | 27 |
| 剣鎗師範附属 | 前田松兵衛<br>（のち荒子帯刀） | | | | |
| 応接 | 鬼嶋寿作 | | | | |
| 送運方 | 牧新次郎 | 名古屋七間町<br>弐丁目 | 名古屋七間町<br>弐丁目 | | |
| 送運方 | 伊藤新（慎）之丞<br>（慎次〈二〉郎） | 名古屋大津町<br>壱丁目 | 名古屋大津町<br>壱丁目西側 | 伊藤貞玄<br>御目見医師 | |
| 小荷駄附属 | 平野利介 | | | | |

史料　岡三省（誠一）文書『陣中袖控』、『元磅礴隊本籍并出兵人銘年齢帳』ほか

膳（資寿）を隊長、新野久太夫（守恒）を軍監として名古屋を出発している。この一行の中心となったのが、「磅礴隊六十人」であった。他の「鎗士隊三十一人」は、藩士と思われるから、人数からいえば磅礴隊が二倍である。磅礴隊員の他に軍夫一三人がいた[25]。すでに二月二三日、「為二警衛一……御教書ヲ以テ隊中江御談相成候事[26]」とあり、三日前に決まっていたことであった。

六〇人のうち、幹部級は別表（表三―1）の如くである。このもとに総轄（括）旗本隊、松山義根隊、平田鋭之輔隊、岡三省隊がおかれ、隊の他に四人の探索方があり、軍夫を含む七七人が「御肩印七七枚」を受取っている。

一行は二六日、熱田で昼、鳴海泊、二七日は池鯉鮒で昼、岡崎泊、二八日は赤坂昼、吉田泊、二九日、新居昼、浜松泊、三〇日、見附昼、袋井泊、三月一日、掛川泊。掛川では有栖川宮宿陣の前に位置する広楽寺に泊まってい

る。一日の大井川洪水のため、おそらく二日は足止めをくったらしい。三月三日、金谷昼、嶋田泊、四日、藤枝昼、岡部泊、五日、鞠子昼、夕方府中（現・静岡市）着。府中では寺町の観応寺（岡三省「陣中袖控（じんちゅうそでひかえ）」には最初観音寺と記されているが、別の箇所には観応寺とある。現在の寺名から応とする）に宿泊、陣をしき、大手門の警備を受持っている。

大総督有栖川の本営は、二二日、名古屋、二五日、吉田、二七日、新居、二八日、浜松、三月一日、掛川、三日、島田、五日、府中に到着しているところをみると、磅礴隊中心の尾張藩隊は最初は後衛であったが、本営へ追いつき護衛を担当するに至ったとみられる。

大総督の府中滞陣は、四月八日の出立まで一月余に及んでいる。前将軍徳川慶喜の謝罪、関東平定などのため、府中を拠点にしてじっくり体制を固めるためであった。

磅礴隊は府中で大手門支配を担当し、城代組・大手方与力から上番所、下番所、張番所の鍵・道具類を受取っている。その中には大手大御門鍵一本、大手潜御門鍵一本、大手番所附長柄二五筋、大手鉄砲台一柳、大手提灯台一三、箱釣瓶一〇……といったものが含まれている。

磅礴隊を構成する四隊は隊中を四人、または五人の組に分け、一日おきに町を見廻ることを決め、七日から行動を開始している。市内がやや落着いたとみてか、一一日には大総督参謀使番(27)から府中周辺の村について見廻りが要請された。

「諸藩の内一日二十人斗（ばかり）申合せ、弐三人連立（つれだち）、四方近村見廻り難敷者見当り候ハ、相改可レ申旨、参謀殿より被二仰出一候間、此段申達候事。但、事儀ニより召捕候とも討取候共、縦横ニ取斗（はからい）可レ有レ之候」

二、三人程度のグループで近村の見廻りができるのは、倒幕側からみて制圧が功を奏してきたことを物語る。この間、八日にはみんなで浅間神社へ参詣しているし、十日には探索方のうち杉本九八、上条甚吉が尾張国へ帰ると称して、府中以西の形勢探索のため隊を離れて移動している。「官軍御肩印并ニ隊中探索方印鑑持参」の上であった。

三月一三日、磅礴隊から次の願いが出された。

「御届旁奉レ願事

当隊之者共砲術調練仕度、尤明日より相始、隔日安倍河原下の瀬ゐて、稽古為レ致申度、依レ之御届旁奉ニ願上一候。已上」

大砲、鉄砲共、おそらく十分な訓練をした上での出兵とはとてもいえないので、余裕がでてきたのを機に、晴天が続くことでもあるし、デモンストレーションを兼ねての軍事調練となったのであろう。安倍川の河原は、そのために恰好の場所であったとみられる。

岡三省の日記に「十四日晴　調練御覧」、「十五日晴　安倍川原ニ而調練」、「十六日晴　撃剣御覧」とあることから、三日間連続で調練がおこなわれていること、十四日、十六日は、有栖川宮も見学したことが知られる。磅礴隊には、前掲表三―1のように「大小砲師範方　岡本左仲」「大小砲師範方　大橋栄次郎」「剣鎗師範役　武田屯(たむろ)」「鈒鎗師範役　榎与三兵衛（才蔵）」「鈒鎗師範附属　前田松兵衛」のような肩書をもつ隊員がいる。彼らが指揮して腕前を披露したものであろう。一八日、総轄の土田哲二と鈒鎗方が久能山東照宮に参詣しているのは、家康を先祖とする幕府に対する姿勢としては妙なものだが、寺より神社の方が朝廷方により親近感をもたせたのか、いや、それよりも敵情・財宝視察を兼ねての「武運長久」だったのであろう。

二〇日には、尾張藩士による調練が朝から昼までおこなわれているが、これまた安倍川の河原であろうか。磅礴隊との合同演習であったのか、別々であったのか、定かではない。

三月二二日、「御目付今泉源内より金子百九拾五両請取、各配当別記」とあるが、「別記」が見当たらないので、この金がどのように使用されたのか不明ながら、進軍のための手当であることは間違いない。

ところで、ここまで順調にきた磅礴隊にとって、大変な事態が発生した。二七日夜、城下の安西一丁目広小路願向寺辺で出火の際、磅礴隊員が城門に駆付けたのに集合しない者がいた。先に挙げた「釼鎗師範役武田屯(たむろ)」である。近江国水口(みなくち)出身の彼は、もともと態度が大きく口が悪いため敵を作りやすかったが、火事以前に安倍川町の遊女屋に入りびたり「深色に耽」っていた。集合時に姿を見せないので、釼鎗師範附属の前田松兵衛が呼び返すために遣わされたが、一向に聞き入れようとせず、「斬捨可レ申様悪口申聞」事態になった。この時は火急の場合なのでそのままえおかれたが、翌二八日朝、おそらく再び前田松兵衛が使者として赴いたのに対し、前田を「引留置、若(もし)立帰り候ニおゐては斬捨可レ申旨申募」った。酔っているとはいえ、なにせ釼鎗師範役であるから、うっかり手を出そうものなら、傷を負いかねない。やむなく監察の松山義根以下、大橋栄次郎、加藤竹次郎、榎才蔵の四人が引立てて帰ろうとしたが、ここに至っても聞入れず、悪口雑言を吐くので、捕縛し連れ帰った。だが、「既ニ縛縄引切逃出シ、且手向ヒ等仕候付、猶豫(ゆうよ)難レ致斬捨申候」という最悪の結末を招いた。

二九日、参謀使番から、雨の降りしきる一日中、安倍川原に梟首(きょうしゅ)としてさらし、首以外の死骸は片付けるよう申渡しがあった。昼頃建てられた立札は、前述のような経過を記したのち、「隊律ニ背き軍事を怠り、御用途ニはつれし其罪、尤(最)不レ軽不届至極ニ付、斬首ニ処し令二梟首一者也」と結んでいる。残された所持品が三〇余と所持金三両二分、九八三文は、死体を処理した番人八人に渡されている。

ここで武田屯と共に問題とされたのは、前田松兵衛である。「右ハ武田屯江関係いたし犯罪有レ之、既ニ断頭可レ致之処」と、監察の松山義根は書き起こす。おそらく、この事件についての前田の対応の拙さもさることながら、それ以前に鈫術師範の附属、つまり武田の補佐役として武田と行動を共にし、武田の増長を諫めえなかった責任を問われたためであろう。松山義根は先の文章に続けて、次のように認めている。

「感応寺日治只管助命願出、弟子ニ申請候は、先免申候。然処、段々教諭いたし候上、隊中江加入いたし呉候様願出、諸将士よりも哀をも請候付、任二其意一当分小荷駄奉行ニ願置、心底見届候上、夫々歩卒江も組込可レ申条、評決相成申候」

僧日治が、助命を嘆願したのは、日頃接していて同情したのであろうか。日蓮宗の僧侶としての使命感であろうか。隊員からは、武田屯に引摺り込まれた犠牲者として同情を集めたであろうし、これ以上隊員の犠牲者を出したくない、との思惑も働いていたのであろう。前田松兵衛も、四月四日には、先祖が荒子姓であることを理由に、荒子帯刀と改名し、気分一新をはかっている。

四月二日には、武田屯の石碑をつくることが隊中の話題になり、三日には香華料五両、布施代一両、石碑地代五両、祠野料五両が、宛先は不明だが、支出されている。罪は罪として、隊としてそれなりの弔いがなされているのは、隊中にある種の連帯感があったためであろう（但し、隊中の対立については後述）。

## 三　江戸

四月八日、東海道大総督は府中を出発、江戸へ向かった。磅礴隊も行動を共にし、八日、奥津（昼?）、蒲原泊、九日、吉田（昼?）、沼津泊、一〇日、三島（昼?）、箱根泊、一一日、湯本（昼?）、小田原泊、一二日、大磯（昼?）、藤沢泊、一三日、程ヶ谷（昼?）、川崎泊、一四日、池上泊ののち、一五日には芝にある増上寺に着いた。府中出発前の五日、六日と続いた雨が上がり、八日以降、晴天気続きであったことは、道中の気分をずいぶん和らげたものと思われる。

　磅礴隊が宿舎にした増上寺（現・東京都品川区）は、代々将軍家の菩提寺であり、昨年末の幕府側（庄内藩中心）による薩摩藩下屋敷攻撃を目の前にしていただけに、磅礴隊のような倒幕側宿舎に甘んじることに抵抗が強かった。とりわけ、磅礴隊が直接関わった松蓮社はけんもほろろで、取り付く島もない態度に出た。

「右住僧儀、一応之挨拶ニも不㆓罷出㆒、兵粮ニ付小道具借用相頼候得共かし渡不㆑申、剰（あまつさへ）官軍并御屋形を軽蔑し、只管（ひたすら）敵（旧幕府側）之美を談し、私共をも古木同前（然）ニ取扱ひ、面前ニ而官軍誹謗いたし、兵士之心ニ恐怖を生し候様ニ而已（のみ）之振舞、言語道断不届ニ存候」

　これは、総轄の土田哲二が一六日総督に願い出た文章の一節である。挨拶にも出てこないばかりか、食器・煮たきなどの小道具類も貸さず、旧幕府側をひたすら讃美する反抗的態度に、これまで東海道筋で討幕側が受けた待遇とのあまりの落差を痛感させられたのであろう。説得しても一六日朝の段階では変化なく、指導者としては一触即発の危機を感じて気が気でなかったらしい。

「右は如何程敵之美を談し、官軍誹謗いたし候共、恐怖いたし候者隊中ニ一人も無㆑之候得共、右躰不埒の廉（かど）ニ相重り候而ハ、自然兵士奮（憤）怒を生し、住僧初寺中之者江何様も粗暴之儀仕出し候哉も難㆑斗、甚迷惑仕候」

　もともと血気盛んな連中の寄合所帯なので、「粗暴之儀仕出し」という予想は決して誇張ではない。あとで触れるように、土田哲二も、隊員の「粗暴」に悩まされ、隊を去らねばならなくなる。

　宿陣を他へ移すとなれば、討幕他藩への外聞もよくないので、「右住僧御召出之上、篤与御理解被㆓仰聞㆒、已来心得違不都合之取斗無㆑之候様被㆓仰付㆒被㆓下置㆒候様」「何卒急卒御召出之上、已後改心仕候様御教諭成（被）二下置一様」と願い出ている。それにしても、増上寺松蓮社側の官軍への非協力的抵抗は、なかなか粘り強い。

この結果は、明らかではないが、その後二一日には江戸城西之丸に陣を移しているので、衝突は回避されたようである。

四月一六日午後、土田哲二、松山義根、岡本左仲（他に隊員がいたのか不明）は上野・浅草・神田・向嶋へ探索に出かけて夕刻に帰陣、一八日には土田、岡、岡本が隊員を引連れ西之丸の御殿の探索・見分に出張、翌一九日にも土田を除き同所へ出張し、二日共夕刻に帰陣している。二〇日、二一日には追加の（？）鉄砲を購入している。この間一八日には、東山道（関東）で旧幕府側が蜂起したため、先鋒総督から軍隊を派遣したあと手薄になった半蔵、田安、清水、喰違の四門を守衛する命令を尾張藩が受け、磅礴隊も尾張藩下の兵としてこれらの施設に馳せ参じている。二二日には坂下門から矢来門、紅葉山から二枚橋まで昼夜一〇人宛の見廻り、吹上御門、吹上御園詰として夜一〇人宛が決定、翌二三日にかけて旧幕府側五〇〇人が潜入しているとの報のある新宿へ二人を派遣して探索させている。

四月二二日、大総督は三道の先鋒総督、参謀及び諸藩の隊長を慰労すると共に、「庶民安撫、討賊」について現場の意見を文書で提出するよう求めた。のちに編集された太政官編纂の『復古記』には、浜松、備前、肥後、津ほか全九編の「答議」を掲載しているが[28]、そのなかに磅礴隊のものが含まれている[29]。尾張藩本藩ではなく付属の草莽隊の「答議」を採り、しかも他藩の草莽隊のものが全くないという点で、二重に注目すべきであろう。『復古記』所収の文と岡誠一の『陣中袖控』二五日に記した文とを照合してみると、微妙に異同があるが、『復古記』の方がやや正確のようなので、こちらを引用しておきたい。

ありきたりの前文のあと、次のような箇条が五つ続く。「所々御門々々御固有レ之候得共、別て西丸四御門厳重ニ相固メ、臨時防戦可ニ相成一候様仕度候」。「本丸ニ貯有レ之候弾薬、塩・（味）噌、急卒西丸へ御移被レ為レ在度候」。「四門其外所々ニ散乱有レ之候大砲、早速御修復相成、臨時防禦之御手当急務ト奉レ存候」。「籠状（城）之第一ハ兵粮ニ御坐候。右御手当未御手薄ニも奉レ存候。右ハ在江戸諸藩近境諸侯へ被レ命、十分御貯有レ之候様仕度奉レ存候」等々。

塩・味噌を含む兵粮から弾薬や大砲の修理に至るまで、長期にわたる持久戦を想定した、きわめて現実的でこまかい点への目配りに特色がある。

とりわけ括目すべきは、『復古記』にどうしたものか洩れていて『陣中袖控』にある追加の二カ条である。

「一、左官・大工・鍛冶・弓矢師、御用歩人御城中へ御抱置被レ為レ在度候。

一、十分の上ニも尚御手当被レ為レ在度品ハ弾薬・矢石・兵粮秣（ひょうりょうまつ）（人馬の食糧）ニ御座候。右等早行取集方被レ為レ在候様仕度奉レ存候事」

『復古記』も『陣中袖控』も、前の五カ条のあとに「右両条とも早行相整方夫々探索仕置候付、当隊へ被ニ仰付一候得ハ、急度相整可レ申候」とあり、『復古記』は「両条蓋（けだし）誤」としているが、「両条」とはこの追加条項に相当するものだとすれば、疑問はたちどころに氷解する。「左官・大工」以下の職人の城中への召抱え、「十分之上ニも」「弾薬・矢石・兵粮」等の手当をとのダメ押し。さらに「当隊」＝磅礴隊へ命じて欲しいとの意気ごみ。ここには、江戸城での長期の籠城も計算に入れた、職人を含む生活者の日常感覚に深く根ざした、草莽隊（員）ならではの具体的卓見がある。他藩の「答議」が、準軍事的で視野は広いとはいえ、どちらかといえば抽象論に傾きがちなのと対照的である。追加二カ条が『復古記』の元になった史料から消えたのはたまたま紙一枚の紛失によるものなのか疑問が残るが、ここに補うことができたのは幸いである。

来るべき上野戦争を前に閏四月一二日には宇都宮（三人）、一三日には甲州（二人）、品川（二人）、一五日には八王子（一五人）、二六日には間々田宿（三人）等へ探索等の任務で出発している。

この間、尾張藩兵は、閏四月一二日には市ヶ谷、四谷、喰違の三門、一五日には江戸城中及び大手、竹橋二門を離れ、市ヶ谷、四谷の二門を守衛し、二四日には旧幕府側で縛についた者を幽閉し、旧会津藩邸を諸藩兵と交代で監守している。五月一日には、清水門から田安門守衛へと、担当部署がめまぐるしく変化した。

上野戦争（現・台東区中心）直前の大総督府（実戦の総指揮者は大村益次郎）による諸軍の配置は、本営へ尾張藩（一五〇人）、水道橋より水戸藩邸まで尾張藩（一〇〇人）、水戸藩邸は備前、伊予、佐土原の三藩と、貸与された「仏郎私式（フランス）」大砲を配備した「尾州磅礴隊」が陣をしいている。当時の記録によれば、尾張藩と磅礴隊とははっきり区別されていることに注意したい[30]。

## 四　上野戦争

上野戦争は、五月一五日（旧暦）に起こった。前夜からの雨は小止みになったものの、道路は水が溢れ、空は曇っていた。戦は午前一〇時頃から始まったが、彰義隊の抵抗にあって正午までは決せず、午後になって肥前藩所有のアームストロング砲二門が効果をあげる頃から、傾勢は討幕＝朝廷側に有利に展開し、夕刻には彰義隊は潰滅した。

『陣中袖控』では一四日としているが、内容からみて一五日とみられる、戦争途中の報告文がある。

「当隊之儀、水府邸（水戸徳川家上屋敷、現・文京区）出張仕居候処、右場所者上野へも程遠く賊も見ぇ

図表三-2　上野戦争地図

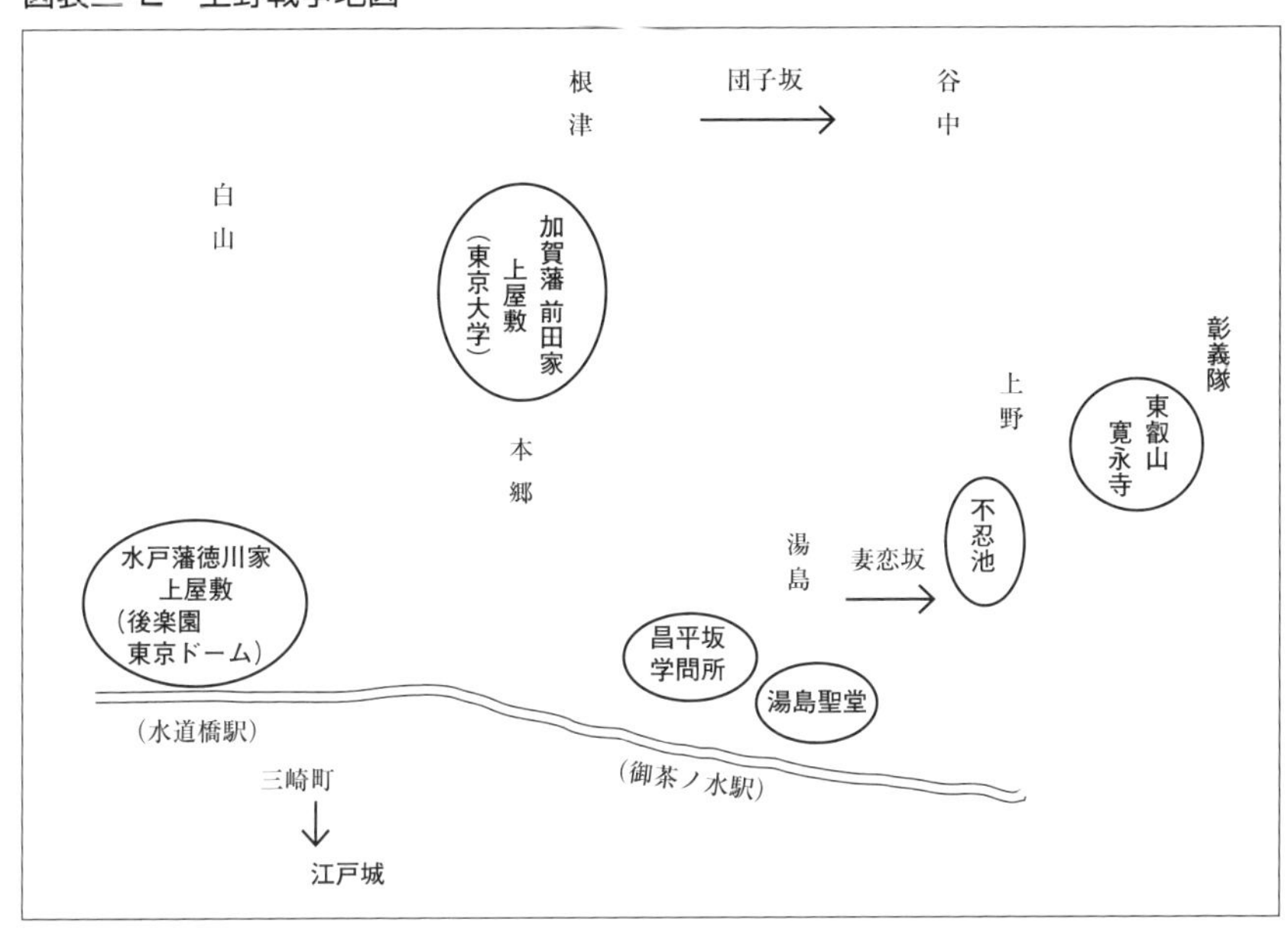


不、妻子(恋)坂（つまごいざか、現・文京区）辺屈境之要地ニ付、右へ出張仕、備州・佐土原・伊州(予)とも右妻子(恋)坂江打寄砲戦相初(始)申候処、此谷中三崎町（現・文京区、現・千代田区）辺ニ而薩長藩・大村藩苦戦之よし承候。直様押寄大砲打懸段々仕レ寄近付、薩・長・備・佐土原・伊州(予)とも相進候処、敵より放火いたし候付、一先妻子(恋)坂江引揚申候処、賊徒四五十人追懸申候故直様打拂、右妻子(恋)坂より上野江頻ニ大砲打懸ケ、又々三崎町坂上江押詰候ハ、今砲戦中ニ御座候。併賊徒勢も漸々弱り申候付、追付(おっつけ)御勝利相成可レ申奉レ存候。当隊御預り之大砲壱ケ破損仕候付、一先(ひとまず)帰着仕、右之趣御達奉二申上一候付、尚以口上奉二申上一候。已上」

「今砲戦中」の磅礴隊から、大砲一門が破損したための交換、さらに「疲れ申候付」、兵士の交代について大総督府への要請。そこに主眼があるとはいえ、妻子(恋)坂を中心に「上野江頻ニ大砲打懸け」ているなまなましい戦況を伝える報告である。『復古記』にも佐土原藩が「九字(時)過、谷中、団子坂（現・文京区）へ向、長州・大村両藩ト合併、進テ賊ノ砲台を乗取、尚残賊ト戦争中、伊州・備州・筑州并尾州磅礴隊追々来会、賊徒遂ニ敗走」[31]（傍点、秦）と記し、磅礴隊の活躍ぶりを伝えている。

この戦争で大活躍した人物に五伍長（小隊長）の平田鋭之輔がいる。彼は大刀を携え、大瓢（ひょう）を帯びる豪傑タイプとして知られていた。砲弾が下からは上野山に陣取る彰義隊に着弾せず打撃を与えることが出来ないため、大砲を広小路右側の酒楼の雁鍋（伊勢屋万吉）の三階へ持上げ、ここから発砲した結果、彰義隊本営の総崩れの一因となった、という。[32] この戦争でやはり小隊を率いた松山義根は左耳を怪我し、以後も聾（ろう）が療えなかった。

上野戦争後の五月二七日、総督府から尾張藩とは別に「褒詞」を得ている。

「　土田哲二　磅礴隊　二十人

過日、上野山内賊徒追討、終日奮戦、遂二成功一感入候。戦功之趣早々遂二奏聞一候。此段褒詞申達候事」

隊員全員でないのは、水戸藩邸あるいは吹上御園（苑）を守備している隊員が除かれているためであろう。

上野戦争後の五月一六日、おそらく戦争前の雨によって、吹上御園（苑）土居が、「一、崩れ候水道先廿間余」「一、深さ拾間余」「一、外堀側ニ而廿五間余」を報告し、さらに「外堀向井伊屋敷（彦根藩）長屋下大雨中崩れ落、外堀へ埋入候処江、又此方より土居土落入外堀甚浅く相成、歩行ニ而容易渡り越候様相成申候」と実情をやや詳しく報告している（一間は約一・八二メートル）。

「右者上野残兵、又は盗賊之類夜中忍入如何成儀仕出し候哉も難レ斗御座候付、守兵被二差置一候様仕度奉レ存候。当隊之儀も御番等ニ而至而小人（数）ニ御座候付、右場所固（かため）人数等差置候儀も行届不レ申候付、何れとも番兵御くり出被二成下一候様仕度願上候」

残兵に突然襲撃される危険性、守備兵の補充の必要性について強調すると共に、生活用水の確保について念を押している。

「右土居崩修覆（復）之儀ハ早行出来仕候儀も難二行届一存候得共、水道江ハ早速懸樋ニ而も御取繕不二相成一候而ハ城中并水涸、水流悉断切申候付、一日も御捨置相成候而ハ難レ叶奉レ存候」

前にもみたような、長期にわたる戦争を想定して日常の生活保持に力点をおく磅礴隊の考え方が、全体に貫かれている。磅礴隊の戦争参加の意義も、「戦闘」のみならず、戦争を支える生活条件の整備といった地味な提言をも掬い上げて評価する必要があろう。けだし、「戦闘」は戦争の一部にすぎず、生活の基盤を喪失すれば戦争は継続できず敗れ去るしかないからである。

上野戦争後、磅礴隊にはさまざまな事件が発生している。大小砲師範方の岡本左仲が、「会計附属蒙レ仰罷在候処、今度御役御免相成候上ハ速ニ帰隊可レ仕筈之処、彼是遅延いたし居、又々内願之上何分ニも役付可レ申心程之由、甚以不届ニ奉レ存候。右躰之儀有レ之候而ハ御国辱ニも存候付、以レ使呼寄候得共不二罷出一、然上ハ如何成卑劣之儀仕出し候哉も難レ斗……」と離隊の意向にあることが知られる。その理由はここでは明らかではないが、のち六月二七日、「丹羽五位」（丹羽賢？）の附属になっているところから推して、磅礴隊から離れて個人仕官への道を選んだのであろう。

八月一二日、下総船橋（現・千葉県船橋市）に旧幕府軍・反朝廷軍が集まっているとの総督府の命により、斥候が派遣された。ところが、牧新治（次）郎、中嶋吉三郎、佐久間前説（建男）が八月一二日に戦死、隊内に衝撃を与えた。翌日には怒りに燃えて全員が舟橋へ出撃し、旧幕府軍を破っている（補2参照）。八月二一日には、武蔵国豊島郡赤塚村（現・東京都板橋区）に旧幕府軍が集まっているとの報に、総督府の命令で岡三省、伊藤右平太（第七章　図表七－八参照）、石塚甚平、伊藤真之丞の四人が斥候に出て途中で三人を捕虜にし、二七日には、尾張藩兵と共同で赤塚村へ出兵している。
九月六日には、浮浪の徒が、尾張藩士と称し、麻布一本松町（現・東京都港区）の木下飛騨守の明屋敷に集まって印鑑等を偽造し人集めをしているのを探知し、おそらく尾張藩兵と共に出兵、三四人を逮捕、うち一一人を斬首、残り二三人を五〇叩き・一日晒の上、追放した。江戸への帰趨は明らかだとはいえ、討幕軍にとっても気のおけない日々がしばらく続く――。

上野戦争直前に起こり、あとにも尾を引いた一つの事件がある。五月一四日、榎才蔵が脱走し、行方不明になったのである。

「　御達申上候事
一番隊榎才蔵儀、当月十四日脱走仕候付、背二隊法一不埒之筋之条、隊法の処置相加へ度、篤と行衛探索仕候得共、今以相分り不レ申候付、依レ之御達奉申上候。已上。

総括
土田哲二

中西（真之助）隊長殿　」

榎才蔵は、一四日の「水府邸出張人数」に入っているから、事件は水戸藩邸へ入った直後のことかもしれない。その後、六月二〇日のところに、署名はないが、おそらく土田哲二の次の文が置かれている。

「先般御達申上候榎才蔵儀、不法之筋有レ之レ争、以二裁判所一御召捕ニ相成候付、御尋相成候間……則当人所持之御印二枚請取上候間、奉二差上一候。尤当人之儀ハ裁判ニ而御処置可レ有レ之候様被二仰渡一候間、此段御達申上候。已上」

この文に加えて、隊員の平野利助、荒子帯刀（前に登場した前田松兵衛）による「右為レ見被レ成候処、隊中の者ニ相違無二御座一候。身寄之儀ハ足軽同様之者ニ御座候。御請書奉二差上一候」の記載がある。これだけの文章では、榎才蔵が何故脱走し裁判にかけられることになったのか不明だが、『子爵田中不二麿伝』中の「磅礴隊」の項に、「一日尾張藩士の隊を罵るに当って大に憤論して、遂に三人を斬り自刃した」とあることによって、正規兵と草莽隊員との間のトラブルが原因であったことが明らかである。ここまでに至らないまでも、正規兵と草莽隊員との間の感情的対立・摩擦がしばしば発生したことが想像される。記載月日はないが、「明治二年九月榎自裁跡目相続小才三江志水大参事被二申付一候事」(33)とあるように、「江州水口藩守山岩三弟」(34)が、才蔵のあと「小才三」として跡目を相続している。藩士三人を相手に斬り結び殺害したとはいえ、藩士側にも問題があるので、それまでの功績からある程度の復権を藩から認知された結果であろう。「嗚呼壮烈榎生之墓」が「明治二年十月二日丹羽賢拭レ涙而書」として建てられたのは、このような復権を後世に伝えるためであった(35)。

『侠将八代六郎』に、武田屯が府中で斬首されたとき、「士気は興奮したが、其の飛ばっちりを喰って土田も入牢して死んでしまった(36)」との記載があり、これでは府中の事件で入牢のように受け取れるが、土田はその後も指揮をとっている。武田屯事件がひとつの誘引であったかもしれないが、むしろ、上野戦争が終わり、尾張藩士と磅礴隊との対立がひと段落したところで、磅礴隊内の不満や勢力争いが噴出し、土田もその標的となった、とみるべきであろう。『子爵田中不二麿伝』中の「磅礴隊」の項で、太田幸(耕)作之墓に触れ、「太田は土田鉄二(ママ)の縁者であった。偶々隊中にて土田が隊に忠実ならざるを叱責せんと協議した時に、太田之を聴いて席を逃れて土田に通せんと興津に走ったが、追跡者の得る所となって遂に斬られた(37)」とある。岡三省『陣中袖控』の二月廿六日の「隊中より六拾人出勢」の人名を記した箇所に、太田幸作が「平田鋭之助隊(ママ)」に属しているのに「総括隊入」と注記されているのは、対立がからんで途中で土田の配下に変更になっていたことを示すものであろうし、太田も土田も「七月廿七日帰国」と追記されているところから推して、七月二七日の前日あたりに隊中の対立が爆発して「帰国」、というより、逃げるのを追って斬殺・逮捕といった騒動が発生したことを窺わせる。

伊藤新之丞のところに「七月廿七日帰国」とあるのも、この事件に関係がありそうである。加藤幸八の「七月帰国」、松山義根、鈴木源七郎の「七月十五日帰国」、酒井礼三、佐藤長兵衛、小川銕、土方文七の「七月十六日帰国」等も、その前触れというべきものであったかもしれない。

土田哲二の墓が庭にもある土田家のご子孫から（愛知県扶桑町在住）、先祖から伝えられている、死体が樽に塩付けにされた気の毒な姿で家に送られてきた、との話を伺った。土田姓をツチダではなく、ドタと読むことからみても、この地域に古くからある名門地主（但し、哲二は分家）である。

残存する『陣中袖控』が六月二九日で切れていて、その後を追えないのは残念である。

ところで、磅礴隊を語るとき、八代逸平という人物を抜きには出来ない。しかし、八代逸平について判明していることは意外に少ない。のちの海軍大臣八代六郎がその子（養子、六郎は松山義根の弟）でなければ、知られずに終わったかもしれないのである。では、八代逸平とはいかなる人物か。前掲『侠將八代六郎』にはこうある。[38]

「磅礴隊では武技に長じ、膽力があるものだから誰でも隊士に加入させた。博徒でも浮浪人でもよかった。応募者は百五十名なった。従って中には乱暴者もゐたりして、隊の統制がなか〳〵むづかしかった。誰か、しっかりとした者が上にゐて、彼らの頭を押しつけてゐなければならなかった。夫れには腕もあり、学問もあり、見識も備へてゐると言ふ人でなければならない。さうした人物がほしかった。丁度さうした時に、京都の大原三位（大原重徳、重実父子─秦）から適当な人物を推薦して来た。表面の名目は客分であり、職名は監察と云ふのでやって来た。」

八代逸平は監督・統制者として来名し、松山義根とも昵懇の間柄となる。磅礴隊とは「名目は客分」で「監察」として行動を共にした筈であるが、意外にも岡三省の『陣中袖控』にほとんどその名を見せない。出兵中は、大総督府と磅礴隊との連絡が主たる仕事だったのであろうか。ただ、一箇所、五月末のところで、脈絡なく突如登場する。

「　大総督府　御使番衆棟(?)
甲斐国八代郡白井河原村（現・山梨県甲府市）郷医
八代畯平忰　八代逸平
右ハ大原卿随従之処、依二御頼一加隊致し候」

ここにいう「大総督府　御使番」が注(27)でみたものと同じとすれば、八代の常時の定位置はここ（御使番配下）にあったのであろうか。いずれにせよ、八代逸平が甲斐国八代郡白井河原村の医者の子であることを示す唯一の史料である。父が村医者という点では、筆者の岡三省と同じ環境であり、「忰」という表現は庶民身分をことさら強調しているようである。

明治二（一八六九）年三月一二日に病死した八代逸平が「加隊」とはいえ、磅礴隊員そのものというより別格の監督者（監察）の立場であったにも拘らず、その養子六郎は家督を継ぐために磅礴隊員扱いになった。明治四（一八七一）年の「元磅礴隊本籍并出兵人銘年齢帳」には、

「一　四人半口　幅下羽子板町 松山義根同居　丹羽郡楽田町松山庄七男 逸平養子跡目　八代六郎 未拾四才」

と記され、一四歳（数え年）で兄義根と名古屋幅下（現・名古屋市西区）に同居している。現在、名古屋市昭和区八事の興正寺に現存する磅礴隊士墓地に、八代六郎の建てた「八代逸平之墓」があり、墓地からすれば八代逸平は後世には磅礴隊員扱いされているとみてよい。しかし、磅礴隊江戸出兵隊員とは一定の距離があることは明らかである。一見して養父を継承したかにみえる隊員六郎の隊員としての資格も、経済的、身分的資格を確立するために、六郎の兄松山義根や岡三省が配慮した可能性が濃厚である。最初、この文を発表したとき、表三‐1に八代逸平を加えなかったのも、「客分」の「監察」や「大総督府　御使番衆」付に少しこだわったからである。

八代逸平がもう少し長生きしていたら（八代が亡くなったのは数え年で二〇歳未満だった）、果たした役割を含む人物像の輪郭がもう少し鮮明に伝わったにちがいない。

## 五　信濃

信濃国へ向かったもう一つの磅礴隊については、岡三省の遺したような日誌が発見されていないが、岡が大正二（一九一三）年一月に報告したバランスのとれた『磅礴隊記事』に簡単な記載があるので、中島明前掲書をも参照しつつ、概観しておきたい。

二月一七日、東山道総督府によって信濃の旧幕領の管轄を命ぜられた尾張藩は、信濃諸隊と連携しつつ行動した。信濃では、年貢半減政策を触れ廻る先鋒嚮導隊の相楽総三らを三月三日偽官軍の名において下諏訪で処刑し、桜井常五郎を三月六日追分戦争で斬首するなど、厳しい状況が展開していた。

佐久郡の世直し一揆が沈静化するとみるや、尾張藩は三月一五日、磅礴隊を中心に藩士の水野内蔵、松

図表三-3　磅礴隊信濃派遣軍幹部

| 役職 | 氏名 | 本籍 | 住所 | 父 | 数え年齢（明治元年） |
|---|---|---|---|---|---|
| 隊長 | 水野内蔵 | | | | |
| 参謀 | 松本暢（省庵） | | | | |
| 総括 | 竹端整 | 丹羽郡稲置村鵜飼町坂上 | | 竹端禄得 | 25 |
| 副総括 | 山田稲太（復軒） | 中嶋郡南麻村 | 柳原中之切東江入南側 | 山田仁右衛門 | 29 |
| | 関源左衛門（源三郎） | | | | |
| 伍々長 | 青山三郎 | 元吉田藩 | 正萬寺町四丁目西側伝馬町北五軒目 | 稲石茆（次男） | 27 |
| 監察 | 山本元一郎 | 播磨国 | 蒲焼町本町西江入南側 | | 36 |
| 金穀締 | 勝沼勇（庄之助） | 吉田町 | 榎木町鍛冶屋町西江入南端 | 安井七蔵 | 31 |

史料　岡三省（誠一）文書　『元磅礴隊本籍並出兵人銘年齢帳』ほか。

本暢（省庵）が指揮する隊を繰り出した。[39]この尾張藩兵と共に行動しようとしたのか、名古屋の留守部隊から四五人の者が脱走して中山道を東へと道をとり、三月一五日に名古屋を出発して信濃へすでに出兵中の竹端整ら四五人の磅礴隊員と中津川で合流するという事件が起こった。江戸出兵中の磅礴隊は、「勇気ニ任せ前後無二差別一脱走仕候儀」を恐縮し詫びている。しかし、岡三省の『磅礴隊記事』によれば、

「一　三月十五日

　　信州御領内為二鎮撫一磅礴隊九十余人出発　隊長　水野内蔵　参謀　松本省庵」

と、「九十余人」一緒に出発したかのように関源左衛門、青山三郎、山本元一郎、勝沼勇の名を挙げている。少しでも兵が欲しかった信濃の尾張藩は、その後の功績に免じてか、少々の手違いを咎めることなく処置したもののようである。

小栗郡和田村上和田の「翠（みどり）（すい）川安俊家文書」に、「不レ残陣装束ニ而旗三本、磅礴隊と印有レ之」[40]とあるように、磅礴隊はその名を信濃国の人びと（農民）にアピールしつつ、前年（慶応三年）の残納年貢の調達を強行しようとした。東海道総督府の軍事行動を経済面で円滑にするためにも、年貢の取立ては急を要

していたからである。
ところが、ひとたび免除した年貢を取立てることに異議を唱え納入を拒否する農民たち、なかでも小県郡（現・長野県）八カ村の農民は、千曲川の石井川原に集結し、上田藩、中之条（現・群馬県）陣屋役人、尾張藩の磅礴隊と対立した。磅礴隊は、「若上納向遅滞候ハヽ、急行を以て可㆓取立㆒」と強要したが、[41] 農民らの抵抗にあって断念し、天朝御用繰替金三〇〇〇両を中野、中之条、御影の陣屋管内村々の苗字帯刀の有力者から借用している。四月七日には、磅礴隊青山三郎の指揮する一隊約一〇〇人が和田宿を包囲してしきりに発砲し、桜井常五郎を継承して延納闘争を指揮する上野宿の実五郎らを殺害し、抵抗する農民らを圧倒した。[42]

『磅礴隊記事』に次のようにあるのは、このあたりの状況をまとめたものである。

「一　四月十四日
　中ノ陣屋　中之庄　御影　飯島陣屋
　右四ケ所ヘ弐拾名ツヽ分割相請居内、御影陣屋下不穏土寇無頼之徒共処々集合ニ付、召捕或ハ
　説得鎮撫ス」

四カ所の陣屋に隊員を分割したうち、御影陣屋詰の隊長が青山三男（郎）と前記「翠川家文書」にあるところから推すに、この時点では四人の分遣隊長がいたことになる。
この間、関源左衛門（源三郎）は飯田陣屋で、花木鎌太郎は中野陣屋で、それぞれ軍用金を募集し、花木は天朝御用繰替金三〇〇〇両を板橋宿の東山道総督府へ送っている。[43]
『磅礴隊記事』は、さらに四月二五日の項で、飯山戦争（旧幕衝鋒隊との戦い）とそこでの隊員の奮闘ぶりを伝える。

「旧幕旗下古屋作左衛門始千有余（衝鋒隊）、越後路ヨリ信州ニ来リ飯山城相襲候付、右四ケ所陣屋詰之者中ノ陣屋ヘ聚合、飯山城ヘ出陣、廿六日暁、賊と筑摩川を差挟ミ炮戦及ヒ候処、賊舟ヲ陣前ニ繋キ有レ之候付、弾丸雨集之中ヨリ隊士伊藤政四郎始四名裸体河ヲ渡リ、敵船ヲ奪ヒ賊鋒ヲ取挫(クジ)キ候付、賊ハ市中ニ放火シ、遂ニ山林窮谷ニ相遁ル。続而処々探討、其夜飯山城下ニ宿シ、翌廿三日未明ヨリ越後新井宿迄追撃、終ニ平定ス」

この文には伊藤政四郎の名しか挙がっていないが、他に加藤登、伊藤甫の名がある。(44)

同じ四月二五日の項に、古屋作左衛門らとの飯山戦争に乗じて起こった和田宿での動きについての記述がある。

「上州・信州無頼之博徒共古屋之閑隙ヲ窺ヒ、中仙道和田宿ニテ百有余集合、説諭ニ服セス発砲暴動候付、不レ得レ止伐取捕縛平定」（傍点　秦）

閏四月一一日には、徳川慶勝から磅礴隊を率いる尾張藩士水野内蔵へ宛てて感謝状が出されている。(45)

## 六　岡三省（誠一）の場合

前々節でみたように、土田哲二が磅礴隊江戸派遣隊の総轄（総括）から退く事件のあと、五伍長・監軍兼任から副総轄を経て総轄の地位に就いたのは、岡三省（誠一）である。「履歴書」に「自明治元年八月　至同五年五月　三年十ケ月　磅礴隊総轄」と記し、その後も隊員をまとめつつ権利の確保につとめ、のちに『磅礴隊記事』を書くなど隊解散後も磅礴隊幹部として尽力し続けた岡は、実は尾張藩下の地域の出身ではない。和歌山県伊都郡清水村（のち伊都郡学文路(かむろ)村字清水、現・橋本市内）の医師岡隆勝（了照）の長男として

天保一〇（一八三九）年五月四日に生まれている。(46)

彼が、何時、また何故、故郷を離れ尾張へやってきたのか、必ずしも明らかではない。

しかし、「履歴書」に

「自安政元年九月（一八五四）　　村瀬太乙
　　五年四ケ月　　漢学
至同　六年十二月（一八五九）　　國枝松宇

自安政元年九月（一八五四）　　尾張医学館
　　五年六ケ月　　医学
至萬延元年十二月（一八六〇）　　三村玄澄」

とあるのは、一五～二一歳の多感な青年時代に尾張で医学・漢学を学んだことを示しているとすれば、成人してから下野国（現・栃木県）壬生（みぶ）藩を逐電し、丹羽賢との縁で尾張藩という場で活躍の場を得た松本暢（省庵）（幕末に尾張藩御使番雇、維新期に信濃派遣磅礴隊総轄　補参照）とは成長過程において、異なったタイプといわねばならない。

岡が紀伊から尾張（名古屋）へ来たのは、父が医師であることから医学の修業をさせようとしたと考えられるが、たとえば、距離的には違わない筈の大坂が選ばれずに、名古屋が何故選ばれたのか、紀伊から名古屋で学ぶルートがあったのか、そこのところは不明である。

医学館は、享保一〇（一七二五）年に尾張藩に召抱えられた京都の医師浅井図南が、名古屋に来て、官医から町医に及ぶ学生を養成したことに始まる。浅井家の家塾は藩の資金援助を得て医学館と称し、蒲焼町長者町（現・名古屋市中区）西に入る南側にあった。医師の資格を得るための試問が、医学館で春秋二回、寄合医師、小普請医師ら官医の弟子を対象に実施されたが、町医の開業に際しても何らかの関与をしたものであろう。[47] 折衷学派の漢方として、維新後は次第に時代遅れになっていくものの、幕末段階ではそれなりの権威を保持していた。

三村玄澄については、著名な玄澄は嘉永六（一八五三）年に亡くなっているので、家業を継いだ玄澄の兄の子の玄春を指している。彼もまた漢方医である。

「履歴書」の次の記載によれば、五年半に及ぶ修業ののち、二一歳頃から医者として一本立している。

「自　萬延元年二月（一八六〇）
　　　　　　　　　八ケ年　内外科医術開業
　至　明治元年二月（一八六八）　　　　　　　　」

「雑駁（ざっぱく）私記」と題する雑記帳中の「届」には、「萬延元申年二月ヨリ慶応四戊辰正月迄、当第三大区十四小区春日井郡下原新田（現・春日井市）於テ一人立開業治療仕候」とあり、さらに同書中の別の「履歴」に、

「一、嘉永三戌年（一八五〇）　春日井郡下原新田医師
　　　　　　　　　　　　　　　　　　　　　亡
　　　　　　　　　　本道修業　　佐藤秀作江入門　」

とあることから推察するに、すでに幼少時（一一歳頃）から下原新田（村）―藩老・成瀬氏の領地がある―の佐藤秀作のもとで修業を積んでいたわけだから、この村との深い関係が照らし出されてくる。のち、磅礴隊で丹羽郡楽田村の松山義根らと行動を共にし、明治一六（一八八三）年に丹羽郡の御用掛になった縁も、郡は異なっても下原新田村と比較的距離が近いことも一因であろう。

ただ、岡の最初の師である佐藤秀作がどのような人物か、今のところ、知る手がかりがない。

しかし、岡を一介の医者に終わらせずに政治的世界へ駆りたてる契機となったのは、漢学を國枝松宇[48]に学んだことにあるようだ。大野嘉六として城下赤塚町で蝋灯商を営んだ（そのため号を老足という）國枝は、万延元（一八六〇）年三月から名古屋新田に住み、農業に従事し、門下生に勤王を説き、田宮如雲、植松茂岳、水谷民彦、松本奎堂と交わっているから、岡への思想的影響は決して小さくない筈である。

田宮如雲が徳川慶勝の側用人として王政復古、戊辰戦争を推進した人物であることはあまりに有名であるが、植松茂岳[49]は、本居宣長の『古事記伝』を刊行した版木彫刻業者で宣長の門下生の、有信の養子になり、慶勝に進講し、義宜の侍講になっている。

水谷民彦（与右衛門）は、人足問屋役の家柄[50]で慶勝に重用され、軍事世話役を務め、「彼の宅には天下の志士と称して往来するもの五人十人日々絶間なく毎に飲食に供し[51]」、脱藩の人々に旅費・衣服を支出しすぎて借財が増え、田地を売り、家屋敷を手放している。

天誅組の乱で命を落とした松本奎堂[52]は、三河の刈谷藩士出身で、安政六（一八五九）年から文久元（一八六一）年にかけて名古屋石町の鍵屋の隠宅に住み、漢学を教授した。波瀾にみちた奎堂の生涯の中では、この頃は名古屋に住む犬山藩士森島右伝の娘てつ女と結婚し一子をもうける、最も落着いて心安まる時期であった。國枝松宇とも親交があったし、病気の際に三村玄澄（先の玄春）の往診も受けている。塾生には、愛知郡沓掛村（現・豊明市）に住む奎堂の師伊藤両邨（逸彦、民之輔[53]）の弟子で、奎堂を名古屋へ招いた丹羽賢（淳太郎）らがいた。丹羽賢が勤王・倒幕派であったことは先にも触れたが、ただ、奎堂は、尾張藩士を相手に講義するとき、会沢正志斎の『新論』を取上げるのを避けた、というから、細心の注意を払っていたらしい。

このように、時勢に何らかの不満をもつ人々の渦中にいた岡三省が、そこから感化されたのは当然であろう。

奎堂の親友で仙台藩士、昌平黌の舎長を務め、奎堂らと大坂で双松岡塾を開いた岡千仭（鹿門）が文久元（一八六一）年の二、三月に名古屋の奎堂を訪れたときのことを、友人の松林伯鴻（廉之助）に書き送っている。「余（岡千仭）奎堂を名古屋の寓に訪ふ、日に無頼の博徒と飲む、曰く、是の輩死を畏れず、用ふべき也と、余留寓すること一月、一篇の文を見ず」（傍点　秦）。この文を引いた森銑三は、「名古屋に於ける奎堂の生活は甚だ荒んでゐたかのやうにも取られるが、『雪泥鴻爪』『在臆話記』（岡千仭の著書―秦）の記載を通して見る時、それは些か文飾に過ぎてゐるやうである」と解釈している[54]。岡三省自身、「無頼の博徒」とはタイプを異にするが、磅礴隊に岡千仭の目から「無頼の博徒」「侠客」とみなされ死を畏れぬ人物が出入りしていたことから推し測るに、奎堂を知るか噂を聞いた、もしくは奎堂と同じような着眼点をもった岡三省が、将来の草莽隊結成と隊員募集のヒントを見出したとしても、決して不思議ではあるまい。奎堂は、天誅組の変でいったんは十津川郷士の協力を得ながら、「令旨」によって離反され敗北を招くに至るが、この失敗の事実やその後の長州藩奇兵隊などの諸隊の活躍ぶりは、草莽隊の結成、指導、チーム・ワークをいかにすべきか、岡三省を含む後進の人間に教訓を与えたとみるのは、想像を重ねた深読みに過ぎようか[55]。

磅礴隊参加当時、満二八歳余の岡三省にとって、二〇歳前後頃までの青年期の環境は、人生の核を形成し、その後の人生を決定するような大きな痕跡を残したに違いない。

ただ、岡千仭の眼から見た名古屋についての評価は、すこぶる辛い。「在留月余ナルニ、藩士ハ外交ヲ絶シ、門閥ハ雲上ノ如く構へ、誰一人世ニ聞エル人物タルモ耳に不レ到」と。その後に、「維新ニ尽力の丹羽（賢）、田中不二麻呂二人ハ奎堂門ト聞キシニ、此時ハ吾ハ其人ヲ覚ヘズ」とあるところをみると、会う機会がなかったのか、会っても岡千仭の眼からは未熟で、尾張の人材不足を否定するほどではなかったに違いない（岡の回想録『在臆話記』）。彼は戊辰戦争中、奥羽列藩同盟に反対・画策して捕えられた。のちに、東京図書館長になり、大正三（一九一四）年、八二歳で亡くなった。

岡三省が磅礴隊江戸派遣軍の総轄に就任した八月、次のような賞詞と賞金五両を得ている。

「　　　　岡　三省
隊中一和筋厚尽力格別被レ届候付、金五両被二下置一候
八月（明治元年―のちの註記がある―秦）　」

ここにいう「隊中一和筋尽力」とは、前節でみたような、刃傷に及ぶような対立が、岡の手腕によって軽微に終わり、収拾されるに至ったことを示している。

もう一つ注目すべき文書がある。

「　嚴敷（きびしく）隊中の者江申入置候事
今度惣括松山義根辞職を懇願いたし候付、追々説喩（諭）を加候得共、猶哀訴ニ付、不日免職可二申付一候。
付而ハ、副総轄岡誠一を直ニ惣括申付、隊中の事を専任せしめ候付、何れも諸面誠一之号令を相守、違失怠慢無レ之様可二心致一候也。
庚子（ママ）十月
　　　　丹羽権大参事 ㊞　」

庚子は庚午＝明治三年の誤りであろう。丹羽賢が名古屋権大参事に就任したのは明治二年九月、大参事に昇格したのは明治三年十一月だからである。岡三省の「履歴書」では副惣轄も含めて「惣括」としているが、副から正へ昇格したのは、明治三年十月ということになる。総轄土田哲二が退いたあとの明治元年十

二月、松山義根は「参謀監察五伍長兼」から総轄へ昇格しているから、岡三省は「五伍長監軍（軍監？）兼」から副総轄へ昇格していたのであろう。松山義根が総轄を辞任したのは、戊辰戦争が一段落し、故郷の村落支配者としての仕事に専念したいとの意があったにはちがいないが、心理的には案外、隊中の混乱に嫌気がさしたことも与（あずか）っているのではなかろうか。「隊中之者江申入置候事」なのに、敢えて「嚴敷」と強いアクセントがおかれているのは、何よりも隊の規律の乱れを暗示している。

岡は、対立と混乱に陥りがちな海千山千の隊員をまとめ、その後も秩禄処分前後に、隊員の権利確保のため奔走する。智略も人望もあり、総轄としてうってつけの貴重な存在であったといってよい。

岡は、明治四（一八七一）年に永世禄として高一五石を得ている。

「　　　　　　　　　　　　岡　誠一

高十五石

御一新後軍功ニ因リ為$_{二}$賞典$_{一}$如$_{レ}$斯永世令$_{二}$分与$_{一}$者也

明治四年

辛未　九月

従一位徳川慶勝 ㊞

従三位徳川義宜 ㊞　」

明治三年の大一揆・稲葉騒動への出兵、同年の小幡原開墾願出、明治四年の俸禄還納願出、三河大浜騒動出兵などにも関与した岡は、この間、明治三年六月には、尾張藩から犬山藩が抜けた名古屋藩の「集議院附属勤向」、同一二月には「旧藩出仕監察掛り」に就いている。磅礴隊員の士族籍編入運動などのため資金が必要になると、その先頭に立たざるをえなかったのも彼である。

「　拝借金證券

一　金三百円

右は元磅礴隊身分上歎願事件候付、入費相嵩無二余儀一前顕拝借仕、全員請取申処実正也。返済方之儀ハ願之趣御処分有レ之候上ハ、一時返済可レ仕、萬々一御処分不二相運一候節ハ、当明治九年より十ケ年間ニ返済可レ仕候。為二後日一證券如レ件。

但、本文季限中若（モシ）紛失等有レ之候節ハ、跡目之者へ引受、本書之通無二違失一返弁相立可レ申候。

明治九（一八七六）年一月廿二日

元磅礴隊
山田稲太　印
同　総括
岡　誠一　印

従一位徳川慶勝殿

右全員拝借仕聊無二違失一返上可レ仕旨、右惣代共ヨリ私共江茂申出、相違無レ之候。依奥印仕候也。

明治九年一月廿二日

志水忠平　㊞
生駒周行　㊞　」

徳川慶勝から借金三〇〇円をどのように返済したのか不明だが、このような証書の残存自体、返済したことを示していないだろうか。運動は明治一一（一八七八）年末まで粘り強く続けられたが、岡三省は、明治一一（一八七八）年、「永世禄八石／金禄四拾壱円七拾六銭九厘　岡誠一／士族編入申付、願書之通下賜候事

／明治十一年七月二十四日／愛知県」の如き証書を得ている。

岡は、この五年後の明治一六（一八八三）年八月に丹羽郡御用掛に就任、明治二〇（一八八七）年三月には葉栗郡宮田村・黒岩村戸長、明治二六（一八九三）年一〇月には葉栗郡宮田村村長に当選、地方の政治に関わっている。明治二八（一八九五）年三月から明治三三（一九〇〇）年三月まで私立武揚学校書記、明治三三年四月から私立明倫中学校書記を務めている。

明治前半の職業届には医業とあるが、後半生は医業とどのように関わっていたのであろうか。住んだのは名古屋の花ノ木町（現・名古屋市西区）である。明治一四（一八八一）年一二月に「名古屋区花木町三拾七番地」の土地一二一坪、建物三五坪を一六〇円で購入し、明治三三（一九〇〇）年の住所も「名古屋市花ノ木町四十三番戸」と表示が変わっているものの、おそらく同じ場所であろう。

岡文書の中に「立憲帝政党議綱領講究問題」と題する文章がある。岡の立憲帝政党（明治一五〈一八八二〉年成立）への接近を示す証拠とみられるが、立憲帝政党に暗い私（秦）には既知のものか否か、保留せざるをえない。[56]

若干、引用しておこう。

例えば、——

「第二條　憲法は聖天子ノ親裁ニ出ツ云々。

問　吾党敢テ欽定憲法ノ則ニ違ハスト雖モ、凡ソ憲法ノ組織ニ於テハ其各國ニ実行セラレタル成績ヲ知ラサル可ラス。今夫欽定・國約・民約ノ三種アリ。其得失各々如何」

「第六條　國会議院ハ（以下略）。

問　（略）宣戦・講話・貿易・條約ノ義ハ、聖天子の宸断ニ出テ、議院之ヲ可決スルノ権ナシトハ、如何ナル道理ノ存スルアル乎」
「第七條　聖天子ハ國会議院ノ議決ヲ制可シ云々。
問　聖天子ハ何故ニ國会議院ノ議決ヲ制可シ若クハ制可シ給ハサルヘキ乎」
「第十條　國安及秩序ニ妨害ナキ集会・言論云々。
問　衍義ニ演説・著書・新聞等之ヲ検束スルニ区々タラハ、忽ニ細苛ニ流ルト云ヘリ。其実例ハ如何」

「吾党」とあることからみて、立憲帝政党内部における党議綱領についての批判想定問答、あるいは内部批判の書として作成されたものを岡が写しとったものではないか、とも考えられる。そうだとすれば、岡自身の文章ではないので、検討する意味はないかもしれない。ただ、仮に自筆でないとしても、各国憲法の欽定・国約・民約の長短、天皇と国会との権限の関係、集会・言論についての制約をさまざまな視点から照射して、それに耐えうるか否かを「講究」しようとする、このような文章を座右に置く岡の姿勢のうちに、明治前期の自由な精神の一端を垣間みることができそうである。自由党や立憲改進党と比較して、ともすれば立憲帝政党＝御用政党という図式でのみ把えがちな〝常識〟に、多少とも修正を迫る余地があるのではなかろうか。

岡と立憲帝政党との関係について、史料が乏しいため、これ以上の言及は避けたい。

最後に、岡三省の家族について、一瞥しておこう。

岡三省は、明治九（一八七八）年一月、第一大区正副区長に「同居届」を出している。それによれば、三六歳九カ月の三省（誠一）は、当県士族村松遊閑次娘の真子（弘化二年一一月生まれ、三一歳）を妻とし、長女里子（慶応元年一月生まれ、一一歳一カ月）、次女久子（慶応二年七月生まれ、九歳七カ月）、三女春子（明治八年一〇月生まれ、四カ月）と三人の娘を儲けている。弟が兄三省の問合わせに答えた便りには、岡三省の父隆勝は文久元年九月六日に六七歳で世を去り、母カメノはのち明治二一年一〇月一一日に七九歳で亡くなった、とある。弟の庸一は「高野山同学社」に勤務して健在であった。

岡について簡単に素描したに過ぎないが、草莽出身で若くして故郷を離れて幕末・明治・大正を生き抜いた非破滅型の地方知識人の一例として、地味だが看過しえない肖像を、私たちの前に提示している。松山義根は長生きして衆議院議員に選ばれていることもあってかなり知られているが[57]、最初の総轄である土田哲二については皆目判らない現状では、指導者の一人岡三省についてある程度接近しえたことに、ひとまず満足しなければならない。

## おわりに

史料が乏しいため、既定の枚数で十分だと考え執筆を始めたが、史料を多少とも引用してみると枚数がはるかに不足し、舌足らずに終わっている箇所が少なくない。本文に枚数を取られたため、注は、極力、控え目にした。当初の構想では、隊員の名簿一覧を作成し、その分析を考えたが、これは断念せざるをえなくなった。

磅礴隊そのものが一般に知られていないため、どちらかといえば、全貌を描きつつそのなかでこれまで見過ごされている点のコメントを挟む叙述形式を採ったため、他の方々の論文（林董一博士古稀記念論文）とは色合いを異にするかもしれない。この点の成否については、読者のご批判にゆだねたい。

(1)草莽の意味については、高木俊輔氏著『明治維新草莽運動史』(勁草書房、一九七四年)第一編を参照されたい。高木俊輔氏に至る(及びその後の)研究史があるにも拘らず、『國史大辞典』(吉川弘文館、第八巻)に「草莽」「草莽隊」が立項されていないことが象徴的に示すように、その扱いは歴史学界の共有財産とは必ずしもなっていないことに注意したい(第一章参照)。

草莽の意味は、ここでは、在野(武士であっても中枢に位置しない者を含む)にありながら、幕府における外圧を受け、政治についての強い危機意識によって政治に関わることを望む、あるいは、上昇意識を抱く人びと——と意味を広くとっておきたい。従って、平田国学の影響下にあるような尊皇攘夷思想の持主が中心ではあるが、必ずしもこれにこだわらず、新選組のような反尊王攘夷派の人びとも周縁に加えてよい、と考えたい。指導者層は政治意識に、被指導者層は上昇意識(志向)に、どちらかといえば力点があるが、政治意識を中心とした者の行動も、現状に満足しない鬱勃(うつぼつ)たる気分によるひとつの手段に過ぎない点があることを考慮した方が、行動の揺れもよく理解できるように思われる。

(2)拙稿「幕末における庶民の士分への上昇志向」(『東海近代史研究』二号、一九八〇年)参照。勝海舟の父・小吉、榎本武揚、樋口一葉の父・為之助、曲亭馬琴の孫・太郎等、幕末期に庶民から士分になった人々を取上げている。

(3)小林茂氏「奇兵隊と農兵隊」(同氏著『長州藩明治維新史研究』未来社、一九六八年)二一〇頁。

(4)小林前掲書一七一頁。田中彰氏著『高杉晋作と奇兵隊』(岩波新書、一九八五年)二〇頁。省略した部分に「暫く穢非之者を除く」とあり、完全な四民平等の見方にたっていたわけではない。奇兵隊以下の諸隊については、田中前掲書の「参考文献」に挙げられた多くの論文がある。

(5)原著は一九四三年、英文で出版。日本での初訳刊行は一九四七年。私が参照したのは一九五八年の岩波書店版、四九頁。現在は『ハーバート・ノーマン全集』第一巻所収。

(6)最初、長岡市の「北越新報」に連載された。越後出身の草莽・本間精一郎から説き起こし、北越の庄屋層によって組織された居之隊、金革隊、北辰隊、正氣隊(尾張藩の正気隊とは別)等の歩みを、史料にもとづいてたどっている。

(7)戊辰戦争開戦の原因をつくった薩摩藩配下の草莽隊の活躍から、いったん朝廷の許可を得た年貢半減令とその行動のあり方をめぐって討幕軍首脳に非難され、〝偽官軍〟に陥められる悲劇を描くノンフィクション。相楽総三ら東山道嚮導隊については、拙稿「赤報隊の悲劇」「『夜明け前』と『山の民』」、都築亭氏編『近世東海の群像—江戸と上方の間に生きた在の智恵—』(青山社、一九九五年)及びそこに挙げた参考文献を参照されたい。(本書第八章)

（8）二著より早く一九二八年頃から単行本化された子母澤寛氏著『新選組始末記』（現在は中公文庫）など新選組三部作も、読物的色彩が濃いものの、対象が会津藩という幕府側の草莽隊と隊員であり、広くいえば、同じ範疇に属する仕事である。民間史学乃至新聞記者出身の大衆文芸による基礎的作業であるところに、共通項がみられる。

（9）前掲書。田中惣五郎氏、長谷川伸氏の書は、同年原著刊のため、参照されていない。ただし、引用注によれば、田中惣五郎氏著の『近代軍制の創始者大村益次郎』（千倉書房、一九三八年）が参照されている。大村の家は小郡（おごおり）の勘定付の医者で武士につながってはいたが、あくまで庶民の村医であった。

（10）高木俊輔氏には、これ以前に、本書の起点になった『維新史の再発掘』ＮＨＫブックス、一九七〇年）、これ以後に『それからの志士　もう一つの明治維新』（有斐閣選書、一九八五年）等の関連著書がある。

（11）『東海学園女子短期大学紀要』第一号、一九六五年。

（12）中公新書、一九七七年、のち平凡社ライブラリー、一九九五年。長谷川昇氏「変革期における庶民エネルギーの源泉―博徒＝草莽隊―「愛国交親社」の系譜に探る―」（『思想』六六三号、一九七九年）をも参照されたい。

（13）永井勉氏との共稿「尾張藩草莽隊についての断片的覚書」（『東海近代史研究』一一号、一九八九年）、拙稿「解隊期の尾張藩草莽隊」（『東海近代史研究』一三号、一九九一年、本書第六章）。

（14）「分与賞典禄の研究―尾張徳川家の場合―」（『学習院史学』一四号、一九七八年）、「尾張徳川家の賞典禄収入」（『金鯱叢書』五輯、一九七八年）、「尾張徳川家の分与賞典禄支給状況」（『金鯱叢書』六輯、一九七九年）、「尾張徳川家における賞典禄の運用」（『金鯱叢書』八輯、一九八一年）、「分与賞典禄の奉還問題について―尾張徳川家を例に―」（『金鯱叢書』一二輯、一九八五年）。なお、本書第六章参照。

（15）「博徒と角觝―その関連を尾三にさぐる―」（『東海近代史研究』二号、一九八〇年）、「大島渚・中條勘助覚書―名古屋事件の博徒像―」（『東海近代史研究』三号、一九八一年）、「中條増右衛門の生涯―自伝に見る明治期博徒親分の動静―」（『東海近代史研究』六号、一九八四年）ほか。水谷藤博氏の果たした仕事については、長谷川昇氏「水谷藤博君の急逝を悼む―君の〝博徒史研究〟の足跡―」（『東海近代史研究』九号、一九八七年）を参照されたい。

（16）『尾張徳川家明治維新内紛秘史考説』（私家版、一九七一年）三四六頁下。

（17）『幕藩制解体期の民衆運動―明治維新と上信農民の動向―』（校倉書房、一九九三年）。

（18）以下、特に断らない限り、岡三省（誠一）執筆の岡文書（『陣中袖控』『元磅礴隊履歴』ほか）による。

（19）岡三省著『磅礴隊記事』、小笠原長生氏著『俠將八代六郎』（政教社、一九三一年）一五頁。

（20）長谷川昇氏「尾張藩草莽隊始末攷」（前掲）八三～八五頁、西尾豊作氏著『子爵田中不二麿伝（尾張藩勤王史）』二七三頁。
（21）堀貞順編『密日記』。高田本坊は、現在の西区替地町の信行院（水谷盛光前掲書三四六頁）。
（22）『元磅礴隊履歴』。
（23）水谷盛光氏前掲書三四六～三四七頁。水谷氏は細野要斎著『見聞雑剳』に「渡辺新左衛門上り屋敷へは磅礴隊と号する農商強壮の者を屯せしめらる。内柱向って右の方に牓（かたふた）を掛」とあるを引き、一月二八日の公許以後としている。明治三年九月に至るも、屯所に変更がなかったことは、『名古屋藩庶務御用留』に、「。元渡辺屋敷　磅礴隊百八拾壱人」とあることによって明らかである。
（24）『磅礴隊記事』、『子爵田中不二麿伝（尾張藩勤王史）』三〇一頁。
（25）「徳川家譜」『名古屋市史』政治編第一、七四六頁所収。
（26）『元磅礴隊履歴』。
（27）参謀使番について、太政官編纂『復古記』第九冊「東海道戦記」二五五～二五六頁に、「尾州津野甲太　永田良一郎、筑前四宮逸作　太田敬太郎、因州河口清之丞」を「御出陣中可二レ為使番役一、大総督宮被二仰出一候事」とある。
（28）『復古記』第九冊「東海道戦記」六二七～六二八頁。
（29）『復古記』第九冊「東海道戦記」六三五～六三七頁。
（30）『復古記』第一一冊「東叡山戦記」七～八頁。
（31）『復古記』第一一冊「東叡山戦記」一二三頁。
（32）一宮市教育委員会編『一宮市史　西成編』（一九五三年）五二三頁。平田は中島郡瀬部村で家業は代々油問屋、苗字帯刀を許されていた。姉千鶴子が一條忠香に仕えた縁で磅礴隊に加わったという。のち豊原村村長及び神職に就いた。
（33）『元磅礴隊履歴』。
（34）「元磅礴隊本籍並出兵人銘年齢帳」。
（35）名古屋市八事の興正寺にある「嗚呼壮烈榎生之墓」や八代逸平ら磅礴隊士の墓は、初め愛知郡川名村新豊寺境内（のちの地名は南山寮）にあったが、廃寺となったため、大正一三（一九二四）年興正寺に移転した。今も一〇人、六基の墓が一箇所に固まって存在する。前掲の『俠将八代六郎』二五～二六頁、『子爵田中不二麿伝（尾張藩勤王史）』三

(36) 〇二頁参照。一七三頁、写真参照。
(37) 『俠將八代六郎』一九頁。
(38) 『子爵田中不二麿伝（尾張藩勤王史）』三〇三頁。
(39) 『俠將八代六郎』一六～一七頁。
三月三〇日に信濃国中之条陣屋が中野・御影陣屋附村々に発した廻状によれば、次のような氏名がある（前掲『幕藩制解体期の民衆運動』三七八頁）。尾州御用人水野内蔵、御使番松本省庵、その附属として堀内権九郎、松村寿目蔵、伊藤清八郎、坪内鉄之助、兼松蔵六、千村鉄助、嶋田俊蔵。
(40) 中島明氏前掲書三五六頁。
(41) 中島明氏前掲書三七三頁。
(42) 中島明氏前掲書三八三頁、四〇三頁。
(43) 中島明氏前掲書三八一頁。
(44) 『子爵田中不二麿伝（尾張藩勤王史）』三〇二頁。
(45) 『磅礴隊記事』。
(46) 以下、岡三省（誠一）については、前出の岡文書による。生年について「天保十二年」とした自筆の「履歴書」もある。医学修業のため、年齢を偽ったとすれば、こちらの方が真の生年かもしれない。
(47) 『名古屋市史』学芸編、一九四～一九五頁。
(48) 『名古屋市史』人物編第二、三一六～三一八頁。
(49) 『子爵田中不二麿伝（尾張藩勤王史）』二四五頁。
(50) 『名古屋市史』政治編第二、三〇二頁。
(51) 『子爵田中不二麿伝（尾張藩勤王史）』二九二～二九三頁。
(52) 森銑三氏『松本奎堂』（『森銑三著作集』第六巻、中央公論社、一九七一年）。
(53) 『子爵田中不二麿伝（尾張藩勤王史）』二四三～二四四頁、『名古屋市史』人物編第二、三一九～三二〇頁。
(54) 前掲『森銑三著作集』第六巻、三三六頁。類似の文章が岡千仭の『在臆話記』（『随筆百花苑』第一巻、中央公論社、一九八〇年）三四五頁にある。そこには「奎堂曰、宮宿の白木樓の樓主、俠客の仗ルベキ者、余之ヲ暱ク。緩急可レ用」と記されている。このときは「主人不在」で会う機会もなく、ここにいう俠客は無頼の博徒ではないかもしれないが、名古屋に一カ月滞在した岡が書いていることを念頭におけば、ほぼ同じ範疇でとらえられるべきものであろう。

なお、「無頼」といえば、土佐の中岡慎太郎が慶応二（一八六六）年一〇月の「窃に示二知己一論」（二回目の藩政改革論）の冒頭で「予、草莽無頼の者也。言を王公貴人に献せんと欲して其道なし」と、「草莽無頼」をワンセットにして自らを擬（なぞら）えているのは有名である（平尾道雄氏著『陸援隊始末記』大日本出版社峯文荘、一九四七年、一九四頁）。「無頼」とは、定職をもたず素行の悪いこと、そのような人、ならず者を意味するが、頼るもののない孤高の人を指す場合もある。中岡は、明らかに後者の意味で使用している。「無頼」の語を読み解くとき、どちらに重きをおいたニュアンスで表現されているのか、考慮する必要がある。なお、尾張藩草莽隊の一つ、集義隊は、博徒を結集したものである（第五章を参照）

(55) 表2参照。

(56) 高木俊輔氏「立憲帝政党関係覚え書」（『歴史学研究』三四四号、一九六九年）、大日方純夫氏「立憲帝政党の結党をめぐる基礎的考察」（『日本史研究』二四〇号、一九八二年）、柳田泉氏著『福地桜痴』（吉川弘文館人物叢書、一九六五年）を参照したが、この史料には触れていない。

(57) 犬山市史編さん委員会編『犬山市史』通史編下近代現代（一九九五年）、六四～六九頁。

付記1　「はじめに」に記したように、本稿で使用した岡勇二文書は、長谷川昇氏（執筆当時、東海学園女子短大名誉教授）が発掘された貴重な史料である。史料のみならず、ノートも貸与され、いくつかの助言を頂戴した。先生のご支援なくして本稿はありえなかったことを、銘記したい。

付記2　難字については、古文書の会（真宗東別院大谷会主催）でいつもお世話になっている講師の伊藤孝幸先生、先達の楠本伸生・蟹江和子両氏のご教示を得たことを感謝したい。もちろん、責任は私にある。

## 図表三-4　興正寺にある磅礴隊員の墓（名古屋市昭和区八事）

**①八代逸平の墓**

6期ある墓の中で最も大きく中心に位置する。

**②八代逸平の墓**（裏面）

「明治二年三月十二日歿　大正三年八月六日　嗣子　八代六郎　建立」とある。八代六郎は第二次大隈重信内閣の海軍大臣。この碑は海軍大臣中に建てられた。

**③榎才蔵の墓**

「嗚呼壮烈榎生之墓　明治二年十月二日　丹羽賢拭涙而書」とある。

**④磅礴隊之墓**

右側面に「太田耕作　服部吉三郎」左側面に「中島吉三郎　牧新次郎　佐久間建男」とある。裏面には、「大正三年八月六日　八代六郎建立」とあって、「八代逸平之墓」と同じ時期に建てられたことが知られる。

# 補1　松本暢（磅礴隊参謀）について

磅礴隊参謀・松本暢（省庵）について、その後に知り得たことをまとめて追加しておきたい。松本は、石崎誠庵、松本新作を名乗ることもあり、その積極的行動力は草莽の一つの典型といえる。文献は文末に一括して掲げたい。

宮地正人氏の研究によれば――。下野（現・栃木県）例幣使街道（日光東照宮の例祭のため、朝廷の勅使が通る道）の富田宿（現・栃木市）の出身で、もともとは士族ではない。儒学を学んだ藤森天山から親交のある壬生藩（下野下都賀郡　鳥居氏、三万石）の藩医・石崎正達の養子に推薦され、漢方医を学ぶため、江戸の浅田宗伯、水戸藩の本間玄長の教えを受ける。壬生藩士となった松本は、文久元（一八六一）年には、藩主鳥居忠実の侍講に抜擢されるなど、頭角をあらわす。文久三（一八六三）年壬生藩が大坂加番を命ぜられると、松本は部隊を率いて大坂に至るが、地元では、彼もその一人である尊攘派が水戸藩士の筑波挙兵に動揺し、幕府からはにらまれ、藩主の大坂加番も免除される。尊攘派は藩政の中枢からはずされ、松本も元治元（一八六四）年七月、自宅幽閉の身となった。幽閉中には『資治通鑑』（北宋の司馬光の著書）を七回も読み返した、という。

西へ逃走した彼は、美濃国（現・岐阜県）中津川の平田国学者・市岡殷政（伊那の座光寺村・北原林蔵の七男、中津川本陣の市岡政武の養子となる。『夜明け前』では蜂谷香蔵）とも連絡をとりつつ、信濃（現・長野県）の侠客・間川又五郎の厄介になる。博徒の研究家・水谷藤博氏によれば、又五郎の本名は佐山忠輝で、信濃の善光寺（現・長野市）一帯を勢力圏とした。生まれは上野（群馬県）であるから、活躍場所とは異なっていることになる。彼の兄貴分にあたる「合ノ川政五郎」と混線することがあるものの、別人であるとのこと。往年、又五郎の住んだ、温泉で有名な湯田中（現・下諏訪町）の、高さ三メートル、幅一・八メートルに及ぶ「佐山忠輝之碑」を、水谷氏は訪れている。碑文は、大音龍太郎という人の撰文并書に拠る。大音は北越の草莽隊・居之隊創立の際の援護者の一人で、近江（滋賀県）伊香郡の豪農の出身。東山道鎮撫総督・岩倉具定に随行して、東山道を東へと進んだ。大音は、小要上野介（旧幕府の重臣）惨殺の関係者であり、偽官軍とされた相楽総三ら（第一章、第六章参照）を処刑する使者に立った人物でもある。

間川は、兄貴分・政五郎の斡旋で、信濃中野代官所（現・中野市）の手代荻野広助の盛立てもあって、上野と結ぶ草津街道沿いの下川原（現・静岡市）で、旅館を兼ねた妓楼を経営するに至る。その規模は「惣人数四二人（うち女郎一七人）」だというから、かなり繁昌していたとみられる。しかし、彼の手記によれば、利益になるとはいえ、地元の青年の妓楼での無法な行動に「難渋」し、「若者酒狂取締規定書」を若者と取交わす一面もあった。

慶応四（一八六八）年、間川は、相楽らの赤報隊の要請に、最初三〇人（求められたのは三〇〇人）を送り出している。尊攘に傾く彼の下にころがりこんだ松本暢（慶応初年の頃か）をひそかに匿う余裕があったのであろう。松本は美濃太田（現・美濃加茂市）の豪商（不明）の許に潜み、上京して頼三樹三郎の兄・頼友峰塾に学んだのち、尾張藩儒者で、明倫堂教授次座（翌年、督学＝明倫堂の「学長」のような地位）の、鷲津毅堂に匿われる。毅堂は丹羽郡丹羽村（現・一宮市）出身で、猪飼敬所や昌平黌に学び、嘉永五（一八五二）年長崎に遊ぶ。明倫堂教授を経て、慶応三年に督学になった。藤森天山と親しい毅堂は、江戸にあった頃から武芸にも目配りしていたので、尾張藩主・慶勝に重んじられる中で、草莽隊である磅礴隊の結成に繋がる松本暢の推挙に至ったのであろう。毅堂と丹羽賢が「勤王誘引」（尾張藩の要請で、諸藩を旧幕府寄りから勤王倒幕へと誘う）を指揮した尾張藩では、松本が三河の刈谷藩（土井氏、二万三〇〇〇石）を倒幕側に転換させるなど、積極的に活動したメンバーの中心であった。戊辰戦争途中、飯山（現・長野県飯山市）で、旧幕府の衝鋒隊の古屋作左衛門を退けた戦功などで、七月には手筒頭格の藩士に取り立てられている（それ以前は、御使番席雇）。信濃では例の間川又五郎の協力もあり、中野代官所（現・中野市）を中心に磅礴隊参謀として活躍する。

今日あまりにも有名な、例の長岡藩・河井継之助と東山道総督府軍監・岩村高俊（土佐藩）との対面には姿を見せているから、北越にも足を延ばしていたことになる。田中惣五郎氏が引く高橋竹之介「北征日史」にあるのを、私（秦）はうっかり見逃していた。

「薙髪五分ばかり、黒靨（あら・ほくろ）独眼なる短醜の丈夫、白縅の陣被に〈當其貫日月、生死安足論〉と十字を大書し、威風凛然（りりしい）、山本道鬼（？）かと疑はるゝ人、上座を占む。之は此軍の参謀尾張の士松本精庵也」

このような光景は他の文献には見えないので、高橋が見間違えたのではないか、と考えてしまいがちだが、会談の五月二日より一週間ほど前の四月二六日に、高橋―松本の〝忙中閑あり〟というべき濃密な出逢いが綴られていることからしても、確実に違いない。

「……中野駅には尾州の陣屋があって松本精庵が代官だと聞いて、これを訪問すると、喜んで迎へ、賜旗（草莽隊である方義隊のち居之隊が北陸道総督府から授けられた隊旗）の顛末を知って大いに喜んでくれたので、大隊旗をとり出して掛けて見せると、絶讃して酒を呼び蕎麦麺を大いに振舞ってくれた。信州蕎麦も、ここらあたりが名所中の名所である」（以上、田中氏の訳文。但し、文中の大隊旗は、薩長の反感により、あまり使用できなかった）

帰り際の見送り光景も、高橋にとって心強く晴れがましいひとときであった。

「二氏（松本ともう一人）門に送る。門候の兵卒一小隊許り、一斉銃を横たへて跪く。其快意実に言ふべからず、少時にして日没す。尾州徽号の燈を点ず。故に到る処輿丁（こしをかつぐ人）、尾州様と称す」

私が第四章で触れた、岩村・河井会談の決裂を修復しようとした「尾州ノ藩士、銃士隊長某」は松本に当たるかもしれない、と思いたくなるが、「独眼」など特徴的な人物像が浮き彫りにされてはいないので、決め手に欠けると見做さざるをえない。

越後国蒲原郡中之島村（現・新潟県南魚沼郡）に生まれた高橋が、八月一八日の政変（薩摩・会津二藩により公武合体派公卿の尊攘派を京都から追放）の頃、京から西へ旅して国林田（現・姫路市）の河野鉄兜の塾を訪ねる件りがある。前記政変の影響を受け、生野の乱（但馬国、現・兵庫県）の頃（文久三年一〇月）が起っている。河野塾で遊学中の豊田謙次郎（近江国、水口藩士）、安藤誠之助（美作国、現・岡山県）、そして松本暢の三人に会う話が「北征日史」にある。

「（松本）新作の人と為り、軀幹矮小、満面点火にして独眼爛々、自ら奇節を以て任ず。初め壬生に仕へ、窃かに藩主の密旨を受く。一日三太夫を連殺して難を京に避く。……近畿を周遊し、林田に至りし也。鉄兜先生よく之を遇し、淹留数日、予因て締交を得たり」

ここにみえる「三太夫を連殺」の意味は不明ながら、小柄で独眼、エネルギッシュで奇人である——と、その肖像を生き生きと描き出している。下野国（現・栃木県）の藤岡（現・栃木市）の豪農の家に生まれた森鷗村の松本評には、かつて痘瘡（天然痘）を患い、満面にそのあとがあるというから、人を射るような凄みのある風貌であった、といえよう。森鷗村は、安政三（一八五六）年、藤森天山に学び、松本とは学友、のちに田中正造の足尾鉱毒反対運動を塾生と共に支持した、反骨の在村儒者であった。森は、松本伝の中で、

「幕府失政、海内鼎沸（ていふつ）（天下が乱れる）、処士横議」と記し、まさに松本がこの時代の風潮である「処士横議」の処士であったことを刻印づけている。

戊辰戦争終了後、尾張藩では前後の運動で功績をあげた人びとに永世賞典禄（一代だけでなく、代々継承される禄高）が支給された。一〇〇石以上を表にまとめたのが次表である。これによれば、松本は二八〇石で四番目に位置する。勲功は国事・軍事の二分野に及び、単に草莽隊の長だけではなく、総合的な活躍が認められているのである。しかも、ここに挙がっている人びとが前からの尾張藩家臣であるのにひきかえ、お抱え間もない存在であり、彼を推挙したであろう田中不二麿や鷲津毅堂（ぎ）（維新後、宣光（のりみつ）、名古屋藩以後、九蔵）に互して、トップ・クラスに位置づけられている。

動乱の渦中をしぶとく生き抜いた松本暢は、尾張藩でも、全国的にも、もう少し注目されてしかるべき人物であろう。

明治五（一八七二）年に確定した（永世または一代の）賞典禄を含む家禄を明治六年末に奉還した者に、資金が与えられることになった。ところが、家禄奉還を願い出た者のうちから、有効に活用するよりは、急に羽振りがよくなって、損失・没落する者が少なくなかった。そのため、政府は明治八（一八七五）年七月一四日、家禄・賞典禄を奉還するのを中止する方向に楫を切った。しかし、この急転回は、混乱を招くに至る。尾張徳川家が七月二八日付で県令・鷲尾隆聚（たかつむ）宛に提出した二回目の「分与賞典禄奉還願」は、七月一四日から一四日後のことであった。県から回された出願書類を受けた大蔵省（卿は大隈重信）では、中止後の出願を受理せず、返却する指令を出した。県では、中止の布告が県に達したのは七月一九日なので、翌二〇日以降は認めないとしたが、その措置に不満を抱く人が少なくなかった。

その中に、永世分与禄二八〇石の松本暢と同七〇石の杉村景之が含まれ、徳川義宜（よしのり）が一一月二六日に死去

## 図表三-5　名古屋藩　賞典禄給与（永世給与之部）上位者

| 氏名 | 別名 | 賞典禄高 | 此現米 | 本禄改正高 | 此現米 | 勲功 | 身分·身続 |
|---|---|---|---|---|---|---|---|
| 丹羽　賢 | 淳太郎 | 400石 | 100石 | | | 国事 | 士族・長男 |
| 田中不二麿 | 国之輔 | 350石 | 87石5斗 | 50俵 | 17石5斗 | 国事 | 士族 |
| 千賀与八郎 | 信立 | 400石 | 100石 | 237俵 | 82石9斗5升 | 軍事 | 士族 |
| 松本　暢 | 省庵 | 280石 | 70石 | 50俵 | | 国事・軍事 | 士族 |
| 鷲津　九蔵 | 宣光 | 250石 | 62石5斗 | 50俵 | | 国事 | 士族 |
| 渡辺鉞次郎 | | 230石 | 57石5斗 | 66俵 | 23石1斗 | 軍事・国事 | 士族 |
| 久野（ひさの）　長一 | | 200石 | 50石 | 160俵 | 58石1斗 | 軍事 | 士族 |
| 中村修之進 | 修 | 150石 | 37石5斗 | 50俵 | | 国事 | 士族 |
| 丹羽信四郎 | | 120石 | 30石 | | | 国事・軍事 | 士族・厄介 |
| 山上甚之丞 | | 120石 | 30石 | | | 国事・軍事 | 士族・隠居 |

**備考**　上野（松平）秀治「分与賞典禄の研究―尾張徳川家の場合―」（「学習院史学」第14号、1978）によれば、西尾豊作『子爵　田中不二麿伝（尾張勤王史）』（1934）掲載の上表の数字は、4案（決定高）あるうちの2案を採っているので、決定高と見なすことはできないという（註19）。しかし、上位に変化はないようなので、この書の数字を採っておきたい。但し、田宮如雲の場合、政府より直接400石の賞典禄を給付されたので、ここには含まない。

したため、実父で家督を継いだ慶勝に願書を提出した。慶勝も二人の奉還の願書が期限前の六月一二日に提出されていることに触れ、義宜の病気（やがて死去）のことも暗に匂わせつつ、「全く当家之取計不行届故之儀に有レ之」、東京で願書を出した「暢・景之願意之趣御採用被レ成、不レ得レ止情実御容察被二成下一」と、愛知県権参事生田純貞に願出た。一二月二五日、生田も大蔵卿・大隈重信に「特別之御詮議ヲ以御採用相成度」と上申したが、翌明治九（一八七六）年一月二九日付で、大隈から「採用不二相成一候」と却下されてしまった。

尾張徳川家はやむなく、東京の賞典禄帳簿から松本に一〇〇〇円、杉村に五〇〇〇円を融通して解決している。この問題は、元集義隊員一六六人への配分にも波及するが、ここでは触れない。松本暢らの、法律に詳しく粘り強い押し出しを確認するにとどめたい。彼は、明治初年、刑部省大判事になり、政府の「新律綱領」（明治二年から着手）の作成にも関与していたというから、法律の専門家でもあった。

明治時代の日本の大きな課題に、条約改正問題がある。

鹿鳴館時代に象徴される「欧化」政策に力点をおく政府の外務卿・井上馨は、控訴院・大審院に外国人裁判官を任用することで条約改正をなしとげようとした。しかし、この政策に内閣法律顧問のボアソナードも非を指摘し、農商務卿・谷干城ら政府の中からも反対意見書が出される始末で、交渉は中断せざるをえなかった。一八八六（明治一九）年のことである。自由民権派は、翌年に大同団結運動を展開した。その中心スローガンは、外交失策の挽回だけでなく、地租の軽減、言論集会の自由、であった。星亨、中江兆民、片岡健吉、尾崎行雄らが指導したこの運動は、政府が突如として制定・公布した保安条例（一八八七年一二月）によって東京から追放されるか、逮捕・投獄され、運動は分裂した。この運動を継承したかにみえたのが後藤象二郎で、彼の側にあって運動に投じたのが松本であった。

「後藤の傍らに一按摩あり、衆皆これを異しむ。稲垣郡長ひそかに予に謂って曰く、足下彼の盲人を知るかと。曰く之を知れり。彼は下野の一奇人松本新作也と。新作未だに予を知らずして宴会に列す。予は壮年鬚髯を貯へざるを以てなり。宴酣にして松本に謂って曰く、大人恙なきや否。新作なほ未だ覚らずして曰く、足下の姓名は奈何と、告ぐるに往時を以てす。新作掌撫して大笑し、旧故を話して別る」

たびたび引用する高橋竹之介の「北征日史」の一節である。

「按摩」とは表現が誇張し過ぎるが、松本の目の不自由がよほど進行していたのであろう。あごひげやほおひげを壮年より濃くした老年の高橋を、見抜くことができなかったのである。

高橋は、このあと、次のように結ぶ。

「新作、始め尊攘の大義を以て起ち、終りに自由党の一輩人となる。龍頭蛇尾の憾なき能はず。哀しいかな」

尊攘から民権へと転じた松本の生き方を「龍頭蛇尾」として「哀し」む高橋は、北越の先鋒嚮導を請負い倒（旧）幕のために尽くしながら、遷都に反対して三條・岩倉ら政府首脳を批判したため、京都を追われて一〇年の禁獄（実際は七年）生活を余儀なくされた。自由民権運動を支持せず、長岡で誠意塾を開いた彼の屈折した歩みが、「狷介（けんかい）の性」（自分の意思をまげず、人と和合しない性格。居之隊取締・二階堂良蹟の評）を強めたのかもしれない。

ともあれ、大同団結運動の帰結となった大隈・後藤の入閣による民権派の分裂を、二人はどのような思いで受け止めたのであろうか。

松本は、憲法発布ののち後藤が入閣した一八八九（明治二二）年三月の半年あと九月に五八歳で亡くなった。一〇月、あたかも条約改正をめぐり大隈外相暗殺未遂事件の起こる直前であった。

**主な参考文献**


宮地正人「東国一小藩から幕末維新期を考える―野州一万石壬生藩を例として―」（『地域の視座から通史を撃て！』校倉書房、二〇一六年）
岩崎清七編『（森）鷗村先生遺稿続編　松本省庵伝』
上野（松平）秀治「分与賞典禄の奉還問題について―尾張徳川家を例に―」（『金鯱叢書』第一二輯、一九八五年）
西尾豊作『子爵田中不二麿伝（尾張藩勤王史）』（川瀬書店、一九三四年）
田中惣五郎『北越草莽維新史』（武蔵野書房、一九四三年）
田中惣五郎「農兵団の人々―居之隊・北辰隊を中心として―」（『明治維新運動人物考』東洋書館、一九四一年）
水谷藤博「間ノ川又五郎覚書―信州に於ける維新期博徒親分の動向―」（「東海近代史研究」創刊号、一九七九年）
今井信郎筆？『衝鋒隊戦史』（大鳥圭介『幕末実戦史』、一九一一年）
永井荷風『下谷叢話』（『荷風全集』第一五巻、岩波書店、一九六二年）荷風が鷲津毅堂を描くこの伝記に力を注いだのは、毅堂の娘恒と結婚したのが永井久一郎で、その間に生まれたのが荷風であったからである。つまり、毅堂は荷風の外祖父にあたる。毅堂に漢学を学んだ久一郎は、アメリカに留学し、内務省・文部省に勤務、退官ののち、日本郵船上海・横浜支局長の職にあった。

## 補2　千葉県船橋市にある磅礴隊士三人の墓

本章の「四、上野戦争」で、上野戦争後の磅礴隊の活動として、次のように書いた。

「八月一二日、下総(しもうさ)船橋塾（現・千葉県船橋市）に、旧幕府軍・反朝廷軍が集まっているとの総督府の命により、斥候が派遣された。ところが、斥候の牧新治郎・中嶋吉三郎・佐久間前説（建男）が八月一二日に戦死、隊内に衝撃を与えた。翌日には、怒りに燃えて全員が舟橋へ出撃し、旧幕府軍を破っている」

その上、名古屋市昭和区八事の興正寺にある「磅礴隊之墓」の写真を掲載した（一七九頁）。シーメンス事件（一九一四年）のあとを受けた第二次大隈重信内閣の海軍大臣八代六郎が、養父八代逸平のために建立した大きい墓を中心に、三人の墓も建てられた。最初は近くの南山陵に建てられ、のち興正寺へ移設し、今日に至っている。

ところで、さらに古く、牧・中嶋・佐久間の三人が亡くなった船橋宿の浄勝寺（浄土宗）に立派な墓があり、この近くの村民たちから親しまれて今日に至っている、という。そのことを私に連絡下さったのは（当時）習志野市文化財審議委員の笹川裕氏であった。笹川氏から送られた墓石の写真や史料は何れも貴重なもので、私は、上野戦争後、船橋とその周辺（現・千葉県船橋市）で、余波がみられたことをあらためて知った。

現・習志野市鷺沼、広瀬博也家文書「乍レ恐……」には、生々しい状況が伝えられている。

「当御支配所下野国葛飾郡船橋九日市村名主大野慶三郎、同五日市村名主忠兵衛煩(ワズライ)ニ付、代倅豊太郎、同西海神村名主善右衛門、右三人并外村々役人左之者共、奉二申上一候。

去る（八月）十日、尾州様御藩磅礴隊・牧新四郎様外御両人、船橋九日市村元(もと)年寄七兵衛、御用筋被レ為レ在御越之上夫々御調中御逗留(トウリュウ)相成居候処、御旅宿江同十二日朝五ッ時頃（八時頃）脱走之者ニ候哉不意ニ踏込、終ニ右三人様御討果ニ付、名主役人共不レ及レ申、一同驚入、早速右之始末御支配所・御役所江村役人惣代之者ヲ以御訴ニ差上候処、代之者ニ而者難二相成一之間、名主役人共、早々可二罷出一旨御沙汰ニ附、直様右三ヶ村名主共出訴仕、其段逐一申上御調請、同十六日早朝、尚又御役所江罷出御用済ニ相成、馬喰町三丁目宿・伊勢屋新右衛門江帰リ、……」

実は、これより先、船橋の町は閏四月三日に西軍と東軍（旧幕脱走兵）との戦いで火災になり、市街地は丸焼けに近い被害を受けた。東軍（脱走兵）は、船橋大神宮（意富比(おおひ)神社）に本拠を置き、西軍と対したが、優勢な西軍は砲火を浴びせた上、附近の民家に放火した。五日市村の隣村・谷津村（現・習志野市谷津）には、古老から当時の話が伝わっている。

①西軍が東軍を追撃するにあたり、谷津の住民を荷物の運搬に駈り出した。健脚の若者は、適当なところで荷物を放棄して逃げた。

②谷津遊園駅（現・谷津駅）の東の庚申(こうしん)山には無縁仏の墓があった。道路に倒れて死んだ武士を葬ったのだという（将司正之輔氏の原稿に、笹川氏が加筆したものから、抜粋）

この伝聞からすれば、住民にとっては、西軍か東軍かは別として動員をかけられ、家は焼かれ、死者はあちこちに転がって腐敗するし、〝もう戦争はこりごり〟の筈で、お寺に丁寧に葬ってお墓を建てて参拝する余裕はなかっただろう。

なお、平凡社の地名辞典などによれば、近世の船橋村は、五日市村、九日市村、海神村の総称で、この市街戦で、五日市村は二二一軒、九日市村は五六二軒、海神村は三一軒、西海神村は六〇軒、合計八七四軒が消失している。人数は四七二七人（統計によりズレ）が失われているという。

実は、私もうっかり見逃している史料が『復古記』にあるのを、笹川氏から指摘をうけた。「復古外記東海道戦記」にある吉田藩（現・愛知県豊橋市）の人が記録した「大河内信古家記」である。

吉田藩は上総国の一宮藩と共同で探索活動をしていたが、八月七日には「弊藩一手」で南から北上する。古所村長兵衛の家から「條入筒」「ゲベール馬上銃取交十六挺」「大小五腰」「刀六本」「白地ニ圏中会字之四半二流」「式服少々」を、残らず取上げている。九日夕には茂原村（現・茂原市）で「徳川日月隊」と名乗る連中に出くわし、八日には東金村（現・東金市）、さらに磅礴隊三人が殺害された一二日には大沼田村（現・

図表三-6　浄勝寺にある磅礴隊士の墓

笹川裕氏撮影

東金市）に「賊徒二三人」が潜伏しているとの情報を得て、千葉宿に入った。吉田藩は、船橋宿で「尾藩三人被レ害候趣」を知り、探索させたが、「村方ニテ隠シ候様子」で、成果は上がらなかったらしい。

農民（住民）にとっても、両軍とも早く立去って平和になって欲しいとの想いが正直なところで、そのような雰囲気の中で、三人の墓が浄勝寺で今日に至るも守られ、無縁墓にならなかったのは何故であろうか。

実は、笹川氏から提供を受けた史料の中に、別の広瀬家文書がもう一枚ある。数日日付が早い八月一八日付の文書である。

これは、本郷村（現・船橋市）の（曹洞宗）宝成寺の僧・海厳と三九カ村の惣代一四人が、「尾州様　御屋形磅礴隊　御役人衆中様」に宛てた「歎願書」である。「磅礴隊」の名は登場するものの、寺の名は浄勝寺ではなく、やや捉えにくい内容である。

しかし、よく読み返してみると船橋宿に「男女拾人」が「御引立ニ相成」、「男女共何れ茂平日病身之上、婦女子共におひて者別而柔弱如何ニも不便至極ニ奉レ存候間」、「御憐愍（レンビン）ヲ以御引立一同之者共私共江御下ケ被二成下一候様、偏ニ奉二願上一候」とある。

どうやら、船橋で起こった戦争のあと、磅礴隊がこの地へ入り込み、食事・洗濯・その他のため、男女一〇人を強制的に使用して、住民は大変迷惑しているので、村むらへ戻して欲しい、つまり、軍隊が兵士とは別に必要とする輜重（しちょう）（兵器、糧食、被服などの運搬や、食事の賄い）のため、男女一〇人を強制的に徴発したことへの異議申立である。「御引立男女共何れ茂平日病身之上」とあるのは、誇張もあろうが、強制的労働への告発であってみれば、こう表現するほかなかったのではあるまいか。

ここで注目したいのは、歎願書の筆頭に名がある（曹洞宗）宝成寺に関連して、

「同寺儀者、成瀬隼人正様往古ゟ開基菩提所之縁由ヲ以」

とあることである。

成瀬隼人正とは、尾張藩の万石以上の付家老（幕府＝家康から付属）のうち筆頭で三万五〇〇〇石、尾張国犬山（現・愛知県犬山市）に城と城下町を持ち、御三家であるにもかかわらず、尾張藩を倒幕側（西軍）に方針転換させた重要な人物の一人である。なぜ、ここで、成瀬氏（幕末・明治初期は正肥（まさみつ）。丹波国笹山の青山氏から養子）が登場するかといえば、初代の成瀬正成は、家康が関東入国の際、家康から下野国葛飾郡栗原郷（現・船橋市）で、四〇〇〇石を与えられ、のちに次男之成に分知した（林董一（とういち）『尾張藩漫筆』）。明治初めには不明ながら、住民たちが、歴史の由緒を急に引合いに出しながら、「閏四月中失火ニ而九分通焼失仕候役、家作再興も仮成行届候上者」——つまり、戊辰戦争のうち船橋地域の災害からの復興援助をたぐり寄せようというのである。宝成寺の名はあっても、磅礴隊士三人の墓が作られた（浄土宗）浄勝寺の名は一向に表れないので、二つの史料は関係がないと思われるが、三人の墓の保存・維持と、成瀬氏（及び尾張藩）による村の復興助成とは、対（つい）になっていたのかもしれない。

こう見てくると、三九カ村、つまり、現在の船橋、習志野、八千代（船橋市の東）の各市にまたがる戦災復興を願う住民の智恵たるや、容易ならざるものがある、といえよう。

但し、復興にどの程度の援助を引き出し得たのか、他の史料と照合しないと、はっきりしない。隊士三人が手厚く葬られ、今日に至っているのは、愛知県の人間としては、ヒューマンで微笑ましく感じられるが、当時の下総の人たちの心を深部から見透かすと、さらに複雑な想いが浮かび上がってくるかもしれない。

# 第四章

# 正気隊の北越出兵

目次



## はじめに――北越出兵隊の編成

本稿は、戊辰（ぼしん）戦争における尾張藩の北越（越中を含むが場合もあるが、ここでは主として越後〈現・新潟県〉を指す）出兵のうち、美濃国（岐阜県）可児（かに）郡（可児市）を拠点とした草莽隊である正気（せいき）隊[1]の動向を中心に扱う。私が以前に取上げた尾張国北部（江南市中心）を拠点とした後続の集義隊[2]（これも草莽隊　本書第五章参照）にバトン・タッチする恰好になった隊で、『可児市史』（新旧、一九七八、一九八〇、二〇〇八の各年）、須田肇「尾張藩北越出兵関係史料」（『金鯱叢書』第二六輯、一九九九年）などに、概略や史料が紹介されてきた。

## 図表四-1　尾張藩北越出兵組の編成

| | 隊　長 | 副隊長格 | 隊員人数 | 軍夫 |
|---|---|---|---|---|
| ① | 惣隊長　千賀　輿八郎 | 参謀　土岐　市右衛門<br>寺山　靭貞<br>山上　甚之丞<br>丹羽　信四郎 | 166人 | 160人 |
| ② | 大御番頭格　高橋　民部 | 指揮役　大橋　五郎吉<br>辻　孫三 | 217人 | 不明 |
| ③ | （久々利隊=千村兵右衛門隊）<br>隊長　安在七郎右衛門 | 副長　深尾　官兵衛 | 53人 | 28人 |
| ③′ | 隊長　神谷　佐左衛門 | 指揮役　市岡　謙一郎<br>吉田　勇太郎 | 18人 | 不明 |
| ④ | 隊長　津田　九郎次郎 | 軍目付　佐枝　金市 | 91人 | 144人 |
| ⑤ | （大砲隊）<br>惣括　藤村　庄太郎 | 副惣括　藤村　四郎兵衛<br>林　藤八郎 | 56人 | 110人 |
| ⑥ | 隊長　五味　織江 | 大御番組与頭　成瀬　藤左衛門<br>五味　六左衛門 | 176人 | 不明 |
| ⑦ | （正気隊）<br>隊長　久野（ひさの）　長一 | 惣括　柳生　唯七<br>林　吉左衛門 | 87人 | 100人 |
| ⑧ | （集義隊）<br>隊長　中川　庄蔵<br>（隊全体の長は　渡辺三田丸） | 軍目付　大林　忠兵衛<br>参謀　梶川　正十郎 | 236人 | 58人 |
| ⑨ | その他 | | 35人 | |
| 合　計 | | | 1135人 | |

（「惣人員1130人」とは5人誤差。「復古記」では1142人）

出典・「北越出兵之輩姓名帳」（「類聚抜萃」所収　蓬左文庫蔵）
・「尾州藩の構成」（須田肇「尾張藩北越関係史料」

ここでは、尾張藩士として主に正気隊の斥候を担当した佐久間鍬三郎（隼二（しゅんじ））[3]の「（尾張藩）明治元年　北越日記」[4]と、正気隊総括・林吉左衛門の「正気隊出陣日記」[5]、さらに同じ林が明治末に隊の歴史をまとめた「正気隊北越戦争日誌」[6]を対比しつつ、隊の足跡を、やや微視的にたどってみたい。

まず、北越出兵組の編成を簡単にみておこう。（図表四―1）

隊員の人数は隊長から僧侶に至るまで、名簿に人名がある者を集計。小荷駄などを運搬する軍夫はここに含まれない。

隊長名は明確であるものの、副隊長格は役名も多様で、隊長に次いで記載されない場合もあるし、字の大きさも勘案して大よそを推定したに過ぎない。

千村隊（第一節参照）が③、③′と二つに分かれているのは、③′はあとからの追加分

（③は主として信濃への出兵）、⑤の（大砲隊）は、他の隊にも大砲隊があるので、この隊は、ここぞという時の大砲による遊軍的支援と見做すべきかもしれない。「大曽根天道社家」からの参加者も含み、最も把握しにくい隊といえる。

①の千賀隊[7]は、尾張藩兵の中枢として、全隊の司令塔の役割を荷い、他の隊長や各藩とも連携を保ちつつ行動している。軍資金の提供、恩賞の支給など、のちに見るようにスピーディーな対応がみられる。隊の編成に目を向けると、②の高橋民部隊に「千賀輿八郎家来」二〇人が入っていたりする。編成の原理が、私（秦）の知識が不足するせいもあって、充分に伝わってこないきらいがある。後の研究にゆだねたい。

（1）隊名の正気とは、至高・至大な天地の元気をいう。遡れば、元軍に捕えられた南宋末の文天祥の詩にあるが、日本では、尊王攘夷の士気を高めた水戸藩・藤田東湖の詩によるところが大きい。

（2）集義隊を扱った文献としては、長谷川昇『博徒と自由民権　名古屋事件始末記』（中公新書、一九七七年、のち平凡社ライブラリー）、吉田忠兵衛執筆、清水勝一復刻・解説『奥越征旅暦』（私家版）、清水勝一『戊辰草莽咄　尾張藩草莽隊集義隊（小荷駄）日記』（私家版、二〇〇〇年）、拙稿『江南市史　本文編』（二〇〇一年）中の「明治維新と村々の兵士たち」、拙稿「尾張藩草莽隊の成立（後）」（「東海近代史研究」27号、二〇〇五年　本書第五章）

（3）「尾参士族名簿」（徳川林政史研究所蔵）によれば、明治八（一八七五）年一一月には四九歳（戊辰戦争時には四二歳）で、高四〇石、此現米一〇石とある。「藩士名寄」（徳川林政史研究所蔵）には、兄佐久間鍬次郎が高三〇〇石。

（4）稲川明雄編『北越戊辰戦争史料集』（新人物往来社、二〇〇一年）所収。

（5）『可児市史』（旧版）史料編（一九七八年）所収。当時の日記。

（6）前掲須田肇編集・解説の史料に収録。旧藩主尾張徳川家からの要請を受けた元正気隊隊長・久野長一（賢宗）の依頼で、林吉左衛門（宣親）が、明治四三（一九一〇）年に執筆。以下、文中では、一八六八（明治元年）年の個人的日記を「林日記」とし、一九一〇（明治四三）年の隊全体の歴史を「林日誌」と簡略化して引用する。

（7）千賀信立。輿八郎は通称。文政五（一八二二）年～明治五（一八七二）年。南知多に給地をもち、海岸防禦に尽くす。上田仲敏に西洋砲術を学び、幕長戦争（第一次　元治元〈一八六〇〉年）に、慶勝に従って広島へ出陣。国老。戊辰戦争の功績で五〇〇石加増され、計二五〇〇石。明治四（一八七一）年、陸軍少佐。

## 一、正気隊の成立

正気隊が成立するに至る美濃国可児地域の政治・思想的状況を、必要最低限に見ておこう。すでに『可児市史』（新旧）など諸書が明らかにしているところで、二節以降に読者を誘うための前提に過ぎないことを、予めお断りしておきたい。

美濃国（岐阜県南）南東・信濃国（長野県）南西は、中津川宿・苗木藩（共に中津川市）から伊那地方にかけて、平田国学の徒が多い。馬籠宿（現・岐阜県中津川市）の庄屋・本陣の島崎正樹が中津川の間秀雄と平田国学などで交流があったことは、島崎藤村の『夜明け前』（小説では、島崎正樹は青山半蔵）によって広く知られている。

この地域の影響を受け平田門人になった人物に、西山謙之助[8]がいる。西山は、尾張藩木曽衆の家で四二〇石の給地を有する千村家の侍医・西山春城の二男。中小姓、千村仲展（11代）の側役を勤めたのち、脱藩して江戸に出て、一刀流・斎藤勘之助（彌九郎の三男・歓之助か）の門に入ると共に平田銕胤（篤胤の養子）の門にも入った。

市村咸人『伊那尊皇思想史』（原本一九二九年、復刻一九七三年）の「平田先生授業門人姓名録」には、慶応

二（一八六六）年のところに、

「美濃国可児郡泳千村平右衛門内　西山謙之助　紀尚義」

と記されている。「泳」は、『日本書紀』にある景行天皇が滞在した泳宮（くくりのみや）による（以下、傍点は秦）。

彼は、翌年相楽総三ら江戸薩摩屋敷の浪士隊に参加し、江戸周辺の撹乱工作（下野〈栃木県〉、甲斐〈山梨県〉、相模〈神奈川県〉）のうち、下野国那賀郡の出流山（いずるさん）（栃木県栃木市）の挙兵に幹部として参加するも、失敗して命を落とす。数え年二三歳の若さであった。慶応三年一二月、王政復古（一二月九日）直後のことであった。

この時の檄文は、彼の起草したものとも言う。江戸を発つ直前に父母へ送った手紙によれば、地元の五人からの借金（運動資金）一四両の返済を父母に願っていて、律儀な性格を窺わせる。うちわけは、「金七両也　美濃彦」、「金五両也　逸作」、「金五両也　平田家」、「金弐両也　林定吉」、「金五両也　春治」となっている。平田家は別として、金額が最も多い「美濃彦」は豪商らしいし、「林定吉」はこのあと登場する林吉左衛門かもしれないし、或は、正気隊の隊員またはそのスポンサーの誰かかもしれない。当時、とりわけ明治に入ると改名が多く、重ね合わせることは私には不可能である。ただ、西山の行動と死が出身地域の人びと、中でも平田国学の影響下にある人びとを勇気づけ、正気隊結成へと駆りたてたことは間違いあるまい。

正気隊の前身は、土田（どた）村の林吉左衛門、古瀬村の柳生唯七（二人共、のちの隊の総括）が中心となって三〇〇人余の農兵隊を組織し、恵那郡大井宿の吉村又七・西尾五郎兵衛（詳細不明）を招き練兵を続けたことに発する。食事や練兵の費用は二人で負担したが、「両人ニテ之ヲ支給ノ儀甚タ困難ニ付」、「（尾張藩）参政ノ上座・丹羽淳太郎（賢）」へ請願を重ねた結果、正気隊と名づけて許可を得、しばらく「待命」することになった。（「」内は「林日誌」による）。

総括の二人に賛同し行動していた兼松誠左衛門（守訓）・柳生猛雄は、監察を命じられた。近くの旗本へ武器を持参しつつ、「勤王誘引」（朝廷軍＝西軍への参加圧力）を呼びかけた「同志」たちの積極行動も「評価」されたのであろう。「勤王誘引」は尾張藩が積極的に推進した政策で、正気隊のみの特殊運動ではない。藩の側用人久野長一（賢宗）が隊長に選ばれ、七人の家臣（医師を含む）が付けられた事情は不明である。但し、草莽隊を尾張藩家臣が監督・補佐することは他隊とも共通している。久野は可児地方の尾張藩家臣・千村平右衛門家の七男から尾張藩家臣・久野家（八〇〇石）に養子に入っているから、この地方との人間関係を考慮したのであろうか。

四月二六日に林・兼松が名古屋城へ呼出され、「参政衆御列座御目付・都築九郎右衛門」から北越戦争への出兵を命ぜられた。当初、三〇〇人余召集したが、「疾病者、或ハ志操完全ナラサル者等ヲ淘汰シ」（もちろん、一家を支える農業などの労働者を必要として、辞退するケースもあろう）約八〇人に絞られた。その旨を上申し、砲銃八〇挺、弾薬二万発（一挺当り二五〇発）を渡された。「帯刀」「戎装」（洋式の軍装）を林・柳生で整え、一方、林の住む土田村に泊まった久野は、隊中へ「金若干」を「下賦」した、という（「林日誌」）。その日毎に書いた「林日記」にある「廿六日、御手当金御下渡し相成、夫々之割遣し申候」を集計すると、表四-2のように五四六両になる。「御手当金の外」「〆九拾人え金五百拾両被レ下」と合わせれば、一〇五六両（五四六両＋五一〇両）が正気隊のさしあたりの、給与・手当・宿泊・戦の費用ということになる。

**図表四-2　正気隊への下渡金（4月26日）**

| 惣括 | 10両×2人＝20両 |
|---|---|
| 監察 | 8両×2人＝16両 |
| 隊士 | 6両×80人＝480両 |
| 他に（?） | 3両×10人＝30両 |
| 計 | 546両 |

出典・「林日記」

ところで、可児地方から、草莽隊の正気隊とは別に、千村家（四四〇〇石）、家臣のみで結成される久々利隊が、尾張藩北越出兵の一隊として参加している。この二つの隊を正気隊＝久々利隊と理解したレポートを目にしたことがある。確かに混同しやすいが、いうまでもなく誤りで、千村隊＝久々利隊と称すべきである。ただ、集義隊の基本的史料『奥越征旅暦』（吉田龍雲氏蔵）の中には、「正気隊」と「久々利正気隊」の両様の表現が認められるから、後者の場合、千村・山村両家の屋敷があった久々利が可児を代表する地名として使用されたのであろう。千村隊は当主平右衛門が老齢・病気のためか（?）参加せず、家臣（家老）の安在七郎右衛門が隊長として総員五三人で参加し、五月以降、主として信濃国支配を命じられた神谷佐左衛門が隊長として一八人を率いて新たに参加している（合計七一人。「はじめに」の図表四―1に挙げた③′③にあたる）

千村隊（久々利隊）は草莽隊（前掲⑦⑧）とも一般の士族正規隊（①②④⑤⑥）とも異なる特殊な隊である。なぜ、このような隊が北越戦争に参加したのか。

千村氏（代々、平右衛門）は山村氏（代々、甚兵衛）と共に、木曽衆として幕府と尾張藩の双方に仕えた事情がある。

尾張藩は、慶応四年一月二〇日のいわゆる青松葉事件[9]によって倒（旧）幕へと藩論を統一しつつ、（旧）佐幕派に加担しかねない藩内勢力に圧力を加えた。千村家は（旧）幕臣でもあったため、隠居していた十代仲泰は一月二五日には藩から蟄居を命じられ、十一代仲展（仲泰の弟）は西軍の中山道通過の際、二月二四日、御嵩（みたけ）宿（現・岐阜県御嵩町）の岩倉具定（具視の子、東山道鎮撫総督）のもとに安在を挨拶に派遣する一方で、大湫（おおくて）宿（現・岐阜県瑞浪市）・落合宿（現・岐阜県中津川市）などへ家臣を振向けて、西軍の便宜をはかっている。御嵩宿で総督の家来の問に答えて、「駿府（東海道）への派兵の要請が尾張藩からあるので、準備中」と答えている。最終的には四月二八日に尾張藩から北越出兵の要請を受け、閏四月二日、千村隊は久々利を出発している。すでに四月二七日、土田を出発した正気隊より一週間ほどあとであった。

当主は参加せず（つまり家臣＝尾張藩陪臣のみ）、単独で出兵しているのは千村隊だけなので、旧幕府寄りの姿勢（つまり東軍的）(10)が根強くあると踏み、他への見せしめ的な策謀が藩の中枢部に色濃くあった、とみられる。ただ、こまかい政治的経緯は、必ずしも鮮明とはいえない。

それにしても、同じ地域から異質の二つの隊が北越で競い合う（競い合わされる、と言った方が正確だが）とは、可児地方には歴史の不思議な運命が渦巻いていたといえよう。

なお、時間は、日記などに「九ツ」とある場合、午前（午後）一二時頃のように現代の時間に直した。ただ、江戸時代の不定時法のような補正はしていないので、大よその時間を表すのに過ぎないことをお断りしておきたい。地名は、カッコ内に現地名を入れた。地名辞典、明治の村名地図、現在の五万分の一地図、現在の分県マップ、郵便番号簿ほかを参照したが、市町村合併もあり、混乱や誤りがあることをお断りしたい。

(8) 西山謙之助とその運動について。長谷川伸『相楽総三とその同志』（新小説社、一九四三年）、高木俊輔『維新史の再発掘　相楽総三と埋もれた草莽たち』（NHKブックス、一九七〇年）、同『明治維新草莽運動史』（勁草書房、一九七二年）。
(9) 最近の青松葉事件研究には、木原克之『尾張藩の維新　青松葉事件解読』（私家版、二〇〇七年）がある。まえがき、末尾、参照。
(10) 戊辰戦争の両軍を表す呼称に次のようなものがある。
旧幕府軍（王政復古のため、旧を付す）×朝廷軍・新政府軍
北軍×南軍（ヨーロッパの文献にはこの呼称が多い）
東軍×西軍（本稿はこの呼称を採っている）

## 二、斥候・佐久間鍬三郎の場合（1）

この節では、正気隊担当の斥候を務めた佐久間鍬三郎（景武）（前述）という尾張藩士の、北越戦争の足跡をたどってみたい。

映画のように、正気隊と佐久間とをカットバック（異なる場面を交互に映し効果を高めること。映画の手法）で追いかける叙述も考えてみたが、いたずらに読者を混乱に陥れかねない。そこで、節を分けて別々に明らかにしてみたい。

前の節で触れたように、北越戦争に出兵した尾張藩兵の惣隊長は千賀輿八郎であり、佐久間はそのグループ（隊）の斥候一七人のうちの一人である。「唯一、西軍側の資料」である佐久間の草稿「（尾張藩）北越日記」を収録した『北越戊辰戦争史料集』（新人物往来社、一九九八年）の編者稲川明雄氏は、その解説で、「尾張藩の正気隊士」としているが、正気隊隊長・久野長一と数名を除き、すべて士族外の庶民であるから、隊員ではなく、惣指揮をとった千賀隊員（尾張藩家臣）、それも斥候を担当した一人、とするのが、正確であろう。正気隊のうちから斥候を立てるケースも、もちろんあるが、藩兵全体に関わる中央の一員として活躍するところに佐久間の任務があった。斥候は一七人いるから、正気隊担当が佐久間以外に何人いたのか（松井謙（顕）蔵・伊東忠治（次二）もか）、必ずしも定かではない。稲川氏の解説では、斥候の語は使わず、「探索方もしくは嚮導（きょうどう）役であった」としているが、斥候の内容をこの時代風に表現すれば、この方が適切かもしれない。

斥候は味方の軍隊に先んじて敵側を偵察し、蒐集した情報をもとに味方に行動・配置を助言する任務がある。深入りすれば、敵側に発見され、捕虜になる。味方の状況の自白を強要され、味方を欺き窮地に陥れることになりかねないだけに、神経をつかい、疲労度も高まる。

名古屋を出発したのは、四月二六日夜。「軍事奉行（尾張藩）ヨリ信州ノ賊徒、斥候スヘキ命ヲ被ル」。翌二七日は、あいにくの大雨の中、午後〇時頃に出発したものの、川は出水し、夜に入って善師野宿（現・愛知県犬山市）に到着した。午後に晴れた二八日には、中津川の肥田九郎兵衛宅に宿泊している。

斥候係は、間隔をあけて出発していたらしく、佐久間は四番目。先に出発した一番は松井謙蔵（顕）、今泉新蔵、山崎二郎、伊東（藤）忠治（次・二）の四人、二番は二村益吉、三番は千賀等（ひとし）、五番は神谷藤左衛門である。一番は松本（現・長野県松本市）、二番は洗馬（せば）（現・長野県塩尻市）、三番は福島（現・長野県木曽町）、五番は御嶽（みたけ）（現・岐阜県御嶽町）に到着していた。このうち、山崎、二村は、なぜか、斥候名簿にないだけでなく、千賀の率いる隊、及び他の隊にも見当たらない。

晴天が続く四月二九日には、佐久間は使者を飯島（現・長野県飯島町）に派遣し探索させたところ、信濃国の諸大名が朝廷側＝西軍の「勤王誘引」の方針に賛同するとの声がもたらされた。大名の家臣に会い、東軍の情報を探る。

閏（うるう）四月一日には、先月二五日、信濃国飯山（現・長野県飯山市、本多氏三・五万石）で戦闘があり、飯山勢が松代勢（現・長野市、真田氏一三万石、西軍側）に敗れて退却したことを、軍事局（千賀ら）に知らせた。松代勢二〇〇〇人が浄土真宗の寺に陣を張る飯山勢を攻め、午前一〇時頃から午後二時頃まで戦い、死者七〇人、手負い多数を出した飯山勢は後退した、という。

二日には、先月二八日、千賀の命令により、千賀隊の参謀山上甚之丞・同佐久間嘉斗雄、軍目付（いくさ）田島一之助、医師野間林庵、壮士隊（千賀隊の一部）、さらに高橋民部隊が、名古屋表を発足したとの先触が届く。

佐久間は、この日、福島代官所支配の尾張藩山村甚兵衛からの書状を写した。信濃国中野（現・長野県中野市）陣屋から、先月四月（閏ではない）二五日、（午前七時頃）、信濃国を先に行く尾張藩磅礴隊(11)からの報告によれば、飯山城下で、東軍の「浪士」隊(12)が飯山藩兵に案内させていたところ、西軍に属する松代藩と戦闘になり、東軍寄りの態度をとっていた飯山藩も離反し西軍に転じたため、「夫より浪士散乱し」、城下へ火をつけ（七戸焼失）、信濃国境へと退却した。このとき、松代藩と共に戦ったのが、尾張藩の草莽隊である磅礴隊である。

今井信郎筆といわれる『衝鋒隊戦史』（大鳥圭介『幕末実戦史』一九一一年、所収）には、「尾州・松代の軍勢」として磅礴隊が登場する。飯山藩は衝鋒隊を藩境まで出迎え、「礼を厚ふし辞を低うして一行を導き」「歓待」した。ところが、「飯山城の謀反」により、「今や腹背敵を受けて、全く死地に陥れるより万策尽き」、後退して頼った越後国高田藩（榊原氏一五万石、新潟県上越市、以下、新潟県は県名略）からも「到（れ）り尽せりの歓待を以て」迎えられたが、「約に反（し）て表裏の色見ゆる」結果になる（以上、カッコは『戦史』より引用）

主義・主張よりも、「長い者に巻かれる」「面従腹背」のために、藩などの去就が常に変化し、自他ともに疑心暗鬼の心理状態におかれる、まさに戦国の世である。

佐久間は三日には、千賀と初めて謁見。四日には中津川宿で、千賀から、信濃国の東軍は敗れて北越へ退いているから、北越に赴き、攻撃する、との決意を披瀝されている。四日妻籠宿に泊まり、五日午前六時頃に妻籠をたった千賀隊は、五日には福島宿に宿泊した。佐久間はここで再び千賀と会い、軍事局で何事も千賀へ報告することを命じられた。

六日、洗馬宿、七日、青柳宿（現・長野県茅野市）、八日、柏原宿（現・長野県茅野市）に宿泊した佐久間は、柏原では、松代藩と打合わせをしている。九日、越後国に入り、新井駅（現・新井市）で「同勤之諸子」、つまり斥候同士に逢い、無事を喜びあった。先着の尾張藩の草莽隊・磅礴隊に先の飯山戦争のことを質ね、しばらく新井駅に滞在することになる。

一〇日、早朝から雨が降る中を、磅礴隊の嚮導係として高田城（現・上越市、榊原氏一五万石）へ行く。晴れた午後には磅礴隊と別れ、今町（上越市〈直江津〉）を目指す。この日城下に泊まった人として、斥候の今泉新蔵の名がみえる。室幸次郎という「勤王家」のところで「越後ノ情態(状)ヲ探索ス」とある。一一日には、今町から新井に帰る（泊）。黄昏(たそがれ)から降り出した雨は、翌一二日の午前中まで続く。新井から中野（現・上越市）に至る。中野では午後には晴れ上がって旧幕府の陣屋周辺の民家が豊かに映える。

晴れた翌一三日には、佐久間の滞在する中野に千賀が着く。

一四日は、すでに着陣している津田九郎次郎隊、正気隊、藤村庄太郎隊（大砲方）が中野を出発。斥候の松井謙蔵が新井から中野へやってきた。「官軍」（西軍）の「錦の袖印」及び、尾張藩の「御旗ノ備へ物ヲ軍士に給（ハ）ル」。不十分な状態で出発していたらしい。

一五日は晴れと雨が交互、めまぐるしい。千賀は新井へ出陣。野沢村（現・柏崎市）へ東軍が進入するとの風説に、佐久間は松井と共に探りを入れる。安田・中・関沢(寒?)（以上、現・長岡市）・無坂（不明）・中尾（現・十日町市）の各村を経て、暮れに野沢村に至り、酒屋九郎兵衛方に泊まる。温泉につかり、「遠路ノ労ヲ慰ム」。途中で出逢った磅礴隊の近藤矢三郎から、山に関を設け、往来改めをしているものの、人数が少なく守りきれない、中野表へ退き、中野を固めるべきだ、千賀に話して欲しい、と要請を受ける。中野は上(こう)野(づけ)国に通ずる要地なので、信濃国の諸大名が守りを固めている。

一六日、晴。野沢村を出発、柏尾村（現・不明）の渡しを越え、戸刈村（現・上越市）を経て、小坂嶺（不明）へ。

「道甚嶮也。辛苦堪（へ）カタシ」

午後三時過ぎ、新井駅に到着。中野半九郎方に泊まる。

一七日、小雨の中を鉢崎村（現・上越市?）辺りを斥候。日暮れて高田に泊まる。

一八日、大雨。

「病ニ因テ同所（高田）ニ滞留」

翌一九日、晴れたためか、午後から活動を始めているところからすれば、体調不良は午前中までであったのか、無理をしたのか、それにしてもエネルギッシュである。

一九日、尾張国の商人に会い、柏崎（柏崎市）辺りの情報を得る。三国（越後・信濃・上野の三国）峠は、上野国の諸大名が西軍に属して出兵している。前日の一八日には、柏崎の東軍が出兵した、という。

二〇日、高田藩の郡奉行柴田某の案内で、米山（現・柏崎市と上越市の間）にいる高田藩の陣営を巡見する。高田藩士と共に、東軍の支配する鯨浪（現・柏崎市）・柏崎を遠望する。要害の地・米山で、昔の上杉謙信のことを想い出す。加賀藩斥候三人、津田九郎次郎隊の水野（三郎カ）、甘利（?）ら数人と同道。夕方には、柴田某から酒肴のご馳走になる。夕暮には、雨の中を鉢崎に帰る。

二一日、朝雨、午後晴れ、鉢崎から舟で今町へ。千賀や斥候の神谷藤左衛門は今町に来ている。高田泊まり。

二二日、高田から松ノ山村（現・十日町市）を経て、大島村（現・十日町市）に至り、泊まる。今日の路は
「総テ山路ニシテ嶮也」

二三日、大島村から松代村（現・十日町市）を経て、山谷村（現・柏崎市）に着く。ここで一八日の病を上

廻る体調の変化が記される。

「惣括（千賀）ノ宿陣沖村（扇か）（現・柏崎市）ニテ発病」

沖村から山谷村にひき返し、投宿。次の日は、「終日陰、時々雨（フ）ル」という天候の中で、厳しい言葉が記されている。

「病テ不レ能レ起」「松井謙蔵（斥候仲間）病ヲ問ヒ来リ、同所に宿ス」

日頃あまり経験しない緊張感もあって、疲労が体を蝕んだ結果であろう。それでも、翌日には、また働き始める。

二五日、野口村（現・十日町市）辺りを斥候。真人村（まっと）（現・小千谷市）へ登る切通し（きりとおし）に土手を築き、大砲で守りを固めていると、野口村（現・十日町市）の庄屋が語る。暮れには大雨の中を沖村（扇）へ帰る。

二六日の早朝、雨の中を、今泉新蔵（斥候）、野間林庵（別名、滝口）、柘植大次郎（？）ら尾張藩士と松代藩の斥候が、野口村、真人村から芋坂（いもざか）・雪峠下（ともに現・小千谷市）へと進み、東軍の斥候と接近、お互いに危険を感じ後退した。野間は引返して、千賀に報告。高田藩が西軍の先陣となり、東軍の発砲に高田藩が応じ、「戦争の始」となった。

これが初戦の雪峠戦争である。「昨日以来ノ大雨、道路嶮ニシテ、路殊ニ悪シ。兵士苦戦ス」とある、戦端が開かれると、「大監察命（この場合岩村精一郎の命令）により、先陣は高田藩から尾張藩へと変更、千賀が尾張藩の中でも正気隊に命じた。雪峠を越え、池ヶ原村（小千谷市）に陣をしき、四方に火を放つ。

「官軍（西軍）地理を知ラズ、人々危惧ヲ懐（イダ）ク。此夜賊（東軍）万一夜討アラバ危キ事也」「尾州勢手負ヒ五、六人、討死ハナシ。賊（東軍）ニテハ討死四人。山柴ヲ焼テ小千谷ニ走ル」

二七日、小千谷にいた東軍は、前日の負け戦のため、千曲川を渡って榎峠（現・長岡市、三二〇m）へ逃れたため、小千谷は戦火を免れ、西軍は小千谷で兵を休養させることができた。柏崎村・小出島村（現・魚沼市）方面で砲声が聞こえたが、のちに西軍の勝利が判明する。

二八日、雨晴れる。夜明前の午前四時頃、東軍は三仏生村（現・小千谷市）へ大砲を放ちつつ、榎峠を落ちのびた。佐久間は、三仏生村へ赴き、榎峠・妙見村（現・長岡市）を巡見し、小千谷へ帰って千賀に報告した。小出島へ進撃していた薩・長・尾、及び飯田の諸軍は、勝利をあげて小千谷へ入る。こののち、西軍は東軍の去った小千谷を拠点とし、尾張藩兵も永らく滞在することになる。

五月一日、雨降る中で、千賀隊で議論。千曲川の東岸へ行き、三仏生村に滞在し、敵情を探る。松代・上田の藩士と共に、岩野（現・長岡市）・五辺・高梨（いずれも現・小千谷市）の各村を斥候した。

このあと、次のような注目すべき記載がある。

「浦村（現・長岡市）ニ至リテ長岡藩使者某、兵卒五十人ヲ供シテ至ル。逢テ引テ小千谷村（現・小千谷市）ニ帰ル」

長岡藩（現・長岡市、七万二〇〇〇石）の家老河井継之助と西軍本営の岩村精一郎（高俊、北陸道先鋒軍監、土佐、林有造の兄）の会見の件りだとすれば、河井は二見虎三郎（軍目付）と従僕二人、計三人を従えての行動なので、五月一日の慈眼寺（現・小千谷市）の会談とは話が喰い違う。しかし、今泉鐸次郎『河井継之助伝』（初版一九〇七年、増補改訂版一九三一年）には、次のようにあって、矛盾してはいない。

「翌二日黎明……浦村、高梨を経て三仏生村に入りしに、薩長の兵七十余名の警固するあり、一行の来るを見て誰何す。継之助輿中より「長岡藩河井継之助」名乗りつゝ出でむとせしに、隊長と覚しきもの、腰を屈め、河井氏なれば下輿に及ばず、一同警衛仕るべしとして其侭一行の前後を警め、斯くて小千谷に入り、直に其趣を西軍の本営に通ぜり。」

佐久間は、この有名な会見を見たわけではないが、河井一行を「長岡藩使者某」としてとらえていたことは間違いない。

河井四二歳、岩村二三歳、初老と青年。河井の「日本国中、協和合力」の武装中立の主張とその決裂は、北越戦争の悲劇を象徴するエピソードとして知られる。岩村自身、後年に語っているように、「余…血気盛んに、且つ河井の人物経歴は、今に至りて、漸く知る所」、「封建時代の常として、各藩の重役は皆藩の門閥家のみ所謂馬鹿家老なる習ひなれば」、「頭掛けに之を斥(そむ)けと取り合はず」という姿勢から、真摯(しんし)に取合おうとしない奢(おご)りがあった（前掲書）。

この会談については、諸書に任せるとして、この会談が尾張藩兵に投げかけた波紋というべきものが、東軍側の史料の中に登場する。

「（七日）尾州ノ藩士、銃士隊長某（年齢三十許、風格高秀、蓋(ケダシ)門閥ノ士）巡邏(ジュンラ)、六日市駅（現・長岡市）に至る。我統卒隊長渋木成三郎、砲軍司令士松井策之進、亦巡邏六日市駅ニ至ラントス。村端互ニ相遭(ア)フ。尾藩士猶我戦守ヲ諭解(ユカイ)セント欲シ、是非ヲ陳述シテ、懇々殊に到ル。且曰(かついわく)、明日駅亭長ノ許(モト)ニ会シ、再ヒ事ヲ議セント、相約シテ分ル」

「（八日）政府（東軍）既に抗戦ノ議決シ、更ニ和ヲ欲セズ。乃(スナハチ)誘テ之ヲ擒(トラエ)セシム。銃士隊長斎田轍、手下ヲ引テ民家ニ伏シ、尾士の至ルヲ候シテ、終ニ之ヲ擒(キン)ス。弟紀幹与(アズカ)ル。僕奴ヲ合セテ二人、縛シテ帰リ、直ニ之ヲ獄ニ下ス」

藩校・崇徳館の教授で長岡藩士であった大瀬虎次が、長岡の新聞「越佐新報」に連載した「追考昔話」に記されている。これをさらに詳しくした文が、長岡藩士ともいわれた新聞記者・野口団一郎の、「訂正 戊辰北越戦争記」にある。共に、稲川氏編前掲史料集に収録されている。後者は長いので、紙幅に制限がある本稿では割愛し、総合して要点を以下にまとめてみよう。

（一）河井─岩村会談が決裂した五月二日から五日後の七日、尾張藩士で年齢三〇歳ほどの風格ある銃士隊長の某が、あらためて会見を求めた。

（二）西軍では、長岡藩（ほか）と戦闘していては、会津征伐の機を逸するので、無事に北越を通過できるようにと、参謀たちが協議し、薩・長・土以外の尾張藩に話をまとめるように託したものであろう。

（三）使命を帯び妙見地方を徘徊する尾張藩士某は、長岡藩使番（つかいばん）の渋木成三郎に会い西軍の意向を伝え、明八日に会談が行われるよう要望した。

（四）渋木は承諾して、長岡藩の本陣に帰り、河井にその要請を伝えたが、前の決裂を憤る河井は、姦計とみて拒否し、戦闘体制を解こうとしなかった。

（五）従者一人、松代藩一人を伴っただけで、服装を整えた尾張藩士某が待つ六日市の茶店を、長岡藩の三小隊が取囲み、三人を捕縛した。某らは驚き弁解し、渋木との面会を求めたが、渋木は姿を見せず、河井のいる摂田屋（現・長岡市）に護送され、ただちに長岡へ送られ、牢に入れられた。

尾張藩の「風格高秀」銃士隊長某は、任務からみて千賀惣隊長輩下の人物とみるのが至当であろう。ただ、千賀隊には銃士隊という名目の隊はないので「壮士隊」の長が誤り伝わったのかもしれない。佐久間日記には、この交渉及びその挫折を窺わせる痕跡はない。某が千賀隊の隊士であれば、全く知らなかったとは考えられない。ただ、河井継之助の会談日の翌日、五月三日にはすでに片貝村（現・小千谷市）で戦端が開かれているので、河井が東軍の戦意をはぐらかす西軍の陰謀とみて、話に乗るどころか、一層、火に油をそそぐ結果となったに違いない。北越では長岡藩と戦闘を避けたとしても、西軍が会津藩と戦うというのであれば、北越には会津藩領が多く存在することから、事実上不可能でもあった。このいきさつは、長岡藩・

尾張藩の史料にも『復古記』(第12冊、北陸道戦記二)にも、見出すことはできない。

ここに登場する渋木成三郎は、五月末の杉澤村(現・見附市)の戦いで重傷を負い、長岡に潜伏し、亡くなっている。江戸詰の重役で、「才気秀絶せるにあらずと雖も」「其性頗(すこ)ぶる忠良なり」とある(前掲書)。渋木と再び会うこともなく、囚われの人となった「某」ら三人のその後の消息は追求できるのであろうか。残念ながら「西軍戊辰戦役戦死者名簿」(稲川氏編、前掲書)をみても、該当者は見当たらないようである。長岡城の最初の落城(五月一九日)の際、助け出されたのであろうか。それ以外は想定できない。当時、捕虜は殺害されるのが圧倒的であっただけに(後述)、捕虜生活は短期間に限られ、生存は難しかったからである。

河井継之助と尾張藩を結ぶ細い糸として付け加えておくべきこととしても、佐久間から離れ過ぎたかもしれない。佐久間の日記に戻ることとしよう。

(11) 磅礴隊については、拙稿「尾張藩磅礴隊の出兵について」(『近世近代の法と社会　尾張藩を中心として』林董一博士古稀記念論文集刊行会編、清文堂、一九九八年、所収　本書第三章)。同じ磅礴隊でも、江戸へ向かい上野戦争を戦った隊とは別。

(12) ここにいう「浪士隊」とは衝鋒(しょうほう)隊のこと。鳥羽・伏見の戦で江戸へ逃げ帰った歩兵隊の残党をまとめた隊で、給与も乏しく、質も良好ではなかった。幕府の歩兵隊差図役頭で洋式軍隊を主張し、兵書の翻訳などもある古屋佐久左衛門が総督、京都見廻組の一員として坂本龍馬・中岡慎太郎殺害にも参加した今井信郎が隊長。古屋は筑後国(福岡県)の庄屋高松家次男から御家人古屋家に養子に入り改姓、三男は医師高松凌雲。

たい点である。

## 三、斥候・佐久間鍬三郎の場合（2）

旧暦閏四月・五月というのに、雨がきわだっているのは、いわゆる菜種梅雨（春の長雨）の季節に入っていたからで、こうした中で戦う兵士・軍夫は、体調を崩し、苦戦を強いられる。北越戦争でとりわけ注目したい点である。

五月二日、前日の雨がやんで少し晴れたが、夜には大雨。各務鉄四郎（斥候）・三輪一郎（三輪姓二人あり、名前合わず）、正気隊五人、松代藩五人と共に岩野村に着いたところ、東軍が脇ノ町（現・長岡市）から片貝村に出兵していると聞き、片貝村へ急ぐ。着いたのは夜。狼狽する村で庄屋を呼んで質ねたところ、夜には川を渡って来る様子とのこと。庄屋の案内で小千谷へ向かい、途中、小粟田村（現・小千谷市）に至ると、高田藩兵が出張っていた。雨が続いているため、「泥路深クシテ進退難シ」。片貝村（現・小千谷市）の佐藤国次郎が東軍の事情に通じているので、千賀のいる陣所へ連れていく。

三日、雨。前日に千谷村（現・小千谷市）に進んでいた正気隊は、西軍の先頭に立って発砲するが、一緒に行動する筈の高田藩兵・松代藩兵が退去したり遠方にあったりして、「正気隊大ヒニ苦戦ス」という状況になる。死傷者を出した正気隊は薩・長軍の助けを得て、盛り返して片貝村に進む。千賀は千賀隊を率いて、片貝山の上から大砲を放ち、東軍の本営を打砕く。松代藩斥候・田中力馬が「賊（東軍）・塚野山峠（現・長岡市）に出勢ス」というので、彼と共に千賀に報告すると、千賀は千賀隊の尾関鉄三郎に任せて坪野村（現・小千谷市）に進もうとするので、「思フニ甚危シ」と尾関と千賀をこの地に止める。

高橋民部隊の大砲隊が塚ノ山で東軍の背後を打つと、「敗走シ、関原（現・長岡市）ニ落去ス」。高橋隊が下山すると東軍は杉林の中から激しく発砲してきた。これが片貝戦争の始めである。

夜には片貝山中に陣を張り、北の朝日山（現・長岡市）にある松代藩兵、片貝村外にある高田藩兵のうち、松代藩兵と連絡をとり、「論議応接」、片貝山中に帰る時には、すでに夜は明けていた。

四日、片貝村佐藤訓三郎宅（庄屋か）に滞陣し、暮には小千谷へ帰る。片貝戦争で勝利したことを尾張表・塩尻に知らせることを協議し、斥候の今泉新蔵と神谷藤左衛門の二人がこの役に当たることを決定する（このあたり、第四節も参照のこと）。

五日、雨降る中を、千賀は片貝村から小千谷へ帰る。

六日、暮に大雨、千賀に随従して榎峠（現・長岡市）に至る。津田隊の隊長津田九郎次郎に会い、軍事を話し合う。三仏生（さぶしょう）村に帰る。

七日、大雨、雷鳴。「会議所」（小千谷にある尾張藩の本部）に出頭、参謀の丹羽信四郎の命で勤める。特命をうける。

八日、雨降る。連日の雨で、千曲川は大洪水。西軍本部の小千谷川の川沿いの所は、水が床上三、四尺（九一cm～一m二一cm）まで来ている。

九日、ようやく雨止む。参謀の丹羽は、大金を投じて多数の船、船乗りを雇い、洪水の千曲川を渡り、榎峠に至り、千賀及び会議所の命令を津田隊の津田隊長に伝える。津田は死を覚悟して榎峠を守る、という。このとき、千曲川を渡ることが出来るのは、津田隊と上田藩の一隊だけである。

一〇日、曇。会議所へ出席して「軍事論議」の最中に、榎峠の方角で砲声が聞こえる。会議所から尾張藩兵に、進軍すべしとの命令が下る。千谷（ちや）（現・小千谷市）へ進み、戦争の事実を確認し、千賀に報告。渡辺悦二郎（不明）と三仏生村で戦争の様子を斥候した。夜に小千谷に帰陣。千賀は千曲川を渡り榎山の陣にあって苦戦中。「我カ正気隊」（佐久間の日記の中の言葉）に、浦村へ出陣せよとの命令が出たが、佐久間は、「眼前、惣括（千賀）ノ難ヲ救ハズ、何ソ浦村ニ至ルノ理有ラント乎ト言テ」、正気隊への命令を拒む。「是ヨリ会議所ニ出ルノ命ヲ辞ス」とあるから、惣括＝惣隊長を救援することを第一に考慮して、筋を通したことが判る。

一一日に晴れて、戦闘もよく見渡せるようになってみると、榎峠に至る道路には、「諸藩之兵粮捨（テ）タルコト多シ。是則（スナハチ）、夫卒、戦ヲ畏レテ、遁（逃）★スル故也」「諸軍未タ戦ニ熟セス。軍律正シカラサル故也」。ここにある「諸藩」「諸軍」が東軍を指すのか、西軍を指すのか、双方を指すのか、はっきりしないが、西軍に力点をおいての反省とみるべきであろう。

「諸人ト共に落タル兵粮ヲ集メ、稗生（ヒウ）村（現・小千谷市）の兵粮方ニ至ル。是ノ時乎、兵粮を運送する夫無シ。村民ヲ諭シ、金銭ヲ以テ行カシム」

戦争の恐怖から軍夫が逃亡してしまい、やむなく運び手の運賃をはずんで、残された兵粮を地元の農民に運んで貰う。この護送・指揮が、佐久間の仕事になった。警固の兵はおそらく僅かであろうから、襲われる危機も伴っていた（第四節、五月三日を参照）。

一二〜一四日は、榎峠の随所にある、としか記されていない。しかし、激しい戦闘は続く。その模様は正気隊の章で触れよう。

一五日は大雨、さらに「夜ニ入テ雨甚シ」。三仏生・浦村・関原と各村を廻り、薩摩藩の渕辺直右衛門から、出雲崎（現・出雲崎町）・石地（現・見附市）・与板（現・長岡市）の東軍を平らげた話を聞く。午後一〇時頃、小千谷に帰る。

一六、一七日は、榎峠にいたが、一七日の早朝には榎峠を発って大島（亭）（現・長岡市）の斥候へ向かう。しかし、雨が激しく進めず、日暮に岩野村（現・長岡市）に泊まる。

一八日に大島に到着。加賀藩の隊長に面会、同藩の陣地で戦闘を目のあたりにする。「今日ノ戦ハ敵モ味方モ砲戦冽シ、百千ノ大雷一時ニ落之勢ヒ有リ。天地山河モ是カ為ニ砕ントス」。銃撃戦というより砲撃戦であった。東軍（主として長岡藩）は千曲川の東岸、蔵王カ鼻に陣取り、西軍（主として加賀・高田の両藩）は西岸に陣取り、薩・長は遊軍として活躍している。観戦ののち、榎峠へ戻った。

一九日、明け方に長岡が燃えている。西軍が長岡城を攻め落としたのである。東軍は榎峠から落ちのび、栃尾（現・長岡市）の古城へと退却、五月一〇日から「十日十夜」続いた榎峠の戦がようやく終わった。

佐久間は、榎峠を守った津田隊が退く際に深田に落とした大砲を、千賀の命令で軍夫を指揮して引揚げる仕事もしている。

二〇日、斥候として、千賀隊の壮士隊四人と長岡城へ行く。着いたのは午後四時過ぎ。榎山から長岡へやってきた西軍諸藩の中では最も早く到着した。長岡落城の過程を長州藩の某に聞く。「城ハ焼カズ」「城下処々ニ放火」。ただ、長州藩兵の「討死・手負ヒ多シ」とのことだ。

二一日、小千谷で「休兵」。これまでの三つの戦闘、即ち、雪峠・片貝村・榎峠の概略を軍事局（尾張藩の中枢、会議所との違いは不明）へ届け出る。しかし、緊張が解けると病魔が襲ってきた。

「長岡斥候帰路病起ルニ因テ、床中ニ臥ス」

この病は、少し休めば回復する程度の疲労ではない。雨が多い中での戦場での活動が身体を著しく困憊させたらしく、二六日の「病気平癒」まで五日間続き、「平癒」と記したあと、二七、二八日の日記に自分の行動が表現されていないところをみれば、なお病は続いていたのではあるまいか。

二九日には回復したらしく、再び長岡へ行き、与板戦争の真相を聞き出している。

六月一日には、関原村に出かけ、同じ斥候の松井謙蔵に逢い、相談し、午後六時過ぎには小千谷へ帰っている。

二、三日に記載がないのは、仕事が特になかったのか、疲労がまた積もってきたためか。

四日、荷頃（にごろ）村（現・小千谷市）に会津兵が入ってきたとの風説があるので、探ってみたが、東軍側の偽情報によるものらしい。夕方、小千谷に火を放った者がいるが、幸いに大事に至らなかった。薪・草が少し焼けただけで鎮火したとはいえ、人びとはびくびくしている。千賀隊の参謀・山上甚之丞（七人のうち）と斥候の伊藤忠次郎・太田園三が本国に帰るため、「終夜密談、天明（夜明け）ニ至ル」

五日、太田の帰国に関して千賀と話し合っている席へ、高橋民部隊の家臣がやってきて、隊員の一人が「発狂シ虚説」を述べた、という。しかるに、これは嘘であった。この記述は、戦場の人間がデマに乗りやすい心理状態にあることを示すエピソードである。

七日、西軍側の相川村（現・魚沼市）新次郎宅を拠点に周辺二十カ村の状況を探索する。さらに奥地の六十里越（現・魚沼市）街道・広瀬谷（現・長岡市）を、新次郎に探索させる。千賀の命令で、千曲川・魚沼川の舟を小千谷に引揚げた。この仕事を担当した野村秋助に、川口駅（現・長岡市）の村民から、渡船がないと不自由だとの抗議があったため、渡船三艘を残し、その番兵として卒三人を手配した。

「川舟ヲ取揚シ故、是ガ為三国（上野・越後・信濃）往来絶へ、農民、田ニ行ク事ヲ得ス。当時（現在）ハ農事最中也。民一日田ニ下リザレバ、農ノ時ヲ失フ。敵ヲ防ク為トハ言ヒナガラ、豈悲シムベキ事ナラス乎」

野村・佐久間が戦場で抱かざるをえなかった「戦争」と「農民（農業）」の間に横たわる矛盾への深い嘆息が、ここにはある。

八日、相川村新次郎の報告によれば、明日、会津藩が六十里越村（現・魚沼市）の入口大白川村（現・魚沼市）人足五〇人を動員しようとしている、という。この件を、佐久間が小千谷に帰って千賀に伝えたため、大物督参謀の黒田了介（清隆、薩）が小出島（現・魚沼市）の西軍に急ぎ知らせるよう命令。九日、小出島村へ出兵する高島藩、今泉村へ出兵する松本藩に、千賀の手紙を渡す。両藩から大白川村探索のため一〇人宛出させる。高島藩の中には「命ヲ拒ム」者もいたが、隊長を説得することに成功した。

一〇日、早朝、佐久間は、佐々木真之助（千賀隊、同心で斥候）と小出島駅を出て、広瀬街道↓並柳村（現・魚沼市）↓須原村（現・魚沼市）へ来た頃には大雷雨、滝之口村（現・長岡市）庄屋の手紙を示し、穴沢村（現・魚沼市）に至る。滝之口村庄屋宅に宿をとり、大白川村の庄屋を呼びにやる。午後二時頃。ところが、午後六時過ぎ、すでに村に入っていた会津藩兵一〇人ほどが、大白川村庄屋に従うようにやってきて、佐久間らが二人とみて討ちとるべく挑んできた。

「大雨中、景武（佐久間の名）独危難ヲ遁レ、蓑笠ナク徒跣（はだし）ニシテ、亥の刻（夜10時頃）須原ニ至ル。此暁並柳ニ至ル時、已ニ天明。

虎穴余生当時、狼狽今猶レ観焉。

奮テ起ントス。幸ニ某、偶兵来合及レ衝レ之遁ル。大雨中満身濡混徒跣、夜半過二須原一。」

諺「虎穴に入らずんば…」は、滝之口村から「穴沢までは参り探索仕候処」とある村名にひっかけて、自分（たち）の大胆な行動をユーモラスに表現したものであろう。草鞋を脱いでひと休みしていた隙を衝かれ、一瞬の判断と行動により裸足で逃げなければ、命を喪い、この日記も中断していたかもしれない。その場合、掛詞など使う余裕は全くなかったに違いない。

翌一一日、須原村を経て、昼頃、小千谷へ帰りつくと、早速、報告を認めた。ところが、ここには「付属之者」佐々木真之助の「生死の境相分り申さず候」とあるから、佐久間一人窮地を脱したものの、佐々木はどうなったのか、不明のままであった。佐久間としても、同心をおいて自分だけ助かったとなると、名誉とは言いにくい。

しかし、一二日の午後に、次の記載がある。

「穴沢村ヨリ佐々木真之助、敵ノ囲ヲ衝キ、遁(ニゲ)テ帰ル」

この部分は、尾張藩の準公式記録といえる「北越従征記」(「類聚抜粋」蓬左文庫蔵、所収)によれば、「賊(会津兵)其屋ヲ火シ去る(ママ)」とあるから、会津兵が庄屋の家に火を付けて立ち去ったのであろう。そのあとに次の文が続く。

「真之助、賊二名ヲ斬ル。一ヲ山内六助と云」

佐々木は佐久間の脱出を助ける任務を実行したというべきか、佐久間より剣客であったというべきか。会津藩士が鉄砲隊でなかったのが幸いしたというべきか。

二人共、もし捕囚の身になれば、会津藩兵による死刑も免れなかったことは、この月二七日の日記に、立場を入替えて簡潔ながら、暗示されている。

「命じられ、会津之生捕ヲ呼出シ、事実ヲ尋問シ、其夜千曲川ニ於テ死罪ヲ行フ」

佐久間が直接に手を下したか否かは不明にしても、彼が「尋問」に立会ったことは確かであろう。この会津藩士と同じ境遇に立たされるか否か、まさに紙一重であった。半月ほどの間の攻守所(ところ)を異にした体験に、胸中を戦慄が走ったのではあるまいか。(13)

六月一二日には千賀から賞金を受け、七月二日には、前から予定していたのであろうが、隼二(しゅんじ)と改名し届け出ている。隼(しゅん(はや))は、漢和辞典には〝すばしこく強いもののたとえ〟とある。

六月一三日に「足痛ニ因テ参陣セズ」とあるのは、裸足による脱出の後遺症であろうが、六月中・下旬には行動が何も書かれない日が目に付く。体調を崩し、斥候活動を休んでいたのかもしれない。

実は、後節（第五節）に触れるが、佐久間が主として担当している正気隊が最前線での戦闘に疲れ果て、六月末には休兵・帰国願いを申し立てていた。七月上旬に千賀にようやく認められ、あとから出兵してきた集義隊と交代する。この交代劇に立会ったのが佐久間で、連日雨が降り、「泥路兵士難行」の川袋村（現・長岡市）で行われた。

七月一五日のことである。

では、正気隊はどのようにして越後へやってきて、戦闘を交えたのか。月日を遡ってたどってみることにしたい。

（13） 戊辰戦争で敵味方なく、治療にあたったイギリス公使館のウィリアム・ウィリスは、この戦争で捕虜は殺害されてしまっていることを憂えて、一八六八年一一月三日（西洋暦）、柏崎からハリー・パークス（第二代駐日英国公使）宛の手紙で、次のように書いている。

「私はまだ一度も捕虜を見ていない。その捕虜たちの運命がどのようになるのか知りたくてならず、そしてもしできることならば、敵兵すべてを無慈悲に処刑してしまう日本人のかたくなな戦争行為を改めさせたいと思われたこと。…うわさのように、もし捕虜がみな処刑されるとすれば、人間の生命の不必要な損失であるといわねばならない」

以上のような捕虜の取扱いからすれば、佐久間、及び佐々木が捕えられれば、生きて帰る可能性は小さい。とりわけ、斥候であるからには。会津や五稜郭の戦争で捕虜が存在したのは、ウィリスを含む外国人からの非難を受け、西軍の対応が変化したことによる。

ウィリスについては、次の文献がある。

ローレンス・オリファント、ウィリアム・ウィリス『英国公使館員の維新戦争見聞記』（中須賀哲朗訳、校倉書房、一九七四年）、ヒュー・コータッツィ（イギリス大使）『ある英人医師の幕末維新　W・ウィリスの生涯』（中須賀訳、中央公論社、一九八五年）、萩原延壽『遠い崖7　江戸開城』（朝日新聞社、二〇〇〇年）

## 四、正気隊の北越戦争（1）

### ――林吉左衛門「日記」と「日誌」を対比しつつ

この節では、「林日記」を中心に、時折「林日誌」と比較しながら、正気隊の北越での戦いぶりを追ってみたい。

四月二七日、「出陣ニ付、様々義(議)論御談(おはな)し相成、出陣延刻相成」。打合わせに時間を費やし、出発したのは午後四時。

午後八時にやっと御嵩(みたけ)宿（現・岐阜県御嵩町）に泊まり込む。夜も打合わせで「種々取調混雑相成」、何かと多忙である。

正確な出陣は四月二八日、早朝から晴上がる中を細久手宿（現・岐阜県瑞浪市）で昼食をする前か後か、誰かが一丁取落とした鉄砲を、拾った人から届けられる。このミスには「甚タ赤面の至り」だ。大井宿（現・岐阜県恵那市）や野尻宿（現・長野県木曽郡大桑村）で知人の手厚い見送りに感謝しつつも、事務的な準備・打合わせも多く、何かと気を遣う。

閏(うるう)四月一日には、寝覚の床（現・長野県上松町）で隊長久野長一(ひさの)が名物の蕎麦を味わいながらひと休みする。詩歌の好きな林にとっては、芭蕉の碑「ひる顔に昼寝せうもの床の山」に興趣を感じてメモする。物見遊山ではなく、戦場へ赴く責任者でありながら、少しだけ愉悦感に浸ることができる。
ところが、林ら幹部を悩ませる事件が発生していた。先月二八日に、「此夜も誠に隊中不穏、嘆息いたし候」とあるのに続き、閏四月二日に次の記事がある。

「前泊、野尻宿にて□□□□と□□□□（翻刻された史料で□使用、秦）と口論及び他を鞘打ニて足を打、大ニ疵付、以の外の事ニ付、段々評議いたし候処、詰（つま）り内輪にて相含置候事も難二行届一、大（隊）長え相達し、御小人目付・吉田捨二郎初メ三人被二相越一、過怠之筋申聞セ、縄打、福嶋え御預申候」

隊員のうち二人が喧嘩・「口論」の末、一人が鞘で相手の足を打って大いに「疵付」る事態になり、内輪に収めようとしてもうまくいかず、やむなく、隊員（一般隊員でなく士族）の御小人目付・吉田捨二郎始め三人（士族の中村定十郎、服部吉太郎、横井米十郎）がやってきて縄を打ち、福嶋代官所へ預けた結果、「此夜、隊中至って平和ニて大慶いたし候」（閏四月二日）というところに落着いた。

私（秦）がこの部分を読んだ時、想い描いたのは、丹波国（現・京都府西北）・山国村（周辺）の山国隊[14]（鳥取藩付属）のことである。鳥取藩士馬場金吾・組頭藤野斎（いつき）ら三四人からなる山国隊（二八人〈二日目から三四人〉が農民）が岩倉具定の東山道軍に属し、京都を出発したのは慶応四年二月一三日のことである。装備は鳥取藩から貸与されたもので、道中の費用は隊員の自弁であった。山国地方は江戸時代以前皇室領であったことから、明治維新に際し、山陰道鎮撫総督・西園寺公望の檄文、さらに西軍に属する鳥取藩那波九郎左衛門（かつて長州奇兵隊の一員）の呼びかけに応じ、一月一一日に隊が結成された。

ところが、隊が大垣城下の納屋権十郎宅に宿泊中、「盟書」（血判状）の作成をめぐって対立が起こった。山国の村むらの名主層と一般農民の対立がその根底にあり、下級武士に近い村役人層よりなる隊員（兵士）に対し、小荷駄運びなど軍夫（ぐんぷ）的な仕事を荷う中・下層農民の隊員が、異議を申し立てたのである。

## 図表四-3　尾張藩北越出兵組の軍夫出身地

| | 隊名 | 軍夫 | 出身地名 | 現在地名 | 軍夫締方 |
|---|---|---|---|---|---|
| ① | 千賀輿八郎隊 | 35人 | 上松在郷 | 長野県木曽郡上松町 | |
| | | 45人 | 長野村 | 長野県木曽郡大桑村 | |
| | | 37人 | 殿村 | 長野県木曽郡大桑村 | |
| | | 52人 | 名古屋之者 | 名古屋市 | |
| ② | 高橋民部隊 | 不明 | | | |
| ③ | 久々利隊（千村隊） | 不明 | | | |
| ④ | 津田九郎次郎隊 | 21人 | 荻曽村 | 長野県木曽郡木祖村 | |
| | | 20人 | 薮原在郷 | 長野県木曽郡木祖村 | |
| | | 17人 | 菅（沼）村 | 長野県駒ケ根市 | |
| | | 27人 | 上田村 | 長野県木曽郡木曽町 | |
| | | 21人 | 三尾村 | 長野県木曽郡木曽町 | |
| | | 35人 | 岩郷村 | 長野県木曽郡木曽町 | |
| ⑤ | 藤村庄太郎隊 | 34人 | 野原村 | 長野県木曽郡木曽町 | |
| | | 76人 | 名古屋町夫 | 名古屋市 | |
| ⑥ | 五味織江隊 | 不明 | | | |
| ⑦ | 正気隊 | 29人 | 西野村 | 長野県木曽郡木曽町 | 庄屋　青木登右衛門 |
| | | 13人 | 末川村 | 長野県木曽郡木曽町 | （庄屋　下嶋作右衛門代り）組頭　勘兵衛 |
| | | 29人 | 黒沢村 | 長野県伊那市 | 庄屋後見　原伝十郎 |
| | | 29人 | 王瀧村 | 長野県木曽郡木曽町 | 庄屋　松原彦右衛門 |
| ⑧ | 集義隊 | 58人 | 不明 | | |
| ⑨ | その他 | 不明 | | | |

出典・「尾州藩の構成」（須田肇「尾張藩北越関係史料」）、「奥越征旅暦」（集義隊のみ）

組頭（草莽の代表）の藤野斎の『征東日誌』二月一八日には次のような記載がある。（盟書は二月二〇日付）。

「我隊タルヤ草莽ヨリ蹶起シ、今日事爰ニ及（フ）モノハ、諸士勤　王ノ義気厚キヲ以、団結セシ主義ノ隊ナルヲ以テ、今日迄ノ如ク旧ニ拠リテ上下ノ別ヲ堅ルモノハ、軍門ニ臨ム者ノ不レ為レ得モノニシテ、自ラ生命ニ軽重ヲ生スル加如キ弊ナキ（アルの誤り）ヲ不レ免。故ニ、今日上下ノ別ヲ解キ、協同一致心ヲ以、偏ニ当隊ノ団結ヲシテ、益々堅固ニシ、……隊中無ニ異議一、大ニ之ヲ賛同ス。……」

軍夫的農兵からの、隊員間の

平等な取扱いの要望、言い換えれば、幕末の「世直し」的風潮の反映が、山国隊の指導体制をゆさぶり、盟約書の訂正をもたらすことになった。

しかし、正気隊も、山国隊のように兵士・軍夫混交であったかといえば、決してそうではない。隊員以外に軍夫として表四―3のような人数が町村から徴発されている。尾張藩の他の隊と同様に隊員と軍夫ははっきりと分かれていて、小荷駄は原則として隊員は運ばずに、軍夫に任せられていたと考えられる。人数不足のせいか、費用不足のせいか、兵士にも軍夫の役割をさせようとする山国隊では、不満が爆発したのであろうが、正気隊の場合「分業化」しているので、単なる隊員同士の諍とみた方が的を射ているに違いない。

閏四月三日、贄川宿（現・長野県塩尻市）、閏四月四日は、善光寺道に入り、洗馬宿（現・長野県塩尻市）泊、五日は松本宿泊。六日に、芭蕉・西行の碑になぐさめられながら憂さを晴らせるのは、林が文人的な側面をもっているからであろうか。七日は、信玄・謙信の古戦場・丹波島（川中島地方）に想いを馳せつつ、川中島から兵を二つに分けて丹羽川を渡る。「何れも敵地同様に心得」、隊長を中心に弾薬の運搬やいざという時の防衛に心を配る。八日の昼には、「いのりの地」善光寺で昼食、一行にご馳走を弾んだ。この日の宿泊は、中野（現・長野県中野市）の法運寺（浄土宗）。久野隊長は庫裏、他は本堂と分かれる。無事についたのを祝い、隊長から酒一樽、するめ五〇枚が提供された。中野は集結地なので、しばらく滞在することになった。

一〇日、皆が熟睡している夜一一時頃、東の山手に銃声が四発轟く。林・兼松が分隊を繰り出したところ、先着の尾張藩磅礴隊が怪しい者を見つけ、発砲したとのこと。磅礴隊は、昼夜三度、一〇人ずつ、二隊で、中野の町を見廻りしている、という。一一日には、磅礴隊が詰める陣屋を、久野隊長が訪問し挨拶する。一二日には、津田九郎次郎隊（隊員約九一人）、翌一三日に千賀與八郎隊（隊員約一六六人）が到着、集合地の中野は、「明間もなく入込申候」。

一三日は、千賀から正気隊へ二回目の手当として一七〇両を下げ渡される。その内三両二分は総括二人（柳生唯七、林）、二両二分は監察二人（兼松、柳生猛雄）へとのことだが、隊員中に増減があってはいけないので、「総括初上下なく割当遣し申候」。できるだけ差別無く平等に、と気を遣っている。この日、中野から六里程（約二三・五㎞）の柏原宿に東軍が入り込んでいるとの情報に、戦闘態勢を組んだが、誤りであったらしい。

一五日に関山村（現・妙高市）泊。一緒だった松代藩兵四〇人ばかりが引上げて手薄になったため、隊長以下心配し、「拙者共初、夫々（それぞれ）義（議）論に参り、夜一二時頃迄言論（討論）いたし」とある。隊幹部としては、いささか不安になり、「合言葉」「心得」を確認し、宿へ帰ったのは、午前二時。

一六日、午後三時には新井宿（現・妙高市）泊。ここで数日滞在する間、「日々銃練いたし候」とある。一九日、松代藩からの急な知らせで、柏崎（現・柏崎市）の鯨波（くじらなみ）（現・柏崎市）で、西軍に属する高田藩兵と東軍の間で戦闘が起こったとのこと。夜一二時頃、隊長と共に林が総督府へ参上したところ、戦闘のため出立する準備で慌ただしい様子。ただちに、夜二時、新井へ帰り、戦闘の用意に取りかかる。高田には大監察・松本誠市郎が滞陣し、加賀藩、薩・長藩の兵計三〇〇〇人を繰り出し、戦闘目前の緊張感が溢れている。

二〇日、井之口（オガン）村（現・魚沼市）の寺に泊まる。夜には、五月以降、林に襲いかかる病魔が記されている。

「此夜、頻ニ悪寒いたしおり、下痢あり。誠ニ難渋いたし候」

二一日、安塚（現・上越市）に至る道はけわしく、「木曽路も爰の思ニ引競（くらべ）候てハ何ラ苦難も無レ之候」。中野宿滞在中の「此夜、弥々賊徒（東軍）は、弐・三里先ニ集り居、夜打（討）等も難レ斗（ハカリガタク）」、つまり、うっかり寝込んでいると夜討でやられかねない。

二三、二四日、ちょうど、斥候の佐久間が病気で活動できない頃、小千谷・雪峠など三か所に、六〜七〇〇〇人の東軍が陣を敷いていることが伝えられる。

二五日、朝六時頃、雪峠で東軍が大砲を六発ばかり打ち込んでくる。戦闘開始である。このような緊張の中で、「再三御手当」つまり、閏四月一三日に次いで、隊へ手当「八拾七両」が支給される。隊長からは酒二樽、するめ三抱が渡される。

二六日、朝七時頃、上野村（現・十日町市）から出兵。出陣順に、先陣高田藩兵、二陣正気隊（尾）、三陣千賀隊（尾）・奇兵隊（長）・松代藩兵・松本藩兵・千村隊（尾）。

高田藩に続き、千賀に「頻ニせり立られ」た正気隊が「操（繰）込候処」「要地」に陣取る東軍の大砲が、先陣の高田兵を通り越して飛んでくる。この直後か、佐久間の日記にあるように、先陣と二陣が交代していたらしい。隊員の根岸金四郎が、まず深手を負う。「林日誌」では、ひるむ隊員に、林・兼松が抜刀して鼓舞した、とある。

「一同必死ニ相働候得共、地理不レ得ニ付」「一同苦戦」。

「高田勢も是（正気隊の奮戦）に励まされ、打（ち）戦（ひ）候」。

素人の正気隊が先陣をきる羽目になっている。

午後二時頃より午後五時頃まで、「銃砲打交セ戦候」。大よそ三時間に及ぶ戦闘が続く。この時、雪峠に陣を敷いた東軍の中心は前述の衝鋒隊一中隊（一五〇人程）、指揮を執ったのは今井信郎だという。地理は地元の案内者もあって東軍の方が有利だったとはいえ、人数は西軍側は約一五〇〇人。東軍は前進陣地・芋坂（現・十日町市）を捨てて後退した。

「林日記」には、次のようにある。

「当隊の弾薬手薄ニ相成、……折から千賀え申込、松本（藩）の弾薬を借入」、「藤村（庄太郎〈大砲隊〉）の大砲も誠ニ力を尽くし、実に大戦争」

持参した銃弾が少なかったのか、打ち尽くしたのか、いずれにせよ弾を他藩から借用せざるをえない程の銃撃戦であった上、各隊の大砲ではなく、尾張藩の大砲（専門）隊（藤村隊）も参加していることも知られる。正気隊員は、敗走する東軍への勝利に「勝とき（鬨）」をあげる。

午後八時ごろ、前に東軍の兵が屯集していた明き家の土間に、隊長・久野長一始め隊員が入り込み、一夜を明かす。

林が見た東軍の死傷者は次の通り。

「手負の者十弐、三人、即死三、四人、生取（捕）（生け捕り）三人有レ之候」

戦場での部分的な数なのでやや少ないが、これはまだ北越戦争の序の口に過ぎなかった。

二七日には、雪峠より北の池ヶ原（現・小千谷市）を経て小千谷へ入った。以後、東軍が退いた小千谷は西軍が陣を敷き、正気隊も拠点とする。

二八日は、西軍は休息。雪峠の戦で千賀より「先鋒正気隊義（儀）、抜秀の働（き）ニ付」、酒三樽、魚一尾、が届けられ、重傷の根岸金四郎には「御手当金廿両」が授けられた。久野隊長からも「御手当」「金拾両」が届けられる。負傷隊員（のちには死傷隊員）に〝間髪を入れず〟と言いたくなるようなスピーディな手厚い手当の支給には驚くばかりで、このサービスのよさ（？）は、人遣いの粗さに対する上部のわずかばかりの良心の痛みを浮かび上がらせることになる。

五月一日、朝六時頃、しきりに雨が降る中を、にわかに千谷村（ちや）（現・小千谷市）へ出陣、この村には、西方但馬という神主が「至て勤王のもの（者）」で、その好意によって陣を張る。雨天が五月二日も続く。いつ戦闘になるやもしれないため、「隊長はじめ一切草鞋を取り不レ申」、つまり臨戦態勢で仮寝、といったところか。夜一〇時頃、斥候が「敵地より襲来りによし（由）」を伝える。「後口（うしろくち）の山手より丁灯斗（ちょうちんばかり）の行燈（あんどん）参り、松明り数多相見候」とは、東軍の灯火が遠くの山に見えた、ということであろう。ここにいう斥候は、佐久間らと行動を共にした正気隊員の中の斥候かもしれない。この夜は小千谷へ帰り、夜を明かす。

三日、午前八時頃、正気隊にとって二度目の戦闘が片貝村（現・小千谷市）で始まった。鴻の巣村（現・小千谷市）に陣を敷く会津藩の佐川官兵衛・萱野右兵衛らの指揮する東軍三〇〇人ばかりは、最初は白兵戦で優勢であったが、正気隊の援軍、薩・長隊、千賀隊も加わり、銃撃戦では射程距離の劣る東軍が弱点をさらけ出し、敗走した、という(15)。

「戦争第一正気隊ニ有レ是候よし（由）、長州勢申立呉候事、千賀殿よりも手厚言葉相懸、大慶致し候」

正気隊にとって、戦功を讃えられるのは名誉であるものの、犠牲が多く、受けた打撃は少なくなかった。

「此夜、午前四時頃迄ニ小千谷迄引揚申候、此引上至（イタッ）テ難渋、筆紙ニ尽し難き苦難也」

東軍が退き西軍が勝利したあとも、なぜ、正気隊は引揚に苦労しなければならなかったのか。

「賊徒方（東軍）打（討）死、手負百人に及、（西軍は）高田勢ニ即死十人、当隊ニ五人、歩人足（軍夫一人を含む）の六人」

ここに挙げられた西軍の隊員・軍夫計一六人の死者のみならず、この数よりさらに上廻る隊員・軍夫の傷者を含めれば、引揚げには思いもかけない衝撃と苦痛がのしかかったに違いない。

「林日記」には記されていないが、「林日誌」によると、「敵兵」＝東軍は一人もいないと注進した片貝村の庄屋は、実は間者で、「敵ハ次第々々ニ軍勢増加シ、弾丸雨注（アメトソソギ）、我軍終（ツ）イニ孤軍ニ陥り……進退爰（ココ）ニ谷（キハ）マル」とある。激しい雨も行動を不自由にした。「剰（アマッサ）ヘ霖雨盆ヲ覆（クツガ）ヘシ咫尺ヲ弁セス（至近距離も見えない）」。五月に入って降り続く梅雨、とりわけ戦中のどしゃぶりは、隊を悩ませている。

戦死したのは、御徒目付・佐藤九郎三郎（家臣）、隊員・本田亦（又）蔵、三尾又市郎（文十）、佐光二郎（治）、三宅清八（清三郎）、軍夫・末川村粂治。

隊にとっても、林にとっても、「誠ニ名状ナシ難キ悪戦ナリ」というほかなかった。（以下、「林日誌」より引用、しばらく続く）。

「日誌」が執筆された一九一〇（明治四三）年は、山県は奇兵隊総督ではなく、政・軍の両界を牛耳る元老である。山県の語りを借りて正気隊の奮戦の記憶を想起し、日清・日露の「栄光」を投影するところに、長生きした林の抑えがたい矜持（きょうじ）があった。

正気隊と奇兵隊の武勇伝が山県狂介（有朋）の言葉によってアクセントを強めつつ、連帯ぶりが眼前にありありと展開されていく。「正気隊百騎ニ足ラス小勢ヲ以テ多勢ノ敵ト長時間ノ交戦、感激ニ堪ヘタリ。如何（ドウシ）テ援（スク）ハサランヤ、……奇兵隊総括水津孫兵衛一隊ヲ引（率）イテ疾風ノ如ク早足進メノ号令一番……」。「此時正気隊ハ充分ニ勇気ヲ養ヒ、互ニ励テ曰ク、譬（タト）ヘ敵兵大多数ヲ以テ我レヲ取リ囲ムトモ、如何（イカ）テカ屈スコトヤ有ラン」。千賀隊の大砲三発も相手の本営にあたり、「敵狼狽シテ兵粮始メ、弾薬等夥シク棄置（ステオ）キ逃ケ去ル」成果を挙げた、という。千賀自身、「頗ル喜悦ニテ我隊ヲ即面（側？）に立タシメ、扇子ヲ拡ケテ一人毎ニ兵士ヲ撫（ナデ）テ」、奇兵隊の水津孫兵衛も「正気隊ノ力は第一等」を「確認」していると、絶賛。「大ニ面目ヲ施シタ」千賀からは、隊員一同に「慰労ノ為メ」、酒三樽、⿰魚壽（鯛、または鱒（ます）を指すか）二〇抱え、塩鮭、さらに鶏卵二五〇個を贈られた。

雨天が続き、小千谷で休んでいる正気隊に、五月六日も千賀自ら訪問し、酒・肴・菓子を贈り、「御手厚キ御アイサツ（挨拶）」が加えられた。

それだけではない。千賀から次のような説明を受ける。

「打（討）死ノ者四名ニ御普代席被二仰付一、御切米六石二人扶持下サレ候。且昨日官軍大本営へ進達（ニ）及ヒタル際ニ正気隊ハ充（アタル）レ士（ニ）ト相達置候付、向後ハ士分ノ心得ニテ相当タルヘキ事」

四人の死者は士族扱いで、六石二人扶持の切米が与えられ、他の正気隊員は今後、士分扱いとする、という。千賀単独で士族昇格が直ちに決定できるとは考えられないから、藩主・家老に申請する、というほどの意味であろう。ここで、「御徒目付・佐藤九郎三郎」がはずされているのは、もともと士分であるためである。軍夫がここでは恩典に与っていないことにも留意しよう。片貝村の浄照寺に墓石を建てるとあるが、佐藤は除かれ（名古屋の墓地?）、軍夫はもちろん枠外であろう。（「大本営」は、一八九四年、日清戦争直前に設けられた。ここでは、北陸道鎮撫総督府の意味）。

七日には、「片貝戦争（「林日記」では鴻の巣合戦）御手当金」として三三五両二分が隊に渡されることになる。内訳は、総括二人に九両ずつ、監察二人に六両二分ずつ、一般兵士六八人に四両二分ずつ、とある。さらに雪峠・片貝両戦争の「抜群の戦功」に対し、総括二人に五人扶持、監察二人に四人扶持、一般隊士（「林日記」には「隊中銃士」）に三人扶持が与えられた。正気隊では感謝の上、「隊中申合帰国之節迄御預被二下置一候様達て願上」と、ひとまず遠慮した。

（14）山国隊については、仲村研『山国隊』（学生社、一九六八年）、藤野斎『征東日誌　丹羽山国農兵隊日誌』（仲村研・宇佐美英樹編、国書刊行会、一九八〇年）、久留島浩「近世の軍役と百姓」（『日本の社会史』第四巻、負担と贈与、所収、岩波書店、一九八六年）ほか。
山国隊は諸書では農兵隊としているが、私の分類では草莽隊に入る。（本書第二章）
さらに、蛇足ながら、日本映画の先駆者牧野省三は、藤野斎と京都北野の芸妓・牧野やなとの間に生まれた（『マキノ

雅弘自伝　映画渡世　天の巻』編集協力・山田宏一・山根貞夫、平凡社、一九七七年）。

（15）菊池明・伊藤成郎編『戊辰戦争全史』上巻、新人物往来社、一九九八年、稲川明雄執筆）。

正気隊四士之碑（岐阜県可児市）

## 五、正気隊の北越戦争（2）

### ――林吉左衛門「日記」と「日誌」を対比しつつ

正気隊の奮闘ぶりが認められたのは、当然で、隊にとって名誉である、とすべきには違いない。それにしても両戦争の成果へのすばやい対応は、他の藩にも通常にみられることであろうか。それだけではなく、長州藩の奇兵隊ほかの諸隊のように、正規兵に対抗し幕長戦争を二度も戦い抜いた隊ならともかく、尾張藩の場合、正規兵を差し置いて草莽隊＝非正規兵を最前線の先鋒として戦わせるとは、正規兵をできるだけ温存しようとする戦略が秘められていた、と考えざるをえない。この点は同じ五月の上野戦争に参加した磅礴隊の場合にも当て嵌る(はま)ことから、いざという場合(もし、西軍が敗れる場合)は、責任を草莽隊に転嫁しようとしていたのではないかと、疑念を抱かざるをえない。

正規兵の温存問題を、ある研究会で、私が提起したとき、温存してはいない、との批判を受けたことがある。私のいう温存とは、藩領内に留め(とど)て出兵しないという意味ではなく、出兵しても最前線には草莽隊を尾張藩兵の先頭に立て、正規兵はやや中・後衛に廻して消耗しないようにする、という意味である。私の説明が不充分であったのか、充分に理解をえられなかった経験があるが、以上の戦争経過の説明で納得して貰えるのではあるまいか。

日付が前後するが、五月六日、小千谷に滞在中、千村隊の隊長・安在七郎右衛門がやってきて正気隊の久野隊長と面談している(「林日記」)。実は、千村隊[16]も正気隊が参戦した雪峠・片貝の二つの戦、さらに次の榎峠の戦で行動を共にしている。全員で五三人と少なく、「尾張藩ノ一部ト共ニ」とあるのは、正気隊以外の正規軍と行動を共にしていたことを示す。「我隊急ニ横ヨリ之ヲ撃ツ、賊(東軍)即チ潰送(カイ)(走)セリ」とあり、「捕獲」品が報告されているほどで、犠牲者は出していない。しかし、二人が話し合ったのは、可児地方出身の懐かしさもふまえて、初めて体験した戦争のすさまじさと行末への憂慮、とみて大過なかろう。千村隊は、次の榎峠・旭日山の戦では三人の負傷者を出すに至る。

焦点を絞らないと冗漫になるのであまり取上げないが、千村隊(久々利隊)の奥村清左衛門(統率の一人、絵も得意)筆の「九々利隊出陣日記」が、林吉左衛門「日記」と共に『可児市史』に収録されているので、ここで触れておきたい。

千村隊の片貝村での戦闘を記した五月三日に、次の文がある。

「正気隊之中ニて十三人逃たり」

これは、林「日記」「日誌」には全く登場しないだけに、見逃せぬ内容である。千村隊は高橋・藤村両隊と最前線より少し後方に参加していただけに、逃亡するのを見聞しやすい位置にいたのであろうか。隊士一三人が逃亡したとあれば一大事で、他の記録にも顔を見せる筈だとすれば、隊士ではなく軍夫、それも前から参加している者（**表四—3**）というより、新たに越後国で徴発した軍夫の可能性が高い。これは正気隊に限らず、他隊でも、西軍・東軍を問わず、大いにありえたことであろう。誰しも安い給金で保障もなく、命を落としたくはないからである（なお、第三節の五月一一日を参照）。

五月一五日の東山道総督府の命令（綱領）も、その一端を示すものであろう（『復古記』第12冊）。

「稗生（ヒウ）（現・小千谷市）、中山（山中カ）（山中とすれば、現・柏崎市）等諸村ノ民軍、役ニ疲ル、ヲ以テ、東山道監軍（ママ）岩村高俊、尾張、松代以下十二藩兵ニ命シテ、嗣後（シゴ）（今後）之ヲ使役スルコト勿（ナカ）ラシム」

農民たちへの人遣い如何（いかん）が、東・西軍への支持にも影響することを配慮したのであろう。

「久々利隊出陣日記」は、千村隊の小千谷逗留を五月五～一〇日と記したのち、前に戻って「正気隊のあやうき（危）処ニ相成処を、薩長藩援（タスケ）出進入処ニ敵よりハあられ（霰）之ふる如く大小炮打向、苦ニせす切入」とか、「正気隊大ニ息次キ」とかいった、正気隊の活躍にも言及している。

正気隊にとって三回目の戦いは、さらに大きく長い約一〇日間に及ぶ榎峠（現・長岡市）・朝日山（榎峠の東南、標高三三三メートル）の戦いである。最初に大略を紹介しておきたい。

五月三日に西軍（尾張・松代・上田の各藩）が、榎峠を占拠し、のちに上田・尾張の二藩の各一小隊が防備を固めているのを、やがて、長岡城下と摂田屋村本陣の東軍が奪い返す。すでに小千谷を失っている東軍にとっては、三国街道の難所で信濃川右岸に位置する重要な地点であるだけに、確保すべき要所であった。少

図表四-4　榎峠・朝日山攻防要図

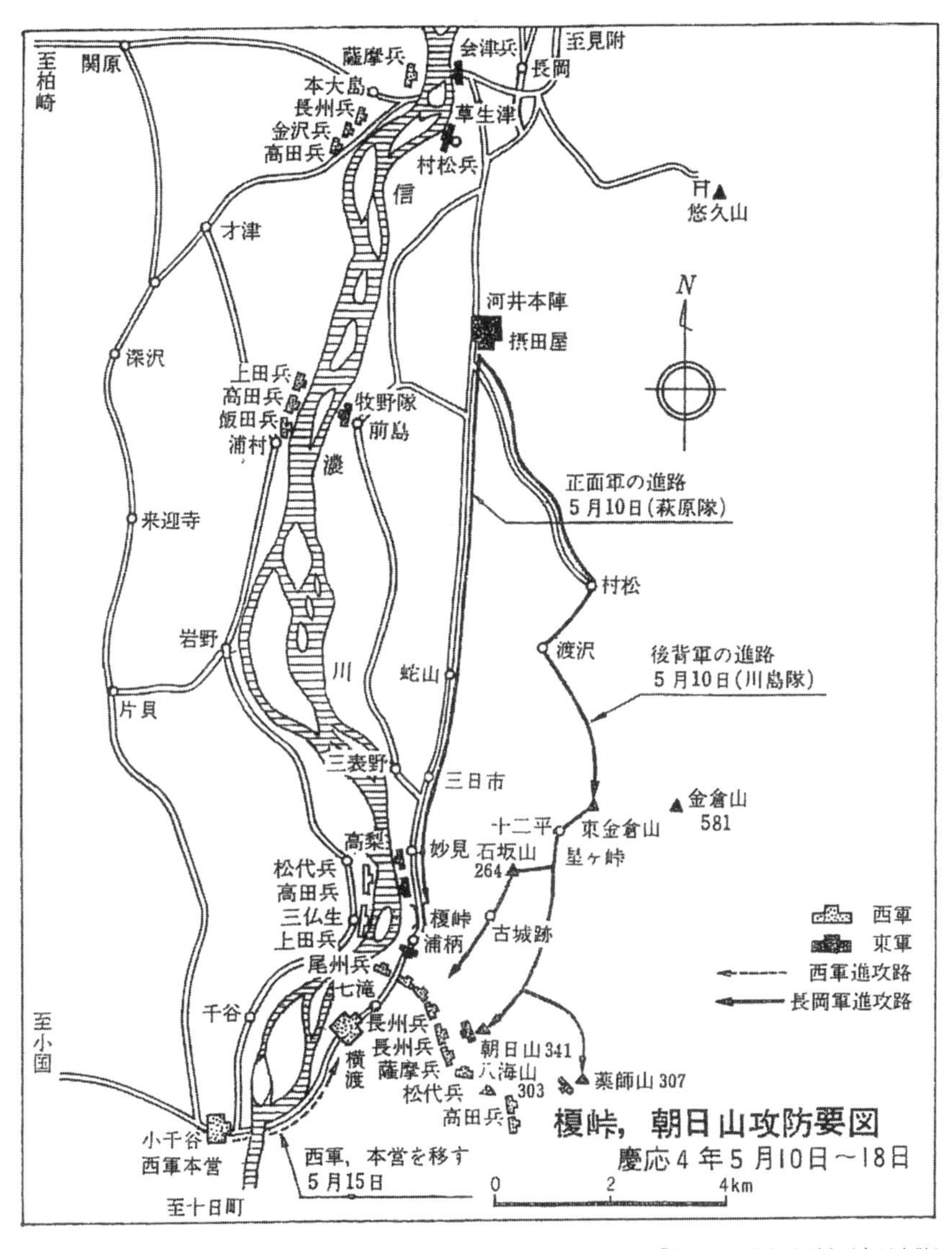


榎峠，朝日山攻防要図
慶応4年5月10日～18日

出典・安藤英男『定本　河井継之助』（白川書院）

数の西軍は、夜に信濃川を対岸に逃れるしか術がなく、東軍は一時的には榎峠を入手した。しかし、五月一一日、朝霧の中を逆に信濃川を東へ渡った西軍（中心は薩・長）からの榎峠攻撃に怖れを抱いた東軍は、榎峠の東南の朝日山からの攻撃を有利とみて、朝日山へ兵力を移動させた。西軍、中でも長州軍を中心に朝日山を狙って攻勢を強め、五月一三日朝、やはり濃霧の中で、西軍仮参謀の時山直八が桑名藩士に狙撃され、東軍陣地に肉迫していた西軍は、ひるんで退却せざるを得なくなった。この結果、戦闘の仕方をめぐって薩・長が対立する原因ともなった。参謀の山県狂介（有朋）が、吉田松陰門下の時山の死を悔やんだエピソードは広く知られる。

ここまでは東軍の勝利といえるが、鉄砲に勝る西軍が、五月一九日払暁には、梅雨で増水しとても無理だと思われる中を、舟底に身を伏せ左岸から右岸へ一〇〇余人が信濃川渡河作戦を強行する。意表を衝く作戦で、大逆転に成功。霧がここでは西軍に幸いした。この作戦の成功が、榎峠や朝日山の北に位置する東軍・長岡の防備手薄による落城（五月一九日）へと導く始末にも及んでいく。

戦のアウトラインを頭におきながら、「日記」に注目しよう。

「十日夜、此夜賊徒（東軍）、榎峠え操出し候由ニ付、諸藩操出し、当隊も小千谷より浦村（現・長岡市）え向ケ操出し、川向ウにて戦争初り、種々軍義中、千賀殿よりさしずニ付、又々小千谷え引返し、兵糧遣に此夜不眠ニ中子村（現・長岡市）之乗船にて越立候、夜十二時頃、東雲（空が明るくなる意味か）出来申候、至て大水也」

西軍諸藩ニも出動命令が出て、正気隊も浦村へ向け出発したものの、千賀の指図で、戦地へ赴かずに、中子村へ行き、食糧などを調達した。夜には雲行きが怪しくなり大雨が降る。これが翌日の「雨天」へと続く。一一日、戦場では、「千賀・津田至て難戦、薩・長勢も大（イ）ニ苦戦」となる。朝六時から夜がすっかり明けるまで、「戦間無レ之、山谷震動致し候」、つまり、朝っぱらから銃砲の音が絶え間なく響く、という始末だ。「至て長戦」の中で、久野隊長の家来・岩田鎌（釜）太郎が討死する。

「北越出兵之輩　姓名帳」(17)は久野長一家来として四人の名があるが、そこには岩田の名を見出せない。「日誌」には「従卒」として岩田の名があり、「隊長久野殿ハ性質勇武ニシテ、戦時必ラス自ラ進ンテ先頭ニ立ツ」と隊長を讃えたあとに、「此戦争の尤酣（たけなわ）ナル時、一僕ヲ召シ連レ、弾丸雨注（雨のように絶え間なく飛んでくる）ノ処ニ立チ味方ヲ指揮ス。嗚々惜ムヘシ」とある。四人の家来以下の足軽の様な存在であったのが、主君に代わって弾を受けた恰好になったことから、死後、昇格したのであろうか。

この戦闘では、正気隊が揃って出陣するというより、隊員を他の隊へ貸し出す形が目につく。片貝戦争の犠牲者の多さが、隊員の扱いを考慮せざるをえなくなり、惣隊長千賀に全員を最前線に立たせることを少し躊躇させたのであろうか。

「正気隊半隊、長洲（州）（藩）え貸し遣し候。惣裁として兼松誠左衛門ヲ遣し申候」（一二日）

「長洲の士、大石勇太郎と申人ニ半隊預ケ申候」（一四日）

「稗生村（現・小千谷市）ニ休兵致居候処、本陣より御裁許にて、拾三人ハ児嶋峠（不明）とか申所に（柳生）猛雄取締（監察）参り、此方ハ神山（不明）迄出兵致し候」（一七日）

長州藩への協力とはいっても、「大戦争」「ゆゆしき戦」が続く中、「何分難戦ニ付、大ニ長勢も相損し申候」との状況の下での従軍であるから、正気隊員の損失の危険は、常にありうる。しかも、千賀に呼出され、徳川慶勝（尾張藩前藩主、維新期の実力者）から「雪峠戦争御感状」を原藤左衛門（純蔵か、尾張藩士、正気隊御徒目付）と共に「難レ有仕合冥加に余リ感涙ヲ絞リ申候」と記しながら、同じ日に林自身のよろこんではいられぬ体調に触れている。

「此日少々不快ニ付、幸い休息の間に付、小千谷迄引返し申候」（一五日）

日頃慣れていない異地域の戦場で、防具も不十分な状態の中に降り続く梅雨――林ならずともすっかり体力を消耗し、憔悴しきった状態で、タテマエとしての「ありがたき幸せ」と、ホンネとしての「少々不快」「休息」が同じ日に併記されるこの皮肉。だが、これこそ草莽隊幹部、いな、隊員・軍夫らの味わった現実であった。

林の「日記」からは、多忙のためか、隊が分散したためか、体調不良のためか、戦況が伝わりにくい。ところが、書く余裕が充分ある「日誌」からは「日記」にはない全体像が伝わってくる。

「袖の山（朝日山近く）ハ我が正気隊の持場ニテ数日長陣ニ毎日ノ降雨ニ付、山上ニテントヲ張リ、是レニ隊長始メ雨露ヲ凌キテ、昼夜、鬼倉峠（不明）ヲトゲ（?）ノ薬師（不明）へ番兵二十名ツ、交代ス。

袖之山ヨリ敵陣旭（朝日）山迄距離至テ近キニ付、敵の砲銃弾丸屡々我陣近傍へ飛ヒ来リニ付、是レニ応戦シ、昼夜眠ル遑モ少ナク、連日の降雨テントヲ浸シ、戎服（洋式軍服）ノ乾ク事サヘナク、足ハ腫レテ竹筒ノ如ク、身心恍惚トシテ、白痴ノ如ク、其ノ難苦ナルコト推シテ知るへし」

この文章は、日清・日露の両戦争を経て書かれたものなので、名調子の戦争描写に似てしまうきらいがあるが、「足ハ腫レテ竹筒ノ如ク」とか、「身心恍惚トシテ、白痴ノ如く」は、実際の体験なくしては出てこない表現でもある。長州藩の時山直八の死や敵の将の死、敵の死傷者二五六名と聞き、「御軍の元のおこりは知らねとも　まけるも勝つも同じ国ひと」の歌をそえたあたり、いかにも、文人肌の林らしい。一九日には長岡藩城の炎を遠望しつつ、正気隊が袖の山から朝日山を「乗ッ取ル」ことをほこらしく綴る。

「敵ノ根拠地タリシ旭山（朝日）ハ、榎峠・鬼倉及（峠）諸山ヨリハ遥カニ高カク、高カキ木ハ更ニ無クシテ、多分ハ菅草生ニテ、諸々ニ塁ヲ作リ、要害堅固ナルコト意想ノ外ナリ」

「……敵味方ノ死体ハ雨露ニ晒ラサレ、腐敗ナシテ、風ノ為メニ、臭気ヲモタラセ来リ、其嗅キコト言語ニ絶シタリ」

「絶頂、殆ント三百坪ノ平地アリ、鬱々トシテ鴉鳴、頻リニ悲哀ノ状情ヲ感起ス」

榎峠と対比した朝日山の特色、雨露にさらされた死体の「腐敗」「臭気」など、正気隊員の肺腑をつく想いがここには濃く溢れている。明治期にみられる戦争の「国民的記憶」が重ねられ、詠嘆の肥大化をもたらしている。

この状景は、「林日記」に戻ると、即物的に次のように表現される。「堀徳（堀沢篤三郎）」、「柳寅（柳生虎之助）」、「森良（良助）」、「三吉」（不明、林の儒者か）を「召連」れた林は、東軍の「屯所（陣地）」へ登り、堅固な台場二〇か所、長小屋二か所、ところどころの東軍の「死人」を見て廻った。その後に、戦闘に馴れきって、ストレスが溜まった非人間的な感想がずばり表現されている。

「気味能事ニ候」

「日記」の、この戦闘の終了時に目を移すと、一八日には早朝の雨から快晴へと向かい、「風呂場（風呂桶）取寄、湯ヲわかし申候」、一九日にも「湯をわかし快く入湯いたし候」、「朝六ツ頃（朝六時頃）より長岡ニ火炎の手上り大火に相成」から、二〇日の「長岡落城相成」に及ぶ。長岡へ進撃した他の西軍に較べて一息つき、健康も快復したかにみえる。一九日には、「千賀より寿し沢山陣見舞被レ下候」と、〝戦勝〟を祝う心理状態にある。

山を下り、桑名藩（の飛び地）領地二〇か村が集中している地域へ入る。夜八時頃、中島村（不明）、から虫亀村（現・長岡市）に入る。ここには長州兵一小隊、田之口兵（現・長岡市？）一小隊が、駐屯していた。東軍は三里（約一二㎞）位先の土地屋村（現・長岡市？）にいるという。「日記」には、行程を「至て山中にて悪路也」と簡潔に記すが、「日誌」になると、「近日中ノ降雨ノ為メ通路ハ沼ノ如ク、是レニ加フルニ人馬ヲ以テ道ヲ踏ミ破リ、通路ノ困難ナルコト譬（タト）フルモノナシ」と、雨と人馬に荒らされたぬかるみの道路を歩く苦労が、リアルに描き出されている。

二四日、中野村（現・長岡市）で休憩中のところへ、午後一時、千賀より使者がやってきて、正気隊と千村・高橋の両隊と交代の命令を伝える。二五日には早朝より雨天の中を、午前八時頃、中野村を出立し、午前一〇時頃虫亀村（現・長岡市）を経て、午後四時頃、小千谷へ帰り、夜一〇時頃就寝。

榎峠戦闘の手当三四二両が届けられたのは、翌二六日だった。総括二人には九両宛、監察二人には六両三分宛、兵士六九人には四両二分宛。この夜は「差たる御用とても無レ之、快く寝申候。此日は終日天気ニ候事」とある。

五月二七、二八日は小休止。下襦袢を拵えたり、地獄谷と極楽湯（時谷村、現・小千谷市）、八幡宮（一ノ宮村、現・小千谷市）に参詣、ちょっとしたレクレーションで殺伐とした心を癒やす。

しかし、二九日には、千賀の命令で、昼一二時頃出発、午後五時頃関原（現・長岡市）、さらに脇の町に出たところ、山県の命令で関原に戻り滞陣する。夜一一時頃、到着して風呂に浸っていると、宮木村（現・長岡市）出陣を命じられ、着いたのは夜三時頃。「此日ハ大暑にて、小千谷より半日・七里半（約二八km）の道にて、誠ニつかれ申候」となってしまった。

五月二九日から六月上旬まで、しばらくの日々は、全隊～半小隊の出兵や斥候の派遣はあるものの、鯛、うどん、そうめん、泥鰌（どじょう）鍋、鯰（なまず）、鴨（かも）の卵、餡餅（あんもち）などを食べる話が続出する。

六月九日には、大口村（現・長岡市）で焼残っていた家が東軍に焼かれたのを見て、思わず筆を走らせる。

「四日より毎日毎晩、賊兵より民家ニ火をかけ誠に土（塗）炭の苦しみ、見るに不レ忍、歎息の事ニ候」

一方では岩村精一郎（北陸先鋒軍監）から「正気隊の儀は尾勢の内にて進退速ニて勘心（感）の由、会議所（西軍の諸藩会議所）にても右評いたし候旨、ご挨拶相蒙り申、愉快ニ候」と、高く評価され、五人の死も吹っ飛ぶような喜びを示す。

小規模な戦闘は常に続く。

六月一三日「今晩、賊より夜打の模様有レ之由ニ付、脇川（村）（現・長岡市）の半小隊操出し可レ申よし被二仰付一候ニ付、拙者ハ総裁いたし（出撃の隊長役で）出兵いたし候」。その後詰（ごづめ）に久野隊長が入った。脇川村の台場が、夜ニ時頃、大雨の中で出来上がる。その頃、二時間にも及ぶ戦いが、川上（現・妙高市）、川辺、大口の各村（三村とも現・長岡市）で始まった。「誠（ニ）天地も震動いたし候程に苦戦のよし」。この戦闘で西軍勝利の報が、長州藩大石勇太郎から伝えられた。

梅雨期の（旧暦）五月の雨が減ったかと思えば、六月には急な暑さに一変、「日記」では、林の体調不良が目立つ。

「少々不快困り申候」（五／一〇）、「徹夜不レ寝」（六／一四）、「終日終夜少も不レ寝」（六／一五）、「早朝より晴天、至て暑気強く」（六／一六）、「此朝とかく腹痛いたし候」（六／八）

日記に「至て炎暑にて、追々病人出来（しゅったい）誠ニ困リ入申候」（六／二〇）とあるのは隊員の状態でもあるが、その日に「拙者義（儀）も不快ニ付」、脇川村喜左衛門家で「養生」するほかなく、「林国（国平太）」、「森良（良助）」（いずれも隊員）に練羊羹を一本宛もって見舞われる側にある。「此日拙者義（儀）不快ニ付、引籠居申候」（六／二三）というのに、夜八時頃、川舟が二艘流れてきたのは東軍かも、との報せに、林も「病中ながら直（ち）ニ駐（馳）向候処」、実は無駄足だったこともある。翌日の朝「鶴（鶏）鳴（ケイメイ）頃病院ニ帰リ申候」とは、脇川村喜左衛門屋敷とは別の家か、喜左衛門家を自嘲気味に表現したものか。

隊長・久野と隊員を結ぶ存在として、苦労もひときわ大きい。隊員の吉田滝三郎（捨三郎？）・吉村久七（？）の二人が隊長の機嫌を損ねたとあれば、「御詫方種々取斗（計）申」す役目も果たさねばならない（六月二二日）。あれこれ気配りが必要なときに健康を害していては、治すゆとりもなくなる。

林と同格（惣括）の柳生唯七は、「多病ニテ多分（ニ）引籠勝」（「日誌」）で、戦争後の「御賞典金」を、林の一三両に対して七両に下げられていることからみて、林の受取には、柳生の分も少々加わっていた（？）、といえるのかもしらない。

越後の北ではまだ戦闘が続く中で、六月二七日には、少将に任じられた尾張藩主徳川義宜（よしのり）（元千代、一六代尾張藩主、数え一一歳、但し、実権は父慶勝）から、千賀、久野を経て、隊員一人に二朱（一両の一／八）宛が与えられた。このお金は、佐久間「日記」によれば（六月二八日）、京都の尾張藩丹羽賢を通じて、京都の「藩第（邸）園修繕ノ料」に宛てられるべきところを、「君深傷戦士之功労、自俸ヲ以テ独リ厚（コウ）（手あつく）スルニ忍ビズ」として下賜された、という。

ところが、まさにこの六月二七日、正気隊では、隊員たちから「病中」の林に、「休兵」の歎願が提出された。尾張藩各隊の中で最も奮戦した隊ならではの、下からの突き上げであった。林が行動を起こさねば、隊そのものが分解しかねない状況に追込まれることになる。

（16）「千村平右衛門家来北越出征記要并人名録」須田肇「尾張藩北越出兵関係史料」（『金鯱叢書』第26輯）所収。
（17）「北越出兵之輩　姓名帳」。「類聚抜萃　一」（蓬左文庫蔵）に収録。

## 六、戦場去来

林が六月二七日に受け取った、隊員の「休兵の義必死と歎出」（「日記」）を隊長・久野長一に差出すためには、物括である林（及び柳生唯七）が賛同し動かねばならない。しかし、林が病気中とあって、物括とその下の監察を飛び越え、士官五人のうちの一人近藤勲に託し、彼から久野へ提出することになった。隊員全体の総意は、幹部より下の中間管理層が最もよく知悉していると林らが考えたのか、林らが体調不良のため避けたのか。どちらの要素もあったと思われる。

翌二八日には、隊員「一同帰国ねがい相迫リ申候」に変更した。前日の「休兵」、つまり戦争中で休戦は適わないが、隊は、死傷者、病人、体調不良など続出で、とても戦える状態でないから、尾張藩の中でも交代し、ひと休みしたい、といった穏やかな要求からさらに進んで、「帰国」したいとの要求を畳みかけたとみるべきであろうか。この日「帰国」の願いを受けた久野は、「今夜熟談いたし候様」との応答があったので、林は川袋（現・長岡市、正気隊駐屯）へ出かけている兼松誠左衛門（監察）を呼び寄せ相談したところ、「一ト先（ひとまづ）帰国願義（儀）可レ然旨」にまとまった。「休兵か」・「帰国か」を話し合った結果であろう。

実はこの日、午後五時頃、久野から渡された卵一〇〇個以上を、隊員へ配布している。といって、この程度の心配りでは「帰国」の決意はゆるがない。二九日の朝、林は原藤左衛門（純蔵か、尾張藩士、正気隊御徒目付）、亀谷又吉（小荷駄係）を伴って、小千谷の千賀を訪ねることを決めた。

亀谷がなぜ登場するかといえば、軍夫を束ねる係であるからことから、軍夫も兵士も健康・意欲ともに低下し、とても戦える状態ではないことを訴えるためであろう。この日は、隊内で協議を重ねていたせいか、隊員からの突き上げでもめたのか、小千谷に着いたのは午後六時頃。時間的にみて多忙な千賀訪問は無理とみてか、一泊するほかなかった。

七月一日、早朝快晴だったのに、午前九時頃から雨が降る。その中を午前一〇時頃千賀を訪ねたところ、あいにく留守。あらためて昼一二時頃出かけ、夜に歎願の件で会う約束を取付けた。夜、千賀からの挨拶は、次の内容だった。

「至極尤成義(儀)ニ付、十日を不レ待宜敷取斗(計)遣し可レ申、誠(ニ)正気隊ハケ様成事ハ不二申出一御隊に候得共、よく〳〵困兵相成候義(儀)察し入候」

「尚又、尾張の美名ハ実ニ正気の力に候間、一同にもよろしく伝呉られ候様」

千賀の応答を言いかえれば――。①一〇日以内に帰国できるよう取り計らう。②正気隊の活躍は尾張藩の美名を轟かしてくれた。③正気隊は、休戦→帰国などとは申出ないしっかりした隊の筈だが、このような申出をするとは、よくよく「困兵」、戦えないほど弱りきっているからであろう。

このうち③は、正気隊に対する皮肉ともとれるにしても、これ以上戦わせるのは無理と認識したこと、②は、千賀にとって面目を施す一方、最前線に立たせたことへの千賀の多少の後(うしろ)めたさもあったのか。ただ、あとからやってくる集義隊との交代は七月一五日だから、①の一〇日以内との約束は、約一五日に延ばされたことになる。

正気隊の願いは聞き届けられた。けれども、林の体調は、喜びで好転とはいかない。

「(七月)二日、早朝より雨天。此日拙者義(儀)とかく病気不レ宜候ニ付、柳生(唯七か、唯七は病気がち〈日誌〉なので、監察・柳生猛雄かも)ヲしばらく入替りもらい、拙(林)ハ小千谷にて養生致し候」

「三日、早朝より晴天、此日、何事も無し、病気同躰の事、終日床中ニ臥居(ふせおり)申候」

五日には、松井謙蔵（顕）・伊藤忠二（治・次）（二人とも斥候。佐久間と共に正気隊の担当か）が川袋の正気隊と入れ替わる兵のことで、西軍本部の関原へ「懸（掛）合」に行き、翌六日には聞き入れられ、小千谷へ帰る。七日には、千賀隊の参謀・丹羽信四郎から、集義隊との入替を示す千賀の正式文書が届けられ、見通しが立った。

雨がやみ晴れても、猛暑が林の体を蝕み続ける。

「七夕（七日）早朝より晴天、此日も病気同様の事」

「八日、早朝より晴天、此日も病気同様困リ入候」

この間、六日には、藤井鉦三郎（隊員名になく、不明）（他に軍夫一人）が病死したので、村瀬吉兵衛（兵粮係）、亀谷又四郎（隊員）らが専照寺（ママとある）に葬る。林が参列できたかは不明ながら、「誠ニ是非もなき次第也。実に歎息至極の事に候」と落胆している。

一〇日には、中川庄蔵の率いる集義隊に、三宅慶三郎（桂）（兵粮係）、玉木深二郎（次）の二人が正気隊から加わることに決まる。

このあたりで来越した集義隊からみた正気隊像に触れておこう。清水勝一氏が発掘し研究した、集義隊小荷駄隊統轄者のひとり吉田忠兵衛が記した『奥越征旅暦』（第五章参照）の中に、次のように描かれる。

「（七月）四日　御国勢惣括千賀様より御使者到来。

御使者ノ趣ハ、目下、川袋（前出、正気隊の宿陣地）対陣中の久々利正気隊、手負、討死、病発ノ者多太（ハナハダオホ）ク、兵弱ト相成リ、先般帰国願ヒノ嘆願差出候ニ付、川向今町辺（直江津近辺）、賊（東軍）盛ニ蠢働（シュン）（動）、会津兵を加へ、其勢穴取（侮り）難ク候。依テ集義隊ト入替候可ク、使者の口上ニ候」

この文は、千賀からの使者口上。次の文は、日付不明ながら、正気隊の戦歴がもう少しはっきりしたのちの内容であろう。

図表四-5　高岳院本堂越しに屯所・大光寺（東区）を臨む

典拠・「尾張名所図会」

「御国勢ノ内、久々利正気隊ハ勇猛抜郡(群)ノ高名有レ之由ニ候。然共、初戦小千谷責(攻)、雪峠ノ合戦、又、榎峠・朝日山取合数度ニ及ヒ、討死、手負、病人続出、為ニ兵弱与相成リ、此度ノ入替ト相成リ候ノ次第。正気隊ノ中ニハ久三郎（〈吉田〉信濃屋、集義隊下締役）様懇意ノ人モ数人有レ之由、即、美濃可児ノ郡……」

林の「日記」には、個人のメモであるため、林の体調など個人的な感情や弱音、隊の疲弊が写し出されているものの、「日誌」となると歳月を経た准公的な記録であるため、隊の颯爽とした奮戦ぶりが強調され、集義隊との交代も、正気隊からの申出には全く触れず、「七月十五日、千賀殿ヨリ使節ヲ以テ正気隊儀ハ長ノ戦労ト言イ、殊ニ大暑ノ切リ一同ノ身労ヲ思イ、更(サ)ラニ集義隊ト交代申付ル、猶(ナ)ホ戦争モ未タ集結ヲ告ケス候ニ付、信州中野迄隊ヲ引(率)イテ休憩ノ上待命スヘシ」――のように千賀の温情が映されることになる。当座の個人メモと時を経た准公的記録を重ね合わせることで、たとえ同一人の書いたものでも、時代と個人意識の変化、青・中年と老年の位相が鮮やかに照らし出されてくる。

佐久間「日記」でも、前述のように六月一五日、正気隊駐屯中の川袋村で正気隊と集義隊は交代している。その直前の林「日記」では、首を長くして待ちわびる気持ちが綴られる。一三日には、「此日も更代（交）の沙汰無レ之候ニ付、丹羽信四郎（千賀隊の参謀、四人のうち）ニ催促いたし候処、甚タ心配の由にて、同人義（儀）七ツ頃（午後四時頃）拙宿へ見舞ニ来て被レ呉、両三日の内、必更代（交）の筈候間、夫迄の処よろしく相頼候様被レ申候の事」。一四日になって、午後一〇時頃「中川（庄蔵）、集義隊引率操出し相成」とある。

正気隊は、荷造り、発送の手配、信濃国中野への先触れ、と多忙をきわめつつも、帰国できる喜びに包まれる。一七日、午前八時頃、帰国の途につき、二〇日には中野に到着、越後での戦局も一進一退のため、しばらく滞在することになる。この間、一九日には終日雨天のため、林「日記」には「駕籠にて難渋」と記される。一般隊員の悲鳴は聴きとれない。

帰国費用のためか、一七日には隊長から五〇両、二八日には（おそらく、隊長から）八七両を拝借している。この借金は、林ら幹部の負担になったのであろうか。[18]故郷の土田（どた）、さらに小牧を経て名古屋の大光寺（正気隊屯所、名古屋市東区）へ着いたのは八月二二日のことであった。[19]

五月一九日、いったんは西軍の支配になった長岡城が二カ月余を経た七月二九日、東軍が押し寄せて奪回、西軍は大崩れになり、集義隊もその渦中に巻き込まれた。

斥候・佐久間は奥羽にいる薩摩藩家臣から二本松落城、仙台への進撃などの情報を得、ひとときの劣勢にもかかわらず、「英気前日二十倍ス」（七月二七日）と記している。佐久間は、正気隊とは別の任務を果たしつつ、千賀の命令で、三仏生の大砲を浦村（現・長岡市）へ移動させる仕事を引受け、千谷村（現・小千谷市）に至るなど、与えられた仕事を精力的にこなしている。「手負ノ者四、五人」に、長岡城を巡る攻防を質ね、東軍の敗兵に対する警戒を怠らない。大砲の移動は、六日市村・妙見村（ともに現・長岡市）へ退いて防禦を固めた西軍が東軍を撃つためであった。佐久間「日記」には、北の新潟・柏崎の状況や新発田藩の降伏など、西軍が圧倒的に優勢である、との自信がみえる。事実、北越戦争は東軍による一日だけの長岡天下が最後の抵抗で、これを機に急速に終焉を迎えることになる。

八月六日には、「昨夜来ヨリ大雨」、「千曲川大洪水」、「五月ヨリハ少シ」としながら、「小千谷市中川添ノ家ハ、床上ニ水来ル」と、小千谷の水害に触れる。越後の人びとを目前にして、その運命に歎息するほかない。

「越国ハ水災・火災・兵災、総而ノ遁（ノガ）ルヽ所ナシ、是ヲ見ル毎ニ不二レ堪悲歎一、感慨之情切ナリ」

八月八～九日には、高田（現・上越市）を経て関川宿（現・妙高市）を通過しようとしていたところ、総督府の印鑑がないと通過できないとして止めおかれ、尾張藩の津田九郎次郎隊の人に頼んで印鑑を取って貰う不手際があった。おそらく、逃亡する東軍関係者をチェックするため、越後の北と南（?）で所属を証明する点検を一層厳しくしたのであろう。

八月一〇日には、窮地を脱した苦笑いがこぼれ落ちる。

「虎狼の巣穴ヲ出ル思ヲナシ、一笑三嘆」

佐久間は、「官軍（西軍）勝利、報知の命ヲ蒙ル」（八月六日）ため、帰国の途につき、八月一四日午後二時頃、城に着き、午後三時過ぎに帰宅している。

上部への報告を含み、城下の家に七日間滞在したのち、八月二三日、再び越後へと向かう。途中、小牧で帰国した正気隊に出逢っている。佐久間にとっても懐かしくもあるが、羨ましくもあったであろう。城下での休養をもってしても、報告の責任がある上に体調が万全とはいかなかったからだ。

「九月朔日、昨夜大風雨。北地殺気甚シ。寒風透（スキ）レ肌、持病切也」

ここにある「持病」とは何なのか、雨は晴れても歩行には差支えたのか。

「二日雨晴ル、……病ニ因テ乗輿ヲ免サル」

二日、新潟に着くや、なぜか、隼二と改名。会津へと進むなかで、「道路嶮悪、深泥滑ニシテ尖石出ツ」(九月一二日)、「将士共ニ寒気ニ堪ヘ難シ」(一四日)、つまり、厳しい寒さとぬかるむ道路に悩まされる。

一五日には、会津戦争の痛ましい地獄の一端が描かれる。

「奥羽口ノ官軍(西軍)、市中諸士(会津藩士)ノ屋宇(屋敷)ヲ打毀チ、家財ヲ分取(捕)、其余商家ニ入テ、家財取テ売店ヲ市中ニ開キ、農民ニ売レ之 嗟嘆之憐也」

会津城下の武家屋敷を打毀し、勝手に家財を分捕り、他方、商家の家財を勝手に持出し、城下町周辺から集まってきた農民らに売って利益を得る。行動の中心は、西軍の兵士や軍夫たちであろうか、目を覆う反モラルで痛ましい惨状が、ここには到る所に溢れている。

ここで佐久間から少し離れて、別人の戦場としての会津・若松体験を挿入しておきたい。

北越に、庄屋クラス中心の草莽隊・方義隊改め居之隊(隊員一五〇名前後)がある。その隊長・取締ではないが、隊長・松田秀次郎(本名・笠原勘之介)の指示により各地の草莽と交流し、討(倒)幕に寄与した人物に高橋竹之介がある。

戊辰戦争当時二七歳、蒲原郡中之島村杉之森(現・長岡市)名主の二男に生まれ、倒(旧)幕軍に海陸二道からの北越攻撃を説き、北陸先鋒嚮導を命ぜられた。居之隊と行動を共にすることから、隊と共に語られることが多い。

高橋の「北征日史」の九月九日には、なまなましい死刑が記されている。

「薩州の斥候、長岡家老山本帯刀以下十三人を生捕」
「山本言ふ。会（津）兵三百人、長岡兵百人、先づ八十里越（現・三条市）を守り、……今日高田（現・上越市）より会藩と同じく若松城に入らんとし、路を失うて縛に就く、と。……此の夜、山本帯刀以下十三人を斬る」

結局一三人全員が殺害されたが、この山本帯刀こそは、連合艦隊司令長官の山本五十六の祖父に当たる。

このあと、一〇日の箇所に、高橋が見た、聞いた、会津・若松の惨状が記される。佐久間の一五日の地獄描写をはるかに上廻る目を掩う戦場の姿である。この光景を会津に入った尾張藩兵のいずれかも体験していた筈なので、ここで引用しよう（一四日には、降伏した会津藩主父子を「尾州・松代兵、之れを警備す」とある）。

「晴　坂下より十一小隊を率ゐ、整々行動して若松に入る。処々放火され、且つ伏屍縦横して途にあり、真に惨憺たる状況なり。坂下城下の市街倉庫は悉く之を屠る。これ何らの軍律ぞや。良民甚だ憐むに堪へたり。中屋敷に一家七人の自殺者あり。固より老幼婦女の干戈に堪へざるの徒、豈に憫然の至りならずや。涙橋に於て、長岡人士を屠戮し、五臓六腑清流中に溢るるあり。其の惨状人をして再現せしめず。一婦人の伏屍の原野に横はるあり。〇〇を以て股間に擬す。後聞く、若松屈指の女丈夫なり」（〇〇は、漢字を伏字にしたものであろう）

文中、涙橋とあるところからすれば、「一婦人」は、八月末の中野竹子、神保雪子らの婦女隊の奮戦と最期の跡を示すものであろうか。「何らの軍律ぞや」と問いかけ、「伏屍縦横」、「惨憺」、「憫然」、「屠戮」、（一婦人の）「股間」の語を散りばめた高橋の痛恨の想いからは、勝利に酔い痴れてはいられない理性が残されていることが、ほのかに伝わってくる。それにしても、目を覆いたくなる戦場のすさまじさだ。

佐久間が、会津の地で尾張藩兵や千賀と会い、江戸を経て名古屋へ凱旋したのは、正気隊の帰国より三カ月あとの一一月二八日、長い一年も、終わりに近づいていた。

(18) 正気隊の借金問題は不明ながら、財政的にみて、借金力、あるいは返済力のある藩の軍隊と異なり、財政的基礎の乏しい草莽隊は、戦争後、士族になったとしても明治初年に多くの借金を抱え、その返済に苦労する。第四節で触れた山国隊の場合、一八七二（明治五）年で三四〇〇両の借金（前掲書）、上野戦争・北越戦争に参加した多田郷士（大阪府・兵庫県川西市）の場合、一八七〇（明治三）年で一四一四両の借金に悩まされている。後者の場合、生活が派手になり、掛け売り商人の餌食にされた面も少なからずある（『戊辰戦争と多田郷士――忘れられた維新の兵士たち』兵庫県川西市、一九八四年）。

(19) 正気隊の「休兵」「帰国」にやや似た状況が、先述の千村隊にもあった。ここで触れておこう。千村隊の今泉次郎太郎（旗手長）が故郷の父に送った手紙（七月三日付）が残されている。その中に次のような話が出てくる。①隊長・安在が引籠り、副長の深尾が隊長を代行した。②今泉自身も「時候」（雨や寒暑のため）で「引籠中故、進軍不レ仕」、③隊員五人が帰国の鬮（くじ）をひき当てて帰国、④隊員の一人が瘧（ぎゃく）、m（おこり、マラリア）のため帰国を願い出たが、隊長・安在から認められなかった（『可児市史』第六巻、資料編、近・現代）。

(20) 田中惣五郎『北越草莽維新史』（武蔵野書房、一九四三年）
星亮一『女たちの会津戦争』（平凡社新書、二〇〇六年）
山川健次郎監修『会津戊辰戦史』（会津戊辰戦史編纂会、一九三三年）

## おわりに

すでに触れてきた問題点を再び繰返す必要はなかろう。通常なら文学が対象とする戦場のありさまを重視し、論ずるより（史料にもとづき）描くことに力点を置いた。その点、史料にやや恵まれているからでもある。

戊辰戦争については、明治維新史研究の一環として、すでに多くの研究が積み重ねられている。原口清、石井孝、田中彰、芝原拓自、下山三郎、佐々木克、宮地正人、保谷徹、その他、多くの方々による論稿がある。ただ、私はこれらの論稿についてはほとんど触れていない。私自身の力不足によるところが大きいからに違いないが、どのような戦争（行動）が歴史を前進させたのか、あるいは歴史的意義があったのか、という点から切り込むと、巨視的にはひとまずよしとしても、実相を充分には捉え損ね、恐怖・戦慄・残酷・非情・無念・後悔などが織りなす、戦場での人間の息遣いが欠落しかねない。戦争そのものが、ともすれば数値化され平板に表現され、戦争のもつ非人間性が彷彿と迫ってこないきらいがある。戦争の背後にある老獪な政治や人間の醜さも、〝勇敢なるヒロイズム〟によって掻き消され、美談化されることが往往にしてある。

戊辰戦争でも、捕虜の処置、婦女暴行、略奪は、あまり問われない。そこまでいかなくとも、戦場での疲労困憊、阿鼻叫喚、飢餓、後遺症としての負傷・精神障害などなどの、非人間的要素が直視されないと、戦争にリアリティがなくなり、戦争をゲーム感覚で軽く考えることになりかねない。

歴史では、勝者と敗者を対比し、概ね、勝者の方に正当性を認めることが多い。ややもすれば、〝勝てば官軍〟になってしまう。第二次世界大戦についても、「同盟国」側の、ユダヤ人皆殺し（虐殺）政策、南京事件（捕虜虐殺、婦女暴行）、慰安所、七三一部隊[21]、強制連行・強制労働、略奪などが、非人間的だとして非難の的となる。それ自体は正当であろうが、勝者からの視点が優先されるあまり、「連合国」側が犯した非人間性、たとえば、市街地への空襲、原爆投下、シベリアへの長期抑留、ベルリン陥落時の婦女暴行など、を問うことは、大局的見地からの考察・叙述からの逸脱として、しばしば回避されがちである。

本稿が戦場の微視にこだわったのも、この隘路を少しでも抜け出したい、との切なる思いからきている。

できるだけ実証的であろうとして、史料の引用が多くなり、読みにくくなったかもしれない。意図を汲み取って下さるようお願いしたい。

(21) 人体実験による生物兵器の「成果」は、戦後、日米で隠蔽され、連合国から追求されなかった。

## 補 「夜明け前」の木曽谷農民一揆

藤村の「夜明け前」第二部第四章には、慶応四(一八六八)年五月二九日から三〇日を頂点とする「木曽谷中百姓」「凡人数千百五拾人余」が「農兵」の徴集に反対して、中津川に「逗留」するという「壱騎(一揆)」と「客働(騒動)」が登場する(「大黒屋日記」)。

戊辰戦争のさなか、福島代官所(尾張藩下、山村甚兵衛)が尾張藩の要請を受けての徴集が事の起こりである。

この一揆・騒動(宛字は正して使用)について、「夜明け前」にはかなり詳しく取上げられ、この作品の大切な山場にもなっている。

「誰もお前さまに本当のことを言うものがあらすか」(桑作)

「そんなに俺は百姓を知らないのかなあ」(半蔵、心の中で)

図表四-5
一揆・騒動　村別参加者

| 村 | 参加 |
|---|---|
| 馬　籠 | 80 |
| 妻　籠 | 34 |
| 三留野 | 61 |
| 野　尻 | 35 |
| 湯舟沢 | 42 |
| 田　立 | 45 |
| 山　口 | 85 |
| 蘭（あららぎ）　村 | 65 |
| 与　川 | 12 |
| 柿　其 | 18 |
| 他　村 | 6 |
|  | 483人 |

出典・宮地正人
「歴史のなかの『夜明け前』平田国学と明治維新」（吉川弘文館、2015年）

この問答を忘れてしまう人は、よもあるまい。

ただ、この一揆・騒動の緊迫感・臨場感が充分に伝わらず、隔靴掻痒の感があるのは、半蔵が、旧師宮川寛斎（実は馬嶋靖庵がモデル）が伊勢国宇治の御師館太夫方で客死したため、峠村の組頭平兵衛を友に墓を訪ね、さらに京都へ足を延ばして平田鉄胤・延胤親子に逢う旅を続けるため、故郷、ひいては馬籠本陣（現・岐阜県中津川市）を留守にしていたからである。従って、帰りの道中、うすうすは知っていたにせよ、帰ってから知人の目を通して眞相を聞かされ、あらためて驚く始末である。

落合宿では半蔵の弟子の勝重・父・儀十郎に会い、彼らの肌で痛烈に実感した想いに耳も傾ける。

「でも、お父さん（儀十郎）、千人以上からの百姓が鯨波（とき）の声を掲げて、あの多勢の声が遠く聞えた時は物凄かったじゃありませんか。わたしはどうなるかと思いました」

儀十郎「中津川辺の大店の中には多少用心した家もあるようです」

平田門人で人望のある小野三郎兵衛（実は中津川の庄屋肥田九郎兵衛通光がモデル、一八六八年には五五歳）は、福島代官所（山村氏）と掛け合っても埒が明かないとみて、一揆勢を前にして、尾張藩そのものに訴えるべく、早駕籠で名古屋へと向かった。

四月上旬、山村氏から北越出兵のため農民五〇人出兵するようにとの要請を受け、籤（くじ）引きで選ばれた七人（木曽谷からの七人か）は、北越に向かったものの、「村方一統難義ニ付」、「御戻し被レ成候様」、「木曽谷中一

図表四-6　湯舟沢村（中津川市神坂）の「夫役農兵」

| 一番手 | 二番手 | 三番手 | 計 |
| --- | --- | --- | --- |
| 人数計54人　庄屋1<br>組頭2 | 人数計54人　庄屋1<br>組頭2 | 人数計54人　組頭2 | 162人 |
| 内 | 内 | 内 | |
| 鉄　砲　25人 | 鉄　砲　17人 | | 42人 |
| 得道具　20人 | 得道具　28人 | 得道具　45人 | 93人 |
| 弁当持　9人 | 弁当持　9人 | 弁当持　9人 | 27人 |

図表・覚　湯舟沢村（慶応四年＝明治１）

出典・北小路健『続木曽路文献の旅　「夜明け前」探究』

同中合之上、御役人共寄合ニ有レ之候」（「大黒屋日記」）。ここに言う村は馬籠村を指すが、他村でも同様であった。

五月二九日には、一揆は先に引いたように一一五〇人余が中津川に結集するが、正蔵（中津川本陣の市岡殷政がモデル）らが尾張藩役人に届け出た村別人数は、この半数よりやや少ない。村に残留する農民を割引いても、中津川に集結した人数を少なめに報告したのかもしれない。

北越へ向かった馬籠村出身の農兵七人は、約六〇日を経て「御用済」になり、一方、無事故郷へ帰ったものの、与川村から出兵した七人は、「御役所へ御呼出被二仰付一候処、途中ニ而皆々欠落致候由」となった。このような差が何故生じたのか不明ながら、農兵招集後、「欠落」（逐電）があったことは記憶すべきことであろう。この点を研究した北小路健氏は、「この直後に、与川村から急飛脚が一書をもたらして、その行方が探索された場合には、たとい知っていることがあっても、「一切不レ存」で押し通してもらいたい、と申し入れていた農民達は、こうして隠密の内に手を結び代官所を手玉に取るという挙に出たのである」と、この行動の意味を強調している。

名古屋（？）の尾張藩本部から帰宅した肥田九郎兵衛は、何度も福島代官所から出頭を命じられながらも、農民に肩を寄せつつ頑張り通したらしい。統制のとれた一揆・騒動がそれなりに成果を挙げうるのは、農民＝村役人（平田派国学者）との連携があったればこそであろう。第二章で取上げた、いわゆる「悪党」が掻き回すような事態になると、権力によって結局はしてやられることになりかねない。

ところで、これまで農兵の徴集との表現をしてきたが、正確には農兵と軍夫の双方を指しているのではあるまいか。北小路氏が「夫役農兵」という表現をしている上に、湯舟沢村（現・中津川市神坂）の庄屋文書（島崎謙司氏蔵）が、その謎を解いてくれそうである。

この史料を前後二つに分け、まず、最初の部分を図表四―6にまとめ、後半の説明の部分を史料として引くことにしよう。

「右之通農兵申付候間、呼出次第御用達ども物頭差図ニ随ひ相働可レ申候。将又、左之条々可二相心得一候。

一、鉄炮所持之者ハ鉄炮并兼而渡置候玉薬持参、鉄炮無レ之者は得道具、斧・刃広之類、又は鎌・鍬・鉈之類も可二レ致持参一候。

一、めんば并蓑笠、面々持参可レ致候。

一、組頭之外ニ人数十人之内壱人ヅヽ小頭相立可レ申候。

一、村々纏・袖印用意可レ致候。其外法皮・胸当等は一様ニは尤難二申聞一候得共、心懸次第ニ取拵候ば、猶更之事。

一、大工之儀ハ大工頭ゟ触レ之、別紙人数之内へむすび可二差出一候事。

右之外軍令ハ期ニ臨ミ可二申聞一、尤働之高下ニ応ジ御賞可レ被二仰付一、且遠方夫役も御省被二下置一候筈候間、御国恩之程相弁、出精相働可ㇾ申候。且又申迄ハ無ㇾ之候得共、万一敵方ニ随ひ、裏切又は枝道・閑道案内手引致候者有ㇾ之ニおゐてハ、別段厳科ニ可ㇾ被ㇾ所候。其心得可ㇾ有ㇾ之候者也。

（以下略）」

「得道具」の中には刀は見出しにくいし、「弁当持」は、明らかに食事の世話を含む軍夫の仕事である。「軍夫」という名目で徴集すると嫌われるので、「農兵」という名称にして一括募集した、と見た方が現実的であろう。尤も、この史料は戊辰戦争が始まって間もない一月に「庄屋共」に宛てた内容であるから、四、五月とは異なっていた、と言えなくもない。しかし、どうやら、大雑把に混ぜ合わせて徴集し、上層農民と下層農民に振り分けたとみた方が、具体的ではあるまいか（四節の山国隊〈鳥取藩付〉の場合を参照）。

鉄砲隊と呼ぶには、数が全体の四分の一しかなく、鎌・鍬・鉈など百姓一揆の際の中心的道具が半分以上を占めている上に、食事担当らしい「弁当持」がどのチームにも九人と同数を揃えているし、この文書は、いったい、いつの動員を示すものであろうか。相楽総三ら赤報隊、あるいは東海道鎮撫総督岩倉具定、あるいは尾張藩下の兵を示すものか、四月末から閏四月にかけて飯山で、松代藩・尾張藩磅礴隊と旧幕府の衝鋒隊が戦っているので（三節の「斥候・佐久間鍬三郎の場合（2）」参照）、これらを想定して一月に徴集したものか、にわかには決めがたい。ただ、中山道の助郷から始まって、戊辰戦争のために次々と動員がかけられるので、この辺で戦乱への迷惑と不満を行動に現して、動員へのブレーキをかけておこうという農民たちの意志が、「一揆・騒動」の形をとったのではなかろうか。高木俊輔氏は、「この騒動は五月二十六日に起こり、最終的に八月一日前後に決着がついています」としている。肥田九郎兵衛ら村役人の粘り強い交渉が農民たちの犠牲を抑えようとして、ある程度成功した事例とみるべきであろうか。

私としては、本文の表四―3「尾張藩北越出兵組の軍夫出身地」とどのように関わるのか、関わらないのか、さらに一歩踏みこんで知りたいとの想いが迫るが、その辺りにまだ空白が残る。

**主な参考文献**

島崎藤村『夜明け前』のほか、次の著書に負うところが大きい。
高木俊輔『『夜明け前』の世界「大黒屋日記」を読む』（平凡社、一九九八年）
北小路健『続木曽路文献の旅「夜明け前」探究』（芸艸堂、一九七一年）
宮地正人『地域の視座から通史を撃て！』（校倉書房、二〇一六年）
宮地正人『歴史のなかの『夜明け前』平田国学の幕末維新』（吉川弘文館、二〇一五年）

# 第五章
# 集義隊の成立と北越戦争

目次



## はじめに

集義隊を語るためには、その前段階から始めないと、意義を充分に把握できません。そこで形成過程に多くの頁数を割くことにします。陰謀や狡智が渦巻くドラマチックな展開に慄然とする人もあるに違いありません。集義隊が体験した北越戦争そのものは、史料を発掘し詳細な研究を発表しておられる清水勝一氏に任せ、私は簡単なスケッチに留めたいと思います。いささか表題とずれ、バランスを欠きますが、ご容赦を願います。

先行研究に多くを負っている本稿は、一章五節ｂに引いたⒶ高木俊輔『維新史の再発掘』、Ⓑ同『明治維新草莽運動史』、Ⓒ同『それからの志士　もう一つの明治維新』、Ⓓ目良誠二郎「年貢半減令撤回に関する岩倉父子の書翰をめぐって」、Ⓔ宮地正人「『復古記』原史料の基礎的研究」、Ⓕ原口　清「『年貢半減令』は朝廷がだしたのではなかったのか？――草莽隊記述への検定について――」、Ⓖ佐々木克「赤報隊の結成と年貢半減令」の文献に、さらに

Ⓗ長谷川昇『博徒と自由民権　名古屋事件始末記』（中公新書　一九七七　のち平凡社ライブラリー　一九九五）

Ⓘ岐阜市『岐阜市史　史料編　近代一』（一九七七）

Ⓙ長谷川昇「黒駒の勝蔵の『赤報隊』参加について――水野弥太郎冤罪・獄死事件――」（「東海近代史研究」第四号　一九八二）

Ⓚ高橋　敏『博徒の幕末維新』（ちくま新書　二〇〇四）

Ⓛ清水勝一『戊辰草莽咄――尾張藩草莽隊集義隊（小荷駄）日記――』（丸善名古屋出版センター　二〇〇〇）

Ⓜ清水勝一解読・吉田忠兵衛筆『奥越征旅暦』

を加えて参考にします。原則としては、発表順に並べ、他に補充する文献については、必要に応じて文中で言及することとします。

## 一、赤報隊と水野弥太郎

### a、赤報隊の進軍

江戸から脱出して、一月五日、疲れ果てて京都に到着した相楽らは、薩摩藩の本陣となっていた東寺に入り、先に京都入りしていた江戸の浪士たちと顔を合わせました。この五日には、朝廷軍は橋本実梁(さねやね)と柳原前光(さきみつ)が東海道鎮撫総督及び副総督に任命され、四日後の九日には岩倉具定・具経(いずれも岩倉具視の子)が東山道鎮撫総督及び副総督に任命されています。相楽らは休む暇もなく、西郷に任命された次の任務、即ち、京都を脱走する綾小路(のち、実家姓に復して大原)俊実と滋野井公寿の二卿を擁立して結成される「赤報隊」(この命名は少しあと)に参加すべく、近江国愛知郡松尾寺村(現・滋賀県愛知(えち)郡秦荘(はたしょう)町)の金剛輪寺(今日、湖東三山の一つとして有名)に集まって、討旧幕軍の兵を挙げることになりました。Ⓖ佐々木論文によれば、綾小路と滋野井の出発は別々、守山宿で初めて一緒になります。一〇日に結成された赤報隊は、相楽たちだけで構成されていたのではないことは周知の事実です。長谷川伸・高木俊輔の両氏らが明らかにしたように、三つの隊から構成されています。全体で二〇〇～三〇〇人といわれます。

綾小路俊実・滋野井公寿(擁立された公卿)

一番隊　隊長　相楽総三(江戸薩摩屋敷の浪士たち)

二番隊　隊長　鈴木三樹三郎(新選組脱退グループ＝高台寺党中心の京都組)

三番隊　隊長　油川錬三郎(水口藩士ら近江出身者)

このような出自も違う人びとを「赤報隊」という名の先鋒隊に束ねたのは、綾小路家の食客兼小侍の吉仲直吉〈近江栗太郡大宝村〈現・栗東市〉出身〉でした。吉仲について、Ⓙ長谷川論文が言及していますので、ここでは省略しましょう。

この三つの赤報隊を一見して判ることは、相互に関連がなく、寄せ集め集団だということです。但し、二番隊と三番隊の幹部は、Ⓖ佐々木論文によれば、岩倉具視とつながっていて、同志的間柄であったようです。朝廷＝西軍側も、鳥羽・伏見の戦いでは勝っても、東へ進むにはまだ軍隊の編成が充分整っていないので、旧幕府領・大名・旗本や民衆などの動静を探る必要があったのです。以前から吉仲らが組織しようと企てた意図があったにせよ、赤報隊は急拠編成された感がぬぐえません。うまくいけばともかく、拙い結果（旧幕領や旧幕側の大名・旗本・民衆らの反抗）が出たら、赤報隊に責任を負わせようという朝廷側の隠された思惑を感じざるをえません。

二人の少年公卿のうち、滋野井は気が弱く、夜など泣いていて眠れないこともあって一向に意気が上がらず、綾小路がなぐさめても効果がなかったそうです。滋野井ら一部を松尾山に残して、綾小路を擁した人たちは東へ進みます。Ⓖ佐々木論文が明らかにした滋野井隊の日程・コースは、二一日に高宮を発ち、関ヶ原・大垣・墨俣・伊勢長島・桑名を経て、二五日に四日市へと進みます。

朝廷側＝政府は、赤報隊に、東海道鎮撫総督の手に属することを命じます。（一月二一日）。ところが、相楽ら一番隊は、東山道（中山道）コースを採ることから、のちに問題が起こってきます。

滋野井らは、桑名では偽物の公卿と強盗たちがやってきたとの悪評が伝わり、朝廷側に立つ亀山藩・肥後藩からの兵が向けられて、多くの犠牲者を出します。

赤報隊は、近江国高宮（現・彦根市）の本陣前に年貢半減令の高札を建てたのち、一八日には関ヶ原宿（現・関ヶ原町）を経て、垂井宿の西北にある岩手（現・垂井町）に達します。この岩手には、鳥羽・伏見の戦いで、旧将軍家側の総指揮者の旗本竹中丹後守（元陸軍奉行）の陣屋があり、抵抗が激しいと予想されましたが、家老の斡旋で陣屋が赤報隊の支配下におかれます。相楽ら一番隊には、江戸の薩摩藩にいた浪士で京都入りに遅れた者があとから追いついたため、人数も増えます。

赤報隊は、武器の不足を補うため、東へ進軍する途中、近江国井伊家の彦根城で家老川辺主水に交渉し、ミニュエール銃五〇挺（のち、さらに二〇挺追加）・弾薬（追加あり）大砲三門を得ました。貸与を要求したとありますが、もちろん、借り貰いでしょう。

一月二〇日頃、加納宿についた公卿を擁しない相楽ら一番隊と綾小路を擁する二、三番隊（の主要部分）とは、離れ離れに行動する結果になります。

綾小路隊は加納・鵜沼の中山道コースをとりながら途中から木曽川を渡り、小牧・名古屋（名古屋から南下して東海道の宮宿を目指す）へと進路を変更、名古屋東北の大曽根から京町・本町を経て、一月二七日、東本願寺名古屋別院の別荘の宿舎に落着きました。尾張藩の旧藩主徳川慶勝の配慮によるものでした。尾張藩内の旧幕派とみなされた渡辺新左衛門らを取調べもせずに死刑にした青松葉事件（一月二〇日）から七日後のことでした。

尾張藩士で情報通の細野要斎の随筆『見聞雑剳（けんぶんざつさつ）』には、次のような絵が画かれています。

旗　　　マトヒ

官軍先鋒

赤報隊

名古屋に滞在中の綾小路ら二、三番隊（滋野井と行動をともにした者を除く）に対し、京都から綾小路の父大原重徳（しげとみ）の家人がやってきて、至急、隊員と共に、京都へ帰れとの命令を伝えます。綾小路隊は、一番隊の相楽らに帰京の使者を出す一方、尾張藩の好意で主従ほかの少数は、宮から桑名へと向かいました。

桑名では、桑名藩の世子万之助（定敬）らは寺院に逼塞、城を朝廷側に明け渡していました。現在の桑名市域で起こっていた滋野井隊の悲劇を初めて知った綾小路らは、驚いて京都へ帰ります。鈴木三樹三郎・新井（荒井）周蔵ら二番隊の隊士は、京都で呼び出され、出頭すると拘禁され入牢させられます。一週間後には無実とされ釈放されるものの、滋野井、綾小路配下の二、三番隊員は、公卿を喪い、何らかの処罰を受けるなどして、隊としては解散させられてしまいます。

高木氏は、Ⓐで、「この時新政府は草莽の士を死罪とするよりは、一度入牢という精神的打撃を与えた後で、徴兵隊に編入し、来るべき関東または東北における戦争の最前列の戦力として利用することを考えた」と、鋭く本質を衝き、真相に迫ります。

## b、水野弥太郎の行動

長谷川伸、高木俊輔の両氏（Ⓐ〜ⓒ）では触れていなかった岐阜の水野弥太郎（通称。本名は弥三郎）に、ここで登場して貰わないといけません。先のⒾ『岐阜市史』加納宿問屋・熊田助右衛門「御用日記」、Ⓙ長谷川昇論文によって、歴史上の人物として浮かび上がってきた人物です。

博徒の親分として知られ、武儀郡関（現・関市）の小左衛門、安八郡神戸（ごうど）（現・神戸町）の政五郎と並び、「美濃の三人衆」と称されました。家は代々西本願寺の典医を務め、祖父時代に門跡に随って岐阜に移住した、といいます。しかし、弥太郎は医業を継がず、町道場（二節C参照）に通って剣術の腕をあげつつ、博徒の親分になります。赤報隊とのつながりは、新選組のうち、勤皇色が濃くやがて離脱する高台寺党（鈴木三樹三郎ら赤報隊二番隊の中心）と関係が深かったことに由来するもののようです。

日付を少し前に戻すことにします。

先の①、とりわけ「御用日記」に弥太郎の名が最初にみえるのは、一六日の条です。助右衛門が地元の加納から西の関ヶ原に赴き、関ヶ原問屋の兵四郎に状況を質ねるところです（以下、原文に句読点。他も同じ）。

「極内(クニ)、関ヶ原問屋兵四郎ニ相尋候へハ、今昼後、綾小路御内と申る四人御越しニ相成、内々承り候へハ岐阜ノ兼而(かねて)わる（悪）者の頭とゆう弥三郎へ右之手下凡五百人計(ばかり)有レ之と申事ニ付、右弐三百人内々頼ニ被レ存候ト、関ヶ原ニ而承りて、直様早追ニ而、夜七ツ半頃（夜五時頃）ごかの（加納）へ引取」

ここに書かれているのは、一六日に聞き取った内容で、赤報隊の進軍日程からすると、それより前の状況の見聞と見做されます。午後、綾小路の部下で先発を名乗る四人が関ヶ原にやってきて言うには、岐阜の水野弥太郎の輩下約五〇〇人のうち二、三〇〇人が関ヶ原近辺へいずれやってくる、というのです。いままで、赤報隊は西から東へ向かっていたのに、弥三郎輩下は東（岐阜中心）から西へ応援に駆け付けています。

文中、「岐阜ノ兼而わる（悪）者とゆう弥三郎」とあって、弥三郎は、熊田助右衛門、あるいは問屋層にとって、以前から嫌悪感をもたれている人物であることが明らかです。

一七日の条には、弥三郎の輩下が、垂井宿の西北に位置する岩手に入ってきた様子が記されます。

「昼後、岐阜弥三郎ノ手下の同勢七拾余、ぬき身之鎗ニ而、岩手へ綾小路様より御用として宿投入ニ迎ニ出候様ト申聞、問屋場ニ而ま事ニいばり、宿々何共歎ケ敷候得共、致し方無レ之、無念ニハ候へ共、一同は（歯）をくいしばり通シ申候」

ここにある抜き身の鎗をもった「七拾余人」は、関ヶ原の二、三〇〇人のうちから分かれた者か不明ながら、「綾小路様より御用」をうたいながら、問屋場で「ま（真）事ニいばり」、宿場の問屋を「歎ケ敷」「無念」「は（歯）をくいしばり」という悔しい心境に追い込んでいます。

一八日の条では、岩手の竹中（竹中重固〔しげかた〕は陸軍奉行）陣屋に入り、外出しないでいる「竹中様の奥様娘も外女中」に対し、食事を要求しています。

「勝手向へ御ゼン（膳）ヲたかせ営し為レ致、ま事に御気毒之次第ニ慥〔たしか〕ニ風聞仕候」

一八日には、「御奉行天野半九郎が先鋒之内ヲウセツ（応接）方荒（新）井周蔵ト申御方へ万事御咄シ合ニ相成候由、内々承レ之」とあります。先にみたように、のちに京都で拘禁される新井周蔵は二番隊に属しますから、弥三郎輩下と連携を取りながらも、その威圧力を利用しつつ、少し紳士的（？）に行動しているのでしょうか。

次の記述は、日付を欠くので判りにくいのですが、二〇日あたりでしょうか。まことに注目すべき内容です。

「（加納）東本陣宮田五左衛門本陣へは、先鋒として隊長相良（楽）総三ト申者入込逗留仕居申候」

「（加納）西本陣孫作ぇハ、先鋒隊長として黒駒勝蔵ト申者入込逗留仕居申候」

「此者全クハ岐阜弥三郎と申手下之者ニ有レ之候……」

ここで、「熊田日記」に初めて東本陣に相楽総三率いる一番隊が姿を現します。西本陣に突然三つの隊に入っていないとみられていた黒駒勝蔵が登場しますが、吉仲直吉と黒駒勝蔵（この頃から池田数馬を名乗る）との関係がⒿ長谷川論文で追究済みなので、ここではそちらへ譲りましょう。勝蔵は、「赤報隊名簿」には見当たらないものの、彼自身、のちの「口供書」の中で「赤胞（報）隊」へ抱えられたと述べています。三番隊までには数えられぬ別動隊でしょうか。「弥三郎と申手下之者」とあるのは誤りで、むしろ、博徒であ

図表五-1　中山道とその周辺

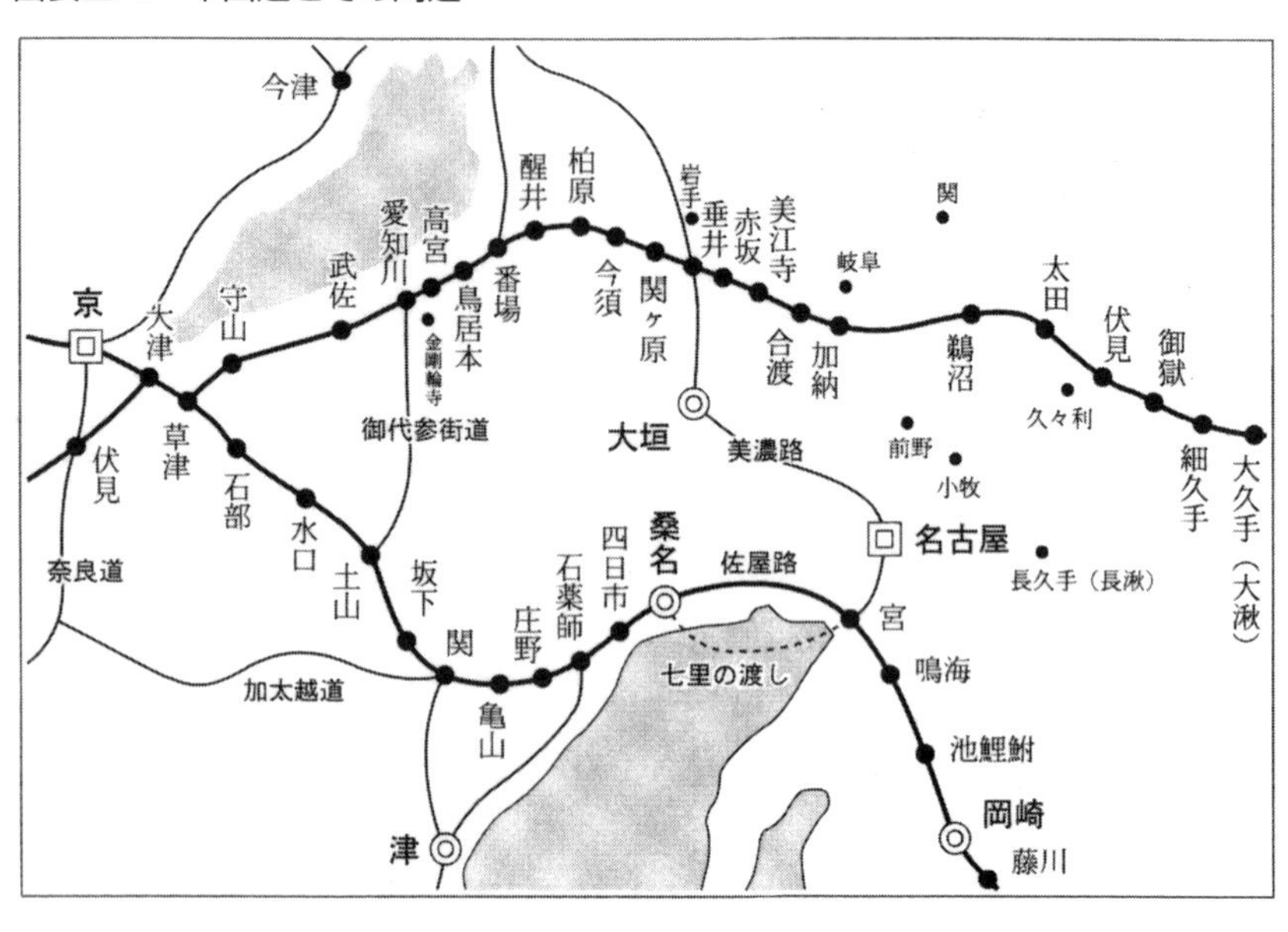


りながら朝廷支持の態度をとる「同志」的関係というべきでしょうか。

先の文に続けて――

「……有レ之候ゆへ、依レ之何共歎ヶ敷、夫ニ付、毎日毎日、ニハトリ（鶏）またハぶた（豚）抔トツリ（連れ）込候而、井戸ばた（端）に而料理、其外口上ニ而ハ難二申上一候次第」

「尤凡綾小路様之右あくたれ人数二百七拾人余、かの入込居申候処ゆへ、毎日々々町郷とも今ニもいず方より合戦相初（始）リ候哉ト……」

ここに描かれた鶏や豚は、どこから提供されたものでしょうか。本陣・問屋などの台所ではなく、おそらく外にある井戸端で始末・調理しているのが、粗野でどこかヒッピー風な行為であったため、秩序意識の濃い本陣・問屋層からみると、顰蹙を買う結果になったのでしょう。「あくたれ人数弐百七拾人」は、ほとんど弥太郎輩下中心で、直接の輩下が少ない筈の西本陣黒駒勝蔵の指揮下に置かれた人数でしょうか、それとも、人数からすると、東本陣の相楽総三ら一番隊も含む人数でしょうか。「あくたれ」という言葉は、今まで専ら弥太郎へ向けられていたようなので、その実質を知りたいところです。一八日の項にあった二番隊の荒（新）井周蔵は、「荒井周蔵ト申御方」、その後も「荒井周蔵様」とあって、一応、敬意が払われていますが、「相良（楽）総三ト申者」一行は、黒駒勝蔵らと同じように受けとられていたのでしょうか。

このあたりの事情を明らかにしたものに、従来引用されていない「加納旧藩士福田某記録」があります。この記録は『飛騨史料　維新前後之二』（飛騨史談会、一九二七年）に収録されているもので（同書三七四～三七六頁）、熊田日記の音調と似かよっています。

「十八日八ツ時（午後二時過）頃、綾小路様御陣屋御入輿の後御締方宜敷候。乍レ併、陣屋々々の鶏不レ残御取相成り、村中鶏過半取被レ遊候」

これは、先の二〇日頃（？）の加納宿ではなく、岩手のことに間違いありませんから、当然、加納より前に起こったことです。ここには豚はでてきませんが、鶏は農家から徴発したものでしょう。

前日には、——

「同十七日早天、（荒〈新〉井様）宿役人一人御召連、岩手陣屋へ御出ニ相成候。陣屋にて荒井様御附属乱暴の始末、陣屋中、抜身の鎗にて歩行、土蔵残ず開き、諸道具数引出され、武器の分取左の如し」

武器分取の詳細は、省略しましょう。前後も含めて、熊田日記とよく似ているのは、ひょっとしたら、熊田から聞いて書いた部分があるのかもしれません。とはいえ、表現や内容は、少し異なっています。

「十九日、長脇差の者荒井様隊へ下筋より来り、凡そ人数六十人許（ばかり）に相成候」

長脇差の者は、主として弥太郎輩下の者でしょう。

「二十日荒井様一番隊・二番隊の内百五十人許、少しつつ御出立相成り、其夜赤坂泊り……」

相楽総三の名がないところをみると、「荒井様」は、一番隊（相楽隊）も指揮しているように思われていたのかもしれません。

「二十二日九ツ時（昼）頃、綾小路様始め一同御立払、……十七日荒井様御蔵米悉く御封印御附被レ遊候」

岩手村二四四俵、関ヶ原村一四八俵、山中村一二〇俵、藤下村八三俵、玉村七四俵の五村が並びます。必ずしも紳士的でない荒（新）井俊蔵が、いつも「様」をつけられて記されているのは、熊田日記と同じです。「綾小路様」と同じように、一応の敬意を払っていたと考えるべきでしょうか。しかし、荒（新）井は、鈴木三樹三郎・秦林親など二番隊の幹部と共に二月二〇日には投獄されてしまいます。

加納宿は永井尚服（若年寄、三万二〇〇〇石）の支配。家臣から大砲二門、銃七〇挺及び弾薬を納めさせています。納入させた赤報隊とは、一番隊や黒駒勝蔵（水野弥太郎）輩下ということになりましょう。

略奪行為については、滋野井隊のケースが有名ですが、戦争にはつきものなのか、そもそも資金・武器・食糧をほとんど持たずに出かけているのか（とすれば朝廷側の責任も重い筈）、旧幕勢力に対する武装解除・食糧取上げの目的があったのか。その応接の態度にそもそも問題があったのか、日中戦争の際の日本軍の行動なども視野に入れながら、考える必要があります。しかし、ここでは、その問題を指摘するに止めましょう。

中山道から東海道へ進路を変更する場合、中山道の垂井から大垣—墨俣—尾越し（起）—萩原—稲葉—清須から名古屋に至る美濃路を経て宮へ出るコースがありますが、一方、垂井から赤坂—美江寺—合渡（ごうど）—加納を経て、右へ曲って名古屋へ入り、宮へと進むコースがあります。しかし、加納を出ても鵜沼へと東に進むと、東海道からは遠ざかってしまいます。
鵜沼へと進む赤報隊のうち一番隊（相楽ら）には、次のCでみる水野弥太郎のような運命が待ち受けていたのです。

## C、水野弥太郎の獄死

水野弥太郎に黒駒勝蔵、急に博徒が姿を現しました。勝蔵については、詳細なⒿ長谷川論文に譲って、水野弥太郎を追ってみましょう。

尾張徳川家の領地岐阜に住む水野弥太郎は、一月末日か、二月一日あたり、供（輩下）三人と共に「名古屋表」へ出かけています。「名古屋表」というのは、文字通り「名古屋表」なのか、名古屋方面、広くは尾張という意味なのか、必ずしも明らかではありません。

何のために、名古屋（方面）のどこへ行ったのでしょうか。明快に記した史料は、今のところ見当たりません。綾小路の二、三番隊より二、三日前に水野弥太郎は黒駒勝蔵と連立って名古屋に入ったものと思われると、Ⓙ長谷川論文は推定していますが、この推定は次のような論拠から成り立っています。

「水野弥太郎を中心に据えての〈博徒集団大挙動員計画〉は名古屋に至って完結（完成）する手筈になっていたのである。岩手→加納の宿での勝蔵の思いは、もう一ツ先の名古屋に馳せられていた。……「加納の宿」で勝蔵は弥太郎と会い、名古屋の周辺で動員すべき同系列の親分の詮衡を行い、そのリストを作制した」

これを念頭においてか、読物的なⓁ清水勝一著書には、一月の末日、弥太郎一行が尾張前野（現・江南市）の信濃屋喜兵衛（吉田久蔵）のもとを訪れる件りがあります。Ⓜ清水校訂・解説による『奥越征旅暦』（私家版、後述）には、以下の叙述を証明する箇所がないだけに、清水の推論による読物化でしょう。

「慶応四年二月朔日、その日は伊吹颪がようしゃなく吹き抜ける日であった。前夜、夜更けまで語りあった二人だったが、弥太郎は久しぶりだと言って道場に現れた。正面に一礼すると木剣をとって素振りを始めたが、掛け声は大きく腹にぴぇーんと響いて、激しさは、かつての鈴木道場での雄姿をほうふつさせてくれた（二人は美濃関の鈴木長七郎道場で同門。後述—秦）。

「兄弟、思い出すな」

久蔵の言葉は短いが万感胸に迫るものを感じさせ、するどく弥太郎を見据えていた。

「三代目辰蔵を頼むよ」

弥太郎は傍らにいた（信濃屋喜兵衛の）倅、久三郎に声をかけている。

このあと一行は名古屋巾下の広見屋権太郎を訪ねる事になるのだが、広見屋も信濃屋一家の代貸の一人であったため、信濃屋に立ち寄ったものであった。広見屋は美濃可児広見生まれの博徒で名古屋巾下に住み広見屋を屋号としていた。一行の目的は、権太郎に匿われていた三河の博徒雲風の亀吉との談合であった。」（三一一—三一二頁）

三河を根拠地とした亀吉が、なぜ権太郎のところにいたのでしょうか。亀吉が清水次郎長に追われている勝蔵を匿ったため、次郎長側から襲撃を受け、勝蔵は逃げ出し、亀吉もその数年後、権太郎のもとに身を寄せていたからです（一八六七〈慶応三〉年末）。

Ⓛでは、集義隊結成をめぐって亀吉が権太郎と共に喜兵衛のところにやってきた際、こんなセリフを口にします。

「先頃、岐阜の弥太郎兄からも甲州の黒駒の兄弟がそれがしを、と、赤報隊とやらにさそわれたが、踏

ん切れなかった」（六九頁）

清水説には史料的根拠はないようですが、弥太郎一行は、

加納→前野（信濃屋喜兵衛宅）→名古屋巾下（現・西区幅下、広見屋権太郎、雲風亀吉）

というコースをたどって尾張へやってきたことになります。清水説では、喜兵衛宅にはただ訪問しただけで赤報隊参加を誘わなかったのでしょうか。その辺が少しあいまいです。亀吉は、赤報隊参加を乞われたが、「踏ん切れなかった」と述べていますが、決意を迫られ苦慮しているうちに、大変な事件が起こって、すっかり動揺し、それどころではなくなってきたというのが、正直なところでしょう。

Ⓚ高橋敏説では、「このとき内々でくつろいでいたのであろう」としていますが、「内々でくつろぐ」とは、のんびり過ぎます。大筋では長谷川・清水説（勝蔵の同行については分かれるものの）が正しいのではないでしょうか。

さて、大変な事件とは何でしょうか。

弥太郎が喜兵衛も権太郎・亀吉も訪ねたのか、どちらか片方だけ訪ねた段階で打切られたのか、不明ですが、二月三日の巳上刻（午前九時）、東山道鎮撫総督府から弥太郎留守宅へ呼び出しがかかりました。

「

尾州領岐阜住

水野弥三郎

右之者是迄如何之風聞も候へ共、勤王志有レ之趣相聞、御用品も有レ之間、罷出可レ申事

慶応四辰二月

東山道鎮撫総督府執事」

Ⓘ熊田「水野弥三郎一件御用日記」

小監察一人と大垣藩同心宇野嘉十郎の二人は「名古屋御勘定所」（？）に話をつけ、弥太郎ら四人を見つ

けて早駕籠で大垣の本陣へ召しつれ、ひとまず伝馬町の鍋屋惣七の旅宿で休息します。嘉十郎は弥太郎の乾児で、事情を知らされぬまま弥太郎と共に目出たいことと信じこんでいたようです。

文面を素直に読めば、弥太郎は従来から「如何之風聞」があるにせよ、「勤王之志有レ之」とある、二面のうち、後者の勤皇の方を時節柄高く評価され、そのことで呼び出されたとみるのが常識でしょう。嘉十郎はこの「盛挙」にすっかり感激し、自身の三〇〇両もする大小を貸していますし、魚屋又市兵衛は紋付を提供しています。五日の午後二時頃、「嘉十郎」を「家老役」にして、「草履取」と共に三人で、大垣の総督府に出頭します。

ところが――、

「其領内岐阜住人水野弥三郎ト申者、難レ被二捨置一次第相聞ヘ候ニ付、今般被二召寄一御詰問之処、従前天下之大禁ヲ犯シ、良民ヲ悩シ候件々不レ少、剰（あまつさ）ヘ人命ヲ絶チ候段申訳不二相立一、不届之至、既ニ伏罪ニ及候。依レ之、大垣藩ヘ御預ケニ相成候間、此旨御達申入候也。

二月五日　東山道鎮撫総督府　執事

尾張御重職中」

尾張藩領の岐阜の住人である弥太郎ですので、尾張藩に対してどうやら断りを告げたかにみえますが、尾張藩領ではない大垣藩（戸田氏一〇万石。家老小原鉄心により藩論を討旧幕に統一）に身柄を預けたのは、尾張藩の容喙（ようかい）を一切謝絶する断固たる総督府の決意を示しています。一見判りにくいのですが、尾張藩の干渉・妨害・異議申立てを拒否する、総督府の用意周到さを物語るものでしょう。策略家の徳川慶勝をもひるませる政治の闇があります。

①天下の大禁を犯し、良民を大いに悩ましたこと、②殺人をしたこと、の二点が指摘されていますが、六

日に牢で縊死したあとの榜では、③「子分と称シ候無頼ノ徒ヲ嘯集シ、奸吏ト交ヲ結ビ良民ヲ悩シ候件々不レ少候」、④「剰へ官軍之御威光ヲ仮り恣ニ人命を絶候段」が「不届至極」であり、「梟首」の理由とされています。

Ⓙ長谷川説にあるように、どうみても「別件逮捕」で消してしまいたかった、総督府の巧妙なやり口としか思えません。助右衛門は「……寄合、悦びの酒一盃相悦ひ申候」、「諸人相悦び申候」と歓喜にむせんでいますが、問屋・宿役人層や諸大名・旗本たちが、赤報隊あるいは赤報隊に加担する勢力への憎悪・嫌悪が総督府の処分の背景にあったとみるべきでしょう。近日「滋野井殿、綾小路殿家来抔ト唱へ」、「岩倉殿家来抔ト偽」る「無頼賊徒之所業」を厳しく追及している東山道鎮撫総督府にとって、助右衛門らの意向と呼吸が合ったことが、弥太郎を、かりに縊死ではないとしても、死罪へと導いたのに違いありません。

Ⓙ長谷川説によれば、「水野弥太郎を中心に据えての〈博徒集団大挙動員計画〉は、名古屋に至って完結〈完成〉する手筈になってい」ました。「「加納の宿」で勝蔵は弥太郎と会い、名古屋の周辺で動員すべき同系列の親分の銓衡を行い、そのリストを作成した」けれども、弥太郎の死去でいったん水泡に帰してしまいます。

しかし、やや遅れて尾張藩の草莽隊「集義隊」として復活する、というのが長谷川氏の推理です。

以上、長々と専ら先学の成果に依拠して、すでに自明のことを綴ってしまいました。次へ移りましょう。

## 二、集義隊の成立

### a、長谷川昇説と清水勝一説

Ⓙ長谷川論文より前に書かれたⒽ長谷川著書では、次のような箇所があります。

「慶応四年一月十七日の夕刻、北熊の近藤実左衛門の邸に藩の大目付渡辺鉞次郎から突然の呼び出し状がとどけられた。緊急の要件があるから、明朝辰の刻（朝八時頃）、藩黌明論堂へ出頭せよというのである。

いままで藩権力との接触は、すべて水野代官所を通じて行われてきた。藩庁からのじきじきの呼び出しとはただごとではない。

「親分、どう考えたって、こりゃおかしい。いくら苗字・帯刀を許されていたって、平民のお呼び出しは町奉行か勘定奉行かに昔からきまっている」

一の乾分藤島の増右衛門が小首をかしげると、

「わしもそう思う。しかも明倫堂てぇのが解せねえ。あそこはお偉方の、お侍が上る所だ。こりゃあ、ことによったら……」

と実左衛門も腕をくむ。」

この会話はあまりに小説風で、実証的根拠はないものでしょう。藩からの呼び出しが一月一八日であれば、二月初めの水野弥太郎の件を知った上での恐怖はない筈です。しかし、この一月一八日（出頭日）は正しいのでしょうか。「実左衛門呼び出しの日付が一月一八日にほぼまちがいないことが、（「集義隊近藤実左衛門之伝」以外の）他の資料によって裏付けられる」（Ⓗ六七頁）。

しかし、この日付や集義隊編成の事情について、疑義を唱えた人がいます。集義隊、とりわけ小荷駄隊について解き明かす貴重な史料『奥越征旅暦』（吉田龍雲氏蔵）を発掘・解読し、これをふまえて『戊辰草莽咄（はなし）』（Ⓛ）を著した清水勝一氏です。私が『江南市史　本文編』（江南市役所、二〇〇一年）の一部を執筆したとき、『奥越征旅暦』（私家版、以下『暦』と略）や清水勝一氏の意見を参考にさせて戴きました。

清水氏の主張は、『暦』に付した「奥越征旅暦について」や著書Ⓛで繰り返して説かれています。問題に入る前に、『暦』について、簡単に触れておきましょう。この筆録者は吉田忠兵衛といい、吉田本家の吉田茂平次の弟。分家で、本来薬屋を成業とする信濃屋喜兵衛（吉田久蔵）の家で帳簿の整理（帳付）をしていました。忠兵衛が集義隊の本隊ではなく、本隊を支える軍需品や食糧の輸送部隊、つまり「兵站（へいたん）」部隊の記録者の一人となったことから、筆まめに記録され、隊成立の過程と共に、本隊の記録（が残っていたとしても）にはみられないであろう、裏方の仕事が明らかにされました。清水氏は、この『暦』に導かれて長谷川説に修正を迫っています。

一つは、㈠一月一七（八）日という日付はあまりに早過ぎ。もっと後ではないか、二つは㈡集義隊結集の軸になった喜兵衛をさしおいて、近藤実左衛門を呼び出す、しかも明倫堂へ、などということはありえないのではないか、ということです（ただし、文久三年以降、明倫堂では改革開始―秦）。

㈠についてみましょう。

『暦』の二月一五日の箇所に、まず次のようにあります。

「今市場大庄屋石田源助様御越ニ相成ル。

御用筋ハ去ル七日、小牧御代官須兵一郎様ヨリノ御触状詳敷御咄ニ相成ル」

尾張藩には制度として「大庄屋」はありませんから、今市場村（現・江南市）以外の他村の庄屋を兼帯するような大きな存在の庄屋であったに違いありません。小牧代官所の代官須兵一郎から廻覧された「御勘定奉行所」によって伝えられた征討の書付（二月七日、代官所発行）について、まず詳しく話題にしています。次いで、集義隊（名称はまだ公にされていません）の結成へと話が進みます。これによれば、形式上、「尾張御本家」→「御代官須兵一郎」→「今市場（大）庄屋石田源助」というルートで提案されています（「尾張御本家」は、ここには名は出てませんが、具体的にはこの辺に給地をもち、藩内の最有力家臣成瀬家〈三万五〇〇〇石、付家老〉でしょう）。なお、成瀬家は、形式的には一月に尾張藩から独立しているものの、この時期はまだ尾張藩との関連が濃いようです。

「則御一新ニ付、郡内侠気勇猛ノ輩、天朝様ニ忠勤励ムノ志有者、何人ニ依ラズ御招募ノ由、假令(タトヘ)、無頼候者タリトモ不レ構、全テ不問ニ致ス可。尾張御本家様ニ於テハ、内々御相談相極候由、御代官須兵一郎様ヨリ承リ候咄申聞候」

朝廷に忠誠を尽くす志の者があれば、「無頼」でも「侠気勇猛」の者でさえあれば、構わない——とは、もちろん、博徒の親分でもある喜兵衛とその輩下、喜兵衛と関係深い他の一家を視野に入れての話です。

石田源助の話はまだ続きます。何といっても、水野弥太郎にも言及しないわけにはいきません。

「御貴殿モ能々御存シノ事ト存スル。則岐阜矢嶋町水野弥太郎事、御時節両端ニ進退致シ罪科ヲ以テ御召取ニ相成、入獄ニ相成ル次第ニ、公方様（将軍）モ賊徒ト被レ成矣時節、国中諸藩慌シク相成ル。御本家様（尾張徳川家）ハ官軍ニ御味方已ニ出陣ノ御用意ニ候。付テハ御縁家信濃喜殿家中勇猛成者多ク御座候バ、御代官須兵一郎様格別心ニ相懸ケ被レ申候事ニ故、御貴殿カラ宣敷く御伝被レ下度ト被レ申候也」

ここでは、水野弥太郎について「両端に進退致シ」とあることに注目しましょう。朝廷側にも加担しながら、一方では新選組（高台寺党、但し朝廷支持）にも加担していることが、このような誤解を生んだのでしょうか。禁止された年貢半減令を撤回しないなど朝廷に「素直」でなかったことが、やがて相楽ら一番隊に振りかかる惨禍と同じような事態を、いちはやく招いたのでしょうか。

石田源助（及び代官・尾張藩側）には、弥太郎のような目にあってはと憂慮する喜兵衛を、何とか安堵させようとする気持ちが溢れていて、「勇猛成者」への期待を吐露して草莽隊の結成にまで漕ぎ着けたいと必死です。

『暦』から明らかになってきた日付は、二月一五日。実左衛門より約一か月あとです。しかも、喜兵衛の呼びかけを受け、北熊（近藤）実左衛門、藤嶌（中條）増右衛門が二月一六日、早くも訪問しています。

「十三日
北熊実左衛門殿、藤嶌増右衛門同道、信濃喜方江被レ越候。去ル日、大目付渡邊様ヨリ義軍御招募ノ件ニ付、御相談ノ為」

ここにある「十三日」という日付は、どうやら誤っています。十六日以降の日付でないと話が合いません。「去ル日」が少しひっかかります。前日のことを「去る日」とは言いませんから、不明ながら、何日か前の某日に、「大目付渡邊鉞次郎」から「義軍」、つまり草莽隊の結成について風の便りに話があったこともあって、喜兵衛から呼び出されたのを機に、じっくり話をしたい、という具合に受け取れます。物語風のⓁ清水著書は、北熊一家の乾児増右衛門が喜兵衛（久蔵）に、「信濃の親分さん、親分（実左衛門）が本日参りましたのは……」というのを、実左衛門が、「まあいい、藤嶌の」とさえぎって、明倫堂ではなく、水野代官から呼び出しを受け、藩庁大目付の意見として勧誘を受けたことにしています（七一頁）。巧みな会話で双方に話があった設定にしています。いずれにせよ、一月一七日と二月一五日では日が空き過ぎです。

ただ、集義隊の編成そのものが、尾張藩（成瀬家）によって一月中旬にすでに計画されつつあったのに、同じ尾張藩領に住む水野弥太郎の逮捕→死のために頓挫してしまったと考えると、実左衛門に（もちろん信濃屋へも）噂が伝わったのが「去ル日」だったのかもしれません。長谷川説のように、一旦流れが立消えたもののの、尾張藩の武力に不安があり、補うべき草莽隊が必要であるため、再浮上してきた、と考えられなくもありません（なお、上野戦争で戦うことになる磅礴（ほうはく）隊の結成は、一月）。

清水説によれば、信濃屋より勢力が弱く、弟分に位置していた実左衛門（北熊一家）の方に先に話がいき、実左衛門中心に集義隊が語られるのは解せない、というわけです。この疑問は大変尤もだと思われます。

この点の解明に役立つのは『司法資料　賭博に関する調査』全三巻（風媒社、一九八一年）として、今日入手できる史料です。この本は一九二〇年代、名古屋地方裁判所の内部資料としてひそかに活字化され、のちに復刻されました。

風媒社版の第二巻及び第三巻の正式名は、それぞれ「名古屋地方裁判所管内博徒ニ関スル調書」「同第二調査書」となっていて、〇〇一家の流れを詳細にたどっています。次に、今の問いに関する箇所を引いてみましょう。少し長くなります。

(1)信濃屋一家

「信濃屋一家ハ信濃屋喜兵衛の創始スル処ナリ。喜兵衛ハ信濃国ニ生レ、旧幕末ノ頃、信州ヨリ尾張丹羽郡前野（現・江南市）ニ来住シ、乾児（コブン）ヲ養成シテ賭博ヲ開帳シ、維新後次第ニ威勢ヲ張レリ。其信濃ノ出身ナルヨリ家名ヲ信濃屋一家と号ス。其人物手腕秀レ、且ツ当時丹羽郡附近ニ名アル博徒ナカリシ為メ、忽チニシテ丹羽、葉栗、中島、東春日井郡ノ大部ヲ席巻シ、費（ツイエ）場所ノ村数四百四十三ケ村（旧村名ニヨル）ニ及ヒ……。喜兵衛ハ其跡目ヲ確定シ難ク、遂ニ之ヲ定メスシテ明治二十年頃死亡シタリ。喜兵衛死後ハ之等有力ナル乾児各自独立、自己の費場所ニ割拠シテ之を称シテ信濃屋ノ八天下ト云ヘリ。然ルニ斯ク乾児割拠ノ結果、一人の喜兵衛ノ墓ヲ守ル者無ク（一人之ヲ守ラセントセハ他カ之ニ反対スル故）、香花ヲ絶ユルヲ遺憾ナリトシ、明治三十一、二年頃一門身内ノ主タル者等相謀り、喜兵衛カ生前縁ヲ結ヒテ兄弟分タリシ北熊一家の始祖實左衛門ニ懇請スルニ、喜兵衛位牌ノ守人ヲ確定センコトヲ以テシ、実左衛門ハ之を容レシモ、喜兵衛ノ旧乾児中ヨリ之ヲ選定スルノ困難ナリシ為メ、自己の乾児中條増右衛門ヲ選定シ、増右衛門ハ北熊ヨリ丹羽郡古知野（古知野本町三丁目―秦）ニ転住シテ、喜兵衛ノ位牌墓場ノ守人ト為レリ。而シテ増右衛門ハ単ニ守人タルニ止マリ跡目ニアラサルヲ以テ、一門身内ノ統帥権無ク、只旧喜兵衛縄張内、何レの地ニ於テ賭場ヲ開帳シ寺銭ヲ徴スルモ支障ナシトセラレタリ」（前掲第二巻。句読点は追加）

これを近藤実左衛門（北熊一家）の方からみると、どうなるでしょうか。

(2) 北熊一家

「此一家ハ水野村ノ吉五郎ノ乾児近藤實左衛門ヨリ出ツ。實左衛門ハ、明治維新ノ頃、吉五郎ノ跡目ヲ相続シタルモ、先代ノ名ヲ用ヒス、自己ノ住所北熊（愛知郡長久手村、現・長久手町）ノ地名ヲ以テ一家ノ名トシタリ。……之ヲ北熊初代ノ親分ト為ス。同人ハ勇猛ニシテ横暴、剣道ノ心得アリ。信濃屋ノ親分喜兵衛ト兄弟分ノ縁ヲ結ヒ、当時大勢力アリシ瀬戸一家（現・瀬戸市）の親分井上金之助に対抗シ、明治二十余年ノ頃、之ト大争闘ヲ試ミ、中島勇治郎（瀬戸一家現在の親分）ノ実父中島森太郎ヲ殺害シ、外十数名ヲ殺傷シタリ、其配下数十名……。

此系統ノ跡目相続ハ甚タ複雑ニシテ、他ト大ニ異ナル所アリ。實左衛門ハ生前（明治二十年代）跡目を一乾児中條増右衛門ニ譲リシモ、横暴ナル彼（實左衛門）ハ、再ヒ之ヲ取返シ、暫ク之ヲ支配シタル後、実弟近藤某ニ譲リ、某ハ之ヲ再ヒ中條増右衛門ニ譲リタリ。然ルニ實左衛門ハ明治三十年頃、増右衛門ヲシテ跡目を甥近藤錠吉ニ譲ラシメ、同年頃歿ス。錠吉ハ明治四十年頃、四年ノ懲役刑ヲ受ケ逃亡シ……。

中條増右衛門ハ既記ノ如ク再ヒ北熊一家ノ跡目ト為リタルモ、明治三十年頃之ヲ近藤錠吉ニ譲リ、一時名古屋市外天白村方面ニ占拠して都島一家と称セシガ、間モナク信濃屋一家ノ親分喜兵衛ノ墓守トナリ、此一家に入リタリ。然ルニ、実力大ナリシヲ以テ、事実上ハ信濃屋一家ノ跡目相続人同様ト為レリ。……」（前掲第三巻）

両「一家」とも、省略した部分も含めて、栄古盛衰が実に甚だしいのです。

清水説・長谷川説に関連して、必要な点を以下にまとめてみましょう。

(1)信濃屋喜兵衛一家が最も繁栄したのは、幕末から明治維新前後。以降、せいぜい明治期初めまで。その後は分裂（ここには触れていないが、喜兵衛〈久蔵〉の息子久三郎が父より早く、一八七五〈明治八〉年に死去したことが大きい）。

(2)いわゆる瀬戸一家から独立した近藤実左衛門は、幕末・明治初期に瀬戸一家と対立していたので、西の信濃屋を兄とし、東の実左衛門を弟とする関係を結んだ。喜兵衛も瀬戸一家に睨みをきかせるために、好都合だった。

(3)明治後期には、喜兵衛も亡くなり、子分も自立（分裂）し、喜兵衛の墓・位牌を守る者がなくなったので、喜兵衛一門の身内が一八九八（明治三一）年か翌年頃、兄弟分の実左衛門に人選を依頼した。しかし、種々の事情で、喜兵衛の子分から選び出すことは難しかったため、実左衛門は子分の中條増右衛門を選定した。

(4)中條増右衛門は、愛知郡長久手（明治後半は、長湫〔ながくて〕）から丹羽郡古知野に転居し、喜兵衛の位牌・墓場を守った。しかし、喜兵衛の跡目を相続したわけではない。

ここから導かれるのは、どの一家にもいえることですが、博徒では、なくなった子孫からは、その全盛期を頭に描いて、常に繁栄していたかのように語られるということです。従って、実左衛門─増右衛門系（北熊一家系）の全盛期をもとに他の時代を類推すれば、この一家が中心になってすべて事が運んだようにみえてくるし、信濃屋系は、幕末・明治初期の全盛期が他の時代にも広く及んだかのようにみえてくるのです。長谷川昇氏が主として史料を仰いだ、あるいは話を聞き込んだのは、実左衛門の子孫であったことに、注目する必要があります。

集義隊についても、恰もそれぞれの一家がとりわけ中心になっていたかのように語り伝えられていくのですが、『暦』や『司法資料』から客観的に読み解く限り、清水説が正しい、といわざるをえません。実左衛門系の言い伝えは、信濃屋系が分裂し、増右衛門が実左衛門の意を体して信濃屋の兄弟分的役割を果たした事実をもとに、維新期まで遡らせてしまった見方です。

幕末に、尾張藩から水戸天狗党探索方を命ぜられた際（一八六四〈元治元〉年）、信濃屋は「筆頭」、実左衛門は「助勤」として、中山道のうち、大井、中津川、馬籠、落合、福島、奈良井、塩尻の各宿を担当しています。この頃から「兄」「弟」的紐帯関係があったのでしょう（二節Cの瀧喜義論文参照）。

なお、中條増右衛門については、博徒史研究家の故・水谷藤博「中條増右ヱ門の生涯──「自伝」に見る明治期博徒親分の動静──」（『東海近代史研究』第六号、一九八四年）が参考になります。

## b、水野一家の参加をめぐって

集義隊まとめ役として参加を呼びかけられた信濃屋や、信濃屋から呼びかけられた人びとにとって重圧となってのしかかったのは、水野弥太郎の悲惨な一件です。下手をすれば同じような目にあいかねないわけで、そのことが気がかりであったことが、『暦』から伝わってきます。

「此日六ツ刻（夜七時頃）
一巾下広見屋権太郎、三州雲風亀吉殿ヲ伴ヒ、信濃喜御隠居様（久蔵）と御面談有。
一権太郎殿、兄サン腹極メ候上ハ、某共モ御紹募ニ応スル覚悟定メ候ト被レ申。雲風亀吉殿、某ハ只今ハ凶状有ル身、矢嶋町弥太郎殿ノ試モ有レ之、暫シ躊躇（チュウチョ）候所、兄弟ノ覚悟極メ候上ハ、離散身内ヲ蒐（アツ）集メ招募ニ参スル心算ニ候由ニ候」

「此日」は、二月一二日のようにみえますが、二月一五日以降でないと話が合いません。それはともかく、巾（幅）下（現・名古屋市）の広見屋にとっても、次郎長に追われ暫く匿われている三河の雲風亀吉にとっても、「暫シ躊躇」していただけに、権太郎にとって「兄サン」である信濃屋の「腹極メ」が、決断のための決定的役割を果たしているようです。

別の箇所で、『暦』は次のように記します。

「一御隠居様、猶言葉ヲ続ケテ、
岐阜矢嶋町水野弥太郎殿ノ入牢ノ一件ニ付、某、兄弟トシテ存知仕ル。弥太郎殿如レ斯御難ニ蒙事、頓ト解兼ネ申ス。仁躰見知者、何故ノ捕縛成ルカ、先日辰蔵ヨリ子細申聞候。何トモ物騒成世ト相成次第」

これによれば、弥太郎一の子分といわれる高井辰蔵が信濃屋を訪問して、その状況を伝えているのは確かです。しかし、「頓ト解兼ネ申ス」とあるところからすると、辰蔵にしても信濃屋にしても、理解を越えていて、疑問が解けたとはいかなかったようです。

しかし、それでも、集義隊に参加するのは、二足のわらじを穿（は）く者として、天狗党の乱の偵察などに参加した経験が、行動すべき方向を選択させたのでしょう。

信濃屋は決意を語ります。

「一……

我等一家無頼渡世仕ル者共、今日迄御代官様ヨリ多々御目零（コボ）シニ預り、渡世仕ル所ニ候。然レハ此度、大庄屋石田殿ヨリ御代官ノ御趣意モ有、剰（アマツサ）へ御地頭様御懇切成御使者之口上承リ、我等渡世仕ル者面目之ニ過キタルハ無。御時勢御本家様御多難ノ折柄、之ニ報ユルニ他意無」

このあと、実は、先の「一、御隠居様……」へと続くのですが、順序を逆にしました。「渡世仕ル者」の「御目零シ」が表面的であるにせよ、大きな理由になっています。このような「御時勢」の下で、「御本家（尾張徳川家）御多難の折」に、要請に応えて出兵しなければ、かえって弥太郎のような目に遭遇しかねない、との読みがあったのでしょう。

ところで、弥太郎を亡くした岐阜の水野一家は、集義隊の結成に対してどう対応したのでしょうか。

Ⓗ長谷川著書は、Ⅱのうち「集義隊の構成分析」の節でこまかく人脈をたどったあと、次のように結んでいます。

「かくて集義一番隊のおおよその構成はつぎのごとくなる。

〈集義一番隊〉＝平井（雲風）一家（八六人）、水野弥太郎一家（濃州岐阜）・馬場権太郎一家（尾州西蜆）・その他（あわせて約二〇名）＝総勢一〇六名。

平井一家の占める割合が少し大きすぎる感がしないでもない。しかし「弥太郎一家」が壊滅的打撃をうけたと思われるこの時期に、辰蔵の率いて参加し得た乾分（ママ）の数が意外に少なかったとしても首肯できるし、平井一家八六人中には、その舎弟富五郎一家の数が含まれているようにも思える」

しかし、ここに挙げられた平井一家、つまり雲風亀吉一家の八六人はあまりに多過ぎるし、弥太郎没後の一家（高井辰蔵ら）はあまりに少な過ぎるようです。

『暦』から拾ってみましょう。

「五月七日雨
雨中、岐阜矢嶋町辰蔵、小左衛門殿同道信濃喜宅被レ越候。十四日出陣打合セトノ事、隠居様、久三郎様一緒候テ庄屋宅越候。御用向ハ此度出陣諸事大切成心得書、庄屋（吉田茂兵治。忠兵衛の兄。喜兵衛は分家）ニ頼ミ候。庄屋引受致シ、某（ソレガシ）（筆者の忠兵衛）モ手伝ヒ、肝心成事三枚認メ渡シ候」

弥太郎亡きあと一家を背負う辰蔵が、小左衛門という男を伴って出陣の打合わせに信濃屋を訪ねています。もちろん、参加を前提としてです。集義隊の名簿の中に辰蔵の名はあっても、小左衛門の名がないところからすると、小左衛門は留守を預かった人物と思われます。この小左衛門こそは関・上有知（こうづち）の（遠藤）小左衛門で、鈴木長七郎の有力門人で美濃三人衆の一人です（二節C参照）。

Ⓛ清水著は、小左衛門にこんなセリフを言わせています。『暦』にはない清水氏の創作です。

「（小左衛門が傍の辰蔵を見やりながら）矢島町の辰蔵が言うには、このままでは親分が浮かばれない。人一倍天朝様の御代にする事だと申して、赤報隊のために尽くしたが報われなかった。ここで一番、信濃屋さんの言われるように、義軍招募に応じて、岐阜水野弥太郎一家の心意気を見せてやりたいと言うわけだ。ただ一家中の者の大半は、先に甲州黒駒勝蔵兄の赤報隊助成の折、加納宿で無頼を働いた咎めを受けたため、これを連れて加わる事は出来ないと、この俺に相談に来た。美濃勢として、四、五十人は必要となるとの事なので、うちの若者達も参加させる事にした」

巧みな説明・解釈です。ここでは、水野一家の受けた打撃に鑑み、辰蔵から小左衛門に応援を求めたことになりますが、そもそも美濃衆として小左衛門一家が当てにされていたのか、当てにされていなかったのを急拠依頼して補充することになったのか、解釈が難しいところです。しかし、のちにみるように当てにされていたのではないでしょうか。

この日、辰蔵が口にした参加人数は、Ⓗ長谷川著書の想定を上廻る数です。

「一矢島町辰蔵殿ノ咄

此度美濃衆参陣人数ハ四拾有余人有ㇾ之候由」

最初の計画よりは少ないかもしれませんが、中心となる信濃屋（辰蔵と異なり二番隊）の「銃子・抜刀併五拾有余人」と較べると、かなりの人数といっていいでしょう。

ただ、ここにいう「美濃衆」と言う表現は、旧水野一家だけではなく、小左衛門輩下を若干含んでいるからでしょう。旧水野一家からの参加者が多少減った分、小左衛門一家からの参加者が増えたのは否めないようです。

「一（五月）十二日雨降続ク

美濃衆到着。信濃喜道場、善助宅、庄屋宅、勘三郎分宿致シ候」

美濃衆は、名古屋などから直接出発する人びとと異なり、信濃屋の世話する宿舎に分宿し、信濃屋一家と一緒に名古屋へとスタートします。

「五月（十三日）

一前野村出陣人数ノ覚

一信濃屋内輪中　五拾弐名（二番隊のうち）

一美濃衆　四拾八名（一番隊のうち）」

最終的に確定した隊員（小荷駄隊の指揮者及び馬方・軍夫を除く）は、申告の「四拾有余人」よりは多く、一つの隊が一〇〇人構成になったことから推せば、一番隊の中では数の上では最も多かったのではないでしょうか。Ⓗ長谷川著書では（役職を入れてか）一〇六人となっているものの、史料をみる限り、一〇〇人きっかりのようです。「島」を離れて広見屋に匿われていた雲風亀吉が八六人も動員できたとはとても思えません。一番隊の参加者は、美濃衆の次が名古屋の馬場権太郎一家で、亀吉一家はずっと少なかったとみるべきでしょう。Ⓗ長谷川著書の亀吉一家八六人というのは、あまりにも過大です。何を根拠にこの数字が出てきたのか、ぜひ知りたいところです（残念ながら長谷川昇氏は、二〇〇二年に亡くなっています）。

弥太郎一家の受けたダメージはあまりに大きいものがありますが、集義隊に少しだけお付合いするにとどめようとするには、後述するように（二節C）、信濃屋・広見屋などとの関係は、かなり密であったのです。

しかし、弥太郎が無残な最期をとげても、美濃衆をかなり多くを送り込んでいるのは、尾張藩の構想をすでに洩れ聞いていて、辞退すれば、他へも迷惑が及ぶと考えられたためではないでしょうか。

「……「弥太郎処断後の水野一家が、何故辰蔵に率いられて『集義隊』に参加し得たか」の答も、尾張藩がこの構想を継承したものとすれば解けるし、「東山道総督府」が尾張藩を無視して一方的に弥太郎を処断した事に対する、尾張藩側からする若干の抵抗であったと見られぬこともない」（Ⓙ長谷川論文）

この「結論」は、朝廷側＝討（旧）幕側でさえ、陰謀・策略が渦くこの激動期の特質を鋭く言い宛てたもので、歴史の深部の闇を鋭く照らし出しています。

### C、美濃国洲原神社の奉納額

美濃国武儀郡須原村（現在美濃市）は、長良川右岸にあって、『正保郷帳』によれば、尾張藩領一八二石余、須原白山領二七石余、『明暦覚書』では概高（年貢を四〇％として計算した尾張藩独特の石高）三六〇石余（除白山領）を数え、農間余業として養蚕を行い、繭・糸を売って収入を得ています。この村に洲原神社があります。最初は天台宗でしたが、洲原白山社とも称され神社化が進み、先の二七石余は社領を示しています。信仰は、美濃・飛騨を中心に、尾張・三河・信濃・近江・伊勢まで広く及びました。病虫害を除く「御洲原まいり」や雨乞祈願で、とりわけ有名です（『岐阜県の地名』平凡社）。

この神社に、剣道一心流・鈴木長七郎一門が奉納した立派な額があります。鈴木長七郎は、山田次郎吉『日本剣道史』にはその名が見当たらないものの、美濃・尾張北部に広くその名を知られた剣客です。安政五（一八五八）年夏といえば、ちょうど戊辰戦争の開始から約一〇年前にあたります。

この額については、すでにⒽ長谷川著書、Ⓛ清水著書が触れています。額にある全員の名を次頁に掲げます。

Ⓗ長谷川著書では、

「〈系列C〉岐阜の弥太郎（濃州）――信濃屋喜兵衛（尾州）――遠藤小左衛門（いわゆる「関の小左衛門」・濃州上有知）――鈴木圓次郎（濃州関）――白滝秀五郎」（傍点、カッコ内は、すべて原文のまま）

として、博徒のグループとして把握しています。

一方、Ⓛ清水著書では、次のように解説しています。

「その奉納額に列記された人々の中に博徒、関（関村、現・関市）の小左衛門事遠藤小左衛門、岐阜水野弥太郎、尾州前野信濃屋喜兵衛、下麻生（下麻生村、現・揖斐郡大野町）の白滝秀五郎、猪尻（猪尻村、現・大垣市）の渡辺五右衛門等の親分衆の名前を見ることが出来る（カッコ内は部分的に秦が補筆）。

……

表五-2　一心流鈴木長七郎門下による奉納額（洲原神社）

奉　献

一心流鈴木長七郎

奉
献納取計方
古田兵大夫　源信之
小坂丈夫　藤原覚角
松田八大夫　藤原清活

関　吉田大門
小川　真吉
鈴木　圓次郎
同　石原源吉
同　渡邉庄兵衛
田原　和歌井泰助

上有知
遠藤　小左衛門
同　遠藤佐吉
同　塚田市五郎
同　浅田仙太良
同　森田源之助
土岐國溪蔵
細目　櫻井柄三良
曽代　森仙吉
佐ヶ坂　古田安三郎
口埜々　山田忠右衛門
立花　岩佐武兵衛
同　纐纈忠右衛門
アリゲ　古田安兵衛
小瀬　足立喜三郎
高野　西田吉五郎
福富　杉山多代八
横屋　安田彌右衛門
下方　松浦小六
同　山田友七

岐阜　中村
水野　彌太郎
西川　源八
小倉　水野内萬吉
岐阜　水野内宇太郎
栗野　水野内仙右衛門
太良杞萬　水野内桂治良
岐阜　水野内比佐吉
同　水野内永作
同　水野内虎蔵
東萬　水野内柳助
野一色　水野内幸治
小垣　水野内幸三郎
中萬　水野内幸助
岐阜　水野内儀平
同　水野内増吉
関　水野内三五郎
笠松　水野内音七
岩村　水野内國治
宇田院　水野内由兵衛
高野　水野内孫作

尾州前野　下麻生
信濃屋　喜兵衛
白瀧　秀五郎
室原　平田長助
下麻生　村瀬八平
渡邉　五右衛門

イノシリ
笠松　奥村仙太良
イノシリ　上田屋内嶋五郎
同　上田屋内彌八
名古屋　廣見屋権太良
一ノ宮　大塚濱五良
尾州松山　松山久蔵
鶴沼宿　松原菊治良
比恵　木村喜代松
野上　濱渕嘉右衛門
御嶽宿　平田亦五郎
細久手宿　吉田吉三郎
黒瀬　安藤龍作
同　山田善吉
神渕　加納銀蔵
同　加藤百太郎
川邉　小嶋角八
同　櫻井勇蔵

取持
源一心
（押花）

安政五午夏

ゴチックは，本文に関係深いもの　（**藤井清彦氏**提供）

須原神社は寺社奉行直轄地であり、この者の中にもこのような博徒集団による奉納額は他にあまり例をみない」（ママ）

長七郎自身は博徒とは思われませんが、少なくとも、ここに奉納した額に名を連ねた人びとは、まず博徒とみて間違いありません。長七郎から剣を学んだ博徒六六人が名を連ねているのは、たしかに「他にあまり例をみない」壮観といってよいのかもしれません。一般世間に対してはやや控え目な博徒としては、めずらしく（?）大きく胸を張ったものです。

この額は、水野弥太郎・遠藤小左衛門・渡邊五右衛門が中心で鈴木圓次郎・白滝秀五郎がこれに加わるという構図です。信濃屋や廣見屋など尾張勢は子分抜きです。実左衛門や亀吉の名がないのは、まだ弱い存在であったり、本拠地が三河であったりして、長七郎とは縁がなかったのでしょう。

『北越征旅暦』の筆者吉田忠兵衛の兄で前野村庄屋茂平治が記した「書留帳」を、瀧喜義氏が「信濃屋㐂兵衛留書」として紹介しています（「郷土文化」一二三号、一九七九年）。この中に注目すべき事実が出てきます（留書の中の「吉田久蔵〈信濃屋喜兵衛〉行状之記」）。

信濃屋が伊勢の桑名で黒田勇蔵と出入になり、「兇状持ち」のため、「濃州上有知（こうづち）小左衛門方に身を寄せしめ、町方詮議有りて」、三人の子分と共に「甲州国八代郡安井村中村安郎宅に身を寄せ申し候」というのです。「安政五（一八五八）年午年、再度上有知小左衛門宅に止宿、久蔵コト前野村帰着」、このときは四人の子分と一緒です。帰着した年は洲原神社への額奉納と同じ年ですから、以前から小左衛門に賛同のサインを送ったのでしょうか。年代はともかく、ここで重要なのは、信濃屋が小左衛門と親しかったことです。集義隊への小左衛門一家は、弥太郎一家への打撃がなくとも、同じ尾張藩領の人間であるし、参加が予定されていたのではないでしょうか。額奉納から一〇年経過していても、二家の関係はあまり変わらなかったと思われます。

一〇年の変化を考えさせるのは、弥太郎の代貸の高井辰蔵が水野一家の中にその名を見ないことです。一〇年前は前面に出ていなかったのかもしれませんし、一〇年の間に改名（別名）があったのかもしれません。「水野内」の誰に当たるのでしょうか。さらに、他は苗字がついているのに、弥太郎一家が「水野内」とあって苗字がないのは何故でしょうか。苗字は庶民でもある程度の層にはあったと言われるにもかかわらず、名乗ることが出来なかったと言われています。この額では、幕末のせいか、堂々と名乗っていて不自然はありませんが、ほぼ中央に位置する「水野内」だけ不自然さが目立ちます。一家内での抑制が利いているとすれば、赤報隊に加担した際、この劣等感が裏返し（或いは遠慮）になって、あらぬ「誤解」を招く行動につながったのでしょうか。一考を促す表記です。

## 三、正気隊から集義隊へ

集義隊の結成から出兵、北越での戦闘体験については、早くから資料を発掘・解読・解説し、研究をまとめられた㊦清水勝一氏『戊辰草莽咄』（私家版）については、すでに紹介しました。『江南市史　本文編』（江南市役所、二〇〇一年）の拙稿「近代編　第一章第一節　明治維新と村々の兵士たち」は、清水氏なくしては執筆できなかったものです。

そこでここでは、時系列の叙述はできるだけ避け、事項別にまとめて取上げてみましょう。主となる史料は、Ⓜ『奥越征旅暦』に拠りますが（典拠を示さない）、他の史料で補充した場合もあります。

### a、出発まで

(1)兵　器…日頃、剣術の腕を磨いている人たちですが、主たる兵器は、鉄砲・大砲の世の中です。薩摩藩で鉄砲技術を習得した犬山の成瀬家家臣の近松彦三郎他三人が、イギリス式エンフィールド銃を使用し、調練にあたりました。四月三日から一五日まで、四月二〇日より閏四月一〇日まで、隊員は訓練を受けます。一六〇挺が貸与されていますので、予備や交代を考慮しなければ、一六〇人が学んだことになります。鉄砲隊＝銃士隊に対し、剣術がとりわけ得意な者は、抜刀隊と名付けられました。

　抜刀隊は活躍の場がないわけではなく、六月末の六十里越（現・魚沼市）の木ノ根で会津藩兵と戦った際、「数度ノ夜討、切込、勇猛抜軍（群）ノ功名、長州大石（勇太郎）様ヨリ御賞ノ御言葉有」と、帰陣した隊員から忠兵衛が聞き取っています。しかし、「刃コホレ甚シク、用ニ不レ立トノ事」で、一〇月初めに栃尾（現・長岡市）で休養した際には、吉田久三郎、近藤義九郎、水野庄右衛門は刀を購入、他の隊士も競っています。「刀使イタル事無シ」の書記役の忠兵衛も、いざという時に備え、「刀屋江参リ、丁字油求メ」と記します。

(2)戦場で小荷駄を運ぶ馬の取扱い…出発までに苦労して調達した馬が、戦場で取乱さないように、下野（しもの）村（扶桑町）の千田という人を呼んで講習を受けます。千田は「豪気磊落（ライラク）ノ仁躰」で、幕長戦争の経験をふまえて具体的に指示します。①銃・大砲の音で立ち上がるので、慌てず手綱をしっかり持ち、首を撫で、馬の静まるのを待つ。②花火を打上げ、炸裂の音に馴らす。③馬の背後に近寄ると、蹴上げられて大怪我をするので避ける。④小荷駄隊の第一のコツは、馬を大切に扱うことなど。

　それでも、六月一日、北越の信濃川を大きい船を調達して渡る時には、「大砲ノ音、天地ニ轟キ渡リ、馬落付（着）無シ」。しかし、六月一四日の関原（現・長岡市）から渡河する際には、砲声が止まない中でも、「馬勇ミ候テ静メ、大過無ク渡河了（オハ）ル」とあります。少しずつ、経験を積んできたのでしょう。七月初め（?）、隊としてはしばし休養中なのに、小荷駄隊は馬の手入れや馬の穿く馬沓（二五〇足）、さらに人間用の草鞋（三五〇足）、足中（踵（かかと）の部分ない草鞋三〇〇足）作りに追われます。

(3)小荷駄隊員（除役職）・馬・陣夫・荷物など…

駄馬　21疋、尻軽　5疋

陣夫・馬子　51人、銃子　12人、計63人（除、医療担当）

荷物　陣鍬　10丁、陣鋤　10丁、水桶　25個、擔棒　10本、干飯　2石、梅干樽　1、茶釜　2、端反り大釜　2

弾薬、兵糧、油合羽（道中合羽は認めず）

医療薬品、膏薬、白木絹、腹痛薬（医療担当　松前屋泰助、熊屋兵之助、いずれも信濃屋客人）

(4)一、二番隊、小荷駄隊の編成…

隊長　渡辺三田丸（のち、中川庄蔵も加わる）
軍目付　大林忠兵衛
参謀　梶川正十郎
（軍目付・参謀：副隊長格）
（隊長・軍目付・参謀：尾張藩士）

集義一番隊　一〇〇人

下取締役　雲風（平井）亀吉、矢嶌（高井）辰蔵、広見屋権太郎

集義二番隊　一〇〇人

下取締役　北熊（近藤）実左衛門、信濃屋（吉田）久三郎（久蔵の息子で喜兵衛の名を継ぐ）

喜兵衛＝久蔵は老齢のため不参加）

監察方　三州雲風内府下　新地富五郎

津島伝左衛門内、玉屋内　新地三之助

信濃屋内　小牧正三郎

矢嶌町　梶浦梅三郎

同　所　稲生友三郎

小荷駄隊

隊長　藤嶋（中條）増右衛門

取締　前野松右衛門

世話役　前野文右衛門、奥町小太郎

（書記）（吉田忠兵衛）

なお集義三番隊　八一人（八二とも）は、留守を預かり、出兵せず。

隊長・渡辺三田丸は、天保一〇（一八三九）年の生まれというから、この年は数え年三〇歳にあたります。第六章にあるように、明治三（一八七〇）年に藩政に不満を抱き、クーデター（?・）を起こそうとして未発に終わります（第六章九節参照）。途中から参加した中川庄蔵は、信濃国の大名の「勤王誘引」（勤王倒幕を勧誘）に奔走し、正気隊の隊長格でした。

(5)陣中法度（『暦』の筆者吉田忠兵衛と兄茂平治が相談して執筆）…

「一奥越の地、百有余里道中ノ旅宿ハ、仏閣又ハ在家ニ分宿多シ。然レハ無闇ニ在家・商家ニ出入致シ、猥（ミダリ）ケ間敷無頼ハ一切慎ム可事。
一旅宿泊りニ於テハ博奕・掛事ハ禁止ノ事
一如何様困窮候共、金穀強奪ハ可ニ厳科処一事
一合戦場ニ臨ミ候ハハ、大監察官軍ノ御指導ニ従ヒ、速ヤカニ進退候事。些少ナ事ニテモ、他藩他党ト
ハ喧嘩口論ハ禁止ノ事
一格別ノ刻己外ノ酒色ハ禁止候事。
（傍点は秦）」

「無頼」「博奕掛事」「金穀強奪」「喧嘩口論」を禁じたあたり、当然といえば当然だとしても、弥太郎処罰のことが念頭にあったに違いありません。「付足し」として、「薩長ノ兵ハ尊大ナルト承ル、十分留意ノ事」とあるのは、尾張藩指揮下に行動するために最も重要な「掟」を示したものといえましょう。

(6)結成、苗字帯刀など…

結成は、四月八日、出発は五月一七日、集合した屯所は、名古屋大須の大光院（本隊）・七ツ寺（小荷駄隊）。藩に提出する名簿に間に合うように、異名（仇名）とは異なる苗字を考えておくように、前もって言い渡されています。苗字はあっても名乗れなかったのが通説ですが、苗字がはっきりしない階層の人もいたのでしょう。庄屋・僧侶など有識者に頼んではっきりさせておくよう要請されています。刀・脇差を必ず帯刀、大小のないものは、信濃屋へ相談することになっています。

黒色の胡服（洋式の軍服）に身を包んだ隊士の右肩には、横三寸（約九センチ）、縦五寸（約一五センチ）に姓名を書いた布が縫いつけられました。

(7)出発直前、入鹿池堤決壊…五月一六日、前野村（現・江南市）の庄三郎が、息も絶え絶えに屯所に駆けこんできます。連日降り続いた雨で入鹿池（現・犬山市）の堤が切れ、隊員の居住地の羽黒村（現・犬山市）

から杳村（現・大口町）一帯に大水が押し寄せ、家・田畑・人馬に大きな被害をもたらした、というのです。
吉田久三郎は、（下層農民の多い）とりわけ小荷駄隊の軍夫に洩れて動揺させることを憂慮して、口外せずに出発します。

図表五-3　名古屋の屯所　大光院（上）、七ツ寺（下）

典拠・「尾張名所図会」

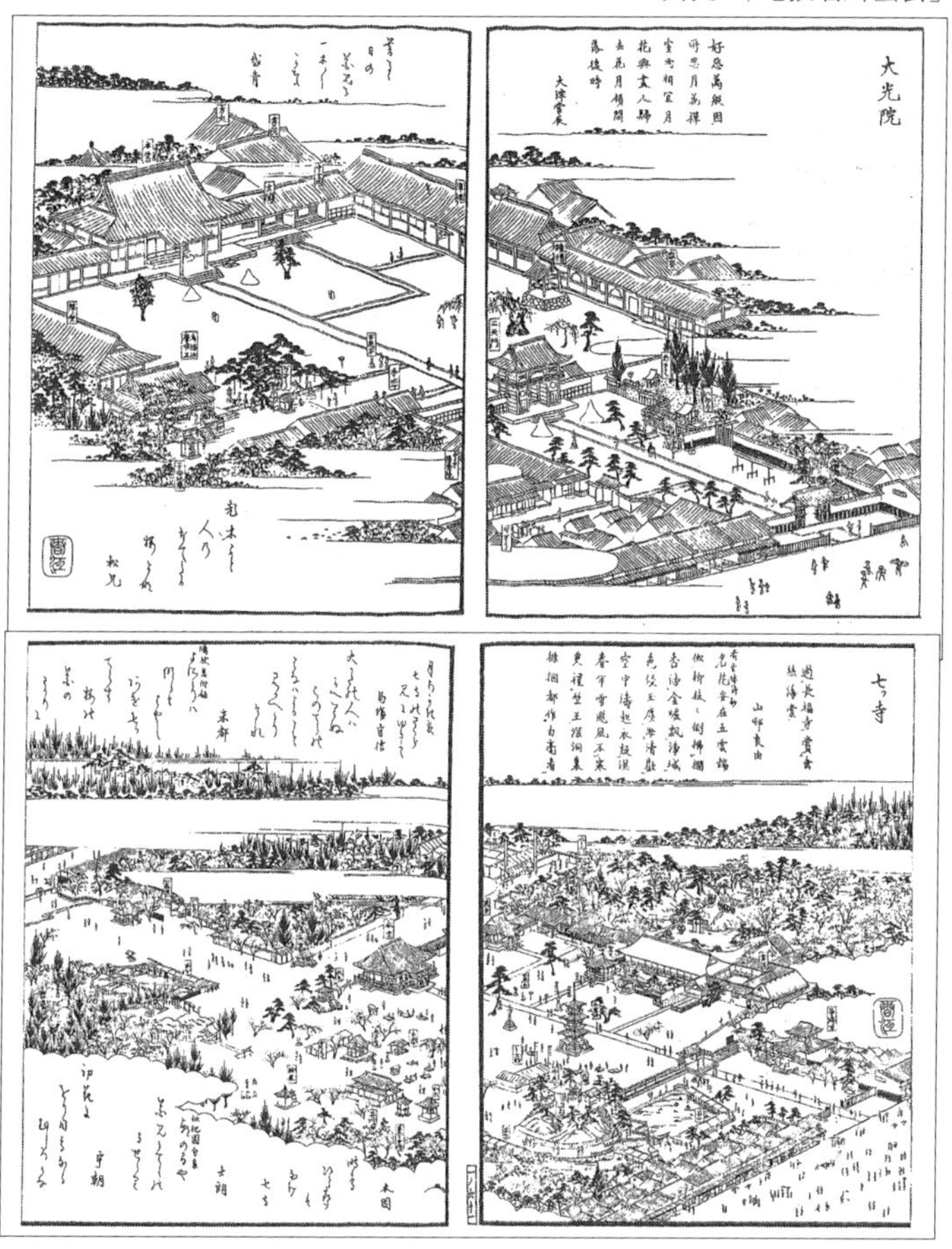

## b、北越で

(8)正気隊との交代…集義隊は、すでに第四章「尾張藩正気隊の北越出兵」で見たように、先発の正気隊と七月一五日川袋村（現・長岡市）で交代しています。正気隊が七月一日に尾張藩惣隊長・千賀與八郎から「休兵」「帰国」の約束を取付けてから、約一五日後のことです。正気隊の尾張藩出発は四月二七日、これに対し集義隊の出発は五月一七日、約二〇日間遅れています。その間に、北越戦争の前半はほぼ終わり、前半の最前線で戦った正気隊は、死傷者も出て「休兵」「帰国」を申し出るほどに消耗していました。本章の一、二節で見たように、集義隊の成立が順調に進んでいれば、本来両隊は揃って出兵していた筈です。集義隊が遅れた分だけ、正気隊に大きな負担がのしかかり、バトンタッチするような形になったのです。

(9)六十里越での戦闘…六月一日、長岡城が落城すると、会津へ脱走・移動する東軍（旧幕府軍）と六十里越（現・魚沼市）木ノ根では激しい戦闘が起こります。六月末には村久野（水野）庄右衛門が左股五寸（約一五センチ）ばかり殺傷したものの、浅手のため骨に達するのを免れました。負傷者は一〇人に及ぶものの、軽傷なのでひと安心します。六十里越の戦は、正気隊と交代した七月一五日から七月末まで激しさを増し、加賀藩・高崎藩と共に戦います。難路の六十里越行と西軍側に立つ新発田藩行と、隊員を一時編成し直します。前者には北熊（近藤）義九郎（実左衛門の長男）・信濃屋（吉田）久三郎・藤嶋（中條）増右衛門（小荷駄隊）、後者は北熊（近藤）実左衛門、雲風（平井）亀吉が下取締役を務めます。

(10)長岡で逆襲撃に遭う…正気隊と交代してから一二日を経た七月二四日夜から二五日にかけて、集義隊のみならず長岡城及びその城下町を占領している西軍を震撼させる事件が起きます。長岡の北西、新保口から東軍が突如乱入してきたのです。河井継之助の計画による長岡城奪還でした。まったく予期しなかったことだけに、吉田忠兵衛の記録にも周章振りが刻まれています。

「辰ノ刻（朝七～八時）、時ナラヌ銃声ニ飛置候処、（中條）増右衛門様狼敗候。一同江被レ申ケルハ、味方同志の喧嘩カト隊長ニ聞糺候処、豈斗ランヤ、予期セサル大事ノ出来、賊軍（東軍）長岡西口ヨリ町屋乱入トノ注進、…賊徒不意ノ乱入ニ付、味方足並不レ揃押レ候。

長岡北西新保口ヨリ大軍ノ乱入、味方防キ様無ク、四離滅裂ノ様体ノ注進也。

某兵、銃声ニ飛起、身仕度致シ、厩へ駆入、無我無中、鞍置候。此朝川霧立込、見透不二出来申一候。

賊軍思掛サル長岡乱入、官軍応戦ニ不レ有レ暇也」

「敵真近迫リ候故、小荷駄隊ハ荷物取纏テ、妙見（現・長岡市）迄急度退却候事」

長州藩大石勇太郎の命令を受け、一番隊は小千谷まで退く西園寺公望（会津征討越後口総督府参謀）を警固、二番隊は殿を務めます。小荷駄隊の馬一五疋は損傷なく、隊員もホッとします。「官軍一度ハ総崩ト成リ」から、河井ら東軍が期待した米沢藩の参加もなく、河井も重傷を負い、二九日には長岡城を再び喪って退却する始末になります。六十里越の戦の後半は、これら東軍の残党を追っての戦、(9)参照）になります。

(11)雨・暑さ・寒さ…連日の雨天、信濃川の増水、晴れれば暑さ、――これらは正気隊と同様ですが、北越の寒さは集義隊に新しく加わった過酷な条件でした。

「連日、……急進疲労ノ為、日次モ忘レ勝ト成ル。今日何日カ覚無キ事モ有……陣中忙殺記帳モ儘不レ成、未熟故面目無次第、…」

八月にこう記した忠兵衛を襲っていたのは、まだ、暑さと疲労の段階だったでしょう。ところが九月（日付なし）に入ると、さらに苦痛が加わります。

「高所・谷間ニ候故、冷込ミ候。増右衛門様固ク被レ申候。焚火ハ厳禁ノ事、但シ炭火ナラバ光リモ洩サレハ、暖ヲ取ル様、在家ニテ炭買求メ……」

焚火は狙われやすいので、きつく戒めたのです。増右衛門はさらに、軍夫一同に向かって語ります。

「間も無（ク）寒気到来、此地尾張ヨリ遙北国也。寒気モ殊ノ外厳敷ト聞及フ。油断致シ風邪等煩（ワズラ）ヒ候テ、体調衰ヘ候テハ、自分自分難儀成斗リカ（バカ）、此遠国養生ト不レ成、将（マサニ）ハ一命落スヤモ不レ知也」

増右衛門が隊長（渡辺三田丸、中川庄蔵）から預かったお金を一人三両宛配り、「町屋ニテ向寒凌（シノ）グ可ク、厚手ノ銅着、下着等求ムル様一同ニ申サレケル」とあるから、暖着を買求めたことでしょう。これは小荷駄隊の軍夫に呼びかけた場合ですが、一、二番隊の隊士も同様でしょう。

一一月中旬には、寒さは一層増し、その対策も一〇月までの対応では間に合いません。

「寒気ノ為、筆取ルモ不レ成レ侭候。奥越ノ冬越ハ先々至難ノ事ニ候。厩（ウマヤ）見廻リ候。馬ハ寒気ニ強ク、人ハ寒サニ弱シ」

地元の農民の家からは、皮製品を捜し出し購入します。場合によっては押買いもあったでしょう。

「地下ノ者相談、百姓ノ家（イヘ）□（々）ヲ尋ネ歩キ、狐テモ狸テモ何皮モ不レ問求メ歩キ候処、権右衛門、根気良ク捜シ来ル。

兎毛皮五枚、狸皮四枚求める。分ヶ合ヒ銅着下ニ縫付ケ候。背筋暖ク着心良シ」

一一月末に名古屋へ帰ったとき、安堵した増右衛門が洩らした言葉が記録されています。

「此寒（サ）ニテハ耐切ス、病死続出ト心痛候処、忝ナクモ天朝様ノ御加護ト一同励シ励シ、往路中返シ候」
(12)戦場での死者は少なかったが…死者として数えられているのは、明治元年戦死の「市橋留五郎」だけです。長谷川昇氏のⒽ『博徒と自由民権』によれば、一番隊の宮田芳左衛門が薩摩藩士を騙（かた）って花見村（現・？）庄屋から一一両をせしめたため斬刑に処せられた、とあります。しかし、長谷川氏が指摘するように、博徒組織の統制力により、意外にも、江戸・信濃へ向かった磅礴隊よりも規律の点では優れていたようです。

但し、明治六年の「御賞典分与人名帳」によれば、戦争参加の一、二番隊中、二八人（うち一人は前述の戦死一人）が明治初年に亡くなっています。年次と人数は図表五―四の通りです。

このうち明治六年に亡くなった一番隊下取締役の高井辰蔵（一〇石の終身禄）は、数え五二歳なので（水谷藤博氏の墓石調査による）、年齢的なこともありそうですが、他はどうでしょうか。戦場での激しい疲労を伴う恐怖体験、寒さによる体調不良などが凱旋後にも影響しているのではないでしょうか。兵士ではないため、死者の人数として挙がってこない小荷駄隊の軍夫はどのような状態だったのでしょうか。他藩も含めて、軍夫の生死が統計的にはまったくといってよいほど把握できないところに、この頃の（いや、その後も）非人間的な戦場の悲惨さを、かえって彷彿とさせます。

図表五-4　集義隊1、2番隊員のうち明治6（1873）年までの死者

| 年号 | 人数 |
|---|---|
| 明治1 | 1 |
| 2 | 5 |
| 3 | 8 |
| 4 | 4 |
| 5 | 7 |
| 6 | 3 |
| 計 | 28 |

ただ、稲川明雄氏編『北越戊辰戦争史料集』（新人物往来社、二〇〇一年）には、軍夫を含めて「西軍戊辰戦没戦死者名簿」が載せられ、尾張藩から三二人（一人重複を除く）が挙がっていて参考になります。もちろん、記載漏れの人びとが他にあったに違いありませんが、この人数に限れば、「苗字あり」が一八人、「苗字なし」が一四人です。苗字なしが軍夫、あるいはそれに近い人と考え、さらに数えられなかった人の存在を考慮すれば、苗字ありを上廻るのではないでしょうか。亡くなった兵士に何らかの恩賞があったのに比較すれば、多くは無駄死になったと推定して誤りないでしょう。

正気隊を取上げた第四章で、越後国で徴発したとみられる一三人の軍夫の逃亡に触れました。集義隊にもこのようなケースがあったかもしれません。よほど詳しい記録が残されない限り、把握できないでしょう。

馬の場合、「已ニ五疋斃レ候」「今日迄某奥越無事越候ハ〝忠剣〟（忠兵衛の飼馬）有ルガ故ニ候」（八月上旬?）。「持馬〝忠剣〟健在。在家に立寄、大根買求メ之ヲ与フ。喰振リ好シ（一〇月一日?）」などと、愛馬に寄せる想いは伝わってきます。陣夫や他の陣馬の姿は、行動を伴にしている割には不十分です。

正気隊は集義隊と交代して前線から退きますが、しかし、前線に向かう集義隊に「勇猛成御仁、三、四名集義隊ニ繰入ニ相成ル」ことも起こりました（『暦』）。正気隊の惣括・林吉左衛門の「日記」によれば、七月一〇日には三宅慶三郎（兵粮係）・玉木深二郎の二人が、正気隊から集義隊に加わることになっています。

正気隊は結局、御徒目付一、正気隊員七、久野長一家来一、人足一の死者（別に深手一）を数えます。傷者も含めると、正規隊員約八〇人のメンバーからすれば多いとみていいでしょう。何よりも、隊員等は疲労困憊しています。

集義隊としても、河井継之助の長岡逆襲にあって不意を衝かれ、総退却を余儀無くされたり、一一月の奥州・越後の寒さに「閉口」しつつ、負傷者は出したものの死者一人（?）で帰還しています。

集義隊と正気隊の被害の差は、一般人と博徒という特質の差もあるのかもしれませんが、正気隊が比較的少数で、しかも初期に最前線を進まざるをえなかった事情によるところが大きい、といわなければならないでしょう。とすれば、集義隊の結成の遅れによって大きな影響を受けたのは正気隊です。

水野弥太郎事件がここまで波及してきたことを読み取らないと、戊辰戦争における尾張藩草莽隊の実相を充分とらえることはできないのではないでしょうか。

それにしても――、ご三家であるにもかかわらず、①朝廷側に立って旧幕軍を討つ側に早くから廻った尾張藩が、②藩兵よりも先頭の最前線に草莽隊を立て（北越も、江戸も、信濃も）、藩兵の消耗を減らして温存する（藩兵＝正規兵が後方支援！）、③慶勝、成瀬らの策略（慶勝における青松葉事件、成瀬における犬山藩としての独立）が一見成功し、会津や長岡のように焦土と化して多くの人命を喪わずに済んだとはいえ、④明治政府にはあまり重んじられない、まさに策謀渦巻く権力のもつ非情さ・冷酷さが伝わってきます。内乱（戊辰戦争）が長引かず、外国による植民地支配を免れ、近代化が一歩前進し、やがて自由民権運動をもたらしたことに意義を認めるにせよ、歴史に翻弄された人間の哀しい存在もひしひしと伝わってきます。

Ⓖ佐々木論文の末尾近くで、『岩倉具視文書』第三巻を引用しつつ、次のように記していることを、草莽や草莽隊を考えるとき、忘れるわけにはいきません。

「岩倉具視の側近である大橋慎三は、二月六日、岩倉への手紙で次のように述べています。

「草莽之士は是迄は聊御回復之御一助なきにあらす、且積年賊網中を徘徊仕り、勤王之志遂に届せす今日に至り候故、必しも今列藩兵勢盛也とて、草莽の者を塵芥之如く御捨てに相成り候而は、御義理に於而朝廷不レ被レ為レ済候訳も可レ有レ之」と。（傍点―秦）。

相楽総三たちが信州下諏訪で処刑されたのは三月三日のことである。それよりも前に岩倉具視の周辺の者が、草莽を「塵芥」の如く捨ててよいのかと、いささかの抗議をこめて訴えていたのであった。政府そして岩倉具視の周辺には、そのような空気が強かった事を物語っていると言えよう」

これは、明治維新（戊辰戦争）に限らず、ひとり岩倉に留まらず、どこの国の変革期にもありうるケースではないでしょうか。尾張藩草莽隊の成立事情とその後をたどってくると、佐々木論文の着眼点の深さが伝わってきます。草莽にかぎらないでしょうが、人間と歴史（政治）の関わりは、一筋縄にはいかないことを物語っています。その点を回避して史実だけをコンピュータ的に追っていると、人間や歴史の真実から遠ざかってしまいます。

## おわりに

㈠博徒史に不案内にも拘らず、故長谷川昇、故水谷藤博、清水勝一の皆さんに導かれて、草莽の特質に触れつつ、博徒主体の集義隊の成立までをまとめました。前記の亡くなった方が生きておられたら、間違いを正したり、内容を深めたりすることが可能であっただろうと、残念です。

清水勝一さんの『咄』の紹介・書評を私から言い出しながら、他の研究に追われて責任を果たせないまま今日に至りました。本稿で少しは実現した積もりですが、さてどうでしょうか。

㈡卒論で尾張藩草莽隊を取上げた若き研究者に「『相楽総三とその同志』（第一章参照）読みましたか。尾張藩草莽隊との関連は？」と質ねたとき、言下に「読みました。関連ありません」と事もなげに応えられたのを忘れることが出来ません。このとき、すでにⒽ〜Ⓙは発表されていました。確かに、ストレートにはつながっていないかにみえますが、たぐっていくと、細い糸が見えてくることは、先学や本稿が証明しています。若き研究者のこの「刺激」がなければ、本稿は書かれなかったかもしれません。その意味で、感謝しています。

㈢洲原神社への奉納額について、藤井清彦さんにすっかりお世話になりました。『江南市史』の事務局の柴田嘉昭さんや私と史跡探訪をしたとき、藤井さんが丹念に筆写しコンピュータ化されたものを、お借りしました。氏名・地名などに誤りがあれば、あくまで秦の責任です。

㈣三節の末尾に引いたⒼ佐々木論文中の岩倉具視側近の大橋慎三の言葉は、私の知る限り、下山三郎『近代天皇制研究序説』（岩波書店、一九七六年）にすでに引かれているのが私には先駆的といえますが、コメントも含めて私に与えたインパクトでは、佐々木論文が強烈でした。なお、佐々木論文は現在『幕末維新論集』６の『維新政権の成立』（松尾正人編、吉川弘文館）に収録されています。

歴史の小径を散歩すれば

# 勝者の中の敗者

◉史郎×文夫

**史郎** 下手な文を綴ってきたので、ちょっと休みたい。形を変えて雑談をしてみたくなった。

**文夫** 鶴見俊輔ジュニア（太郎）の『座談の思想』（新潮選書）の向こうを張り、中江兆民の『三酔人経綸問答』を目指すわけ？

**史** からかっちゃいけないよ。ひと休みの雑談さ。買い被っちゃ困る。

**文** 何をしゃべりたいの？

**史** ここに、昔、田中彰氏が書いた『明治維新の敗者と勝者』（ＮＨＫブックス）がある。この内容が気になっててね。明治維新の敗者・勝者といえば、薩長土肥を勝者の代表格、敗者を長岡・会津（さらに、青森県の斗南(となみ)に追いやられた人びと）の悲劇を思い出してしまうが、実は勝者の中にも佐幕的な敗者がいる。この本の「奇兵隊の人びととその末路」に描かれる第一、第二奇兵隊の反乱は、広く知られ、私も六章で言及しているが、この本の長州藩の安政改革の坪井九右衛門と村田清風の対比が興味深い。

だが、私が着目したいのは、戊辰戦争が押し迫っている、あるいは始まっている段階で、藩論としては西軍、つまり倒幕派として参加しつつも、一方で、どちらに転ぶか判らないので、二股をかけた藩がある。

文　それは何藩？

## 郡上藩凌霜隊

史　身近なところでは、美濃国の郡上藩。表は西軍だが、裏では萬一を考えて東軍を応援した。藩の方針に反する勝手な脱藩行動ではなく、藩の内命として、表向きは藩は関知せず、一部脱走ということにした。会津藩を応援する東軍側として四七人というから、四万八〇〇〇石の藩としては、こちらは少数派だ。どうやら、国家老の鈴木兵左衛門が江戸家老の朝比奈藤兵衛を陥れる策略もあったらしい。凌霜（りょうそう）隊と名づけられた隊の隊長は、江戸家老の息子・朝比奈茂吉、数え年一七歳だ。

文　白虎隊じゃあるまいし、若過ぎる。名簿をみると、副長・坂田村左衛門五二歳、副長兼参謀長・速水小三郎四七歳だから、補佐役は充分、いや少し年齢をとり過ぎているくらいだ。彼らはもともと佐幕派かといえば、そうでもないらしい。

史　私が座右に置いている『鶴ヶ城を陥すな　凌霜隊始末記』（藤田清雄氏）は、やや明るい書き方になっているが、実際はもっと暗かった、と思う。彼らが会津領へ入って驚いたのは、弓矢鎗に火縄銃など、武器のあまりのお粗末さ。

文　凌霜隊の鶴ヶ城見聞記には、貴重な記録がある。ちょっと寄り道を。

「此中に感じたるは、婦女子の一向平気にて、井戸へ参りせんたくを致しか、此井戸は凌霜隊の持場の上手（かみて）下にて、弾の来ること多し」

戦国時代の〝速飯速糞芸（はやめしはやぐそげい）の内（うち）〟は、籠城しているとなおさら。

史　「城中にて困難なるは糞也。何分多人数籠城の事ゆえ、雪隠（便所）は忽ち一杯となり、是も掃除するものなく、末には道端にもあり、足の踏場もなく大難儀也」楠木正成の糞尿作戦に納得したらしい。

文　糞尿譚は止めてよ！　何だか臭ってきたよ。

九月二二日午前一〇時には「降参」と大書した白旗が掲げられ、翌日には武装解除。城中の人質五六〇七人、うち凌霜隊は戦死・負傷残留組のぞいて三〇人。凌霜隊は大垣藩兵の護衛付で東京と改まった江戸へ向かう。一〇月二四日、千住（現・足立区）で郡上藩の江戸屋敷から家臣六〇人、小者一〇人、計七〇人が加わって、やがてまた大垣藩に代わる。江戸で休養どころではなく、二六日早朝には出帆。ところが、船が暗礁で船底をやられ、他の船に助けられる。一一月八日夕に城下の郡上に到着。上有知（現・美濃市、尾張藩領）の酒井という酒屋で昼食。ところが、ここに掲げられた表札が凄い。「朝敵之首唱者朝比奈茂吉」。この日朝比奈隊長は唐丸駕籠に乗せられ、脱走しないように天井から吊るされる。

温厚な坂田副長は叫ぶ。「われわれの出兵は自分たちの勝手でやったのではない。藩の内命によって部隊を編成し、藩の武器を戴き、藩の軍用金を受け取って出兵している」

大垣藩家老小原鉄心は、息子が鳥羽・伏見の戦いで東軍に参加したのに、途中から西軍に鞍替えしただけに、ちょっとした行動の違いの悲喜劇を見透かしていたのか。

文　結局、隊員は死刑？

史　二〇〇人を超す警備のもと、雪の夜道を通り揚屋（刑務所）のある赤谷村（現・郡上市）へ。

文　そのあと、どうなった？

史　鈴木家老らは、少なくとも、隊の幹部を斬殺して、朝廷へ差出すつもりだったが、これは諦めたらしい。というのも、あまりのひどさに、明治二年五月、郡上藩内の全寺院が決起したからだ。

文　これで、みな解放されたわけ？

史　いや、自宅謹慎の通知が出たのは、明治二年九月、翌三年の三月に赦免されたのに、役職にはいっさい就けず、逆に旧家老鈴木兵左衛門は出世して首席大参事で八〇〇石。家老の家であった朝比奈家は七人口。茂吉（隊長）は、父の生家、彦根の椋原（むくはら）家の養子となるほかない。寺院の決起がなければ、もっとひどい状況に陥っていた。藩としては朝廷側（西軍）に立って勝利したものの、その中の敗者という構図は動かない。

私が参考にした『鶴ヶ城を陥すな』の見方、つまり藩自体の二股方針とは異なって、勝手に参加した、という見方もある。こちらの方が大勢かも。『岐阜県の歴史』（中野効四郎氏　山川出版社）は、その立場で書かれている。それはともかく、この本で〝霜を凌（しの）ぎあらゆる苦難に打ち勝つ気性〟が、一九三四年（昭和９）に郡上郡に凌霜塾がつくられ、三年後「満蒙開拓青年義勇隊」が募集されると、この塾は大きく躍動したのである」とあるのをみると、戦前ではなく戦後（一九七〇年）に書かれた本だけに、時代錯誤を感じてしまうなァ。

## 尾張藩の場合

文　ところで、尾張藩の場合、もし、戦争で西軍が負けた場合、どうなったのだろう？　戊辰戦争参加のため、生存者は青松葉事件とは逆の処罰を受けたわけ？。

史　そこまではいかないにしても、危険な位置におかれた人びとはいた。

文　誰だろう？

史　草莽隊で最前線に出兵した人びとだろう。正気隊、帰順正気隊、磅礴隊のような、平田国学系の指導者に率いられた人びと、いや、博徒による集義隊が最も狙われたのでは。水野弥太郎（岐阜）の断罪（第五章参照）を想い浮かべれば、自ずと判る。家臣やその輩下の人たちは、何とか免れただろう。

文　そうか。郡上藩の会津協力組（凌霜隊）は論功行賞に恵まれ、逆に賞讃されたかもしれない。戦国の世ではないが、真田一族のように、どう転んでも大名一族は盛えるように策を練るというわけ？　自分の意志ではなく、将棋の駒のように動かされるのは、幕末・明治初期も戦国期も同じで？

史　但し、幕末の政治状況をみると、安政の大獄（一八五八—五九）から桜田門外の変（一八六〇）に至る推移で、幕府自身墓穴を掘った、といえる。私なども、「討幕派の成立」「討幕派の改革」「尊攘派から討幕派への転回」「維新変革の政治的主体の形成」といった論文を、近代日本を開拓する道として心地よく読みふけってきたからねェ。幕府自体も国際交流を深め脱皮しつつあるものの、〝遅かりし由良之助〟だねェ。作家の杉浦明平氏が嫌うようにテロが多過ぎて殺伐し過ぎるのは問題だが、多くの草莽をみても、佐幕派の知識人をみても、今の私たちより、僅かな間に脱皮しつつあるのは、評価したい。

文　ただ、アメリカの南北戦争で北が勝ったのは、西軍が勝ったのと同じで一応よかった、とはいうものの、〝勝てば官軍〟というように、勝者の横暴さが目立つのだね。会津藩降伏から斗南藩成立に至るケースなど、新政権の驕(おご)りが目立つ。薩長藩閥の時代は、明治一杯、いや大正まで続く。

とりわけ陸海軍では。

## 佐幕派家老・竹腰史

ところで、御三家の一つでありながら西軍に廻った尾張藩でもそれ以外の行き方が散らついていた。ここで触れておこう。

尾張藩は御三家であり、万石以上（通常なら大名）の家老が付けられていた。いざというとき、つまり戊辰戦争のような時には、（旧）幕府方つまり東軍に就くべき筈でしょ。だが、実際は御三家の中でも、最も積極的に西軍の側に立った。何故かといえば、将軍吉宗に謹慎させられた7宗春はさておいても、10斉朝、11斉温、12斉荘、13慶臧の四代にわたり、幕府から養子を押し付けられ、あとを継いだ14・17義恕（のち慶恕、のち慶勝、ここでは慶勝に統一）は、尾張徳川家の分家（高須・松平家、現・岐阜県海津市、三万石）からようやく入っている。付家老・竹腰正諟は、慶勝に認めた文書で、「御大国の御法則、容易に御改め遊ばされ候儀は、成り難きものに御座候」「御初政ニハ、御家中役との進退、猥ニ転ぜられず」――と自主的行動を押え込もうとしている。しかし、慶勝の積極さと有能な家臣の抜擢により、大番組・馬廻組などの金鉄党との連携によって改革が始まった。

安政の大獄では、井伊と結んだ竹腰は、当時攘夷論者の慶勝を江戸の尾張藩戸山（現・新宿区）の別邸に幽閉し、慶勝の異母弟を高須藩から入れて、15茂徳とし、慶勝の側近を処分した。ところが、桜田門外の変で井伊から譴責をうけていた一橋慶喜以下が復帰する。一方では親幕派の竹腰以下が金鉄党に対決してふいご党に結集し、藩内の抗争は激化する。成瀬正肥は、竹腰正諟よりましだと期待されていたのか、金鉄党ら八〇余人が成瀬邸に押しかけ、現藩主茂徳の引退と慶勝の藩主再任を要望する。このとき、「西洋砲の廃止」などを要請しているところをみれば、近代兵器の評価・採用という点では、ふいご党の方が進んでいたのかもしれない。この頃のこまかい政争は『新修名古屋市史』第四巻に譲ることにしよう。

文　話をもう少し切り詰めて。

史　実はこの竹腰（のち今尾藩）とその家来は、青松葉事件で震えあがっただろう。佐幕派（東軍寄り）として戦場では対峙することはなかったものの、尾張藩の中では疎（うと）んじられ、貧乏籤（くじ）を引く始末になる。その家臣の一人（一家）に津田家があった。下級士族だから、佐幕を主導したわけではないのに。

## 歴史家・津田左右吉

文　津田家って？

史　古代史研究などで有名な津田左右吉（そうきち）の家だよ。左右吉自身が生まれたのは明治六（一八七三）年一〇月だというから、戊辰戦争のときには生まれていない。父・藤馬は、竹腰家から四二俵の家禄を受けた下級武士。秩禄処分のあと、勝者も敗者も大多数の士族は貧乏しているが、とりわけ、他の尾張藩家臣より落差が大きい。江戸末期には津田家は杉村（現・名古屋市北区）に住んでいたが、明治に美濃国下米田（よねだ）の東栃井（とちい）村（現・岐阜県美濃加茂市）に追われるように移住したらしい。左右吉の祖父・親清は鉄砲に優れ、父・藤馬は鉄砲にも槍術にも優れていたという。明治五年、藤馬は旧今尾藩士加藤伝兵衛の二女勢以と結婚、この翌年生まれたのが左右吉だ。

文　で、左右吉の家が佐幕派の竹腰家の家臣というのが、生涯に影をおとしている、というわけ？

史　そう。戦前では、大正八（一九一九）年末の森戸事件から始まってデモクラシーへの弾圧事件が続出したが、昭和一五（一九四〇）年には津田氏の『神代史の研究』『古事記及び日本書紀の研究』『日本上代史の研究』『上代日本の社会及び思想』が、攻撃の対象になった。東京帝大・京都帝大を狙う蓑田胸喜（みのだむねき）ら雑誌「原理日本」に拠る人びとの出版法違反の指摘が発端だ。岩波書店と共に「皇室の尊厳を冒瀆する」というのが、その理由だった。恰も、この年が神武天皇の即位から紀元二六〇〇年に当たるという神がかりな思想を大東亜共栄圏という東アジア植民地化とワンセットで拡める時であったので、裁判所に理性はある程度残ってはいたものの、発禁を免れることができず、東大講師・早大教授を辞めざるをえなかった（美濃部亮吉『苦悶するデモクラシー』角川文庫）。

文　そのことは、今日、近代史の学問弾圧として知られていることだが、それと佐幕派とどうつながるの？

史　私らの大学時代に、歴史学研究会、日本史研究会の共編で『日本歴史講座』が東大出版会から出た。その後もいくどか出版されているが、これがはしりじゃないかな。第八巻（一九五七年）が「日本史学史」で、のちに古代史で知られる上田正昭氏が、「津田史学の本質と課題」という文章を書いている。まだ、立命館大学講師の肩書だ。津田氏の古代史についてまともに読んでいない私には、この文章は大変参考になる。この本の中で津田氏の出生に触れ、尾張藩の下級武士への言及はあっても、佐幕派・竹腰氏の家臣には触れず、「明治維新を平和的妥協的であるとしてその時代を「幸福の時代」とする明治史学の限界が宿されていた」と、筆を運んでいる。上田氏の文章とはいえ、近代史の研究としては残念ながら素人だった。

文

丸谷才一氏の『書評集 快楽としての読書 日本篇』（ちくま文庫）を読んでいたら、その津田氏の『文学に現はれたる我が国民思想の研究』（岩波文庫）という本に出くわした。「家永三郎の言ふやうに「文学史としても思想史としても前人未踏の境地を開拓した独創的名著」」と認めながら、「わたしの眼から見ると、津田は明治末年のゆがんだ文学観によって日本文学史を眺望したのである」とし、津田独特の「文学趣味」によって日本古典文学が裁断されていることに注目しないといけない、とする。引合いに出すのは、山崎正和の『不機嫌の時代』（講談社学術文庫）。日露戦争

岐阜県図書館で1999.7.13～7.27に開かれた企画展のチラシから

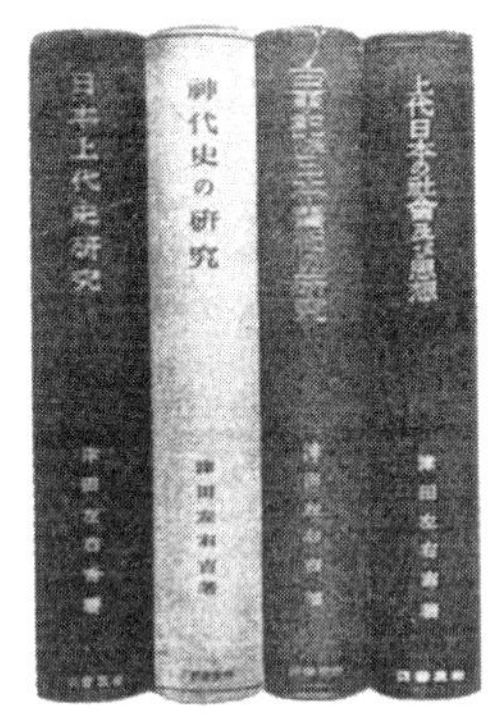

津田左右吉の著書

津田左右吉の生家（美濃加茂市）

後、明治国家は古い秩序を喪い、中産知識人はいっせいに不安になり、不機嫌という症状を呈した、というのだ。丸谷・山崎は、明治末を「幸福の時代」とみていない。当時の文学者・知識人の中に津田を入れている点で、上田氏とは異なる。ただ、山崎・丸谷的理解の中には、明治文学は入っても、維新後の佐幕派の孤独は視野から抜け落ちているのではあるまいか。「明治の矛盾」を感知できる感覚があるか、ないか。

## 史

その点、『津田左右吉の思想史的研究』(岩波書店、一九七二年)を著した家永三郎氏に、歴史家ならではの言及がある。

「その第一は、津田家の主家が親藩徳川氏の家老であったばかりでなく、津田の回想記によれば、藩中でも「いはゆる佐幕派のほうであった」という事実で、「津田の終生を通じてかわらなかった明治維新観、すなわち天皇制国家の正統的歴史観、異なる歴史の構想は、おそらく津田が幼児からその生活環境を通じて肌で感じとったものではなかろうかと思われる」

「津田が尾張藩の佐幕派の家中という家庭で成長した事実は、その歴史意識形成の出発点をなす原体験として、みのがすことができないのではなかろうか」

農村の中の没落下級士族という存在からくる孤高の精神にも、家永氏は触れているが、明治維新やその後の歴史を「幸福の時代」と見做す上田氏とは異なり、矛盾を矛盾として関知する環境に生を受けたことが、見落されている。

津田氏の皇室の歴史の件りが、右翼から攻撃を受けたのに、〝遠い過去から伝えて来た皇室を後代に送るべきである〟という氏の主旨が戦後強調されると、津田氏が変化してしまった、と妙にがっかりした人が多くいた。裁判の対象になった四部作に無知な私だが、津田氏の天皇観は現代の象徴天皇制に近く、政治を強引に引張る専制君主のイメージがなく、蓑田胸喜のように天皇を勝手に利用して、自分の気にいらない研究を言挙げする勢力を最も嫌悪していたのであろう。その点では首尾一貫している。

高野長英や渡辺崋山を高く評価する津田は、儒学や国学によって支配されている知識社会の思想を空疎とみていた。「井伊直弼による武断的高圧政治が行われなかったならば」というところに彼の願望があった（『文学に現はれた我が国民思想の研究』八）。

## 津田の西郷論

**史** 注目すべきは、当時、好評の新渡戸稲造の『武士道』に対して「ぼくの考えとはかなり大きな違いのあることがわかった」と語っていることである。津田にとっては、佐久間象山はともかく、『武士道』が良かれ悪しかれ「吾人を動かしたものは純粋無雑の武士道とし、明治の（佐久間）、西郷、大久保、木戸、伊藤、板垣」らを賞しているあたりが、我慢ならなかったのではないか。

**文** どうして？

**史** 戦後に書かれた「さいごう・たかもり」（西郷隆盛）という文章をみると、維新の元勲といわれた人びとへの怨念が感じられる。西郷贔屓（びいき）の作家・海音寺潮五郎氏と論じ合ったら、大変なことになる。

**文** どんな内容？・

**史** 征韓論が実施されなかったのは幸い、というあたりは、多くの人の賛同を得るだろう。それよりも、一〇点以上に及んで西郷の「権謀家」「策士」「奸策」が具体的に挙げられる。例の薩摩屋敷を挙点とする江戸攪乱もその一つ。相楽総三らの下諏訪事件は挙がっていないけれど……。

**文**　岩倉もそうだが、維新変革は陰謀抜きでは語れないことも確かだろう。僧月照と入水したり、島流しにあったり、久光に嫌われたり、陰謀を身につけなければ、生きていけなかったことも認めないと…。

**史**　佐幕派家老の家来（津田氏）にとっては、陰謀につぐ陰謀の幕末・維新期の流れを主導した維新の元勲たちを肯定できなかったのも事実。津田にとっては、天皇を担いで利用する連中は、昭和にあっても許せなかっただろう。津田は触れていないようだが、内村鑑三の『代表的日本人』の中の西郷も認めることができなかっただろう。

西郷や岩倉は苦労し屈折しているだけに、老獪や権謀術数が付き纏っているが、西郷が、津田氏は別として、一般に比較的好評なのは、別のことに助けられているのではないか。一八九八年（明31）に上野公園に建てられたあの銅像だ。高村光雲（光太郎の父）のデザインが斬新。兵児帯・着流し姿で愛犬をつれている素朴な姿。勲章で身を飾った他の像とはまるで違う「庶民」姿が戊辰戦争の激戦地・上野に建っている姿は、除幕式に臨んだ隆盛未亡人線子（いと）にしてみれば、とても認めるわけにはいかなかった。

「アラヨウ！　宿こしはこげんお人じゃなかったこてェ！（あれまあ！うちの人はこんな人ではなかったのに！）」

海音寺潮五郎の大作『西郷隆盛』巻頭のこの場面は、忘れられないねェ。鹿児島にある軍服に勲章をまとった俗物的な像だったら多くの人はそっぽを向いたのじゃないかね。とりわけ、東軍側（旧幕府側）の東北の人びとは拒否反応を示しただろう。

文　さらに、『西郷南州遺訓』が明治政府への批判になっていることも大きい。

史　いや、『遺訓』の内容は鋭いが、旧庄内藩士による西郷に仮託した政府批判のような趣きがあるので、素直に信用しない方がいい。

## 『銀の匙』の中勘助

文　竹腰家で想い出した人があるので、私にも少ししゃべらせてよ。

にわか勉強で、十川信介『中勘助『銀の匙』を読む』（岩波現代文庫）、『銀の匙　橋本武案内』（小学館文庫）が種本。

中勘助は明治一八（一八八五）年生まれというから、津田左右吉よりひと廻りあと。父勘彌は竹腰家（のち今尾藩）の家臣。五男勘助は神田で生まれ、小石川の小日向（こびなた）水道町へ、つまり下町から山の手へ引越している。竹腰の家臣の中では、津田家とも違い、恵まれた家庭に育っているようだ。『銀の匙』の抒情（じょじょう）的で繊細なところが、漱石にも買われ、今日に至るも読者を得ていることになるのだろう。

史　いつだったか、岩波のPR雑誌「図書」に、昔から最も読まれた本に挙がっていたこともある。

文　この本の中で、とりわけ印象に残るのは、日清戦争中の後篇㈡にある次の件りだ（原文通り）。

「(丑田（うしだ）) 先生、日本人に大和魂があれば支那人には支那魂があるでしょう。日本に加藤清正や北条時宗がいれば、支那にだって関羽*や張飛**がいるじゃありませんか。それに先生はいつも謙信が信玄に塩を贈った話をして敵を憐むのが武士道だなんて教えておきながらなんだってそんなに支那人の悪口ばかしいうんです。

そんなことをいって平生のむしゃくしゃをひと思いにぶちまけてやったら先生はむずかしい顔をしてたがややあって
「□□さんは大和魂がない」（□□は、勘助）
といった」

＊関羽…蜀の武将。呉・魏の攻撃で殺害される。後世に武神として崇拝される。
＊＊張飛…呉を討伐しようとして、部下に殺害される。

日清戦争中の狭い愛国心が溢れる中で、このように逆転した発想ができるのは、彼の家が裕福であったにせよ、一時的には敗者＝弱者になり、弱者に対する思いやりが育っていたからだろう。勝者の中の弱者故に、当時の人びとが考えつかないような想像力を発揮できたのかもしれない。この辺りのことは、明治維新史の流れの中でもう少し留意する心配りが必要かもしれない。

アジア・太平洋戦争で日本は敗者になったわけだが、私たちはそこから、何を学び身につけたのだろうか？

**史**

史郎が対談ののち読んだ本に、『西郷隆盛　維新150年目の真実』（家近良樹　NHK出版新書）がある。西郷について三冊も本を著す（うち二冊は今年、大冊はミネルヴァ書房）西郷通の氏だけあって、その解き明かし方には説得力がある。本書は年代期的叙述を避け、様々なテーマを設定し、応答する。大河ドラマになると甘くなりがちな日本人に、ぜひ奨めたい一冊。私の疑問に応えていない箇所もあるが、新書ではやむをえないか。

なお、本書、第一章、第八章も、ぜひ参照されたい。

第六章

# 尾張藩草莽隊の諸相

——断片を連ねながら

目次



（＊本章は永井勉氏との共同執筆）

## はじめに

幕末・明治維新に際し、草莽隊を起用する藩があったことは、長州諸隊を筆頭に明らかにされているが、尾張藩の場合、その明治維新との関わりについては、しばらく前までは、金鉄党（討幕派）とふいご党（佐幕派）の対立や青松葉事件については俎上に上っても、草莽隊については、まったくといっていいほど無視されてきた。肝心の『名古屋市史』の「政治編　第一」が、信州出兵に触れて「磅礴隊」の活躍を取上げ

（三二八頁）、さらにフランス式銃隊採用に関連して、「卒族以下の輩を以てせる磅礴隊、集義隊、精鋭隊、正気隊、草薙隊、勵義隊等あり、是等の諸隊は、元年正月以来、漸次組織せられたる所謂義勇兵の一種にして農商壮強の者を以て組織し、多く寺院を以て屯所となし、或は部宰（総管所、後述）に従ひて領邑（りょうゆう）（領地）警衛の任に当り、或は北越地方に出征して軍功ありたり」（三五二〜三頁）とする程度の概説的記述にとどまっていることが、何といっても大きい。正規の藩士隊とはいえない草莽隊の力をあまり認めたくない、との意思が働いていた、とみるべきであろう。

この継子扱いされてきた草莽隊の存在を学問的にはじめてクローズアップしたのは、長谷川昇氏の「尾張藩草莽隊始末攷」（東海学園女子短大紀要）第一号、一九六五年）であった。これは、のち『博徒と自由民権――名古屋事件始末記――』（中公新書、一九七七年、さらに平凡社ライブラリー、一九九五年）に結実したことからもわかるように、氏が名古屋事件を追いかける過程で、その参加者に草莽隊出身者が多く、彼らが実は博徒であるという風に、順次たぐり寄せられたスリリングな研究成果であった。これは、名古屋事件についてはもちろんのこと、草莽隊の研究という点からしても画期的な意義をもつものであるが、その後、これを引き継ぐ研究は進展していない。（この表現が正確でないことは、本章参照）

本稿は、『東海市史』執筆の過程で南郡総管所を追究した秦と、博徒の研究を志す永井が、それぞれに得た乏しい史料によって、若干の落穂拾いをしてみたもので、系統だった本格的な研究とは、とてもいえない。が、今後の研究への何らかの足がかりとなれば、幸いである。なお、草莽隊の老舗というべき長州藩諸隊についての従来の研究を参照し、両者を重ね合わせながら、特質を明らかにしていきたい。

# 一、博徒の季節（1）

『明治十五年・明治十六年　地方巡察使復命書』という本がある。明治政府による地方視察の記録だが、読んでみると、幕末・明治初期は〝博徒の季節〟と呼んでいい時代であったことが、当時の官僚の眼を通して鮮明に伝わってくる、刮目すべき調査である。これは南北朝の「悪党」と並ぶ、変革期における秩序破壊のアウト・ローとして、検討に価する問題である（秦稿「一揆・騒動と博徒的人間」「東海近代史研究」創刊号、一九七九年、七三頁）

熊本藩士で、福島・愛知県令、福岡・愛知県知事になった安場保和は、参事院議官として東海・東山地方を視察しているが、彼が明治一五年九月太政大臣三条実美に提出した「賭博取締ノ義ニ付意見書」には、博徒の猖獗（しょうけつ）（悪い事がはびこる）ぶりが詳しく述べられている。他方で元老院議官関口隆吉が「博徒取締ノ方法ニ於テハ、別ニ上申スル所アリ」と別に報告しているように、概括的な報告とは別に、特別に起稿されたもので、とりわけ強調したかったことを示している（同書一五七〜八頁）。

便宜上、㈠〜㈣の段落をつけて、次に掲げる。

㈠地方賭博ノ形況ハ別紙巡回事情書ニ陳述ノ通リニシテ、博徒ノ日ニ増殖シ地方賭博ノ熾（サカン）ナル風ヲ害シ、俗ヲ乱スモノ酷（キビ）シク、其禍害須臾（シュユ）（わずかの間）モ閣（オ）キ難キ形勢ニ有レ之候。抑（ソモソモ）、博徒ノ熾（サカン）ナルハ、関東地方ヲ以て第一トス。旧幕府の末政綱ノ堕隳（キハイ）（くずれ破れる）ニ乗シ、徒党横行、暴戻不羈（ボウレイフキ）（荒々しく、押さえにくく）、殆ト生殺ノ権ヲ擅（ホシイママ）ニシ、而シテ、此弊害ヲ洗除スル能ハサリシモ、新律ノ頒布《ハンプ》・警察ノ設ケアルヨリ、一旦是等ノ党類ヲ滅シ、稍《ヨウヤク》其跡ヲ絶タントス。然ルニ近来前日ノ党類再ヒ発シ、博徒ノ横行日ニ熾ニシテ、賭博倍々民間ニ行ハレ、風化亦将《マサ》ニ壊《コハ》レントス……而シテ、賭博ノ行ハルルハ、巡回地方大凡《オオヨソ》其形況ヲ同スト雖トモ、其熾ナルモノハ群馬・長野・山梨県下ヲ以テ最トシ、之ニ亜《ツ》クモノ神奈川、埼玉、静岡、愛知トス。

(二)而シテ博徒ノ党ヲナスヤ、首領ヲ親分ト称シ、党類ヲ子分ト、大抵一ノ親分タルモノハ数十人ノ子分ヲ有シ、其大ナル者モ(ニ)至テハ数百千ノ多キヲ致スモノアリ。群馬・長野・山梨県等ニ多シト聞ク。又、区画ヲ定メ区内ノ賭事ヲ管シ、親分ハ坐シテ子分ノ贏《エイ》利（利益）ヲ征シ、区内ノ賭場ニ征税シ、飽食煖衣《ホウショクダンイ》擅《ホシイママ》ニ威厳ヲ弄シ、時トシテ争論ヲ生スル事アラハ、互ニ党与ヲ引率シテ争闘死ヲ決スルヲ常トス。

(三)官ノ捜査逮捕ヲ禦《フセ》クノ術ニ至テハ頗《スコブ》ル威厳ヲ加ヘ、近来益々黠（点）智ニ長シ、其賭場ヲ開クヤ、四方党類ヲ配置シ、警察官ノ進退ヲ報告セシム。若シ或ハ不意ニ警察官ノ突入スルコトアルトキハ、予メ杯盤棋局等ヲ備ヘ、忽チ博具ニ交換シ、或ハ暴拒シテ警察官ヲ殺傷スルニ至ル。其最モ巧ナル者ニ至テハ、草餅ノ類ヲ以テ博具を製シ、時機急迫ナルニ至レハ消食シテ証拠ヲ滅シ、却テ警察官ニ対シ擅《ホシイママ》ニ人ノ家宅ヲ侵スヲ責メ、訴ヲ起スモノアリ。而シテ、賭物ハ大概現金ヲ用ユルニ非ラスシテ、貸借証書ヲ授受シ、弁償ノ期ヲ誤レハ直チニ法衙《ホウガ》（法を司る役所）ヲ訴フ。近来民事裁判所ノ審理スル所、賭博ヨリ生スル貸借ニ関すスルモノ頗《スコブ》ル多シト。

(四)実ニ其弊害ノ底極スル処、慨嘆ニ勝《タ》ヘサルノミナラス、彼レ等猶進テ其横行ヲ擅ニシ、良民ヲ誘導シ到ル処賭博ヲナサシメ、甚シキハ良家ノ子弟ヲ誘ヒ此悪業ニ惑溺《ワクデキ》（すっかり夢中にさせ判断力を失う）セシメ、金銭財産ヲ奪ヒ取ルモノ不レ尠《スクナカラズ》、近来賭博ノ形況、良民相率テ此風ニ流レ、産業ヲ破リ田園ヲ荒蕪シ、風俗ノ敗壊殆ト其極ニ達シ、民間の蠹害（虫に食われるように害される）実に甚シキヲ見ルニ至ル。到底此蠹害ヲ防カントスルハ、博徒ヲ掃除セサルヘカラス。然ルニ博徒ヲ掃除スルハ、現行法律ノ制シ得ヘキ処ニアラス。今ニシテ他ニ之ヲ制止スルノ法ナクンハ、博徒ハ益々其猖獗（悪いことがはびこる）ヲ逞ウシ、良民ハ不良ノ民ト化シ、其風俗ノ敗壊、終ニ底止スル処ナカラシム。故ニ賭博取締ノ義ハ、刑法ノ明文ニ拘ラス、彼ノ密売淫取締法ノ如キ特法ヲ設ケ、当分其取締懲罰共地方官ニ委任セラレ、一層賭博ノ取締ヲ厳ナラシメハ、地方ノ禍害ヲ除キ、不良ノ徒其要素ヲ擅ニシスル事ヲ得スシテ、事ヲ得スシテ民間敗壊ノ風俗ヲ改良スルノ好結果ヲ見ルニ至ラン。抑賭博取締ノ義ハ、地方ノ利弊最モ大ナレハ、篤ト廟議ヲ尽サレ度、依テ管見を開陳し、廟議ノ参考ニ供候。

整理してみよう。

㈠賭博が盛んになって風俗を乱しているが、最も盛んなのは関東地方で、幕末以来「徒党横行」「暴戻不羈」状況にあり、明治維新でややおさまったものの、近年再び盛りかえす状況にある。本稿が対象としている愛知県の場合、群馬・長野・山梨に次ぎ、神奈川・埼玉・静岡と共に第二グループに属している。

㈡博徒は単に賭博をするにとどまらず、党をなし、大きな親分は数百数千の子分を従えている。親分は縄張りを決め、そのあがりによって「飽食煖衣」をほしいままにし、時に博徒グループが対立すると、凄絶な死闘が繰り広げられる。

㈢警察の捜査、逮捕を防ぐため、賭場を開くときには子分をあらゆるところに配置している。もし警官が不意に突入してきても、将棋盤に取替え、サイコロを草餅で作っておいて食べてしまい、賭場の証拠を消し、逆に警官を家宅侵入罪で訴える者もある。賭ける物は貸借証書で、支払われなければ、裁判所へ訴える法廷戦術をとることが多い。

㈣「良民」が賭博のために財産を失い「田園」を「荒蕪」し、「風俗」の「敗壊」は極に達している。この被害を防ぐには、博徒を「掃除」しなければならないが、現行の法律では抑えることができない。「密売淫取締法」のような特例法を設けて地方官にその取締を委任しないならば、不良の徒はますます跋扈するであろう。

ここにはすでにわれわれの常識になっている事実も少なくないが、想像以上に賭博が流行し、博徒集団が各地で頭角を表し、地方の政治に支障が出るほど、社会を大きく揺り動かしていることが知られる。一般報告とは別にこのような意見書を敢て提出し、政府に取締りを要望していることは、巡察使としてよほど事の重大さを痛感したからであろう。

「明治十六年　栃木県ノ部」には、「博徒ノ状況」の項目の中に栃木県令ノ「賭博取締将来之見込」なる文を附載しているが、その中で新法によって現行犯でない者を罰することができなくなったのが取締の困難な点だとした上で、次のように述べている。「就中、近来政党員ノ如キハ博徒……ニ対シ平等権利アルヲ説キ、巧ニ法網ヲ免ル、ノ術を教唆スルヨリ、偶警吏賭場ニ闖入（突然に入る）スルトキハ、之ニ抗拒シ、或ハ賭具ヲ隠蔽シ、却テ警吏ヲ被告トシ、告訴スル等ノ弊之アリ」。さらに「各政党ハ一朝事アルトキハ彼等ニ挙行セシメントスルノ景状ニシテ」「如レ此凶暴ノ徒ヲ誘導スルハ、実ニ憂フヘキ儀ニシテ……」と、政党が博徒に法の上で平等であることを説き、智恵を授けていることに触れている。これは注目すべき事実であり、博徒が民権運動に参加していくことが誘引になっている名古屋事件の背景にも、このような動向があったことを窺わせるが、筆者（栃木県令・三島通庸か）の姿勢が、「旧穢多輩ニ対シ平等権利アルヲ説」くのを非難するような、「旧穢多ノ如キ性質強暴ノ徒ニ務メテ婚儀ヲ結フ等ノ聞ヘ之アリ」とあるような、著しい偏見にもとづいていることに留意し、割り引きして読み取る必要があろう。

## 二、博徒の季節（2）

尾張藩下の博徒や賭博について、長谷川昇氏前掲書に様々な例が引かれているが、細野要斎の『家事雑識』（『名古屋叢書三編』第一二巻）に載っている一つの例を、ここで紹介しておきたい。

安政三（一八五六）年二月一九日のこと、尾張藩士細野要斎は、御用人の長屋紋右衛門から呼び出され、書付を手渡された。

御自分養子、同姓勇吉儀、身持不㆑宜由に付、他出差留、細野為蔵（要斎）へ教諭方取計之事

二月

帰宅之上、右之趣申聞、厳敷為㆓相慎㆒候事

学者・随筆家で、いっとき明倫堂督学にもなる細野要斎は、この頃、小寺玉晁・水野正信と並ぶ情報メモ魔だが、彼はひとつの大きな悩みを抱えていた。ほかならぬ彼の養子勇吉※が放蕩者で、賭博に狂い、病身の養父要斎を手こずらせたからである。要斎が細野家内部のことをこまごまと示した『家中雑識』は、他の一般の世相・社会・政治などを記した随筆と異なるが、「家」の保持に苦悶する江戸時代の中級武士の生ま生ましい息づかいが聞こえてくる点で、極めて貴重である。この『家事雑識』は、勇吉に多くの紙面を割いて

いるが、最初から波瀾含みである。

※細野要斎には、安政四（一八五七）年に二三歳になる一得という実子がいた。相続すべき一得（明治に入って得一）をさしおいて一得より八歳年長の勇吉が養子になったのには、わけがある。文政二（一八一九）年要斎の父忠明が亡くなったとき、要斎はわずか八歳のため、すでに養子となっていた親類の竹三郎が家督を継いだが、その竹三郎は天保一三（一八四二）年八月、隠居して要斎に家督を譲っている。この竹三郎の子が勇吉なので、竹三郎に恩義を感じている要斎は、一得をしばらく部屋住として、勇吉に跡を継がせたのである。従って、勇吉は、細野家にとってショート・リリーフともいうべき存在であった。一得（得一）が家督を継いだのは明治初年。このとき、すでに藩はなくなっていた（『名古屋叢書』第一九巻、『随筆編(2) 感興漫筆 上』の山田秋衛氏「感興漫筆 細野要斎小伝」による）。

（安政元〈一八五四〉年七月）勇吉、能田（のうだ）村一村之充行を取て、母君には衣服をも着せず、夏は裸体にてさし置、飯米も絶々のみ。冬の綿入等をもぬがせて持行候事なども有レ之、板敷の上に住居させ、畳も無レ之事（能田村〈春日井郡師勝町、現・北名古屋市〉に要斎の給地一五〇石のうち五〇石分があった）。

（安政元年）九月朔日、細野松之進、百姓喜助といふ者来て、勇吉はんてんを借て不レ返と歎く、其後、無レ拠、銭遣し候事。

（安政元年）九月廿日、勇吉来。破衣服なり。今夜より此方に同居之筈。

同（安政元年九月）廿一日、余がわた入、袴、羽織を与へ、刀をも遣し、山岡、細野等へ礼に遣し候。同夜、帰。

同（安政元年九月）廿三日、小島より矢場辺へ行とて出。羽織衿わた入着。其夜不レ帰。それより遂に不レ帰。

あれやこれやで勇吉の行動にひきまわされ、心配がつのった要斎は、寝こんでしまう。このときは、勇吉はひとまず帰宅したが、またも同じことが繰返される。ついに安政三年二月に願を差し出した。

私養子、病身にて御目見御暇願罷在候同姓勇吉儀、従来身持不レ宜候付、追々異見差加候得共、一向相用不レ申、近頃は別而放蕩に相成、気随（きまま）に他行等仕候付、此節厳敷申付、他行差留置候得共、中々以心服改心仕候体相見不レ申、此上如何様心得違之儀、出来（しゅったい）可レ仕も難レ計、心配仕候。付而は……

つまり、親としてはどうにも手がつけられないので、藩の方から厳しい「御沙汰」を戴ければ、それを拠り所に注意したい、という「御内々」の「歎願」をしたため、これを受けて先の「教諭」要請が下されたのである。

その直接のきっかけとなったのは、勇吉の母が病気だというのに賭博に夢中で家に帰らず行方不明になる事件であった。熱田へ行った様子だが場所はわからない。要斎は大工の次郎吉に頼んで探しにやらせた。安政二年師走のことである。

前津西屋敷といふ所、住居のよしに付、右へ行尋るに、其家には、薦（こも）を着て寝たる者両三人あり。その者に尋ね問ふて、それより尾頭（おとう）・旗屋辺（名古屋市熱田区）の博奕宿へ尋行し処、同類の者数人、いづれも裸体にて博奕いたし居、此内に勇吉も居たり。次郎吉凶事を告れども、聊悲哀の顔色もなく…

次郎吉は自分の綿入の着物を脱いで着せ、帯を途中の家で借り、また、別の家で脇差と羽織とを借り、着せて連れ帰った。お陰で、次郎吉は寒い一二月を単服一枚で震えながら帰らなければならなかった。勇吉は、親の死にきわめて冷淡になるほど、賭博に夢中になり、「母の死を憂ふるの色なく」というのだから、要斎ならずとも驚かざるをえない。葬式のあと、勇吉はまたも姿を消す。その勇吉を追って、次郎吉は旗屋あたりを探し廻る。そこで次郎吉が聞き出した情報がはなはだ興味深い。

博場のにぎはひ、人の出入多し、此党類に藩士も十六人ほど交り居るといふ、これ事なければ顕はれず、盗賊などあれば、忽（急ぎ）官に達して、身家を覆墜すべし（身を滅ぼす）。旗屋に博場を事とする者、両側に三軒有。その店は商ひ物を出して、屋後は博場なり。其主は隠密の使所謂犬をなす故、わざと許して博奕を事とせしめ、盗人を探るの便に備ふ。

ここから判ることを整理すると――

㈠旗屋の賭場は三軒ある。
㈡この賭場は、昼は商店、夜は博場に変化する。
㈢賭場には藩士一六人ほど出入している（この引用文にはないが、翌安政三年一月熱田で呉服屋に反物を出させて奪い去る盗人が出た。藩士が犯人だとされ、捕手が急ぎ逮捕に向けられた。このため、「藩士の博徒、ここに在る事を得ず」。見つかっては、「身家を覆墜」することになるので、一人もいなくなった）。

⑷店が賭場になっていることを藩は知っているが、主人が隠密の役を果たしているので、「盗人を探るの便」のため、わざと見逃している。

このように、賭博（場）は藩から犯罪捜査の便宜さもあって黙認されているので、それに溺れる藩士も出始めていたことがわかる。勇吉もその一人だった。

安政四（一八五七）年一一月、要斎はこの問題の男・勇吉に家督を譲る。勇吉、三〇歳のときである。要斎がしばしば病気をして勤務に耐えられなくなったからだ。しかし、勇吉は「表向は一宿も不レ致、如何様とも慎之体、略（ほぼ）相見といへども、実以、改心とは不二相見一共、此上厳敷申付候はば、不二レ堪規戒一に、猶又、放埒に相成、相続之期あるべからず」という状態。「願はくは、彼が感激して改心し、家門永く栄昌ならん事を」と、要斎が祈りをこめて書き付けざるをえないほど、先行きが不安だった。

勇吉は、安政六（一八五九）年には寄合組に入り、翌七年には美濃国中島郡興運寺（浄土真宗）の娘しづと結婚、文久三（一八六三）年には介八と改名している。『家事雑識』をたどってみる限り、藩士として順調な歩みを始めたように見える。一過性の放蕩だったのであろうか。

養子勇吉の賭博狂いにはほとほと困惑した要斎ではあるが、博徒（侠客）そのものについては、一目をおいていたところがあった。前山米蔵という知人の話として伝える次の話を克明に記録しているところをみると、当時の武士にないプリミティーフな（原始的な）雄々しい人間の姿を博徒に発見して、ある種の感動を受けているようにみえる。

　博徒に昔日武士の風ありといふは、命を塵芥よりも軽んじて、己が義とする所に従事するを以てなり。或他国の博徒庄吉、江戸の政吉鬼政と署名すといふ博徒の魁首（かいしゅ）（首魁（しゅかい））の所に至り、私は庄吉と申者なるが、御高名を承り、御世話にも預り度、参上仕候と言述ければ、政吉答て、拙者は鬼政でござる、初て御目に懸りました、といふを庄吉きくや否や、其方は鬼政と申か、さらば此方の御尋申とは御名違ひたり、御門違へなるべし。拙者も今申たるは仮の名にて、実の名は鍾馗（疫病神を追い払う中国の神）大臣と申なり。鬼と鍾馗といづれが強き、いざ御合手にならん、といひさま腰の元なる一刀を抜放ち、政吉が面前へさしつけたり。これ、政吉自ら其異名を称して答へたるを、無礼也と怒りての事なり。政吉これを見て、我言損したる也と思ひければ、これは〳〵御尤至極の儀也。只今申たるは全く申そこなひや。本格政吉と申者にて候、まず御刀を御納可レ被レ下と謝いひければ、左様にてござるか、それは私も失敬の挙動仕たり、とて刀を納めて、それより和談して、その日より直に政吉が宅に食客となりたり。是互に一言の上にて気象の尖きを見はし、それより親みたるなり。仮にも刀を抜て戦んとせし者の所に、其日より食客となり、其主たる者もこれを許諾するは、気概の交り見るべし。

　博徒旧右の如く、一言の違にて直に自刃をふるふ也。或は下座に居ながら、高ふござる御免被レ下なといへば、下座に居て高いとは人を馬鹿にしたるいひかた、汝に侮弄（からかう、ばかにする）せられては、我等に於て安からず、いざ出よ打果さんなどといふなり。故に一言も直ならざれば許さざる風なり。

この二つの異なった博徒像が同じ筆者の随筆・日記の中に混在することを、どう考えるべきであろうか。前者は武士崩れ、いや正確にいえば、つい最近まで部屋住みであったために不満の吐口を賭博に見出すほかなく、しかも、それが習い性となり、武士らしさを喪失した人間である、後者は庶民の出自をもちながら、武士が喪なってしまった「義」に生きる気概ある気質を獲得した「侠客」というべき人間である。要斎自身、「要斎が家を相続して父祖伝来の禄百五十石を給せられたは三十二歳の年で、馬廻組大番組に編入せられた。家芸ではあっても馬術は武士としての表芸程度に止め、志は初めより儒学にあって益深く研鑽をつづけ」（前掲、山田秋衛氏）たのであってみれば、武人というよりは文人の世界に生きた人である。この要斎は、庶民の中からあらわれた博徒に、名状すべからざる古くて新しい人間像を見出したのではなかろうか。博徒を美化した文人の幻想であったといえなくもないが、仮に幻想であったにせよ、博徒がそのようにみられる場合があったことは、注目されねばならない。後者の記事が、博徒化した勇吉に困惑した安政以前にではなく、その後の文久二（一八六二）年のところにあるだけに、ひときわ重みを感じさせるのである。

二つの博徒像のはざまで揺れる要斎の中に、当時の振れ幅のある博徒観、ひと筋ではとらえにくい博徒像が象徴されている。

それにしても、『地方巡察使復命書』や細野要斎の日記にみえる賭博・博徒は、幕末・明治前期の時代に、大きな潮流として日本の社会を洗い続けてきたことを強烈に印象づけるものである。秦がすでに前掲論文「一揆騒動と博徒的人間」「東海近代史研究」創刊号（一九七九年）で指摘しておいたように、為政者に好都合な勤勉な通俗道徳・秩序観が否定され、休日・娯楽・スポーツのような人間的欲求が追い求められる中で、賭博・博徒が立ち現れてくることが確認できる。たしかにそこには方向性がないだけに、新しく歴史を切り開いていく原動力とはなりえないかもしれない。しかし、封建的秩序を揺さぶる過渡期の現象として、避けて通るわけにはいかない。今や、歴史学上「悪党」は中世史において市民権を得ているが、博徒は近世史（後期）・近代史（初期）において、充分な市民権を得ているとはいい難い。しかし、好事家だけの対象として任せておくわけにはいかない。幕末・明治という時点に限られるとはいえ、また何らかの偏見に曇らされているとはいえ、その存在をとらえた明治官僚の眼は決して節穴ではなかった。

勝海舟の曽祖父が奥医師の石坂宗哲のもとにいるとき、賭博（者）に金を貸し、巨万の富を得た話は有名だが、賭博そのものの盛行を抜きにしては、その立身もありえなかった。海舟の父小吉も、自伝『夢酔独言』から察せられるように、博徒的人間であり、海舟自身、賭博に縁があったようにはみえぬが、新門辰五郎（幕末・維新期の江戸の侠客、町火消出身）などの力を借りようとしたあたりには、その影響をみることができる。

このようにみてくると、賭博（あるいは博徒）は、次のような現象をもたらした、と要約できよう。


㈠賭博による上昇・下降のため、身分の流動性をもたらした。

㈡娯楽のもつ市民権を拡大した。

㈢儒教的秩序を動揺させた。

㈣庶民身分による博徒の暴力集団化傾向は、官憲も手を焼く存在になった。

㈤変革期において、博徒を味方につけるか否かが、体制派あるいは反体制派の課題になった。

㈥過渡期が過ぎて、娯楽が多方面に定着化し、また近代的秩序が確立しはじめると、博徒集団は、一般民衆と切り離された暴力団化の方向に進んだ。


天保の頃（一八三〇年代）から明治一〇年代（一八八〇年代）までを、仮に〝博徒の季節〟と名付けるとき、あたかも一本の補助線が図形の理解を容易にするように、今まで見えなかったもの、見ようとしなかったものが、ピントの合った風景のように鮮やかに姿を現してくるし、これまで理性や論理からだけでは解きにくかったものが解けてくるように思われる。少なくとも、博徒・賭博を除いてこの時代をみるならば、時代の核の一つが抜け落ちてしまって、時代の底を占める複雑な地層が、不充分にしか把握できなくなることは疑いないようだ。

## 三、尾張藩南郡総管所と草莽隊

戊辰戦争たけなわの明治元（一八六八）年八月八日、尾張藩は、「民を安じ、兵を練、勤王之力を添、本城を翼衛（きたへ）」するために、三総管所を設けた。すなわち、知多郡横須賀（現・東海市）に南郡総管所、春日井郡水野（現・瀬戸市）に東方総管所、美濃太田（現・美濃加茂市）に北地総管所を置き、南郡総管には志水忠平、東方総管には間宮外記、北地総管には田宮如雲を任命した。

『名古屋藩記録』は、志水忠平の任命状を次のように記す。

志水甲斐守

当職之侭南郡総管申付、方面之全権を授候。行而治所に著（着）、民を安じ兵を練、勤王之力を添、本城を翼衛可レ致候。

但、右方面之任は全人撰に関する事に付、尤継嗣に者不レ可レ及候。

（『名古屋市史』政治編第一）

志水忠平は、知多郡大高村を中心に給地をもつ、万石以上の尾張藩家老五人のうちの一人で、のち、明治二年には名古屋藩大参事、明治四年には集議員議員、明治一四年には第百三十四国立銀行頭取、明治一三年には名古屋市長（二代目）に就任している。南郡総管になったときはには、わずか一九歳であった。

『名古屋市史』（人物編　第一）の志水忠平の項をひもとくと、「精兵三百人を組織して集義隊一百人を附属す」とあるが、この「精兵三百人」とあるのが南郡隊二七〇人、さらに「集義隊一百人」とあるのが、戊辰戦争に転戦した集義隊（一番隊〜三番隊）のうち、留守を守った集義隊第三番隊八二人を指している（図表六―2参照）。この集義隊や南郡隊こそは、先出の磅礴隊と同じく戊辰戦争に際して尾張藩が組織した草莽隊で、その他の隊名・人員と共に表にしたのが図表六―1である。

**図表六-1　尾張藩草莽諸隊と人員**

| | 戦功有之者 | 戦功無之者 | 計 |
|---|---|---|---|
| 磅　礴　隊 | 120人 | 54人 | 174人 |
| 集　義　隊 | 207 | 82 | 289 |
| 正　気　隊 | 79 | 44 | 123 |
| 帰順正気隊 | 33 | 3 | 36 |
| 草　薙　隊<br>→元北地隊 | | 194 | 194 |
| 精　鋭　隊 | 0 | 80 | 80 |
| 愛　知　隊 | 0 | 50 | 50 |
| 南　郡　隊 | 0 | 270 | 270 |
| 忠　烈　隊 | 0 | 59 | 59 |
| 計 | 439人 | 836人 | 1275人 |

「元草莽隊中戦功有無人員録」（岡誠一文書）「草莽諸隊 - 山同心　農同心 - 履歴書」（愛知県文書館蔵）により作成

戊辰戦争にあたって、尾張藩が急にこのような草莽隊を組織したのは何故か。このことを語る史料はないが、おそらく次のような意図があったものと思われる。

(一) 草莽諸隊を先頭に立てて戦うことによって、藩兵をできるだけ温存する（第四章参照）。

(二) もし、討幕側が旧幕側に敗れるような事態になれば、責任を草莽諸隊に転嫁し、尾張藩の安態をはかる。

(三) 庶民のエネルギーが討幕派に向けられないよう統御する。

戊辰戦争が討幕派の勝利に帰したのは、今日となっては自明の事だが、草莽諸隊が続々と結成された慶応四（明治元）年一月現在では、その帰趨は混沌としていて、万事は手さぐりで行われていた。いかなる場合も尾張藩自体を安態にして維持するというのが至上命令であったとすれば、あらゆる場合を想定しておく必要があった。本来は幕府を守るべき御三家の一つであっただけに、巧妙な戦術・戦略が練られたものと思われ、諸隊編成はまさに一石三鳥を狙ったものにちがいなかった。

一般に、草莽隊の結成が幕末から目立ってくるのは、①正規兵では足りない兵力の増強という点を一応別とすれば、②正規兵が長年の平穏な生活に馴れ、戦闘能力が低下してきている、③守旧的な武士より新しい鉄砲・大砲など西洋式兵備や戦法を受け入れやすい、④門閥による弊害から免れ、能力主義を基本とすることができる——ことも考慮されねばならない。

高杉晋作が慶応元（一八六五）年一月六日、諸隊のひとつ御楯隊の総官太田市之進らに宛てた次の手紙は、四国連合艦隊の攻撃を受け、俗論派が盛り返し、第一次征長軍に敗れる状況の中で、功山寺で決起するという、高杉にとって苦しい状況の中で出された「討奸檄」であるが、それだけに、その本心がさらけ出されている、といえる。

……全体初発亥（きがい）（文久三年）之事、藩主攘夷之事を謀るや、生（高杉）謂（おもふ）らく今日之国勢に当り、肉食（にくじき）之士人等皆事に堪へず、故に藩主に乞ひ、親（新）兵を編せんと欲せば、務めて門閥の習弊を矯（た）め（悪い習慣を改め）、暫く穢非（えひ）之者を除之外、士庶を不レ問、俸を厚くして、専（もっぱら）強健之者を募り、其兵を駆するや、賞罰を厳明にせば、縦へ凶険無頼之徒と雖も、之れが用をなさざるといふ事なし」

（『公爵山県有朋伝』上巻所収、小林茂著『長州藩明治維新史研究』一七〇頁、田中彰著『高杉晋作と奇兵隊』二〇頁所引による。但し、両書には誤植のためか、異動がある。傍点は秦、以下同じ）

この手紙は「穢（多）・非（人）之者を除」に焦点が合わされ、高杉の差別意識が問題とされることが多いが、前田孫右衛門宛ての手紙で、「何分高位高禄ノ士よりハ見込有ル農商人合議之方遙ニ見込有レ之、狂生

（高杉）心中ハ、見渡せば穢多も乞食もなかりけり、吉田の里乃秋の夕暮」と述べているように、差別意識が少ないこと、むしろ「暫く」にとどまっていることにこそ、注目したい（とはいえ、被差別部落民が一般庶民と平等に扱われたのではない。「維新団」が黒一色の服装と決められ、絹・毛織物のゴロ服を着用したり、飾りをつけたりすることを禁じられたり、靖国神社の原型である招魂場に祀られなかったことは、指摘しておく必要がある。田中、前掲書）。

この手紙で注意しなければならないのは、「縦へ凶険無頼之徒と雖も、之が用をなさざるといふ事なし」の言葉である。兵の統制さえしっかりできるなら「凶険無頼之徒」でもいいという、この意見は、同じ頃、俗論派政府が諸隊の行動を「無頼之悪行」「粗暴之所業」（小林、前掲書一八五頁）と呼んでいるのを想起させるが、高杉にあっては、諸隊全体が「凶険無頼之徒」ではもちろんなく、一部にこのような人物を取り込むことの必要を説いたものである。このとき、高杉の念頭に去来した「凶険無頼之徒」の中に、長谷川昇氏が摘出したような博徒が含まれていたのか、いなかったのか。尾張藩の場合を知った上でこの高杉の手紙を読むと、どうやら含まれていたようにも思われてくるが、今日では、しかし、研究が深化している筈である。

なお、坂本龍馬と共に薩長の盟約に貢献した土佐藩郷士の中岡慎太郎（陸援隊隊長）の「窃（ひそか）に示二知己一論」慶応三〈一八六七〉年一〇月は、「予、草莽無頼の者也」という文から書き起こされている。ここにいう「無頼」は、「無法な行いをすること。そういう人、つまりアウトロー」ではなく、「自立的人間」という意味で使われていることに留意したい。

図表六-2　集義隊第３番隊の足跡

|  |  |  |
|---|---|---|
| 明治元年(1868) | ３月 | 集義隊結成。三番隊は「国事尽力可致旨」を命ぜられ、「市中巡邏」を勤める。 |
| | 11月 | 官軍として東京府へ行き、「禁闕」を御警衛、かつ「徳川氏降人750人」の番兵をする。 |
| 明治2年(1869) | ６月 | 江戸が沈静したので、警衛を解かれ帰国。 |
| | 8(９？)月 | 集義隊全員310人の内から京都詰を命ぜられる。 |
| | 12月 | キリスト教の囚人を大阪府で預かる。 |
| 明治3年(1870) | １月 | 囚人を無事に護送して帰国。その後、異変があるごとに警衛を命ぜられる。 |
| | ４月 | これまでの国事尽力によって賞金200円給わる。<br>６年までの給禄３ヵ年分支給の旨、申渡される。 |
| 明治5年(1872) | 10月 | １ヵ年分の給禄を、時価で支給される。 |

「草莽諸隊山同心農同心履歴書」（愛知県文書館蔵）による。

## 四、南郡隊

さて、話を尾張藩草莽隊に戻そう。三節で述べた如く、南郡総管所には南郡隊（二七〇人）と集義隊第三番隊（八二人）がおかれ、留守部隊としての任務を果たしたが、戊辰戦争が終わっても解散されなかった。（表六―2参照）

二つの隊は、南郡総管所がおかれた横須賀町方（現・東海市横須賀町）から少し離れた吉川村（現・大府市）に兵舎をおき、洋式軍制（最初英式、のち仏式）を採用して訓練を続けた。『横須賀町史』は、笛太鼓入りで〝デンデコ、デンデコ〟と行進したこと、『大府市誌』は、兵舎を「南郡隊屯所」「兵隊屋敷」、付近の山を調練山と呼んだことを記しているが、詳細は不明である。『大府町誌』は、士官一〇〇人余、兵卒一五〇〇人と数字を挙げているが、集義隊一、二番隊を加えても、草莽隊員数をはるかに超えるので、正規兵も含めた数字であろう。

草莽隊の訓練内容は不明だが、『名古屋藩記録』の掲げる表六―3のスケジュール表（『名古屋市史』政治編第一所収。同じものは細野要斎『葎の滴　見聞雑剳』明治三年一二月一二日にも記載）は、一

図表六-3　名古屋藩常備兵隊日課標目

| （一六休散） | （二ノ日） | （三ノ日） | （四ノ日） | （五ノ日） | （七ノ日） | （八ノ日） | （九ノ日） | （十ノ日） | （時） | （限） |
|---|---|---|---|---|---|---|---|---|---|---|
| （一番大隊一番小隊ヨリ六番小隊マデ） | 調練 | 練武場 撃剣 | 聴講 | 射鵠 | 調練 | 学校 撃剣 | 空発 調練 | 会議 | （調練） | 八字始 十二字終 |
| （一番大隊七番小隊ヨリ二番大隊二番小隊マデ） | 調練 | 会議 | 練武場 撃剣 | 聴講 | 調練 | 射鵠 | 調練 | 学校 撃剣 | （撃剣） | 八字始 十二字終 |
| （二番大隊三番小隊ヨリ八番小隊マデ） | 調練 | 学校 撃剣 | 会議 | 練武場 撃剣 | 調練 | 聴講 | 調練 | 射鵠 | （空発調練） | 八字始 十二字終 |
| （二番大隊九番小隊ヨリ三番大隊四番小隊マデ） | 調練 | 射鵠 | 学校 撃剣 | 会議 | 調練 | 練武場 撃剣 | 調練 | 聴講 | （射鵠） | 午前八字始 午後一字終 |
| （三番大隊五番小隊ヨリ十番小隊マデ） | 調練 | 聴講 | 射鵠 | 学校 撃剣 | 調練 | 会議 | 調練 | 練武場 撃剣 | （会議） | 一字始 四字終 |
| （砲手） | 練武場 撃剣 | 調練 | 聴講 | 会議 | 射鵠 | 調練 | 調練 | 学校 撃剣 | （聴講） | 九字始 |

「名古屋藩記録」による

応の参考にはなる。

住所が記されている南郡隊の名簿から、出身地域の分布を知ることができる。図表六―4がそれである。郡別では知多郡九一人と愛知郡八七人が多く、春日井郡の五八人と名古屋・熱田の三九人がこれに次ぐ。中島郡以下はむしろ他の隊の範囲に属するので（例えば、春日井郡からは草薙隊の参加者が出ている）、例外的とみてよい。知多郡と愛知郡は数は拮抗しているが、幹部・準幹部クラスを比較してみると、それぞれ、一六対四、一〇対〇で知多郡が圧倒的に多く、中心が知多郡にあったとみて、間違いない。地元優先なのか、有能な人材が多かったのか、博徒の親分が多かったのか。村別にみると、鳴海から二六人（平部を入れると二七人）も送り込んでいるが、宿場町独特の脱農的下層民が、多く存在していたからか。それとも、宿場町の博徒親分の勧誘が働いていたからであろうか。博徒親分の勧誘があったにし

**図表六-4　南郡隊員の出身地**

| 郡・都市別 | | 参加の多い村 |
|---|---|---|
| 知　多 | 91 | 大里　6<br>藪　6 |
| 愛　知 | 87 | 鳴海　26<br>平針　7<br>古井　7<br>植田　6 |
| 春日井 | 58 | |
| 名古屋・熱田 | 39 | |
| 中　島 | 4 | |
| 海　西 | 3 | |
| 海　東 | 2 | |
| 丹　羽 | 2 | |
| 美濃国 | 2 | |
| 計 | 288 | |

「東海市史」を編んだ時、市から提供された写真「草莽兵隊御処分綴」（愛知県公文書館蔵）によって作成したが、写真の継ぎ目の撮影に不充分な箇所があるため、やや不正確である。原典に当って確認する余裕がないので、若干の訂正で済ませた。大よその数字として理解して戴きたい。

ては、幹部が中井松治（仲）一人とは意外である。大量参加の鳴海村を除けば、愛知郡の古井（七人）、平針（七人）、植田（六人）、知多郡の大里（六人）、藪（六人）の各村がきわだっている。

この南郡隊は、いったいどのような人々によって構成されていたのか。集義隊の場合、平井亀吉、高井辰蔵、馬場権太郎、近藤実左衛門、吉田久三郎など博徒親分が子分を率いて参加したことが明らかになっている（長谷川昇、前掲書、本書第五章）。吉田久三郎は信濃屋一家の親分喜兵衛の長男で、「吉田久蔵行状記」（久蔵は喜兵衛のこと）によると、「先年集義隊面々越後出陣仕る輩は下記の面々、吉田久三郎……ほか信濃屋身内四拾八名共」とあるように、一家で四八名にも達している（瀧喜義「信濃屋喜兵衛留書」「郷土文化」一一三号）。ところが、南郡隊の場合は、あとで触れるように永井金吾（春日井郡稲葉村〈現・尾張旭市〉）、千敷福平（知多郡名和村〈現・東海市〉）の両幹部・準幹部（?）が集義隊に参加した近藤実左衛門の子分であることが判っているものの、（『名古屋地方裁判所管内　博徒ニ関スル第二調査書』）、他についてはもう少し参加者がいると思われるが、今のところ不明である。

博徒であるかないかはともかく、次の二つの史料からみて、貧しい農民が参加していたことは明らかである。

図表六-5　南郡隊幹部及び準幹部

| 人名 | 出身地 |
|---|---|
| 幹部 | |
| 青山房次郎 | 愛知郡赤池村（現・日進市） |
| 中(仲)井松治 | 愛知郡鳴海町（現・名古屋市緑区） |
| 近藤九十郎 | 愛知郡部田村（現・東郷町） |
| 木全角右衛門 | 春日井郡下志段味村（現・名古屋市守山区） |
| 柴田与三郎 | 愛知郡本地村（現・瀬戸市） |
| 松井小六 | 春日井郡新福寺村（現・名古屋市西区） |
| 村瀬兵七 | 知多郡横須賀村（現・東海市） |
| 坂野尊良 | （儀三郎と同一人物ならば）知多郡長草村（現・大府市） |
| 福嶋鎦兵衛 | 知多郡富田村？（現・東海市） |
| 牧野義邸 | （民三郎と同一人物ならば）知多郡前山村（現・常滑市） |
| 早川新三郎 | 知多郡加木屋村（現・東海市） |
| 森岡貫之助 | 春日井郡小牧村（現・小牧市） |
| 桑原鉱五郎 | 知多郡藪村（現・東海市） |
| 神野権三郎 | 知多郡木庭村（現・東海市） |
| 岩崎松助 | 知多郡岩滑村（現・半田市） |
| 神野国太郎 | 知多郡大里村（現・東海市） |
| 佐藤代六 | 知多郡大里村（現・東海市） |
| 竹内源之進 | 知多郡八ッ屋新田村（現・大府市） |
| 矢田重三郎 | 名古屋県田町（現・名古屋市） |
| 北山伊之助 | 知多郡横須賀村（現・東海市） |
| 加藤三之助 | 知多郡大府村（現・大府市） |
| 加藤織之助 | 知多郡大府村（現・大府市） |
| 竹内伊十郎 | 知多郡宮山村（現・常滑市） |
| 千敷福平 | 知多郡名和村（現・東海市） |
| 準幹部 | |
| 永井金吾 | 春日井郡稲葉村（現・尾張旭市） |
| 中村平吉 | 知多郡久村（現・南知多町） |
| 中嶋吉次郎 | 知多郡馬場村（現・南知多町） |
| 近藤新次郎 | 知多郡有脇村（現・半田市） |
| 石川政吉 | 知多郡羽根村（現・知多市） |
| 水野徳三郎 | 知多郡布土村（現・美浜町） |
| 平松駒次郎 | 知多郡廻間村（現・知多市） |
| 児(小)島金六 | 知多郡廻間村（現・知多市） |
| 早川仙松 | 知多郡堀之内村（現・知多市） |
| 神野岩吉 | 知多郡大里村（現・東海市） |
| 柴田太郎 | 知多郡近崎村（現・大府市） |
| 門井重左衛門 | 知多郡大興寺村（現・知多市） |

明治7年の元南郡隊士のうち、米9石5斗、金9円の家禄の者を幹部、米3石7斗、金9円の家禄の者を準幹部とした。平隊員の家禄は米3石、金9円である。
「草莽諸隊山同心農同心履歴書明治7年」「草莽兵隊御処分綴」（いずれも愛知県公文書館蔵）による。

乍レ恐御届ケ旁奉二願上一候御事

元南郡隊当村小島金六・平松駒次郎、月給金□御扶持米御下ケ儀相成候様粗（アラアラ）承知仕候。付而ハ御取立相成候已前（以前）村方ニ而取替金も御座候付、今般御下ケ儀相成分、村方江御下ケ渡被二下置一候様、只管奉二願上一候。右願之通御下ケ渡被二下置一候ハヽ、難レ有仕合奉レ存候。已上。

未六月
（明治四年）

廻間村庄屋
堀田長右衛門

知多郡
御出張所

乍レ恐御届ケ旁願上候御事

元南郡隊当村早川仙松義、月給金□御扶持米等御下ケ渡相成候様、粗承知仕候。付而ハ御取立已前（以前）村方ニおゐて取替金も御座候付、今般御下ケ渡之分、村方江御下ヶ渡被二下置一候様、只管奉二願上一候。右願之通御聞済被二下置一候ハヽ、難レ有仕合奉レ存候。已上。

未十一月
（明治四年）

堀之内村庄屋
加古文蔵

知多郡
御出張所

（「堀田家文書　明治四年諸願達留」徳川林政史研究所蔵）

二通とも、廃藩置県の明治四（一八七一）年、庄屋から知多郡御出張所に提出された嘆願書である。これによると、廻間村小島金六、平松駒次郎、堀之内村の早川仙松が（現・知多市）、いずれも年貢を払えないので、村方、実際には庄屋が、立替て支払っている。三人ともおそらく戸主ではなく、長男か次男以下であったと推定される、その収入を本人に直接渡して家に入れる前に、村方経由で支払って欲しいというのである。一人ならともかく、三人とも準幹部に名を連ねているところをみると（表六－5参照）、平隊士はもちろん、幹部・準幹部にもかなり貧しい農家の息子が多かったことが推定される。いや、むしろ、貧しくうだつがあがらぬが故に、草莽隊員募集の機会をとらえて、そこから必死に脱出をはかろうとしたのではあるまいか。そのハングリー精神の故に、草莽隊は戦場でも思わぬ力を発揮できたのである（但し、南郡隊は戊辰戦争に参加していない）。リーダーの幹部の中には草薙隊の林金兵衛のような豪農・知識人もいただろうし、集義隊のような富裕な博徒親分もいただろうが、一般隊士をとってみれば、貧しい庶民層が圧倒的に多かったであろうことを、前記の史料は自ずと語っている。

長州藩奇兵隊を論じて、梅渓昇氏は、「亡土百姓かあるいは農村二、三男として生活困窮のために一種の賃金労働者として入隊し来る社会経済的情勢が広汎に存在していた」と述べ、「只押而帰農之御沙汰相成候而も実地行れ兼可ㇾ申哉」（「奇兵隊日記」）との一節を引用している。また、長州藩の奇兵隊脱退騒動に触れ、「兵士漸く及ニ困迫ニ、且又御軍政御改正ニ就而は、病者・四拾才以上之者強壮たりとも退隊被ニ仰付一候様被ニ仰出一而者、即日飢餓ニ及候者も不ㇾ少」（「奇兵隊日記」）なる明治二年一二月の諸隊中からの上書を引用し、百姓一揆が長州藩において弘化年度以降発生しなかったのは、「農民中の潜在失業者を吸収して諸隊が成立したことが、私は一揆が発生しなかった要因の一つとして作用していると考えてよかろうと思う」としている（「明治維新史における奇兵隊の問題」『明治前期政治史の研究』所収、八九、一〇一～二頁）。

関順也氏も「要するに、脱退騒動は単に封建的特権に執着する下級武士の叛乱ではなく、除隊帰郷しても食えない陪臣・社僧・貧農の失職問題であり、その背後には、窮迫して帰農した陪臣、寺社侍、没落する農民層の抵抗が横たわっていたことを見逃してはならないであろう」（『藩政改革と明治維新――藩体制の危機と農民分化――』一四六頁）と述べている。

尾張藩と長州藩との維新をめぐる状況は大きく違っているし、草莽隊の歴史もあまりにかけ離れているが、貧しいが故に草莽隊に参加し、それがあとにも尾を引く点においては、まさに相似形をなしている、とみてよい。ここは、相違点にこだわるよりも、むしろ、共通点を確認しておくことが、日本社会の基底層の共通項を明らかにするために肝要であろう。

南郡隊に四人の参加者を出している知多郡平嶋村は、江戸時代に細井平洲を輩出した村としても知られるが、ここで明治四（一八七一）年に起こった事件に関して、明治五年に一つの処罰が下されている。

尾州知多郡平島村
農　又次郎後家
しう
申五十二歳

刑議

右口書詰ニ付、律文ヲ案スルニ、賭房ヲ開帳スル人ハ其列ニ与ラスト雖モ、同罪ト有レ之、然ルニしう儀賭房ヲ開帳セシニモ無レ之、情ニ於テ憫諒（あわれみ、了解する）スヘキニ似タリト雖モ、已右事件ヨリ逃亡ノ罪ヲ犯シ候ニ付、即チ逃亡ヲ以テ論シ、杖八十の収贖（罰金）可二申付一乎。

律ニ曰、博戯ヲ為ス者ハ杖八十、其賭房ヲ開帳スル人ハ其列ニ与ラスト雖モ同罪、凡本籍ヲ脱シ逃亡スル者ハ杖八十、二罪倶発以二重論義シ等ニハ、一ノ重キニ従テ科ス。凡婦女死罪・不孝・

姦盗・人命・放火ノ罪ヲ犯スハ、各律ニ依テ断決シ、其余ノ罪ハ並ニ法ニ依テ、収贖（シュウショク）（罰金）ヲ聴（徴）
（徴）ス。収贖例図杖八十ハ金二両

辞 令

其方儀、昨辛十月廿六日、村方若者ヨリ頼ニ応シ寄合ノ宿ニ自宅貸置テ候処、其夜若者共賭博之始末
其方不レ存候処、右発覚致候ヲ承リ、連及ヲ懼（オソ）レ、同十一月晦日、村方逃亡致候始末不束（フツツカ）ニ付、杖八
十ノ収贖金二両申付ル者也。

壬申五月（明治五年） 額田県

（手塚豊「明治五年・額田県『断刑簿』」慶応大学「法学研究」四二巻七号）

平嶋村の後家しいうが明治四年一〇月二六日、村の若者の依頼で自宅を宿として貸したところ、その夜若者たちが賭博をし、発覚するところとなった。罪を恐れてしいうが逃亡したのは同罪であり、杖八十、金二両の罰金を課す、というのである。しいうが若者たちが賭博をするのを知らなかったというのは、にわかに信じがたい。しいう、若者共、口裏を合わせて官憲を騙しおおせたのではなかろうか。しいうが五二歳とあるから、売春宿との推定はなりたつまい。

実は、このような事件（正確にいえば、事件にならないものが圧倒的な筈だ）が、幕末に頻繁に起こっていたであろうことを、秦の論文「一揆騒動と博徒的人間」で、文化二（一八〇五）年の尾張藩法令（『新編一宮市史』資料編）を例に挙げつつ、述べたことがある。いま一度引けば――

後家、孀（やもめ）、其外身上に取後れ、平日村方之世話ニ預リ立行候躰之者共、其村若者抔より無レ拠被レ頼、強而断も難レ申博奕（ばくえき）之宿致し、或ハ耳目うとき老人・病人其外弁なき愚昧至極之者等、博奕致候を銭勘定致候なとゝてたまされ（騙）候而、宿をかし候類、又は右躰背之儀再住断を申候へ共不二聞入一、勢ひを以押而申聞候付、役難をも恐れ無二余儀一其意ニまかせ宿かし候類等有レ之、是等ハ全く自己之軽心又は慰等より出候義ニ無レ之……

私（秦）は、生活苦に悩む未亡人や身体障害者の家が利用されることは、彼らにとって一定の収入を得る道であり、社会保障制度に代位する側面をもっていた、と述べておいた。これは少し買いかぶり過ぎとの指摘もあるやもしれぬが、この尾張藩の法令は、賭博が、恵まれぬ人々の支持をえて、農村に深く根を下ろしていたことを照らし出すものであるし、平嶋村の後家しうの例は、その傾向が明治四年においても続いていたことを想定させる。ここに名が出てこない賭博をしていた平嶋村の若者たちは平島村の四人の南郡隊士と同じではあるまいが、どこかでつながっていたにちがいない。次に取上げる永井金吾の行状などと重ねてみると、とても無縁とは思えないのである。

## 五、南郡隊・永井金吾の場合（1）

南郡隊隊員に永井金吾という人物がいる。北熊一家の近藤実左衛門の有力子分のひとりなので、集義隊員かと思われたが、南郡隊名簿の中にその名がある。

永井金吾ハ最モ実力ニ富ム親分ニシテ才智アリ。……金吾ハ最近一、二年前迄生存シ、村（現・尾張旭市）ノ名誉職ト為リタル事アリ（『名古屋地方裁判所管内博徒ニ関スル第二調査書』九四頁）

調査書では、執筆者の検事からも高い評価をえている。

この永井金吾も、南郡隊員時代には、父親九蔵をてこずらせ、嘆かせた存在であった。『不孝物（者）之諸事ヲ書記（かきしる）（す）』と題する父九蔵の青年永井金吾伝は、一見たどたどしい文章ではあるが、息子の実情をリアルに描き、南郡隊員の肖像のひとつの異端的典型を浮彫りにしてみせる。母が早く死んだことが、金吾の成育に何がしか影を落としたのか、金吾は少年の頃から家を飛び出して放浪したらしい。

年拾五才のはる（春）より行エ（方）しれ（知）ずして、親はひび（日々）にあんじ（案）くらし（暮）、かた（片）時わすれ（忘）るま（間）も御座なき候。神仏江心願ヲかけ、あるい（或）わはつけ（八卦）を見てもらい、またわ書物を見てむらい、三年ケ内き（気）にくろふ（苦労）わた（耐）へず。

金吾が一八歳になると、はしかを患った。治った頃に鳴海の「ひらぶ惣吉」という男の娘を、金吾の嫁にした。翌年、娘は子供を出産したが、肝心の金吾は家に居着かず、一〇日か二〇日に一度くらいしか帰宅しない。嫁もたまらず、一四回も家を飛び出している。

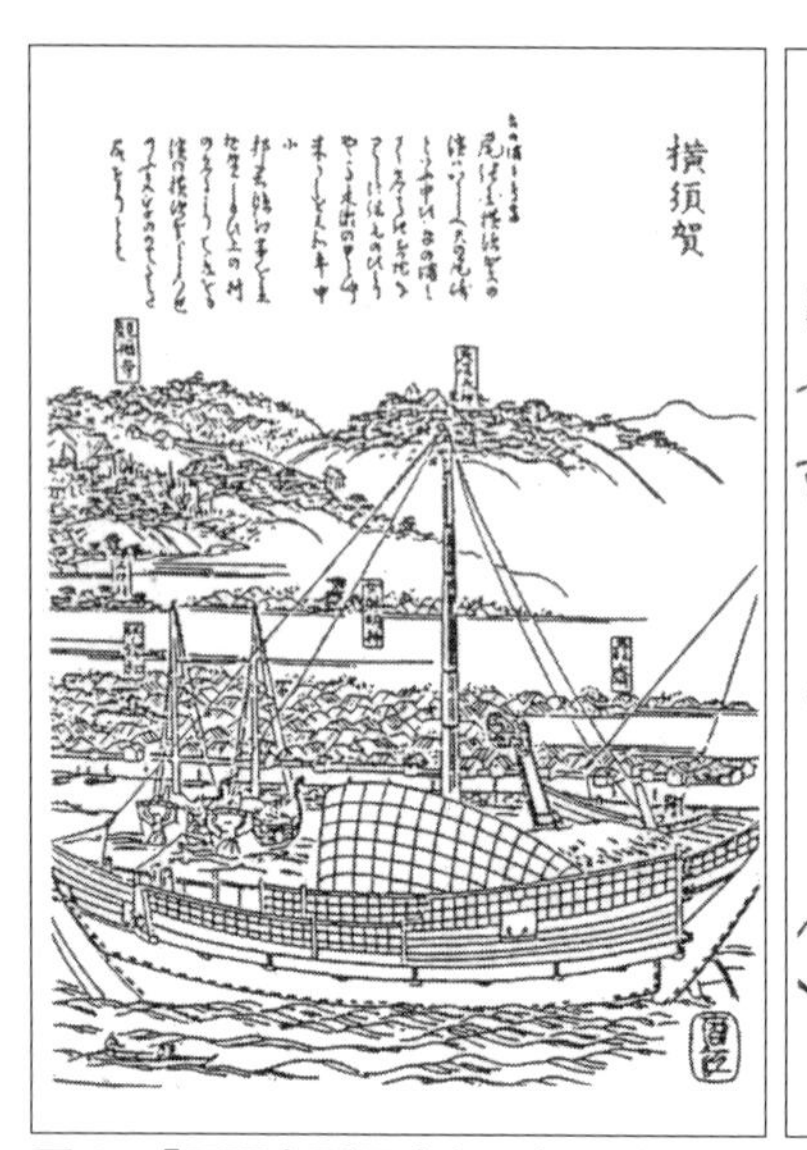


図２　「尾張名所図会」の観福寺
（左上）

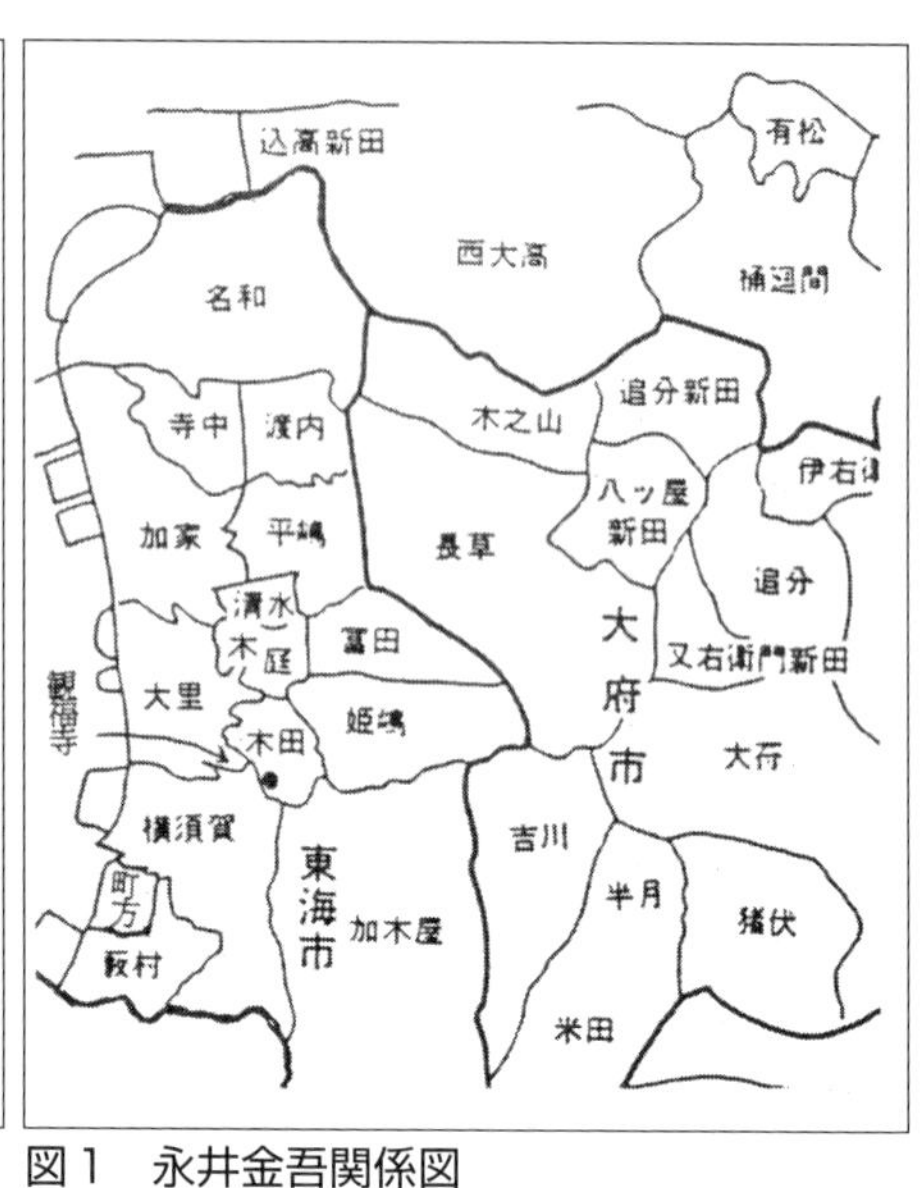


図１　永井金吾関係図
（「大府市誌」の図を一部改変）

……そのたびに、人ヲ願、物入は申スニをよばず(及)、その入よふ(用)は、私シ不レ残出シ、そ（の）後嫁出て行、私シニ子をだかせて(抱)をいて、又々段々頼ニ行ケども、きき入ズ(聞)、如雲すて(捨)行、せんかた(詮方)つきて(尽)、名古屋東かたは(片端)田宮弥太郎様(如雲)の御役人様願い事とかけやいしてもらい、そのうへさきも(先)ぜひなき子をせはする(世話)と申て、それより子を相渡シ、七ツ八日もすぎ、病死仕候。それハ八月十四日御座候。鳴海（現・名古屋市緑区）ひらぶ惣吉方ニてそふしき(葬式)仕候。その入用も私シ出シ、田宮弥太郎様の御役人様江御礼ヲ仕候も、私シき物(着)を質物にをきて、よふ〳〵御礼仕候よふ事ニて御座候を、誠に私シもくわ(苦)たへず(絶)。

残された子供をやむなく田宮弥太郎（如雲）の「御役人」（陪臣か、役職上の輩下の者か）を通じて養子に出したが、病死してしまった、というのである。

ここで、何故、田宮如雲というのちの尾張藩討幕派の実力者が登場するのか理解に苦しむが、父九蔵は中間奉公に出たことがあるという口伝が永井家にあるので、若い頃、田宮如雲かその周辺に中間奉公したことがあって、その伝手を頼ったのかもしれない。

草薙隊を編成した林金兵衛が、明治二年の四月に、大参事志水忠平に南郡隊の増員（五〇人）を依頼され、募集した隊員を引渡している、という事実がある。この増員分に永井金吾が含まれているとすれば、永井金吾の父九蔵は、林金兵衛と親しい田宮如雲とも関係が出来たのかもしれない（第二章「農兵隊と草莽隊」の「五、農兵隊か草莽隊か」参照）。しかし、次の（2）に「壱ばん（番）の組」とあるのを見れば、追加募集で参加したとは見なしえない。

その後、金吾は有松村の桶屋松蔵の娘を連れ出し、二年ほど世帯をもったが、松蔵の息子二人の反対にあって、離縁になった。病気の嫁のため金を出したのは、もちろん父親の九蔵である。

金吾が草莽隊に参加したのは、二五歳の時である（ということは、金吾は弘化元〈一八四四〉年の生まれという勘定になる）。

> 廿五才ニ相成候へば、村々へたい（兵隊）を御上よりを（仰）せ出され、有まつ（松）村（現・名古屋市緑区）でハ私シの悴を村役人衆申付られ、横須か（賀）（現・東海市）御じんや（陣屋）へまい（参）り、たい（隊）壱ばん（番）組と相成、その年夜ぐ（具）いろ〳〵はかま（袴）はおり（羽織）いろをしんぱい（心配）仕候。はかまはをり事で、名古や迄之五度ども行。

九歳の弟栄次郎が有松村にいたので、九蔵と金吾もここにいたらしい。南郡隊名簿では、本籍地の春日井郡稲葉村（現・尾張旭市）を採っている。「村役人衆申付られ」を文字通り受取れば、まだ北熊一家の近藤実左衛門とは無関係だったのかもしれない。博徒の群れの一人ではあっても、有力な親分との関係は希薄で、草莽隊体験を経て、近藤（北熊（きたぐま））実左衛門や中條（藤嶋）増右衛門の配下に入るようになったのではなかろうか。このあたりは史料が乏しく、確実なことはいえない。

南郡隊に入って、やれ安心と父親が思った矢先、明治二（一八六九）年の正月であろう、金吾は大きな失敗をする。

> 正月三日頃より三州豊川村（現・豊川市、豊川稲荷）参詣仕候、三州赤坂の宿（現・豊川市）ニておやま（遊女）を壱人無礼したとてつれてきて、そのおやまはてんちょう（天朝）の御役人衆のなしみのおやま、横須か（賀）の御役人様もそれヲきゝ（聞）遊（ばされ）、御役所様でも御しんぱい遊（ばされ）候。その時御かたい（過怠）うけ、ろゐ（牢）はひり（入）（あやまちのため過怠牢へ）、私シ誠ニ〱しんぱい……。

豊川稲荷参詣のついでに赤坂の遊郭で遊女にからんだところ、政府の役人のなじみの遊女であったため、横須賀の南郡総管所によって金吾は過怠牢という処分を受ける。

## 六、南郡隊・永井金吾の場合（2）

明治三（一八七〇）年には――。

> その後平たい（兵隊）に居る内三年め（目）ニ宮宿ながとや（長門屋）寿と申ておや（ま）を買い、あげや（揚屋）美濃長と申候あげや二十両つゝもやる。なかとやおやまに三百円もつかい（使）たと申ス事に御座候。私シには世わ（話）をかけるはか

りに御座候。その金ヲつか（使）うのわ、いづれかり（借）るか、御上様の金、隊壱ど（一同）へ被レ下候をつかいこみ、稲垣様に三拾円御借いたし、その外所々にて借金か（借）り事ハし（知）れづ、つまる所は身上と相成候。

明治三年には宮宿（現・名古屋市熱田区）で遊女を買い上げるため、金を借りたり、南郡隊で一同に支給すべき金を流用したりするので、父九蔵は借金のあと始末に追われる。「稲垣様」が誰なのか不明だが、あとにも登場する、南郡総管所の役人のひとりであろうか。

金吾はたまに家に帰ってくると、いつも親に心配かけているのはどこへやら、景気のよいことを言っては、父親を煙に巻く。もちろん、彼なりに、準幹部として軍隊生活に生き甲斐を感じていたからでもあろう。

その頃に私シへ参りのふ（宣）、親父さ、をれ（己）も平たい（兵隊）で三百五拾人で壱ばん（番）の組と相成れハ、いつなんときし（死）ぬよふな事が出キるかもし（知）れづもし（知）れぬによって、その時ハをもい（思）き（切）りを（居）らせとゆ（云）うて、く（来）るたび（度）事にそふ申シて、私シにしんぱ（心配）いさせ……

死を覚悟しているようなことを言われると、父親は弱い。「出世」した息子のために、心配しながらも、ついつい金を苦面してやったりする。

それより横須か（賀）の小店屋にて花合（花札ばくち）した事が御上様へし（知）れて、小店や（屋）はてじょうち（手縄打）ニ相成候へば、金吾もその中ま（仲間）ゆへ、はら（腹）切にたツそふ（脱走）するかと、ない〱中ま（仲間）衆がきてくられらるゝ。その中まの人ニ金子拾両借金があるよって、私シニかやして（返）くれとの金吾申ス事、それより夜の内に春日井郡新居村（現・尾張旭市）迠行、私シにいろ〳〵諸事諸品をそのよ（夜）の内に吉川山（現・大府市吉川町）平たい（兵隊）の小家内に諸事品だっそふ（脱走）す夜に、私シと弟栄次郎とに取てきてくれとのこと……

横須賀町方のある店で、花札ばくちをしたことがばれ、店の主人は手縄をかけられ、金吾は主謀者の一人として脱走する。一〇両の借金を仲間に返しておいてくれ、吉川村の兵舎から金吾の身廻品（?）を取ってきてくれ、と脱走直前に父親に依頼している。九蔵は、彼の弟栄次郎と共に奔走するが、金吾は結局捕えられてしまう。

……木田村（現・東海市大田町）かんふく（観福）寺様へ金吾新居で取（捕）られるより五日め（目）に木田村かんふく寺様へ使物をもち行。かんふく寺様を誠ニ〳〵ひとへに〳〵にとて御願御願上、かんふく寺様はそのよくじつ（翌日）稲垣様御たく（宅）へ御出被レ下候。それより夜八ツ（夜二時）頃ニをきて（起）木田村かんふ（く）寺様へ私シ御願に行事、夜をかけて冬の内に三度、それより春となりて（明治四年か?）、正月二日より夜八ツ頃よりニをきて（起）栄次郎に壱里半程もをくって（送）もらい（貰）ゆく事、廿二日迠に拾弐三度も行、誠ニさむ（寒）ニハ□極かん（寒）に御座候。誠に〳〵に道々さむさハはげし（激）さよふ〳〵の事で夜八時（夜二時）よりをきて（起）、そのひ（日）しょく（食）物に餅二つ切残やき（焼）はら（腹）にあて、冨田村（現・東海市富木島町）堤ヲ風にあい行事（ゆくこと）……忰金吾がたづけ（助）もらいたいのが、うみ（海）とも山ともしれず、みち（道）にねんぶつ（念仏）、あ（或）類いわかんぜ（観世）を様や地蔵様や神〴〵様をいつしん（一心）かけ、口にあやめも御座候程にとな（唱）へ……

金吾を釈放してもらうため、木田村（現・東海市大田町）の観福寺へ物を持って頼みにいく。出発点は、栄次郎のいる有松（現・名古屋市緑区）。冨田村（現・東海市富木島町）を経由して、横須賀町方（または吉川村）へ向かう。午前二時頃に起き、寒風の中を途中で食べる焼餅を腹にあてて体を暖めながら、暮に三度のほか、正月二日から二二日までの約二〇日間に一二、三度も通ったというのだから、子を思う父親の執念たるやすさまじい。観福寺の僧が前にも名の出た横須賀の「稲垣様」へ頼みに行っているところをみると、「稲垣様」は郡宰の重要人物であろう。寺の僧が依頼を受けて奔走するというのは、当時よくある型であろうか。天保の加茂一揆のとき、松平村（現・豊田市）の高月院は、一揆の主謀者の助命をその家人から頼まれている。息子を助けてもらいたいため、苦しいときの神頼みで、念仏を唱えるだけでなく、観世音、地蔵、神など知っている限りの神仏を動員して一心不乱に願う――悲しいまでの父親の姿が彷彿と浮かんでくる。

……となへ行たび事にいろ〳〵の使物を持行、その代金ヲしんぱい仕候て、行事かずしれず、去年極月（十二月）廿三日頃よりよく年（今年）九月四日に御めんに相成候まで、をよそ品を金につもれば、七拾両余も御座候。それも倅がたづけたいのが山々で、あるものうりはらい、いろ〳〵と借金ヲしてわ、栄次郎は日雇ヲ取リ、私シハあんましたり薬ヲすこしつも売てハその金を持行、夜るとなきひるとなき、それ迄でハ正月のとゆ事なし。五節句もわすれ、盆でもまつりでも横すかや吉川村へ行にかゝりはて、まあ〳〵出れると申シてからも、をよそ半年程もかゝり、まぎわになりてよりをもどいてハならぬとをもひ、ひごにその事をわすれス。

何といっても先立つものは金である。贈答品を持参するにしても、回数が重なれば、バカにならない。明治四年（?）九月四日に釈放されるまで、七〇両余を費やしている。九蔵は按摩と薬売り、弟の栄次郎は日雇、正月も五節句も、盆も祭りもなしで働き、暇をつくっては、観福寺や役所のある横須賀町方（現・東海市横須賀町）、兵舎のある吉川村へ出かける。それも、陳情の手を抜いたら、元も子もないとの不安から、最後の最後まで手が抜けない。「まぎわになりてよりをもどいてハならぬとをもひ、ひごにその事をわすれス」という尾張方言のまじった表現の中に、父親の息子思いの粘り強い行動力が沁みでていて、感動的でさえある。

ところが、一方で弱味につけこんで、金をむしり取るしたたかな人物がいる。

大高村（現・名古屋市緑区）森十と申てをき（大）物（者）が御座候。その物が私シ方へ手紙ヲいこし（寄越）、此手紙つき（着）しだい（次第）にこい（来）との手紙なれハ、さそく（早速）にまいり（参）、いろ〱と申れるに付、又々まよい（迷）四、五度も行。そのたび事に使物を持行（もちゆく）。此森生（十）と申ス物もろにてをまい（お前）の倅金吾さとはなしヲいたし、まず金のさいかく（才覚）とていたさ（致）によやならぬとて、いろ〱と申す。……高横すか（須賀）（現・東海市高横須賀町）安五郎とてこれも金吾ヲろふ（牢）から出るよにするとて、こいつも物取に御座候。そいつにもしたたか物ヲ取られ、そゆう時ハよわみ（弱味）ヲつけこみ、いろ〱とたくみ（巧）ヲする物（者）も御座候。その中に私シ、弟栄次郎、なんへん（何辺）も〱〱もゆ（揺）すられてをるかなし（悲）さ……

ここに名が出ている「（高）横須賀村安五郎」「大高村森十」がどのような人物か、わからない。一縷の望みを託そうとして、彼等の甘言に翻弄されている父の姿には、哀れを催す。

しかし、父九蔵の真情に心を動かされ、献身的に尽力してくれる人もいた。

誠ニ〱にしん（信）あづて被レ下候御方様ハ、吉川村吉蔵との（殿）、同村御寺様（清涼寺住職か）と横須か（賀）南西の御寺様（玉林寺？・住職か）ヲたのみ（頼）てもらい（貰）、をかけ（お陰）をもち、諸御役人様ヲ頼てもらい、それより金吾が使いこみの金子は年さい（債）に相成候までの御頼上あげ候までハ、なに程とも心の（無）うわ大願に御座候。

「吉川村吉蔵」と吉川村と横須賀（町方？）の住職の努力によって、釈放のメドが立ち、使い込み金は、年賦償還が認められた。

この小伝を読むと、永井金吾が隊にひとときもじっとしておれずに、逃亡か入牢の生活ばかり送っていたかのような印象を受ける。父親は隊士としての生活ぶりを日頃見ていないからで、金吾なりに隊員としての真面目な一面もみせていたにちがいない。そうでなければ、とっくに隊を除名になっていた筈である。父親からみた、苦労をかけっぱなしの息子金吾像と、金吾のトータルな肖像とは、多少区別する必要があろう。父のみる息子像は、いつの世にも厳しいものだ。

永井金吾のその後に触れておこう。

冒頭に紹介した『名古屋地方裁判所管内博徒ニ関スル第二調査書』の省略した部分に、次の文がある（九四頁）。

県下知多郡常滑（現・常滑市）一家ノ衰微セルニ乗シ、同郡大府町（現・大府市）並ニ其附近ニ侵入シ、此地方ニ勢力ヲ張リタリ。乾児多カリシカ中ニモ、坂久事坂野久太郎、加古庄太郎傑出セリ。久太郎ハ後破門セラレ、加古庄太郎ト共ニ常滑一家ニ入リタリ。

おそらく、南郡隊員として、現在の大府町で生活を送った体験が、縄張りの拡大にプラスになったのであろう。坂野久太郎、加古庄太郎の名は隊員の中にはないので、隊員生活と直接の関係はなさそうである。前掲の調査書が「北熊一家の系統」として掲載している系統図（九五頁）に、永井金吾の主な子分として、坂野久太郎、加古庄太郎を含めて、九人挙がっている。その中に仙敷福平の名があるが、知多郡名和村（現・東海市名和町）から南郡隊に参加している仙敷福平と同一人にちがいあるまい。この仙敷福平は、南郡隊では幹部で、準幹部の永井金吾と上下関係が逆になっているのが妙だが、ひょっとしたら、両者とも南郡隊では幹部であったのに、永井金吾がたび重なる不祥事のため、準幹部に格下げされたのかもしれない。除隊後、[十]仙敷福平が金吾の翼下に入った可能性もなくはないが、このように考えておきたい。

いずれにせよ、永井金吾にとって、南郡隊の生活は、失敗も多かったものの、あとから顧みれば、成長へのバネになったようである。

ここで、「不孝物（者）之諸事ヲ書記（ス）」について、触れておきたい。さわりの部分は紹介してきたが、たどたどしく読みにくいところも多く、決して巧い文とはいえない。村のインテリである庄屋らが日常書く文章とはかなりの差が認められる。しかし、筆者の言わんとする内容は、可不足なく述べられているし、方言や口語的調子に馴れれば、意味が通じないことはない。父親の子を思う情を切々と訴えることに成功した、型にはまらない庶民の文として、評価できるのではないだろうか。この文が書かれた時期はいつ頃かはっきりしないが、インテリや事務に堪能な人以外の老人で、この手の文章が書ける人は少なかったと思われる。おそらく、久蔵が、若い頃、中間奉公をすることによって自然と習い覚えた文章力が、ここに結晶しているのではあるまいか。日頃筆を持たぬ庶民としては、むしろ貴重な遺産といってよかろう。

## 七、長州藩脱隊騒動の影響

明治二（一八六九）年一二月一日、奇兵隊はじめ長州藩諸隊の一部が、歎願のためとの名目で、山口を脱して三田尻へと奔った。脱隊騒動、つまり諸隊の反乱として知られる事件である。脱隊人員は全隊員二五二九人のうち一二二三人、即ち、四八・四％、ざっと半分に達していた。幕末以来、反幕・討幕軍として多くの功績を残し、政府の一部を占めた藩の草莽隊であるだけに、影響も大きく、看過しえない事件であった。

何故、このような脱隊騒動が起こったのか。これまでの研究を総合すると、次のようになろう（梅渓昇・前掲論文、関順也・前掲書、小林茂・前掲書、田中彰・前掲書のほか、田中彰『明治維新政治史研究』、原口清「長州藩諸隊の叛乱」〈『明治政権の確立過程』所収〉、井上勝生「討幕派軍隊の『兵士と農民』」〈『日本史研究』一二四号〉のち、『幕末維新政治史の研究』所収、井上清『日本現代史Ⅰ　明治維新』参照）。

㈠　版籍奉還によって家臣、陪臣、足軽などの家禄が削減されたが、これが諸隊に最も大きく皺寄せされた。

㈡　明治二年一一月二七日、藩は諸隊に対して、諸隊の号をやめて常備軍に編成替えすることを命じた。その際、諸隊を「精選」する、つまり除隊＝解雇をともなっていた。

㈢　総督・軍監・書記・司会などの幹部と、嚮導以下一般兵士との間に断層があった。これには様々な理由があるが、兵士の手当がピンハネされて、幹部の旅費などに化けていたり、隊長らの隊員に対する賞罰が厳正でなかったこともその理由のひとつであった。田中彰氏は、諸隊的要素（脱隊兵士側）と非諸隊的要素（非脱隊兵士側）の対立としてとらえている。

㈣　兵士が、数年の軍隊生活で権威を権威と思わぬ態度を身につけて「増長」し、木戸孝允をして「尾大の弊」（「版籍奉還建白書」）と云わしめる状況になっていた。政府の兵制改革の根本は、このような雰囲気を一掃するところにあった。

脱隊騒動は、農民一揆とも結びついたり、農民一揆を「煽動指揮」したりしては、広がっていった。この両者の結合について、大久保利通も「長州一藩の事ニ無二御座一、実に天下の御一大事」（明治三年一月一三日、吉井幸輔への手紙）と、憂慮せざるをえないほどであった。明治三年に一層激しさを増した脱隊騒動は、やがて藩・政府軍に弾圧され、脱隊兵は捕えられ、処刑されていった。斬罪八四人、切腹九人、これらを含め処罰者は二二一人を数える。武士身分の者も処罰者の三一％を占めているが、下士・陪臣など庶民層につらなる者が多く、実質は足軽・鉄砲組・中間などの軽輩で、武士らしい武士とはいえない。

ところで、この脱隊騒動が鎮圧されると、藩外へ逃亡する者があいついだ。九州方面への逃亡が多いが、尾張藩（正確には版籍奉還以降は名古屋藩と呼ぶ）域に逃亡し、捕えられた者が三人いる。美恵遷介（二六歳）、鞠生次郎（別名横田義太郎）（二六歳）、原荘助（別名河内六郎）（三四歳）の三人である（石川貞美・田井彰編『奇兵隊反乱史料 脱退暴動一件紀事材料』）。

先般山口藩脱走人取締之儀ニ付、於二西京（京都）一御布告之趣御座候。然ニ此節当藩支配所ニおゐて疑敷者有レ之、取留相糺（ただし）申候処、夫々別紙書取両通之通申立候間、右地ニ指留置申候而ハ、右之趣山口藩江打合引渡候様可レ仕哉、奉レ伺候。以上。

（明治三）

六月十三日　　　　　　　　　　　名古屋藩公用人

竹中彦太郎

弁官御伝達所

（同書　一五二頁）

このあと、三人の経歴・行状が記されているが、美恵遷介（振武隊士、二六歳）の場合――。

私父勘左衛門儀は、同藩上士内藤佐渡……家来給禄廿七石ニ而、右内藤家家（老）役相勤罷在、父没シ私儀跡相続仕、矢張家老役相勤罷在候処、七ケ年程以前主家滅高相成、右ニ準シ私も断絶相成、……其後同州阿夫（武）郡福井上組半田村江引込住居罷在……行々活計之基ニと先々医業相学ひ候方と存附、……振武隊之内卯市と申者江随身、……同（二月）十二日石州通り江脱シ、同州関門裏道通行、夫より大小等荷物江差入、町人体ニ成、備前国江罷出、……同廿日右所（尾ノ道）より大阪江之通船ニ乗り候処……

（同書、一五二～三頁）

美恵遷介は、上士である主家を家政改革のため馘首され、医師の修業を志しながらその機会がなく、とりあえず生活のため、諸隊のうちの一つ、振武隊に入ったものらしい。彼が逃亡中、大阪への船に乗り合わせた芸州藩の赤松清之助という人物に、「上方医家奉公」の心あたりを尋ねているところをみると、医師修業への気持ちが捨てきれなかったらしい。大阪へ着くと、赤松は知人の医師を紹介してくれたものの、すでに弟子が多くいて希望は適わなかった。美恵が名古屋藩下にやってきたのは、赤松が同じ藩の石津蔵六という者が名古屋詰なので、彼の従者になったら、との助言を得たからだ、という。美恵の山口での取調べの結果は不明ながら、死刑にはならなかったらしい。

鞠生次郎（二六歳）、原荘助（三四歳）（いずれも奇兵隊員）の場合——。

> 当午二月十五日夜国元脱走、西京江罷登、弾正台江曲直を御糺明(きゅうめい)之儀、相願候積之処、前ニ戦争ニ及ひ候者共、最早西京江先入志願不㆓行届㆒、其後大阪ニ而両人邂逅(かいこう)（思いがけなくあう）申合之上、若州（若狭国）江懸リ……東京江罷出、……東京ニは足も不㆑留、品川ニ而一泊、夫より横浜江罷越、……最早路用も尽果荘助佩刀は両度ニ売払、辛(かろう)して当所迄罷越申候、……
>
> （同書、一五四頁）

二人は、美恵遷介とちがい、名古屋藩域において斬首の刑に処せられている。鞠生次郎は「於㆓奈(名)古屋藩㆒斬首場所借受」、原荘助は「脱隊之首長と成り兵卒を鼓動し、其末他藩江令㆓脱走㆒候。……其後於㆓西京㆒召捕連帰途中ニ而又脱走せしめ、行衛不㆓相知㆒候処、……於㆓彼地（名古屋）㆒誅伐申付候」とされた。鞠生次郎は「山口藩三田尻郡署属官横田兵吉弟」、原荘助は「山口藩田原周蔵厄介」とあり、いずれも藩士の家に生まれながら部屋住の身で、諸隊に入ることによって梲(うだつ)を上げようという気持ちがあったとみられる。

この脱走隊員の捕縛（そして処刑）が名古屋藩のどの地でなされたのか、明らかではない。名古屋藩領は尾張国だけに限られないので、中仙道筋も考えられる。このニュースが、名古屋藩下の人々、とりわけ名古屋藩諸隊の人々にどのように伝わり、どのような影響を及ぼしたか、明らかにする史料は、私の知る限りはない。藩として、まかりまちがって起きることを予想し、未然に防ぐためにも、この敗残者の悲劇を広くPRする必要があった。このニュースが、名古屋藩諸隊の人々にとって衝撃であったことは間違いあるまい。

## 八、戊辰戦争の論功行賞

明治二（一八六九）年〜同三（一八七〇）年、長防の二国を席巻した長州藩諸隊の脱隊騒動は、諸隊の中でも主力であった奇兵隊・振武隊・干城隊・遊撃隊などが中心であるだけに、農民一揆と結びつくと、大きな反乱になりかねなかった。長州藩が中軸でもある政府にとって、きわめて衝撃的な事件であった。戊辰戦争（以前も含めて）以来の「尾大の弊」（下剋上的雰囲気）は、自身が「尾大」でもある新政府の人びとの政治姿勢を、大きく揺さぶることになる。

草莽隊の活躍が目立つ尾張藩改め名古屋藩の草莽隊には、長州藩のような動きはほとんどみられない（但し、九節参照）。前節の、長州藩諸隊の脱隊騒動と名古屋藩域での逃亡者の一部の捕縛という結末は、名古屋藩草莽隊の人びとに、騒動・反乱よりも、粘り強い要求・交渉により、恩賞や士分への昇格をかちとることの大切さを悟らせたに違いない。のちの秩禄処分の際の運動はある程度知られるが、明治初年の「賞典禄」の「分与」（つまり、広義の、戊辰戦争の論功行賞）に、どのように反映しているのかは、従来、あまり明らかにされてこなかった。

しかし、一九七八（昭和五三）年に発表された松平（上野）秀治氏の「分与賞典禄の研究――尾張徳川家の場合――」（『学習院史学』第14号）によって、その決定に至るプロセスが明らかにされている。これまで、この貴重な成果があまり参照されていないようなので、この論文に全面的に拠りつつ、草莽隊を中心に、やや詳しく触れてみたい。

松平氏は、戊辰戦争の戦功として徳川慶勝（二代前の藩主）・徳川義宜（徳成、現藩主）父子に与えられた永世高一万五〇〇〇石が、貢献した藩士たちにどのように配分されたかをこまかく検討する。松平氏に拠れば、一万五〇〇〇石から徳川家取得分二〇〇〇石と招魂社費用八〇石を除く高、即ち一万二九二〇石が配分の対象となる。明治五（一八七二）年の決定に至るまで、明治三年から順に決定に至る四度の案を政府に提出するなどして手を加えていることが判り、そのプロセスを通じて、内側（名古屋藩、徳川家、愛知県）からの考慮と、外側（政府、草莽隊）からの要請が、朧気ながら浮かび上がってくる。

永世禄（子孫へと継承される禄）と終身禄（一代限りの禄）を中心に、その推移をたどると（表六―6参照）――。

一　第一案では、永世・終身禄者共に該当者が少なく、最前線で戦ったにしては身分制の壁が濃厚に反映している。

二　第二案では、終身禄者が飛躍的に伸び、永世禄者と合わせ、禄高も三〇〇〇石を超える。

三　第三案では、永世禄者が0になったものの、終身禄者は一挙に倍以上に増加する。永世禄者を減らすことにより、将来の増加を抑制しようとしたのであろう。

四　決定では、永世禄者が二七人。今まで　のどの案よりも多い。終身禄者は永世禄者が増えた分やや減ったものの、人数は第三案とほぼ同じ。総禄高は一見、第三案と同じにみえるが、指導者または活躍者を重んじて永世禄者を増やした分、実質的には支出は増え続ける。一方で、終身禄者の低い層を第三案と共に禄高は低くとも下層隊員の人数を増やし、隊員からの不満が拡がるのを防ぐ配慮をしている。

図表六-7　第３案
終身禄・人数分布

| 禄高 | 人数 |
|---|---|
| 17石 | 1人 |
| 16 | 3 |
| 15 | 2 |
| 13.2 | 1 |
| 12 | 2 |
| 11 | 8 |
| 10 | 7 |
| 8.5 | 10 |
| 8 | 12 |
| 7.5 | 4 |
| 7 | 35 |
| 6 | 48 |
| 5.5 | 70 |
| 5.25 | 24 |
| 5 | 136 |
| 4.5 | 80 |
| 計 | 443人 |

禄高計　2585.2石

図表六-6　永世禄と終身禄

第1案

| | 人数 | 禄高 |
|---|---|---|
| 永世禄 | 4人 | 48石 |
| 終身禄 | 14 | 220 |
| 計 | 18人 | 268石 |

第2案

| | 人数 | 禄高 |
|---|---|---|
| 永世禄 | 18人 | 1010石 |
| 終身禄 | 219 | 2190 |
| 計 | 227人 | 3200石 |

第3案

| | 人数 | 禄高 |
|---|---|---|
| 永世禄 | 0人 | 0石 |
| 終身禄 | 443 | 2585.2 |
| 計 | 443人 | 2585.2石 |

決定

| | 人数 | 禄高 |
|---|---|---|
| 永世禄 | 27人 | 293.5石 |
| 終身禄 | 416 | 2291.7 |
| 計 | 443人 | 2585.2石 |

注：表6～9は、松平（上野）氏の論文「分与賞典録の研究―尾張徳川家の場合―」（「学習院史学」第14号）から草莽部分のみ取出し、簡略化したものである。

図表六-8　決定
永世禄・人数分布

| 禄高 | 人数 |
|---|---|
| 17石 | 1人 |
| 16 | 3 |
| 15 | 2 |
| 12 | 2 |
| 11 | 8 |
| 10 | 3 |
| 8.5 | 1 |
| 8 | 3 |
| 6 | 4 |
| 計 | 27人 |

禄高計　293.5石

図表六-9　決定
終身禄・人数分布

| 禄高 | 人数 |
|---|---|
| 13.2石 | 1人 |
| 10 | 4 |
| 8.5 | 9 |
| 8 | 9 |
| 7.5 | 4 |
| 7 | 35 |
| 6 | 44 |
| 5.5 | 70 |
| 5.25 | 24 |
| 5 | 136 |
| 4.5 | 80 |
| 計 | 416人 |

禄高計　2291.7石

決定を含めた四つの案の振れ幅があまりに大きいのに驚く。他藩の動向や草莽隊の要求、先述した長州藩諸隊の反乱の余波など、次々と生起する政治状況・人心の変化などを反映し、案を二転、三転、いや四転させたのであろう。とりわけ、主な草莽隊が北越・信濃・江戸などの最前線にあって藩兵以上の働きをしたことから、その功を藩（県）・政府中枢も考慮せざるをえなかった、と思われる。その証左が、プロセスと決定に示されている。のちの秩禄処分ではひと波瀾あるものの、それ以前の戊辰戦争の論功行賞としては、藩としては、すでに明治二（一八六九）年一一月に、士卒の家禄を削減する改革を行っているだけに、その配分のバランス感覚が問われることにもなった。「永世」か「終身」かは、藩（県）が迷走するテーマでもあった。

松平（上野）秀治氏は、草莽隊について次のようにまとめている。

「……永世分与に加えられた者も石高は一七石が最高で、それほど多くはない。……しかし、永世・終身分与をうけた者八三五名、合計石高一万二九二〇石のうち、草莽の占める割合は五三％にも達し、石高では二〇％となっている。……この数字から草莽の功績がいかに大きかったかが推察されるし、また

最前線で実戦に参加した草莽は、人数の点から考えて、全員が恩禄にあずかったと思われる」（二一～二二頁）

「しかし一方では、士族が優遇されていることも見逃せないので、尾張徳川家の賞典禄分与の特徴は、従来の身分制を尊重しながらも、新しい勢力（草莽）への対応も怠らなかったという二面性をもつ点であった」（二四頁）

何を適正な論功行賞（配分）とみるかは難しい問題である。最前線よりやや後に陣をとる正規の藩兵に較べて、留守を守った草莽隊は別として、鉄砲隊を中心に常に最前線で闘った草莽隊（員）が、第一案からみれば、かなり評価を高めてきたことは、疑いないところである。

『子爵田中不二麿伝　尾藩勤王史』（西尾豊作著、一九三四年）の巻末に置かれた賞典禄の分配内訳は、松平（上野）氏の研究で、実は第二案であって、最終決定ではないことが明らかになったことにも注目しておきたい。

松平（上野）氏には、「金鯱叢書」に発表された次のような論文がある。主として徳川林政史研究所の史料に基づき、数字を駆使した緻密な論文で、併せて参照すべき内容である。

「明治初期大名華族の経済基盤――尾張徳川家の家禄収入――」（「金鯱叢書」第二輯、一九七五年）
「尾張徳川家の賞典禄収入」（「金鯱叢書」第五輯、一九七八年）
「尾張徳川家の分与賞典禄支給状況」（「金鯱叢書」第六輯、一九七九年）
「尾張徳川家における賞典禄の運用」（「金鯱叢書」第八輯、一九八一年）

三番目の「支給状況」は、草莽隊に触れる箇所が多く、前掲論文と対をなす論文といえよう。

## 九、挙兵未遂(?)事件

長州藩諸隊に騒動・反乱の計画がなかったとしても、尾張藩草莽隊の今後の復権のコースが粘り強い言論による主張・運動という道をとったことは、ほぼ間違いない。いや、今、尾張藩草莽隊中に騒動・反乱の計画がなかったとしても、という仮定形を採ったが、実はその可能性が全くなかったわけではない。というのは、長州藩の脱隊騒動から影響を受けたかと思われる事件が、明治三(一八七〇)年の二月に起こっているからである。

この事件の朧気な姿は、細野要斎の『葎(むぐら)の滴(しずく) 見聞雑剳(ざっさつ)』(旧名古屋市史資料)にみえる。

(明治三年)
二月十日頃之由、尾州藩士陰謀露顕名前
集議(義)隊長
正義方之内　渡辺三多(田)丸
此三人軍務局へ　大田　園蔵(三)
禁錮之由　千賀半五郎
角田元主税事
某
梶川吉助

外ニ二人

右八人禁錮之由

事情ハ不二相分一候得共、大参事田宮(如雲)初、渡辺(鉞次郎)・遠山(靫負)等を天誅セント企ニ而、残犬山藩邸ニ火を付、其挙ニ乗シ、右役々出馬ヲ途中ニ待受討取シとの由、右は集議(義)隊中より両人程反忠(裏切り)ニ而露顕したりと云々。

右一条如何之処より発し候哉、又、渡辺初禁錮之一条、巨細相分リ候ハ、御一報奉レ願候。

それによれば、渡辺三田丸、太田園蔵、千賀半五郎ら八人が、大参事田宮如雲、渡辺鉞次郎、遠山靫負を討ち、犬山藩邸に火を付けようとしたが、集義隊員から二人ほどの密告者が出たため未遂に終わった、というのである。二月三日の箇所には、さらに、服部与一、佐治六四郎、間宮伊右衛門の名がみえ、「外ニ二人」に当る、と推定される。

集義隊長渡辺三田丸について、西尾豊作著『子爵田中不二麿伝　尾張勤王史』は、「渡辺三田丸は尾藩の世臣であって、源姓で代々綱と名乗った。天保十年の生れである。壮時は鋭気溌溂として居た。明治元年には農民より組織されたる集義隊の長となり、その隊を率ゐて関東に下り、討伐の任務を全うした。角田弟彦とは殊の外親善であった。同三年藩の権臣某の独断専行を慨し、弟彦と共に除かんとしたが、事は未発に終って事なく済んだ」と記し、参禅し、相法(?)に凝った後半生に言及している。この事件の失敗は、渡辺の人生の大きな挫折を意味していた。渡辺らの批判が、時の権力者である大参事に向けられていたことは確認できるが、二人ほどの「反忠」＝裏切りがあったことからみて、集義隊を当てにしての挙兵とみられる。渡辺ら主謀者しか照らし出されていないこの未発のクーデター計画は、集義隊員を単に兵力として利用したに過ぎないのか、それとも集義隊員の意向をふまえたものだったのが切り離された恰好になったのか。

どうみても前者のように思われる、とはいうものの、真相は闇の中にある。

『名古屋藩庁日誌　明治三年』にこの事件の判決文が載っていて、要斎のメモを補ってくれる。

閏十月十三日

渡辺三田丸
千賀半五郎
太田園三

其方共儀、当春疎暴之挙動御詮議之上申顕候趣不都合之事ニ付、厳科ニ可レ被レ処之処、言語無二節度一方向ヲ失候躰、全ク発狂之所為ニ有レ之候付、寛典之御所置ヲ以給禄引揚永禁錮申付候。

但、是迄之通揚屋ニ入置筈候。

渡辺三田丸
千賀半五郎
親類共

渡辺三田丸・千賀半五郎儀、当春疎暴之挙動御詮議ノ上、申顕候趣不都合之事ニ付、厳科ニ可レ被レ処之処、言語無二節度一方向ヲ失候躰全ク発狂之所為ニ有レ之候付、寛典之御所置ヲ以給禄引揚永禁錮可二罷在一旨申渡候。跡相続之儀ハ御吟味之次第モ有レ之候付、子弟等之内相撰、其方共ヨリ可二相願㆒候。

ここでは「疎暴之挙動」が問われているが、どのような内容であったのか不明である。特に「言語無㆓節度㆒方向ヲ失候躰、全ク発狂之所為」とは、本当にそうだったのか、「発狂」ということにして事を小さく穏便に処理しようとしたのか、はっきりしない。おそらく、後者のようにした方が万事無事に収まるとの政治的判断が働いたのであろう。過小に見せた始末のつけ方に、逆に大事件につながる問題を内包していたのではないかと勘ぐりたくなり、謎は一層深まる。集義隊そのものが全く処罰の対象になっていないのは、集義隊というよりも渡辺ら数人の計画で、集義隊員の多くは預かり知らぬことだった、と解される。ごくわずかの知っていた者、或はうち明けられていた者が藩庁に密告したとすれば、密告者は下締役、つまり平井亀吉・高井辰蔵・馬場権太郎・近藤実左衛門・吉田久三郎らということになるが、果たして真相はどうか。いずれにせよ、密告者が出ることによって、集義隊はむしろ称賛される側に廻ったとさえいえる。もっとも、集義隊が称賛された形跡は今のところ、見出せない。

渡辺らの相続＝家の保持については、「子弟等之内相撰、其方共ヨリ可㆓相願㆒」とあったように、渡辺三田丸は保（親族関係については不明）を立てて願い出、認められた。

十一月九日

渡辺保

渡辺三田丸儀、御詮議之上申顕候趣有㆑之、給禄引揚永禁錮申付候処、全別段之御吟味ヲ以テ親類共願之通其方ェ跡相続申付、士族ェ御組入給禄五拾俵被二下置一候。

明治五（一八七二）年の永世分与受給者の中に太田園三（高二五石）、千賀半五郎知足（高一五石）計四〇石が冤罪になったため、徳川家所得分から四〇石永世分与として支給していることが明らかになっている（実際の支給は明治六年の三月。第八節の松平（上野）秀治論文「尾張徳川家の分与賞典禄支給状況」）。渡辺三田丸は前記のようだとして、太田以下は許されて禄が復活したのであろう。

この事件については全貌がつかめず、隔靴掻痒の感が深い。今後、断片的な史料を重ね合わせて真実に迫ることが、課題として残されている。

この事件の数か月後、長州藩の脱隊騒動の敗北が誰の眼にも明らかになったことは、諸隊の人々にとって、武力的反抗がきわめてむつかしい状況だとの認識を深めたことは確実であろう。その意味で、この二つの事件が尾張藩諸隊（員）に与えた衝撃度の深さは、いくら強調してもしすぎることはあるまい。

## おわりに

系統的な文章というよりも、好奇心から気になった断片を、充分検討する間もなく、幕末・維新期の多彩な側面を興味本位に照らし出したものである。

永井勉氏提供の永井金吾の父親から見た息子（金吾）の行状記は、生ま生ましく、他と対比すると興味をそそるに違いない。のちに更生して晩年には地方の行政長として活躍したのは、子供を見離さない「家柄の良さ」が反映したのであろうか。故・水谷藤博氏の読解も大変参考になったことに感謝したい。

私の執筆時にすでに「学習院史学」に発表されていた松平（上野）秀治氏の論文を活用し、「戊辰戦争の論功行賞」に要約して加筆させて戴いた。あまり目に触れないかと思われるこの論文が、今後、注目されることを願っている。

挙兵未遂（？）事件は、不明なところが多いが、従来あまり指摘されていないようなので、今後さらに深く追究されることを願っている。以前は、七章にも付け加えていたのを、統合した。

江戸、明治初期の村名が現行の市町村名の何処にあたるか、読者の便をはかって調べるようにはしたものの、町村合併が進んでいるため、誤りがあちこちあるに違いない。

# 第七章

# 解隊期の尾張藩草莽隊

目次



## はじめに

尾張藩草莽隊について、永井勉氏との共稿「尾張藩草莽隊についての断片的覚書」を「東海近代史研究」第一一号に発表した（改題して第六章「尾張藩草莽隊の諸相」）。停滞している尾張藩草莽隊研究について、少しでも前進させたいと、乏しい史料によって復元や意味づけを試みたものであった。本編はその後若干の史料を閲覧する機会を得たので、その続編として成稿したものである。創立期よりもやや後半の解隊期前後に史料が偏在しているため、表題のようにしておいたが、本来は、「戊辰戦争期の尾張藩兵力、及び、解隊期の尾張藩（名古屋藩）草莽隊及び草莽隊員の諸相」とでも題すべきものである。論文をものするほどには充分熟してない上に、内容的にあちこちに及び、散慢になるのを避けがたいが、将来もう少し筋を通して解明するための落穂拾い、或は史料紹介として、まとめてみた。基礎的作業を進める中で、せめて点から点線に近づけたいというのが筆者のねがいである。

## 一、尾張藩の兵力

戊辰戦争終了頃(明治二〈一八六九〉年、尾張藩(版籍奉還後、名古屋藩に改称するが、最初は尾張藩で記述)の軍隊はどのように編成されていたのか、明確にしたものは、管見による限り見当たらない。そうした中で、『自二慶応四年(=明治元〈一八六八〉年)一、明治初年古記録書抜』(以下『古記録書抜』と略す。徳川林政史研究所蔵)にある次のような記録に注目したい。

当時兵隊之内精兵之隊数承知イタシ度、委敷(クハシク)御取調、明朝迄ニ御申聞之事

(明治二年)
九月廿五日　　　　　軍務局

張札
御書面之趣致二承知一前紙取調右一通相違候事

参政衆
一等兵隊
三大隊
信義隊

五小隊
八雲隊
一大隊
四小隊
（中略）

〆十三大隊ト
五小隊

右之外、当時銃隊修業中之隊ヲモ有レ之候得共、右者相省キ、其余磅礴（ホウハク）隊初之儀老壮調分方等難二行届一候事。

軍務副知事江

別紙精兵之儀ハ、一等兵隊初当時之隊数御申聞之儀ト相見候得共、右精兵之儀者隊々之内他邨（ムラ村）江押出不レ可レ恥様、熟練之兵隊御吟味之儀ヲ相達候訳ニ候条、今一応篤（トク）ト御吟味否早々御申聞之事。

九月

別の箇所に、「一小隊八十八人ツヽ、六小隊ヲ以テ一大隊トス」とあるので、一大隊四八〇人になり、これにもとづいて計算すると、一五大隊と三小隊になる筈だが、実質的には「一三大隊ト五小隊」と記されている。ところが、『明治十年　旧名古屋諸兵隊雑使等御諸（処）分替之一巻』（愛知県公文書館蔵）には、兵卒として「拾五大隊　人員七千弐百人」との記載がある。三小隊の誤差はあるが、この史料の方が『古記録書抜』よりは正確だとみられる。この史料には、さらに士族兵隊として、「五大隊ト一小隊　〆弐千四百八拾人」、卒兵隊として「九大隊と五小隊　〆四千七百弐拾人」とし、「士族」と「卒」の別もはっきりと明示している。この二つの史料を表にまとめたのが、図表七―1、図表七―2である。

図表七―1の一等兵隊から神宮方附属兵隊までのうち、どこまでが士族、どこからが卒であろうか。八雲隊までで切ると五大隊と三小隊、二等兵隊から以下は一〇大隊となり、若干の誤差はあるにせよ、士族と卒の線引は、ここにすべきのようだ。省略されている「当時銃隊修行中之隊」を加えるならば、兵力は七二〇〇人を上廻るにちがいないが、その数が判らないので、兵力を七二〇〇人とすると、士族三四・四％に対して卒六五・六％となり、尾張藩の兵力が卒にいかに依存していたかが鮮明になる。しかし、平常時でも、足軽クラスの兵力が現実の兵力の主要部分をなしていたことは、室町後期以来周知のことであるから、驚くにたりない。問題

図表七-1　尾張藩精兵 その1（明治2年9月）

| 隊　名 | 大　隊 | 小　隊 |
|---|---|---|
| 一等兵隊 | 3 | |
| 信義隊 | | 5 |
| 八雲隊 | 1 | 4 |
| 二等兵隊 | | 2 |
| 三等兵隊 | 4 | 6 |
| 軍務局兵卒 | | 2 |
| ○渡辺鉞（えつ）次郎附属 | | 1 |
| ○正気隊 | | 3 |
| ○磅礴隊 | | 3 |
| ○集義隊 | | 6 |
| ○精鋭隊 | | 2 |
| 励義隊 | | 1 |
| 真管隊 | | 1 |
| ○愛知隊 | | 1 |
| 山同心 | | 2 |
| ○忠烈隊 | | 1 |
| 草（くさ）薙（なぎ）隊 | | 2 |
| 衽（じん）革（かく）隊 | | 1 |
| ○南郡附属兵隊 | | 1 |
| 神宮方附属兵隊 | | 1 |
| 計 | 8 | 45 |

註：1.『自慶応四年、明治初年古記録書抜』（徳川林政史研究所所蔵）により作成。
2. 13大隊5小隊とあるが、合わない。
3. ○印は藩・愛知県公認の「草莽諸隊」

図表七-2　尾張藩精兵 その2

| 15大隊 | 7,200人 | 15大隊 |
|---|---|---|
| 士族兵隊 | 2,480人（34.4％） | 5大隊＋1小隊 |
| 卒兵隊 | 4,720人（65.6％） | 9大隊＋5小隊 |

註:『明治十年　旧名古屋諸兵隊雑使等御諸（処）分替之一巻』により作成。

図表七-3　尾張藩草莽諸隊と人数

| | 戦功有之者 | 戦功無之者 | 計 |
|---|---|---|---|
| 磅礴隊 | 120人 | 54人 | 174人 |
| 集義隊 | 207 | 82 | 289 |
| 正気隊 | 79 | 44 | 123 |
| 帰順正気隊 | 33 | 3 | 36 |
| 草薙隊→元北地隊 | | 194 | 194 |
| 精鋭隊 | 0 | 80 | 80 |
| 愛知隊 | 0 | 50 | 50 |
| 南郡隊 | 0 | 270 | 270 |
| 忠烈隊 | 0 | 59 | 59 |
| 計 | 439人 | 836人 | 1275人 |

註:『元草莽隊中戦功有無人員録』（岡誠一文書）、『草莽諸隊山同心・農同心履歴書』（愛知県文書館蔵）により作成。

はその卒の中で、戊辰戦争時に新しく登場した卒がどのくらい存在したか、ということである。足軽自体も急拠動員され編成された部分もあるので、仕分けしにくいが、図表七―1の二等兵隊から軍務局兵卒までの五大隊と四小隊が足軽（維新後の言い方では雑使）、渡辺鉞次郎附属＝帰順正気隊以下四大隊と二小隊がほぼ草莽隊と見做してよいのではなかろうか。励義隊などは目見以上の子弟（二・三男、厄介などであろう）といわれるから、士族に入れてもおかしくないが、隊の並べ方（これは尾張藩の記録の順に並べたもの）からみて、このように理解するのが至当であろう。そうした理解の上で、足軽＝雑使と草莽隊の全体に占める割合をはじき出すと、前者は三七・二％、後者は二八・四％となる。幕府側が勝つか、討幕側が勝つか、結果の判らない時点において（勝敗の帰趨がはっきりしてから編成された隊もあるが）、草莽隊二八・四％のもつ意味はきわめて大きいといわねばならない。しかも鉄砲使用の積極性において正規兵にひけをとらなかったとすれば、割合以上に評価しなければならない。事実、磅礴隊、正気隊、帰順正気隊、集義隊などの最前線での活躍を示す別稿をみれば、自ずと明らかであろう。

次に草莽隊の人数と小隊について図表七―3と対照させてみよう。

帰順正気隊については一小隊だが、三六人、正気隊は三小隊だが一二三人、磅礴隊は三小隊だが一七四人、集義隊は六小隊だが二八九人、精鋭隊は二小隊だが八〇人、愛知隊は一小隊だが五〇人――といった具合で、一小隊八〇人とすれば、いずれも数が少なすぎる。たとえ戦死者・病没者等を考慮しても、それらはわずかであるから、解せないことである。一小隊四五人程度とすれば実情に合う。先にみたように（図表七―2）、実数がきちんと出ているだけに（これが全く机上でたたき出した数なら別だが）、不思議なことである。一小隊の定数は八〇人であるとはいえ、定数に充たない場合が多かった、と推定した方が現実には合致するようである。

東北地方の戊辰戦争を研究した星亮一氏の『よみなおし戊辰戦争―幕末の東西対立―』（ちくま新書、二〇〇一年）には、大山柏氏の『戊辰役戦史』を参考に、薩長ら西軍の隊の人員を算定した箇所がある。尾張藩と対比させると、次の表の如くになる。

図表七-4
星亮一氏の小・中・大隊人数算定

| 1小隊＝約 40人 |
|---|
| 1中隊＝約100人 |
| 1大隊＝約500人 |
| 1砲隊＝約120人 |
| 尾張藩の規定 |
| 1小隊＝ 80人 |
| 6小隊＝1大隊 |
| ＝480人 |

一小隊の人数が異なるし、そもそも中隊が尾張藩にはない。ほぼ同じとみなされる大隊を除けば、違いがあり過ぎて、混乱を招きやすい。星氏によれば、有力藩の薩摩の場合、一小隊が約百人だというから、戦場では軍夫（戦夫）を含んでいるのであろうか。

さらに二七〇人の大世帯であった南郡隊が南郡附属兵隊という名で一小隊にとどまっているのは、あまりに落差がありすぎて、首を傾けざるをえない。どこに消えたのであろうか。他の隊に吸収合併されてしまったのであろうか。しかし、他の隊へ吸収合併された証拠は見当たらない。

『古記録書抜』の中に、おそらく廃藩置県以後、明治四、五年の「在往士卒名前帳」という記録が挿入されている。

そこには、

一給禄 農 弐人分　　元徴兵 沢田浪蔵

とか、

一月俸六人口　　士族 平尾善次郎

とか、いった書き方で、草莽隊員に限らず一五六人の氏名が並べられているが、何故か元南郡隊員が七八人、つまり半数を数える。しかも、鳴海を筆頭に、古井、平針、植田、赤池など大勢を送りこんだ愛知郡の村の出身者が多く、中心の知多郡は一名もない。そうかといって、愛知郡に限定された記録かと思えば、春日井郡、名古屋も含まれている。いささか捉えどころのない史料である。

あくまで仮説だが、南郡隊の一部は、戊辰戦争後、解散、または自宅待機といえるような事態があったのではないか。この史料はその痕跡を反映しているといえそうである。

## 二、世襲か、一代限りか（1）

「旧名古屋藩諸兵隊雑使」について、内務・大蔵両省から問合わせを受けた愛知県令安場保和に対して、明治九（一八七六）年四月、旧名古屋藩権大参事の志水忠平・生駒周行・大津直行は連名で長文の回答を寄せている。秩禄処分適用のための記録整備である。
その前文には次のようにある。

……就而ハ旧同僚等協議之上、明確之答弁可二差出一旨、国債寮ヨリ御達之趣モ有レ之候段、本県ノ属・木村易ヨリ御通辞相成候ニ付、帰県ノ上取調方ニ着手仕り、目録ヲ以旧藩帳記類借用之儀申上候処、中ニハ現今保存無レ之由ヲ以、御下附無レ之簿冊モ多キニ居リ、何分数年ヲ経過シ候儀ニテ僅一藩之事務ト雖(イヘドモ)、多少ノ条件毫髪(ゴウハツ)(少しの)之遺漏ナク臆記(記憶)難レ仕、況ヤ重大之事件臆記ヲ以テ上申可レ仕筋ニ無レ之ヲヤ。……数年ノ久シキヲ経候儀ニ而、御下附相願候書類、既ニ欠失ニ係リ候者モ有レ之、頗ル錯雑ヲ極メ、且当時百般更革ノ見込ヲ立テ、未タ施行セサル者アリ、施行セント欲シ、簿書概略ヲ成シ、事業ニ施サザル者アリ、闕失(ケッシツ)(失って足りない)之書面ヲ綴拾(テツシュウ)シ、其毫髪差謬(サビュウ)(少しの誤り)無キ欲ス、豈得可ンヤ。……

(『古記録書抜』)

数年を経ている上に、記録がきちんと残っておらず、記憶に頼って上申するのは問題である――というのは、当事者の一般論としてはその通りであろう。しかし、「県庁ヨリ之御付書ニテ、旧藩之処分員外ニ取扱ヒ有レ之ヨリ難二聞届一趣御達相成候ニ付」、つまり、草莽隊や雑使(ざっし)(足軽)は士族とは認めがたいので、員数に入れないとする県(=国)の方針によって、「諸隊の者共頻(シキリ)ニ相迫リ、殆困惑之余」という差し迫った状況にあったことを忘れてはならない。志水ら三人は、自分たちの証明・証言が、秩禄処分の対象になるか否か運命を左右する草莽・雑使の圧力を少しでも回避するため、「此上ハ其筋ニテ御取調、猶本人共ヘモ御推問之上、允当(いんとう)(理にかなった)ノ御処分相成候様仕度」と、最終判断について「其筋」に下駄を預ける恰好となっている。「其筋」＝国・県としては、財源を圧迫するので、員数外として処理したかったであろうことは、いうまでもない。

このときの論点は多岐にわたるが、焦点の一つに、草莽隊員（及び雑使）が世襲であるのか、一代限りであるのか、という問題がある。草莽隊を編成した当初の段階では、戊辰戦争に間に合わせるためとりあえず……と、事を急いだのであるから、本来は一代限りとして採用したのであろうが、年数を経ることによって、父から子へと受け継がれ、世襲同様の状態になりつつあった。明治八年四月、愛知県令鷲尾隆聚（たかつむ）の「無戦功草莽隊之者……世襲終身等の区分不明了（瞭）」との問に答えて、犬飼巌麿（旧名古屋藩少参事）が次のように述べているのが正直のところであろう。「右諸隊之儀ハ御一新兵馬倥偬（こうそう）（忙しいこと）之際ニ募集編成イタシ、未世襲・終身等之区別モ一定之儀無レ之、中ニハ病気等之区別モ一定之儀無レ之、中ニハ病気等ニテ編隊欠員之節、其悴又ハ親類身寄之者等ヲ以補員イタシ、自然二代ニ相成候モ有レ之」『古記録書抜』。

旧草莽隊側は、犬飼以上に明快に世襲を強調する。

岩佐善右衛門初二十五名

明治元年戊辰旧藩江召抱相成、正気隊銃手被二申付一候。

…………

明治二年己巳十一月、諸隊之内月俸取之者、病気等ニ而暇（イトマ）相願、親類身寄等ヲ以右跡申立候得者、引替申付来候内之処、以後全病気等ニ而難二相勤一者ハ願次第帰籍之儀差免、……然処、前件二十五名之者ハ何レ茂諸役申付候半而難レ成者ニ付、筋々吟味之上親類身寄之者ヨリ諸役申付来候付、自然世襲ノ姿ニ相成居申候。

（明治八年五月　元正気隊無戦功之者履歴規則書）

明治二己巳年、旧隊長渡辺三田丸江委任ノ節、同心席被二下置一、病気等ニテ勤方不行届者ハ子弟ノ内ヨリ引替相成居候付、自然世襲ノ姿ニ相成居申候。

（明治八年五月　元二番集義隊履歴書）

元山同心之儀者、追々兵事ニ使役仕、殊ニ御東征御先鋒之御人数ニ差加繰出シ、凱旋之後諸同心之上座ニ取立、病気等之節者悴江跡相続申付来、一代限抱之者ニ而ハ決テ無レ之、従来沾茂世襲永続可レ致家系ニ有レ之、……

（明治七年、大津直行・犬飼巌麿から県令鷲尾隆聚（たかつむ）宛。
いずれも『草莽諸隊　山同心　農同心　履歴書』愛知県公文書館蔵）

話を明治九年四月の志水・生駒・大津連名の回答に戻せば、「集義隊ハ二代目之儀無レ之、正気隊ニ比スレハ是一代抱ナル事判然タリ」との「両省御付紙」に対して、三人は次のように反論する。

旧藩指令ニ二代目ヨリ之文字無レ之旨ヲ以、一代抱ナル事判然トノ御付紙ニ御座候得共、右ハ当時取調之者共、各自文章之繁簡（こみいっている）ニテ、事実ニ変リ候ハ無レ之候。其証ハ、本条ニ先代取来之御宛行、其儘差遣可レ然トノ文意ハ的ニ二代目ヲ指候大意ニテ、一代抱ノ儀ニハ関渉無レ之候事。

文章のちょっとした表現を逆手にとって世襲を正気隊のみに限定しようとする両省に対して、そうはさせまいとする〝執念〟が窺われる。もちろん、先述の「諸隊之者共頻ニ相迫」る圧力が、この姿勢を余儀なくさせたのにちがいない。

世襲か、一代限りか――この問題は、三人も引用しているが、明治三（一八七〇）年三月に藩から出された次の布告によって「二等卒族」についてはすでに明らかである。何故この文書を楯に草莽隊員についても主張しなかったのであろうか。

> 八等官以下諸兵隊卒族之儀、父子引替可二相済一分ハ病気依願暇ニハ不二申付一、役儀差免給禄引揚悴等跡役ニ申付候筈、□実子無レ之者ハ親類之内ヨリ致二養子一、相応之者無レ之候ハヽ、四等兵隊子弟之内ヨリ相撰引替之儀相願、内輪於テ株式譲引不二相成一旨等、旧臘（前年一二月）及二布告一置候。就レ夫、二等卒族家筋之者ハ従来幼年之者ト引替不二相済一、随而（シタガッテ）現在跡相続可レ致実子有レ之候共、幼年之節ハ不二レ致養子一シテハ一家相続難レ致情実不便之次第、且ハ品ニヨリ内々株式譲引之弊モ難二相続一運ヒニモ有レ之、右躰之儀出来候而ハ前顕布告之主意ニ令二違却一、以之外之次第ニ有レ之、並、藩制御一新士族・卒族之御規則モ被二相立一候事ニ付、別段之吟味ヲ以テ向後二等卒族ノ家筋之者ニ而モ、悴十五歳以下タリ共跡相続申付、二等卒族ニテ差置、給禄ノ儀ハ左之通可レ被レ下候事。
>
> 但、本文之次第ニ付、年齢等ヲ初メ彼是虚謀之所置有レ之候而ハ不二容易一訳ニ付、役頭於テ精々入念可二吟味一事。
>
> 二等卒族
>
> 十五歳以下之者
>
> 二人扶持
>
> 但十六歳相成候得ハ、二等卒族無職之者同様給禄四石二人分ニ被レ遣候事。

右之通二等卒族之支配有レ之役々エ、不レ洩様至急布告取計之事。

（『名古屋藩庁日記　明治三年』）

「二等卒族」を対象とするこの布告は、「株式譲引」については強く否定しているものの、実子、あるいは親類から養子を、親類に適任者がいなければ四等兵隊のうちから養子を立てよというもので、養子について強く促進しているとさえ受けとれる。実子は一五歳以下でも跡目相続を認めるというからには、まさに世襲を確定的にしたものである。これは、維新の激動期で、戊辰戦争は終了したものの、藩の兵力を維持することが必要とされた時期のためであろう。廃藩置県、徴兵令、秩禄処分によって、国の軍隊以外は不要になり、このような事態は解消されていくとしても、この時点でいったん確認されたことは、あとから簡単には否定しえない重みをもっていた筈である。

但し、この布告について七月にさらに追加が出されたが、少し厳しいものになっていることに留意しておく必要があろう。

二等卒族筋目之外雑使等ヨリ、従来二等卒族ニ相成居□此後昇転ノ者共モ隠居等父子引替之儀願出候節ハ、吟味之訳有レ之候間、向後雑使出等之訳入念相訂（タダシ）、其段□勤年数共無二麁漏（そろう）（疎漏）一願面等ニ認顕

伺ノ上、指図ヲ請候様心得之事。

但、若（モシ）御後闇取計方等相聞候節ハ、当人ハ勿論役頭ノ不念タルヘクニ付、如何之儀有レ之ニ於テハ、

急度御処分可レ有レ之事。

一二等卒族之悴又ハ二三男懸リ人等之者ハ、父子引替之外新規卒族ェ召抱ノ儀ハ決テ不二相成一候條、

此段篤ト相心得、其内文武抜群秀才別格之者ハ伺之上可レ仕指図一事。

（同　上）

この文面には「諸兵隊」の語が見当たらない。対象が別とも解されるが、この主旨は「諸兵隊」にも適用されたとみられる。ここでは父子引替について「入念」に「吟味」し、「顔面等」についてもよく「認顕」せよ、「二等卒族の悴、又ハ二三男」の父子引替は別にして、「新規卒族」へ召抱えることは決していけないとし、新規採用するくらいなら、むしろ「文武抜群秀才別格之者」を採用したいとする意向さえ窺える。第一節の史料にある「他邨（村）江押出不レ可レ恥」人物の登用に焦点があるにちがいない。

しかし、「父子引替」そのものは、決して否定されてはいない。

実は、この布告に先立って、前年の明治二（一八六九）年五月には世襲は事実上確立していたことが、次の布告によって明らかである。

明治二巳年　諸手代父子引替之極

当五月

一正気隊之内御切米取之者共、病気之節跡目申付方之儀、軍功之者之跡目ハ父通リ御宛行（アテガイ）差遣、二代目ヨリ之跡目ハ勤年数有レ之候ハヽ、父子引替申付、勤年数無レ之候ハ、新規抱ニ而御宛行之儀ハ、軍功之家筋ニ付、后来迄茂月俸ニ者不二申付一、先代取米之御宛行其儘差遣候筈相成候事。

（同　上）

しかし、この法令がどの隊にもだされたか否か不明である。草莽隊の中でも選ばれた隊、つまり戦功の隊に限定されたと見た方が正しいかもしれない。

左の集義隊についての渡辺舎人の文書は、集義隊にも出された父子引替を受けてのものだが、正気隊と同じようにみえながら、微妙に喰いちがっている。

明治二巳年　諸手代父子引替之極

集義隊父子引替之　極(トリキメ)

拙者御預集義隊之者、病気等ニ而御暇差遣、右跡新規召抱候節、是迄伺之上申付候儀ニ御座候処、以来於二拙者共一精々遂二吟味一、末末御為ニ可二相成一人物篤与取計申付、御委任ニ被二成下一候様仕度、尤申付候上ハ、節々御届申上候。此段御聞済、早速御否有レ之様致度、仍申遣候。

五月

御先手者頭
渡辺舎人
（同　上）

ここでは、好ましくない人物も入ってくる可能性のある世襲であるだけに、チェック機能を強化し、役立つ人間のみを採用したい、との意図がありありと見える。裏を返せば、手を焼く人物の存在を推測させるものである。この質問状に対して、藩は「書面之通相成可レ然候」と承認を与えている。正気隊と集義隊とを対比した場合、北越戦争の最前線で活躍した前者には甘く、博徒中心に編成され北越戦争の後半に参加した後者に厳しくの如く、隊別に方針が違っていたのか、いまひとつ判然としない。ただ、この明治二年の集義隊の「父子引替の極（とりきめ）」が、流れとして明治三年の二つの布告へとつながっていくとみて、大過はなかろう。しかし、ここでの「新規（召）抱」（正気隊・集義隊双方にある）や「吟味」という表現が、のちに内務・大蔵両省による鋭い批判を浴びることになる。

## 三、世襲か、一代限りか（2）

明治三年三月と七月の布告によって父子引替＝世襲が促進されたが、その年、早くも次のような願いが出される。

拙者御預集義隊水谷常之助始別紙通相願候付、両人とも願之趣ヲ以役儀差免給禄引揚、常之助始養子両人へ右跡集義隊銃手申付、御切米四石御扶持弐人分ツヽ差遣候様致度、右願書等三通相渡之候否、早行可二レ被申達一候。

（明治三年）

七　月

志水大参事

集義隊

水谷常之助

午廿二才

養　子

同姓島五郎
午廿六才
集義隊
服部重太郎
午廿三才
養子
同姓勝次
午廿才
（『古記録書抜』）

ふつう養子といえば、形式的なものであれ父子を想定するが、服部の方はわずか三才下、水谷の方はなんと養子の方が四才上である。これは通常の親子の養子ではなく、兄弟、あるいは親類、もしくは非親類間（四等兵隊のうち）の交代に当たるものであろう。この願いが承認されていることからみても、藩はあからさまな「株式譲引」は否定しても、あながちこのようなケースを否定しなかったとみられる。

他にも明治三年の二番集義隊の父子引替の例がみられるが、残念ながら父子それぞれの年齢の記載がないため、この点を確認することができない。先のケースは、例外的であるからこそ、わざわざ両者の氏名・年齢を記したとも受けとれる。

もっとも、父親の死去により、ほかならぬ娘が継承したケースがある。これは、集義隊の吉田久三郎が明治八（一八七五）年八月二四日に病死したため、長女の吉田せきが家督を相続している事例があるからであ

**図表七-5　集義隊除隊希望者**（明治2年6月）

| 氏　名 | 係累・住所 |
|---|---|
| 鷲野光造 | 鷲野小十郎弟 |
| 近藤主税 | 近藤市兵衛次男 |
| 水野善八郎 | 水野善兵衛悴 |
| 大嶋六左衛門 | 野崎助四郎四男 |
| 松岡市之介 | 松岡利三郎次男 |
| 加藤龍之介 | 志水甲斐家来　加藤七郎次男 |
| 長崎治郎 | 附属　毛利源内家来　長崎治部太次男 |
| 渡辺金八郎 | 尾州春日井郡下小田井村（現・清須市）郷士　渡辺太四郎悴 |
| 墨里三郎 | 尾州葉栗郡玉ノ井（現・一宮市）郷士　墨番助次男 |
| 丸井栄三郎 | 尾州中島郡一ノ宮村（現・一宮市）郷士　丸井勘介次男 |
| 小熊寿五郎 | 尾州丹羽郡東野（現・江南市）郷士　尾関民蔵次男 |
| 一柳利三郎 | 尾州丹羽郡宮後村（現・一宮市）百姓　一柳新助悴 |
| 田中勝之助 | 尾州中島郡一ノ宮（現・一宮市）社家　田中六左衛門次男 |
| 田中忠之助 | 勢州桑名郡新田村（現・桑名市）　田中弥七悴 |
| 佐分善之進 | 尾州一ノ宮（現・一宮市）社家　佐分安右衛門三男 |
| 中嶋晃 | 尾州中島郡中島村（現・一宮市）　魚住金次悴 |
| 山川愛之助 | 濃州安八郡付寄村（現・神戸町）百姓　山川利左衛門悴 |
| 三谷久三 | 尾州愛知郡熱田（現・名古屋市）作事懸 |
| 竹内一 | 尾州藩　竹内喜太郎次男 |
| 築波頼太郎 | 尾州藩　大塚市郎次男 |
| 内藤久馬 | 元尾州藩　内藤万太郎弟 |
| 渡辺円之助 | 濃州安八郡森部村（現・安八町） |

註：『御維新以来之記』（蓬左文庫蔵）により作成。

る。代々信濃屋喜兵衛を名乗る三代目の吉田久三郎が、二代目の父・九蔵に先立って病死したためであるが、一般兵士の娘がこのように継承できたとは、とても考えられない。集義隊（詳細は第五章参照）二番隊を近藤実左衛門と共に下締役（隊長）として率い、北越を転戦した、という実績があったればこそであろう。きわめて例外的な事例であり、しかもおそらく、ショート・リリーフと見做すべきであろう（史料は「世襲士族編入、有戦功集義隊禄高人名帳、内拾四石他、管下弐百七名」愛知県公文書館、『江南市史　本文編』

四七六頁。秦執筆）

草莽隊に加入しながら、明治二年六月の戊辰戦争がちょうど終わったころ、家業を引継ぐ理由で除隊したケースがある。『御維新以来之記』（蓬左文庫蔵）は次のように記す。

元集義隊質野光造始除隊之儀ニ付、左之通軍務官ヨリ御達有レ之、別紙名前之者元集義隊江入隊いたし、当時当官仮ニ繰込罷在候処、今般御所置済御引渡相成候間、其職業ヲ営（いとなみ）候様屹度（きっと）可二申付一候事。

これは六月二〇日の場合だが、二三日、二八日と合わせると、図表七―5のように二二人を数える。出身や地域は多岐にわたるので、特徴を把みにくいが、村役人層を指すと思われる「郷士」や「社家」などがあることからすれば、家業を優先し、集義隊にこだわらない、むしろ軍事的な生活から早く解放されたいと望む人々があったものと思われる、草莽隊に取立てられたのを機会に、底辺から浮かび上がろうとする思いは、この階層の大部分には、多分なかろう。このような場合、敢えて後継者を立てる必要もなかったのではあるまいが、長男はどうやら一人もいないか、しかるべき地位に就くか、将来地位が用意されていたと思われる。

次の文書は、南郡隊の小島金六の兄が病気のため休暇を願い出たものである。

乍レ恐奉二願上一候事

私弟小島金六儀、兵隊御奉公ニ御召抱相成、冥加至極難レ有仕合奉レ存候。然ル処此節父六左衛門病症差発シ、最早自分之自由等モ難二相成一、迚モ全快之程モ無二覚束一心配仕候。付而ハ右為二介抱一、五七日之間御差下リ被二成下置一候様、只管(ヒタスラ)奉二願上一候。右願之通御聞済被二下置一候ハヽ、難レ有仕合被レ奉レ存候。已上。

未（明治四年）

六月

廻間(ハザマ)村（現・知多市）

六左衛門悴

嘉　平

南郡御出張所

練武方御懸リ

御役所

右六左衛門悴之加(ママ)平御願申上候付、奥印仕候。

右村庄屋

堀田長右衛門

（堀田家文書　徳川林政史研究所蔵）

このケース自体は、二カ月の休暇願に過ぎないが、父親が死去し、兄が病気にでもなって弟が家を継ぐということになれば、除隊になりかねない。しかも、この小島金六の家の場合、前項で言及したように彼は準幹部であるにもかかわらず、年貢も払えず庄屋が立替えているため、給与は村方経由で払って欲しい、と庄屋から知多郡御出張所に願いが出ているような貧農である（第六章）。このような家の場合、もし家業を継がなければならない事態に立ち至ったとしても、草莽隊参加の権利を株式としてでも利用したいとの願いを深くするのは、当然であろう。

秩禄処分の行方について言えば、明治六(一八七三)年二月、政府から次の法令が出される。

旧藩々貫属禄高人員帳ノ内、旧官員調達ノ趣ヲ以テ当今ニ至リ屢々引直方申出、或ハ卒ノ者士民へ編籍、方今以不二申出一向モ有レ之、禄高調方ニ差支不都合ノ次第ニ付、右様ノ類ハ都テ来ル三月三十一日限大蔵省へ可二申立一、右期限後ハ一切採用不レ致候条、民籍編入ノ義ト可二相心得一事。

(『明治前期財政経済史料集成』第八巻)

旧尾張藩(名古屋藩)は、草莽隊員のうちから戦功ある者を士族、戦功なきものを卒族(やがて平民)として、その間に線を引こうとするが、愛知県は一代限りにこだわる。復禄運動が一段に盛り上がって、国・県を押し戻す過程については、長谷川昇『博徒と自由民権　名古屋事件始末記』(中公新書、七八―八三頁、のち平凡社ライブラリー、九九～一〇六頁)。前節から引続く「世襲、一代限り」の問題は、六節の「復権運動」でも触れる。

## 四、草莽隊員の過失・規律違反(1)

草莽隊員の犯罪・規律違反に、どのようなものがどの程度あったのか、ここでまとめ、そこから彼らのライフ・スタイルのあり方を探ってみたい。

草莽隊員と藩士との間の軋轢については長谷川昇氏がすでに触れているところだが(「尾張藩草莽隊始末攷」東海学園女子短大紀要一号、九五頁、及び前掲書)、そこに例示されていない事件があるので、紹介しておこう。

明治三年六月一六日、一等兵隊平岩小助は、酩酊していたこともあって、東門前町（現・名古屋市中区）の風呂屋で正気隊の曽我竹次郎に議論を吹きかけ打擲（人をぶつこと）に及んだ。ところが、曽我竹次郎によってかえって正気隊の屯所（？）に引連れられ、仲間の隊士らによって復讐を受けた。恥辱を受けた平岩小助は、割腹して果てた。平岩小助に松井小太郎、中野吉弥の二人が同道していたが、松井は途中から帰宅し、中野は取鎮めのための努力をしなかったとして、松井は五〇日、中野は一〇〇日の謹慎処分を受けた。一方正気隊の曽我竹次郎と曽我を助けて逆襲した亀谷鎌次郎、吉田瀧三郎の三人は、取計方不行届で三〇日、正気隊の二人の長官（氏名不明）は、同じような理由で一五日の謹慎を受けた。

曽我竹次郎を平岩小助が打擲した内容までは判らないが、一等兵隊員＝士族による新参の正気隊員＝庶民出身者に対する蔑視的発言や行動に原因があったのではあるまいか。内容からみて平岩の方に非があったらしく、その判断が処罰のあり方にもあらわれているが、藩は一方では平岩の家名復活を認め、小助の弟平岩鎌助を跡継ぎとして、家を再興、五〇俵を与えて、いわば喧嘩両成敗の形をととのえた。

藩としても、このような正規兵と草莽隊員との、いわば藩兵同士のトラブルはマイナスにしかならないので、厳しく取締り、再発防止のための努力をしたのであろう。その成果が次第に表れたのか、ごく初期は別として、明治三年頃は減少してきているようである。

しかし、藩兵外の人間への犯罪や規律違反は決して少なくない。その事例を図表七―6にまとめたが、少しピック・アップしてみよう。

明治二年一月七日夜、磅礴隊の木全銀次郎は山口町（現・名古屋市東区）大工和吉の家で、笹屋町（現・中区）錺屋芳三郎、小塚町（現・名古屋市中区）大工物兵衛悴鍬次郎、他によく名を知らぬ二人、の計四人と酒を飲んだ。このような酒盛を隊に知られては拙いので、熊吉なる者の娘のらいに頼んで酒の肴を買いにやら

図表七-6　草莽隊員・雑使　犯罪・規律違反

| 整理番号 | 年(明治) | 氏名 | 隊名 | 内容 | 処罰 |
|---|---|---|---|---|---|
| 1 | 2 | 木全銀次郎 | 磅礴隊 | 人を間違えて斬りつける | 除隊 |
| 2 | 2 | 岩塚林忠七 | (集義隊) | 人の名を騙る | ? |
| 3 | 3 | 曽我竹次郎 | 正気隊 | 一等兵隊に打擲され、復讐 | 30日謹慎 |
| | | 亀谷鎌次郎 | 正気隊 | 復讐手助け | 30日謹慎 |
| | | 吉田瀧三郎 | 正気隊員<br>伊三郎養父 | 復讐手助け | 30日謹慎 |
| | | ? | 正気隊長官 | 始末不行届 | 15日謹慎 |
| | | ? | 正気隊長官 | 始末不行届 | 15日謹慎 |
| 4 | 3 | 加藤条吉 | 集義隊 | 鉄砲紛失とその後の処置不行届 | 20日謹慎 |
| 5 | 3 | 水野惣三郎 | (四等兵隊) | 追々舎監（?） | 庶民に下し、100日間徒刑 |
| 6 | 3 | 伊藤右平太 | 磅礴隊 | 酒狂の上、帯剣を奪われる。（磅礴隊に属し、江戸出兵） | 庶民に下す |
| 7 | 3 | 加藤昇 | 磅礴隊 | 恐喝 | 庶民に下し、笞60 |
| 8 | 3 | 鈴木達造 | 集義隊 | 盗み | 庶民に下し、敲20 |
| 9 | 3 | 前田諒之助 | 卒 | 酩酊の上、員物代金払わず、町人を川に突落す。刀を取られて帰宅 | 庶民に下し、帯刀取揚げ |
| 10 | 4 | 佐藤利三郎 | 磅礴隊 | 恐喝、姦通 | 庶民に下し、2年半徒刑 |
| 11 | 4 | 黒部善七 | 磅礴隊 | 賭博 | 庶民に下し、帯刀取揚げ |
| | | 宮地新六 | 磅礴隊 | 賭博 | 庶民に下し、帯刀取揚げ |
| | | 服部喜一郎 | 磅礴隊 | 賭博 | 庶民に下し、帯刀取揚げ |
| | | 加藤東太郎 | 磅礴隊 | 賭博、賭博宿 | 庶民に下し、帯刀取揚げ |
| | | 曽根甲三 | 磅礴隊局正 | 上官として10、11事件の責任 | 30日謹慎 |
| 12 | 4 | 小森光三 | 磅礴隊 | 野外で魚・鳥に発砲 | 30日謹慎 |
| | | 小森榊 | 光三養父 | 野外で魚・鳥に発砲 | 30日謹慎 |
| 13 | 4 | 梶慶助 | 雑使 | 賭博 | 庶民に下し、帯刀ならず |
| | | 梶吉十郎 | 雑使 | 賭博 | 庶民に下し、帯刀ならず |
| | | 加藤紋次郎 | 宿持雑使 | 賭博 | 庶民に下し、帯刀ならず |
| 14 | 4 | 山内東一郎 | 精鋭隊 | 芝居小屋で争論、短刀で負傷させる | 禁錮2年 |
| 15 | 4 | 伊藤惣右衛門 | 集義隊 | 馬子を恐喝 | 10日謹慎 |
| 16 | 5 | 中野定吉 | 雑使 | 酒屋で大酔して抜刀 | 庶民に下し、帯刀取揚げ |

註：1～2は『政事日記　明治2年』、3～16は『古記録書抜』により作成。

せた。途中、大津町角にいた三人の男に、らいはいじめられた。おそらく、らいが取り乱した恰好で肴も持たずに、或は持ったとしても汚れて食べられないような状態で帰ってきたのであろう。かねてらいに夫婦になろうと誓った仲だった銀次郎は、彼奴を斬り殺してやる、と飛び出し、大津町角に居合わせた宮町正兵衛の悴喜兵衛を、いじめた相手であるか否かを確認せず、やにわに斬りつけ疵を負わせた。銀次郎が口論もなくいきなり理不尽に斬りつけたのはけしからぬとして、前例にもとづいて名古屋払、一年間の徒刑になったらしい。「本文銀次郎儀、伺之通相成候ハヽ、徒刑年限満之上ハ、最早磅礴隊中江ハ不二相渡一、親族之者江引渡候様ニ御座候。此段申上添候事」と「付け札」にある。おそらく磅礴隊から除名されたことであろう。婚約者を侮辱された銀次郎のやり場のない怒りは同情に値するが、相手も確認しないで別人（と思われる）を斬りつけるというのは、どこかそそっかしい暴力性が感じられる。酒を飲んだ三人について「此者共不義無二御座一」と註記されているが、その三人との飲み会から事が発生しているところをみると、屈折した心情が根底にあったのであろう（『名古屋藩庁日記　明治三年』）。

次の例もそそっかしく暴力的という点では、木全銀次郎に近い。

精鋭隊
山内東一郎

其方儀、当三月廿一日、古袖町（現・名古屋市中区）芝居小屋江相越、見物罷在候節日置（現・中村区）蔦屋佐助ト及二争論一、帯シ居候短刀ヲ以疵為レ負候段、不将ニ付、弐年之間禁錮申付者也

（明治四年）
五月

（『古記録書抜』）

この場合、蔦屋佐助も笞二十の処罰を受けているが、「短刀を以疵為レ負」というのは、東一郎の方がどうしても分が悪い。

貫属卒
元集義隊
伊藤惣右衛門

其方儀、当五日、代官町（現・名古屋市中区）ニテ不レ存馬士ニ行逢、不覚馬駈出シ、携居候笠蹴落候間、長綱之儀相咎候処江、兼而知ル人、勝ト申者来合相侘候付、勘弁いたし遣、酒代として馬士より銀九両差出候金子ヲ以、勝倶々酒食いたし候始末、不束之事候。依レ之十日謹慎申付候。

辛未（明治四年）十月

（『古記録書抜』）

これは「恐喝」に当たるが、謹慎一〇日で済み、除隊にはなっていない。元集義隊の「元」は、廃藩置県後のためである。

このような「恐喝」「たかり」「暴行」的なものと共に目立つのは、賭博である。犯罪記録にあらわれたものは、むしろ氷山の一角とみた方が正しいであろう。

元磅礴隊無戦功
　黒部善七花押
無戦功
　宮地新六花押

其方共儀、当正月同隊加藤東太郎・服部喜一郎宅ニおゐて追々御制禁之博奕打候段不束ニ付、帯刀取揚
庶人ニ下もの也。

辛未（明治四年）八月

元磅礴隊
　加藤東太郎花押
　服部喜一郎花押

其方共儀、当正月人寄御制禁之博奕宿いたし、自身ニモ手合ニ加リ、追々博奕打候段不束ニ付、帯刀取
揚庶人ニ下もの也。

辛未（明治四年）

八月

（『古記録書抜』）

もっとも、ここに現れた賭博は、大がかりなものというより、やや個人的なもののようにも推察される。今日、市民が麻雀・パチンコ・競馬・競輪などに手軽に参加し、後二者は公営であることを思えば、この処置は厳しすぎるようにみえる。この酷ともいえる対応は、軍隊の規律保持のため必要であったのであろう。

## 五、草莽隊員の過失・規律違反（2）

草莽隊を見渡すとき、特に磅礴隊員に目立つのは、何故であろうか。磅礴隊員に特に問題があったのか、磅礴隊員が特に狙われるような傾向があったのか――。おそらく、前者であろう。すでに長谷川昇氏は、集義隊と磅礴隊との隊規違反＝処罰の例を比較し、後者に多いことを問題とし、例を挙げた上（但し、長谷川氏の例は明治二年くらいまでが主。私のはむしろそれに続く年の事例である）、次のように結論している。

「博徒＝無法者（アウト・ロー）を構成分子としながら、一見意外に思われるこの集義隊の隊規違反者の少なさは、博徒親分としての博徒組織の統制力の強さをそのまま隊組織に下締役として転用した結果生じたものと思われ、それは磅礴隊のごとく庄屋層の下に一般公募兵を配したものよりはるかに強固な統制力をもっていたもののように思われるのである」（『博徒と自由民権』中公新書、七四〜七五頁、平凡社ライブラリー、九五頁）

この集義隊の統制力を証明しているのが、次の事例である。

乍レ恐奉二歎願一候御事

海東郡須成村（現・蟹江町）
（渡辺）吉五郎
年廿六

右歎願人吉五郎奉二申上候一。私儀、一昨卯四月御召出被レ為レ遊、渡辺吉五郎与苗字被二下置一、集義隊ニ被二仰付一、越後列仰谷（小千谷）江戦争御繰出ニ相成、…十月名古屋江首尾能帰国、御城内ニ御目見御盃頂戴、…然処、其役ニ至リ仲満（間）合ニおいて聊口論出来仕候付、小締より暫遠慮可レ致由被二申聞一候間、其意畏、※武具之義者別帋（紙）之通、鈴木新兵衛・近藤由（義）九郎江両人江預ケ置指扣居候…

ここでは煩雑なので途中省略したが、戊辰戦争で転戦した事を誇らし気に記していること、鈴木新兵衛（津島ノ伝右衛門の子分で、のち独立する五家一家の親分）近藤義九郎（北熊一家近藤実左衛門の長男）が取締役（上役）として記されていることからみて、集義隊二番隊の一員であることは間違いない。事実、名簿の位置からもこのように推定される。海東郡須成村という住所から判断すると、津島ノ伝右衛門・鈴木新兵衛の輩下から参加したものであろう。吉五郎が仲間の集義隊二番隊の隊員と口論になり、そのため上役の注意を受け、しばらく謹慎させられた――これはまさに隊内の秩序が厳しかったことを物語っている。謹慎といっても、おそらく隊内で処理したのであって、藩にまで報告されたものではあるまい。

ここまでは、集義隊の統制の厳しさが一応成功しているといえるが、この歎願書の後半部分（主要部分）になると、この規律はいささかほころび始めていたようにも感じられる。後半を引用しよう。

……指扣居候処、岩塚村（現・名古屋市中川区）忠七如何偽候哉、渡辺吉五郎与私之名前を語り、諸事致二頂戴一候趣及レ承候間、如何之段忠七江及二懸合一候処、同人儀、全偽を以横取居候段明白ニ相顕シ、右ニ付、去月廿六日入替り候筈ニ懸合詰候間、其日罷越候処、忠七儀最前之約定与者打而替り、書付有レ之候抔与致二違約一候。剰（あまつさ）へ強情申張、誠ニ不当意申分と被レ存候。……右忠七ニうまく被二横取一候而ハ誠ニ心外ニ奉レ存候。何卒乍レ恐格別之以二御慈悲一、右忠七御召出被二成下置一、厳敷御吟味之上、即刻入替リ候様、御厳重ニ被二仰渡一被二成下置一候様仕度、此段伏而御歎願奉二申上一候。右願之通御聞揚被二成下置一候ハヽ、生々世之難レ有仕合ニ奉レ存候。以上。

明治二年
巳十一月　　渡辺吉五郎

軍務
御局

（『（名古屋藩）政事日記　明治二年』）

岩塚村忠七はいかなる人物なのか、そもそも集義隊員なのか否か。のちの集義隊の名簿に渡辺吉五郎はあっても忠七の名前は見当たらないが、この事件で忠七が除隊させられたとも考えられるから、隊員でない証拠にはならない。隊員でないとここまで図々しく振舞えないようにも思われるが、隊員であれば別に吉五郎とすりかわって名をかたる必要はないともいえる。忠七の行動そのものにも問題があるのはいうまでもないが、大胆に推理すれば、集義隊二番隊の幹部が仲間と問題を起こすような吉五郎に代わって忠七（岩塚村になっているが、鈴木新兵衛の子分筋か）を押し立て、吉五郎が謹慎している間にひそかに差し替えようと謀ったのではあるまいか。従って、吉五郎は本当は、忠七とグルになっている鈴木新兵衛・近藤義九郎ら上官を批判したいところだが、それはできないので、忠七にのみ批判の矢をしぼったのではないだろうか。集義隊二番隊であれば、戦場での活躍を敢えていわなくともよいのに（記憶が薄れた後年なら別だが）、繰り返し述べ、「越後列（越後国）ニおいて一命投打、四戦も相勝、逃人召取方迄相勤罷存候」と強調しているのは、人間を取り替えられ抹殺されてしまうことへの危機意識と、隊内の不当なやり口に対する怒りを表しているやに察せられる。岩塚村忠七がどのような処分になったかは不明ながら、渡辺吉五郎がのちの隊員名簿に名を連ねているところをみれば、彼の申し分が最終的には通ったのであろうか。もっとも、すでにすり替わっているとすれば、名簿の「吉五郎」は吉五郎ではなく忠七に当たるわけであるが……。

やや判りにくい事例だが、吉五郎が藩の軍務局に訴え出たことによって、規律がほころびはじめたという私の表現が当たっているかどうか、もう少し他の事例が必要である。

犯罪・規律違反の多少について話を戻すと、集義隊と磅礴隊の比較に限定した場合、長谷川説の通りだが、博徒と必ずしも濃密な関係にないと推察される草莽隊・雑使隊と比較しても、磅礴隊の犯罪・規律違反が特に目立っているのは、もう少し別の理由も探してみた方がよいのかもしれない。これも今後の課題のひとつである。

さて、草莽隊関係の事例をひとわたりみてきたが、一般兵士の犯罪・規律違反も決して少なくない。それをまとめたのが図表七―7・8である。史料は片寄りもあるし、年度のずれもあるので、ここに挙げた数だけでは断定できないが、はっきりしているものの中からピック・アップしてみたい（双方に及ぶ平岩小助の例については、再説しない）。

士族　　赤井金平治

常々心得不レ宜酒狂之上致二抜刀一候儀間々有レ之、在職之筋追々隊長勘弁ヲ以相示候得共、兎角改心不レ致、加レ之赤塚町（現・名古屋市東区）亀屋太七妹ヨウト相因夜泊等致シ候段、重々不束之事候。依レ之日数三百日謹慎。

右（明治三年九月）廿九日申渡。

剣術二等助教　　伊藤右平太

右ハ去々月（明治三年九月）六日夜、酒狂ノ上往来ノ者ト論合帯剣被レ奪候段、酪酊罷在候トハ乍レ申名分難二相立一候付、庶人ニ下シ候。

（磅礴隊　江戸出兵）

（いずれも『名古屋藩庁日記　明治三年』）

このような士族による「酒狂」「酪酊」「帯剣被奪」のようなケースと共に、「厄介」（叔父を含む）「弟」な

図表七-7　士族の犯罪・規律違反

| 整理番号 | 年(明治) | 氏名 | 所属 | 内容 | 処罰 |
|---|---|---|---|---|---|
| 1 | 3 | 平岩小助 | 一等兵隊 | 酩酊し、正気隊員を打擲、復讐される | 割腹自殺 |
| | | 松井小太郎 | 一等兵隊養父隠居 | 平岩小助事件の取り計い方、不行届 | 50日謹慎 |
| | | 中林吉弥 | 一等兵隊弟 | 平岩小助事件の取り計い方、不行届 | 100日謹慎 |
| 2 | 3 | 水野彦之進 | 一等兵隊隠居 | 身振物真似見物 | 3日謹慎 |
| | | 尾崎半内 | 士族隠居 | 身振物真似見物 | 3日謹慎 |
| 3 | 3 | 藤村三五郎 | 士族叔父 | 辻番を相手に理不尽の挙動 | 50日謹慎 |
| 4 | 3 | 加藤金次郎 | 一等兵隊 | 煮売茶屋で滞債の父のため | 5日謹慎 |
| | | 加藤善十郎 | 金次郎養父 | 煮売茶屋で滞債 | 5日謹慎 |
| 5 | 3 | 赤井金平治 | 士族 | 酒狂の上抜刀、女性と夜泊 | 300日謹慎 |
| 6 | 3 | 吉原易三郎 | 一等兵隊 | 家事不取締、実母への仕向よろしからず | 30日謹慎 |
| 7 | 3 | 森本熊之丞 | 一等兵隊弟 | 花菱熊吉と名のり、角力興行に参加 | 100日謹慎 |
| | | 梶原銀次郎 | 四等小隊司令弟 | 角力興行の際、稽古に参加 | 30日謹慎 |
| 8 | 3 | 湯本繁太郎 | 一等兵隊厄介 | 酩酊の上打擲、逆に刀を取り上げられ、帰宅後内済（正気隊鈴木徳三郎同道） | 庶民に下し、帯刀ならず |
| 9 | 3 | 岡崎彦太郎 | 二等兵隊（養子） | 四等小隊司令のとき職禄手形不正 | 100日謹慎 |
| 10 | 3 | 寺岡吉右衛門 | 士族 | 守衛のとき酩酊の上、往来人と取合 | 永謹慎 |
| 11 | 3 | 平岩重次郎 | 一等兵隊叔父厄介 | 春日井郡杉村で盗み | 庶民に下し、笞30 |
| 12 | 3 | 伊藤右平太 | 剣術二等助教 | 酒狂の上、往来の者と論じ合い、帯剣を奪われる（磅礴隊に属し、江戸出兵） | 庶民に下す |
| 13 | 3 | 津金多計士 | 士族惣領 | 怠惰・酒食・脱刀して疵を負わせる | 庶民に下し、帯刀取上げ |
| 14 | 3 | 朝比奈弥八郎 | 士族 | 練式怠惰 | 30日謹慎 |
| 15 | 3 | 国枝惣五郎 | 士族隠居 | 恐喝 | 100日謹慎 |
| | | 久世治郎吉 | 士族兄 | 恐喝 | 100日謹慎 |

註：『名古屋藩庁日誌　明治3年』により作成

## 図表七-8　士族の犯罪・規律違反と思われるが、不明確なもの

| 整理番号 | 年(明治) | 氏名 | 所属 | 内容 | 処罰 |
|---|---|---|---|---|---|
| 1 | 3 | 室賀甚十郎 | ? | 日比野村休吉に手疵を負わせ、金子を与える | 庶民に下し、笞100 |
| | | 藤本朝次郎 | ? | 日比野村休吉に手疵を負わせ、金子を与える | 40日謹慎 |
| | | 安藤次郎作 | ? | 日比野村休吉に手疵を負わせ、金子を与える | 40日謹慎 |
| 2 | 3 | 水野寛大夫 | ? | うなぎ屋に代金払わず、おどす、常々横着商家へ非道 | 職務を免ぜられる |
| 3 | 3 | 落合喜遊 | 吉次郎父隠居 | 料理屋で代金払わず、賽銭盗む | 庶民に下し、20日間徒刑 |
| 3 | 3 | 落合吉次郎 | ? | 父への監督不行届 | 50日謹慎 |
| 4 | 3 | 川原銀三郎 | 鎌次郎弟 | 盗み | 帯刀取上、笞30 |
| 5 | 3 | 青木久三郎 | ? | 蝋燭屋など町人へ難題 | 10日謹慎 |
| | | 青木金六郎 | ? | 蝋燭屋など町人へ難題 | 7日謹慎 |
| | | 笠原喜兵衛 | ? | 蝋燭屋など町人へ難題 | 7日謹慎 |
| | | 山下新十郎 | 左織弟 | 蝋燭屋など町人へ難題 | 7日謹慎 |
| 6 | 3 | 高木金三郎 | 竹之助弟 | 町人を打擲、抜刀 | 50日謹慎 |

註：『名古屋藩庁日誌　明治3年』により作成

ど、士族ではあっても後継ぎではない恵まれぬ地位にある者の規律違反が目につく。

一等兵隊
森本内蔵三弟
森本熊之丞

清寿院（現・名古屋市中区）於テ角力興行中、花菱熊吉ト名乗、土俵場ニテ日々取組候段、藩士之身分不都合之事候。依レ之日数百日謹慎申付。

一等兵隊
湯本善太郎厄介
湯本繁太郎

其方儀、当三月十三日正気隊鈴木徳三郎同道八事山（現・名古屋市天白区）ニ相趣帰路之節、深酩酊致シ、近藤沢太郎ヲ無慙ニ令二打擲一（人を殴る）候ヨリ事発、前後之無レ弁モ及二抜刀一、剰刀相手方之者被二取揚一候儘帰宅イタシ、不甲斐性之至、且、右之始末横山鉄次郎ヲ以内済取繕候段、士道難二相立一不埒之至候。仍レ之庶人ニ下シ候。帯刀不二相成一候。

（同　上）

前者の森本熊之丞の場合、迸るエネルギーを正規に発揮できない鬱憤を相撲をとることで晴らしていたものと受け取れる。もちろん、何がしかの収入も魅力であったにちがいない。強くなければ「日々取組」とはいかないから、相撲については自他ともに許す存在であったとみてよい。同じようなケースは、やはり熊之丞と同じく清寿院で同時期に角力興行をしていた「四等小隊司令梶原幸吉弟、梶原銀次郎」についても当てはまる。

後者の湯本繁太郎の場合、正気隊の鈴木徳三郎同道とあるのは、同じ不満をかこっていた知り合いの二人が、酒で慰めあったのであろうか。しかし、喧嘩をしかけて抜刀したものの、ついに喧嘩相手に刀を取り上げられたまま帰宅し、知人（?）に内済を頼まざるをえないような不手際になった。正気隊の鈴木徳三郎が罰せられてないようであるが、その部分が抜けているのか、途中で引返して湯本だけが立向かったのか、不明である。

総じて、「厄介」「弟」と共に「隠居」（事件のために隠居させられた場合もあるが、そうばかりともいえない）が多いことも合わせると、士族の場合、草莽隊員よりも縁者、つまり「家」全体を対象として広く網をかける処分になっているようである。士族としてのあるべき姿が要求されるあまり、一家の中心人物のみならず、周辺にも及んでいることが際立っている。

草莽隊員と士族とを比較した場合、類似点も少なくないが、賭博において、前者が圧倒的である。賭博こそ一部であれ、草莽隊員（及び雑使）の生活スタイルのありようを象徴するものにほかならない。図表七―6からはさほどでもないように読み取れるおそれもあるが、隊規違反者が少ないと長谷川氏によって評された集義隊員の、解隊後の自由奔放な生き方を追ってみると、そのことがもっと露（あらわ）になる。

森川伝十郎
（集義隊三番隊）

右闔刑条ニ賊盗及ヒ賭博等ノ罪ヲ犯シ、廉恥ヲ破ル事甚シキ者、笞杖に該（アタ）ルハ一度シテ、庶人ト為スニ止ムト。間々ニ見合、帯刀取揚、庶人ニ下シ禄ヲ収ム。

明治五年八月八日

申渡

尾張国愛知郡名古屋東瓦町（現・中区）上ノ切雑業
花村茂太郎
（集義隊三番隊）

其方儀、本年四月十九日、熱田元陸軍会社人足部屋ニ於テ錠太郎発意ニ同シ、越前国丹生郡東田中村（現・福井県）笠原松五郎分式人手金ニ而弐銭之銭賭ノ博戯致候科、雑犯律賭博条ニ依リ懲役八十日申付ル

明治七年五月廿九日

申渡

尾張国愛知郡名古屋古袖町　商
堀田嘉十郎
四十一年十一月
（集義隊一番隊）

其方儀、本年三月七日、斎藤倉吉初四人ト申合セ、金銭ヲ賭ケ博奕ヲ致候科、雑犯律賭博条ニ依リ懲役八十日申付ル

明治八年三月廿三日

（『明治十年　旧名古屋諸兵隊雑使等御諸（処）分替之一巻』）

軍隊の規律から解放され、一市民となったこの時点で、この程度の賭博が犯罪となるのは、古代・中世において賭博が芸能のひとつであったことからすれば、やや酷に過ぎる感じは否めない。が、処罰の当否は別として、ここでは民衆、正確にはその一部でもある博徒的人間の生活の一断面を、確認しておくに留めよう。

## 六、復権運動

明治四年七月の廃藩置県によって、藩兵の解隊が決定的になったが、中でもいち早く解隊の対象となったのは、草莽諸隊であった。草莽諸隊員の多くにとって、軍隊生活はつらい面があったとしても、戦闘による死が待ち受けていない限り、生活が保障され、名誉心を満足させる、またとない幸せな時であり場でもあった。

次の談話は、明治九（一八七六）年、広島鎮台兵となった田辺才三郎による後年の回想である（田中惣五郎著『日本軍隊史　成立時代の巻』）。もちろん、徴兵令以後の体験だ。

……演習はとてもえらかったが、食料がべら棒に贅沢で、田舎の婚礼にもあれだけの御馳走はめったにしない。一年に数えるほどしか食べたことのない魚が、毎日大きな皿にのっかっている。兵一人の官給食料費は六銭六厘と米が六合、それもまるまる使い切れないので、一人分の食料残金が兵隊に渡されている。何しろ当時五銭玉一つ握って、細工町の三階楼へのぼれば、牛肉のすき焼でいい機嫌になれた嘘のような時代である。「生兵」の間が日給三銭三厘、二等卒で四銭二厘、一等兵卒になれば先ず五銭、ばかに景気のいい給与であった。軍服もラシャのパリパリだし、シャツもフランネルの上等、二等卒からでもいきなり伍長に取立てられるし、「鎮台というところは、なんたら結構な」ところかいなと思った。（同書、九六頁）

同じ『日本軍隊史』に引用されている、篠田鉱造著『明治百話』の、ある兵士の例もよく似ている。

明治十年四月十五日に、私達は丸の内の教導団へ入団した。……入団して見ると、生活の待遇は殊の外よい。朝昼晩とも生卵二個がついた。私は生卵をたべないで、日曜ごとに親類へ三四十個まとめて土産に持って行った位でした。朝味噌汁に香の物であるが、昼晩はさしみ、煮肴または牛肉などが、替り番についたものである。御飯はオハチが出してあって、喰べ放題といった風で楽でしたよ。

練兵は午前二時間、午後二時間、学科が午前一時間でした。これも楽なもので、百姓をしていた躰では何もなかった。骨がさぞ折れるだろうと、死身で志願してきた連中には、たわいもない練兵であったが……（同書、一〇〇頁）

先にも断っておいたように、この二つの体験談は、徴兵令以後のものであり、安定した兵営生活と徴兵令以前の慌ただしい時期の食生活、給与などの待遇とは、一線を画すものであろうことは、疑いない。従って、明治元〜四、五年の内容と同じものとはとても思えないが、この頃の軍隊は、フランス式からくる規律のゆるやかさから、後年ドイツ式の厳しさがなかったこともあって、軍隊は馴れさえすればこの世の天国と思うほどの貧しい人たちが、草莽隊員の中に多かったことは、確かであろう。田中惣五郎氏が前掲書の中で「軍隊に入ることの凶暴性の成長、庶民生活より程度のたかい衣食住からくるぜいたく、勤務が庶民の日常生活の労働よりらくなための怠惰、これが徴兵生活からもたらされる結果だとしたら、この点からでも徴兵は忌避されるであろう」（同書、九七頁）としているのは、兵士をめぐる人びとの感情と行動を的確にとらえたものである。

とりわけ、厳しい戦争を伴う軍隊生活と非軍隊生活とに大きな落差がある以上、除隊後の生活に乱れを生ずるのは、ある意味では当然だった。長州（山口）藩民事局の意見書が、脱隊騒動の鎮圧後に農商出身の帰順兵を郷里へ帰すにあたって、害毒三点を挙げているのは、そのことを見通していたからであった。その三点とは、㈠隊中の増長した癖が直らず、農商の職業を営みえず、米銀をゆすったり、盗んだり、喧嘩の尻押をしたり、徒党を組んで行動したりする。㈡遊堕の癖を村の者が見習い、精農の徒も遊堕の民となる。㈢諸役人を恐れる必要がないと言い触らし、村民もお上を恐れなくなる――で、秩序が破壊されはせぬかと、虎を野に放つような危機意識を抱いていたことを物語るものである（関順也『藩政改革と明治維新――藩体制の危機と農民分化――』一五一―二頁）。事実、㈠については、元遊撃隊員、元振武隊員ら三人が、明治三（一八七〇）年一二月一七日以降、何度も各地で強盗を働くし（明治五〈一八七二〉年一一月斬罪）、また、明治四年に諸隊回復の企てがあることを聞きこんで決起する脱隊兵士も現れた。彼らは「身持不㆑宜困窮」、或は「是非再挙を企不㆑申ては身分互に立難く」などといわれる状態にあった（田中彰著『高杉晋作と奇兵隊』一七五―六頁）。

さて、尾張（名古屋）藩の草莽隊はどのようになったか。

明治五年五月一八日、愛知県は大蔵省に宛てて、次のような「元草莽隊所置伺書」を差し出している。

……元名古屋藩ニ於テ組立候草莽隊之儀、昨未年（明治四年）八月、惣人員并禄高給与之数御届之後、別紙表目之通、戦功有無之者ハ従前之給禄終身差遣、其余ハ昨辛未年ヨリ三ケ年ニ俸給節減之法途を立、旧県ニおいて一時解兵申付候処、其後未㆓御届㆒相洩候段申継ニ付、更御届申候。懸而者、今般士族卒之内隠居二三男江給与之月俸等被㆓廃止㆒候旨、御布令有㆑之上ハ、右節減之方法も今年ヨリ引揚、各奉籍ニ復帰為レ仕候義ニ可レ有レ之、左候而者、一時活計を失、郡邨（そん）窃盗、或ハ粗暴之挙動無レ之共難レ申、且惣人員千四百四十一之内、九分ハ今明年ニ而解放候義ニ付、戦功有レ之終身禄高給与之者を初、其他節減之方法其侭ニ差置候ハ、士族次三男隠居等之御布告に懸而者、其侭難二差置一候ハヽ、成度歟一時ニ御給与御解放相成候哉、何分早々御指揮奉レ伺候。

（「諸兵隊諸雑使等御処分替ニ付、内務・大蔵両省伺之条款原議」愛知県公文書館蔵）

士・卒族のうち、隠居・二、三男への給与を廃止することになったが、このようになっては生活ができなくなり、「郡村窃盗」、或は「粗暴之挙動」がないとはいえない、というのだから、まさに山口藩民事局と同じような危機を察知していた、といわねばならない。大蔵省と交渉するため、表現が多分にオーバーになったのを割り引いてみても、愛知県当局の怖れは、単なる空想ではなかった。

――それにしても「窃盗」の語はおだやかではない。名古屋事件を予見していたか。

ここに引いた史料は、草莽諸隊の復権（復禄・復籍）運動にあと押しされて県が内務・大蔵両省へ出した文書を集めたものだが、その中に「従二（明治）五年一至二（明治）九年一　犯罪之者」三八人、「十年以降犯罪之者」一七人の名が挙がっている。

没禄

初犯判決書差当リ不二相分一候事　十年二月廿二日初犯窃盗再犯強盗懲役三年

一　五石四斗　宮　元次郎

九年七月廿五日杖六十
（無戦功磅礴隊）

没禄　七年二月八日静岡県於テ懲役二年半

一　六石六斗　鈴木徳三郎
（無戦功正気隊）

初犯判決書差当リ不二相分一候事　八年十二月懲役八十日

十年八月三十一日懲役七年

一　金弐拾四円　水野三之助※

弐石三斗七升六合
（無戦功集義隊）

※長谷川前掲書が水野を集義隊二番隊としているのは誤り。三番隊である。

没禄　九年五月三日懲役六十日

一　八年四月三十日懲役六十日

九年十一月十一日病死

日比野善吉
（忠烈隊）

復禄　　　　　　九年一月廿二日懲役八十日

一　弐石七斗　　　　旧称今井清次郎事

岡島弥三郎

（忠烈隊）

十年四月廿三日家長財物持逃致ス、科ニ因テ杖八十之処、自首シテ□(?)懲シ得ルヲ以テ、其罪ヲ免ス

一　金九円　　　　山口　文吉

三　石　　　　脱走之廉(トガ)

右之、別ニ及二御届一

旧称轟勇事

（南郡隊）

これはその数例にすぎず、実際には「笞五十」「杖七十」といった微罪で復禄している例が多い。が、明治五年の愛知県令の憂慮はかなりの程度あたっていたといえる。

明治五年、卒族から平民籍に戻された草莽隊員は、その後、士族籍を回復し、禄を得べく、運動を展開し、「旧名古屋藩諸兵隊を初族禄御処分換（替）」に持ちこむ。明治九年の処分替の決裁の模様については長谷川前掲書・論文に詳しい。その際、焦点のひとつになったものに、他家へ養子に入った隊員の取扱いがある。

……他ニ養子ノ分ハ再興難二聞届一旨御指令相成共、……生活之為メ不レ得レ止養子ニ相成候義ニ有レ之、然ルニ当今ニ至リ、原籍家族ニ相成居候者ハ幸ニ後給シ、他ニ養子之者ハ不幸ニシテ廃禄相成候テハ如何ニモ憫諒（ビンリョウ）（あわれ）、……復給御聞届可二相成一哉。

（「諸兵隊……」）

県の問合わせに対して、明治一〇（一八七七）年九月二四日付内務卿大久保利通、大蔵卿大隈重信代理大蔵大輔松方正義の回答は、「一時生活之為メニシテ公然甲戸主乙ノ養子トナリシ上ハ、甲ノ家ノ家名絶候ハ当然ニ候。今日ニ至リ不幸ニ相当リ候トモ、成規上難二聞届一事」と養子を認めなかった。しかし、愛知県令代理の「大書記官」は、なおもしぶとく食い下がる。

……現在原籍家族ニ相成居候者復禄之上ハ、前件他ニ養子之分モ原籍右之絶家ニ無レ之者ニ限リ、其戸主之者へ終身禄下賜候義ハ難二行届一哉。元来其身之功労ニヨリ付与之禄ニシテ、世禄之者養子ニ相越家系断絶之者トハ自ラ区別モ有レ之事ニテ、情実憫然ニ候條、特別之御詮議ヲ以御採可二相成一候様致度……（明治一〇年一〇月）

国の回答を予想してか、養子後離縁した隊員が少なくない。

九年七月八日平民加藤家へ養子

一　金九円
　　現米三石
　　其後離縁　但十年八月九日
　　　　　青山劔治郎
　　九年八月六日平民片山家へ養子
　　其後離縁　但十年六月廿四日
　　　　　渡辺乙三郎
　　　　　（いずれも南郡隊）

本当の離縁というより、偽装的離縁と見做すべきであろう。結果については、原籍に復せば、認めるという便法がとられたのではないかと推察されるが、いまひとつ明らかではない。

いわゆる秩禄処分への道をプロセスを追って把握するならば、広義には、明治二（一八六九）年の版籍奉還の際の禄制改革、明治四（一八七一）年の廃藩置県に伴う禄制改革、さらに明治三～五（一八七〇～一八七二）年の賞典禄贈与（戊辰戦争の論功行賞）、明治六（一八七三）年の徴兵令をはさんで、明治九（一八七八）年の秩禄制全廃＝金禄公債証書発行（狭義の秩禄処分）――に至る過程を指している。

その中で、草莽諸隊員ではない「雑使」について、『明治前期財政経済史料集成　第八巻』は、旧名古屋藩の具体例について詳しく示している。

明治三年一二月、「仲間（チュウゲン）・小人（コ）（者（モノ））と称スルノ類ヲ雑使（ザッシ）ト改称シ、其他藩士従者中、右ニ類似ノ者ハ総テ雑使へ加入」とし、「右は貫属卒ニ非ス、又民籍ニ編入スヘキ者ニ非ス、即チ一個中立ノ者ナリ」とする。

「一個中立ノ者」とは、妙な表現であるが、そのあとの説明を聞けば、一口には言えない微妙な位置にあることが判明する。

世襲は士族ニ、一代傭ハ民籍ヘ編入スヘキ令達（太政官）五年正月二十九日第二十九号ヲ以テ考ルニ、右雑使ト称スル類ハ卒以下ノ扱ヒナル者ニシテ、中ニハ累代連仕ノ者有リト雖トモ、世襲ノ名義ニ非レハ、速ニ民籍ヘ編入、一代ニ準シ、該給禄ハ旧貫ノ如ク支給スヘキ乎、若クハ今回相当ノ救恤（キュウジュツ）（救うための手当）ヲ付シ、解放（雇用を解除）セシムヘキ乎、何等カノ指揮ヲ待ツト。

愛知県の処遇を例示しながら、政府へ「裁定」の下駄を預けているように見受けられる。参考までに「旧藩例規」は、次のようになっていた。

㈠満三〇年勤務の者へは、三石三斗一口粮
㈡満二〇年勤務の者へは、三石一口粮
㈢満一〇年勤務の者へは、二石五斗一口粮
㈣それ以下勤務者へは、金二両と一口粮　（粮は扶持米か）
名称は雑使とする。

大蔵省では、明治六年の指令で、同じ雑使でも、「雑使中累代（ルイダイ）勤続累代勤続・一季傭ノ者甄別（ケンベツ）ニ区別（はっきり区別）シ、更ニ申出スヘシト」。つまり、さらに雑使を二種類に分け、「従来父子相尋テ勤仕スル者」、つまり「累代勤続」の者を「宿持雑使（シュクモチザッシ）」として「一代傭」の者と区別し、宿持雑使には、禄二か年分を下付すべきである。「一代傭」の者が、「種々苦情ヲ唱ヘ、採用スヘキ條理ニ非サルカ如シト雖トモ、中ニハ父子勤続自（オノヅ）カラ世襲様ヲ為ス者」、つまり、世襲とはいえないものの、親子共に世襲に近いリレーで勤めた者は、「憫諒（ビンリョウ）」（同情して助ける）し、宿持雑使と同様に禄二か年分を一時に下付するように――と、多少柔軟な姿勢をみせた。

頭ひとつ抜け出した「宿持雑使」と併行して、士族身分を目指す運動を展開したのは草莽隊員である。「旧名古屋藩ニ於テ維新ノ際、平民若クハ他藩士卒ノ二、三男等を徴募シ、之ヲ草莽隊ト称シ、戊辰ノ役ニ従事セシメ」たが、「父子引替」の場合はともかく、隊員のほとんどは「一代傭」「一代抱」だから、「世襲ハ士族ニ、一代傭ハ民籍へ編入スヘキ」（明治五年、太政官→名古屋藩）の原則の壁にぶつからざるをえなかった。リーダーは士族身分に「上昇」したものの、草莽隊員の大多数は、平民籍に編入され、その努力は容易に実らなかった。

しかし、明治一一（一八七八）年七月には、一部分ながら、その成果が挙った。戦功草莽隊員が士族に編入されたのである。一方、無戦功草莽隊員（つまり留守隊員）は、宿持雑使と共に許可されなかった（新見吉治『下級士族の研究』八六―八八頁）。

無戦功草莽隊員と宿持雑使の運動が実を結んで士族に編入されたのは、明治二一～二三（一八八八―一八九〇）年のことである。どちらかでいえば、「名誉」に力点があったと思われる。四民平等になったといっても、一九四五年の敗戦まで、正確には一九四七年の新憲法成立まで、卒業証書・履歴書などに一定の効果があり、場合によっては売買の対象になったことを思えば、一家に名門意識を植えつけ、自尊心を満足させる成果といえた。明治政府にとって、草莽あるいは草莽的な厄介な存在を反政府側に廻さないためには、少々煩わしいが、さほど腹を痛めない巧妙な処置――といえようか。

ともあれ、ここにひとつの時代に幕が下りた、といえよう。

## おわりに

本稿では　戊辰戦争期の尾張藩兵力、解隊期の尾張藩（名古屋藩）草莽隊を中心に、雑報的な事項をいくつか並べてみた。

尾張藩の草莽諸隊を含む尾張藩全兵力の検討も大切であるが、私がとりわけ関心を寄せたのは、宿持雑使（維新後の仲間（ちゅうげん）・小者（こもの）の名称）が世襲か、一代限りか、という点だ。士族か卒族かという身分の分類に関わるだけに、当時の該当家族としては必死にならざるをえなかった。しかも草莽隊員が途中までほとんど一代限りであるだけに、その競争意識は、いやが上にも盛り上がる。このことが、切々と伝わってくる。

草莽隊員の過失・規律違反をどうみるべきか。草莽隊員が特に狙われたとみるべきか、妙に自信をつけて行動が粗っぽくなったというべきか。士族（一等兵隊、二等兵隊）と較べてどうなのか。今後、考察すべき問題であろう。

復権運動では、長州藩草莽隊の弾圧がこの地域にも及んできているだけに、粘り強い交渉による復権運動を展開したことが、まずは、打撃を小さくして、要求の実現に導いたといえるであろう。但し、名古屋事件のような例もあるので、どう解くべきか、課題は依然として残る。

六章と併せて、もっとコンパクトにすべき内容なのに、むしろ書き足してしまった。

# 第八章
# 文学にみる東海地域の明治維新

目次



# 一、赤報隊の悲劇

## 旧幕領は、年貢半減

戊辰戦争の際、旧幕領の年貢半減令は、いつ布告されたか。京都以西では一月一四日が初見だが、京都以東では高宮（彦根市）の一五日が初めて。加納（岐阜市）では二二日に布告されている。

徳川慶喜（よしのぶ）儀、朝敵タルヲモッテ官位召上ゲラレ、且ツ、従来オ預ケノ土地残ラズオ召上リニ相成候。尤モ、是マデ慶喜ノ不仁ニ依リ百姓共ノ難儀モ少ナカラザル義ト思シ召サレ、当年半減ノ年貢ニナシ下サレ候間、天朝ノ御仁徳厚ク相心得申スベク……

官軍赤報隊執事

前年の未納分も同じく半減と付記したこの年貢半減令は、赤報隊一番隊の隊長・相楽総三が一二日に太政官に差しだした建白書・歎願書を受けたものとされているが、すでに天誅組の変や生野の変にもみられるように、相楽ならずとも、倒幕派の合言葉になっていたとみられる。資料的にやや疑問が残るが、早くも一月四日、山陰道鎮撫総督の西園寺公望（きんもち）により、丹波国の村々へ「官軍江加わり候村々は、当年の処、年貢半納の御沙汰これあるべく候」との檄文が出されていることも注目される。

西郷隆盛は、島津久光の御側役の蓑田（みのた）伝兵衛に宛てた一月一六日の手紙で、年貢半減令に触れている。

これまで徳川氏の領分・旗下士（旗本）の知行所共、王民と相成り候得ば、今年の租税は半減、昨年未納の物も同様仰せ出され、積年の苛政（かせい）を寛（ゆる）められ候事に御座候。此の一儀にても、東国の民はすぐさま相離れ申すべき儀と存じ奉り候。彼の賊を孤立さするの策は、早く相用い申さず候わでは相済まず……

文中「仰せ出され」とあることから、討幕側（太政官）の方針を伝えたものに過ぎないとの見解がある。たしかに国語的にはその通りだが、文面全体から溢れる年貢半減令への待望感からすれば、たとえ相楽総三らの建白がなかったとしても、西郷（ら）が推進したものとみて、まず間違いあるまい。

太政官に建白した赤報隊とは、いったい、どのような人たちによって構成されていたのだろうか。戊辰（ぼしん）戦争は、教科書的には、一八六八（慶応四）年一月三日の鳥羽・伏見の戦いから始まったとされるが、これは極めて公的（オフィシャル）な見方で、実は、その前年の一二月二五日、幕府の命令を受けた庄内藩を中心とする四藩が、江戸の薩摩藩邸に砲撃をしかけたのがきっかけである。いやもっと遡れば、薩摩藩自らが行うのはまずいので、薩摩藩の益満（ますみつ）休之助・伊牟田（いむだ）尚平が指揮を取って、約五百人といわれる関東の浪士たちに関東を撹乱させ、幕府を怒らせるようにもっていったことにある。この二人を監督していたのが、西郷や大久保利通であった。浪士隊には厳しい内規があったが、のちに史談会のインタビューで、副総監であった落合直亮が答えていることからしても、充分に守られていたとは言いがたい。羽目を外す行動が、しばしばあったようだ。「集まった浪士の中には、或いは博徒、もしくは牢破り、そのようなものもありましょうね」の問に、「あります」と答えているからである。さらに、「上野・下野（群馬・栃木）まで乱暴をやったのは、あちらを騒がして幕府を困らすためですか、金穀を奪い取って江戸で仕事をしようというのですか」と問われて、「近国を騒がすことによって、江戸にいる幕府の多数の歩兵を繰出させ、隙をつくり、虚に乗じて放火でもしようというのと、金穀をうまく手に入れ軍資金にしようというのと、両方です」と応じている。

## コラム1　長谷川伸の『相楽總三とその同志』

明治維新史では無視されるか、軽視されていた、相楽總三ら赤報隊の人びとのことを、最初に詳しく明らかにしたのは、長谷川伸の力作『相楽總三とその同志』である。一九四三（昭和一八）年、七千部発行されたこの本は、股旅もののような小説ではなく、研究的読物であり、優れた記録文学である。開巻の「木村亀太郎（相楽の孫）泣血記」から、読む者をして惹きつけずにはおかない謎と魅力に満ちている。西郷を弟と区別するにせよ、「大西郷」と呼んで少しも疑わないなど、発行時点での限界があるものの、この本を紙背に徹して読めば、学ぶところが大きい。

六六四頁（巻頭の写真は別にして、本文のみ）に及ぶ克明な研究は、戦後の幕末・維新史研究者に大きな影響を与えた。高木俊輔の『維新史の再発掘　相楽總三と埋もれた草莽たち』（ＮＨＫブックス、一九七〇年）、『明治維新草莽運動史』（勁草書房、一九七四年）、中島明の『幕藩制解体期の民衆運動―明治維新と上信濃民の動向―』（校倉書房、一九九三年）は、この刺激なくして生まれなかったのではないか。佐藤忠男の『長谷川伸論』（中央公論社、一九七五年）中の「見捨てられた者たちのために」も、併せて読むとよい。

長谷川伸の著書を継承した綱淵謙錠の小説「冤」は、「おそらくこの政策転換による赤報隊の取り潰しには、西郷は極力反対したか、あるいは全く圏外に立たされて知らずにいたであろう」としているが、本文（次節も含めて）に記したように、むしろ逆の事実をこそ推測させる。私たちは、そろそろ「西郷伝説」から解放される必要があるのではないか。

このような行動の延長線上に、一二月二二日の庄内藩屯所への発砲、二三日の江戸城二の丸の焼亡という事件が仕組まれたので、幕府側が我慢できなくなって、薩摩藩邸焼き討ちに乗り出したのである。

## 策略家・西郷隆盛

倒幕を成功させるためには、慎重の上にも慎重を期す必要がある。薩摩藩京都留守居役の吉井幸輔が益満・伊牟田に宛てて、一二月一〇日（王政復古の大号令の翌日）、「先ず今日は戦にあいならず、……ご鎮静下さり候よう、ご一同へよろしくご伝言くださるべく候」と書き送っていることに、薩摩藩の公的立場がよく表れている。してみれば、薩摩藩焼き討ちに至る益満らの行動は、京都からの指示に反した行動であっただろうか。第一報を受けた西郷が、「大いに驚愕（きょうがく）いたし候仕合いにござ候。……京師においてもあい響き候趣とあい聞かれ、……決して暴動は致さざる段、お届け申し出でおき候儀にござ候。残念千万の次第にござ候」と平静でないところをみると、一応は吉井と同じ考えのように見える。たしかに、薩摩藩邸が襲撃されたのを、「してやったり」と拍手するわけにはいかないし、この後の不安材料も沢山ある。宛先の蓑田（みのた）にこのように表現しておいた方が、万一、討幕に失敗した場合、久光に対する弁明にもなる。しかし、江戸薩摩藩邸の薩摩人を、すでに多数引き上げさせて万一に備えていたことから推せば、西郷の周到な韜晦（とうかい）（人の目をくらます）をこそみるべきではなかろうか。詳報を聞いた段階では、浪士たちに、「此ノ如ク速ヤカナラムトハ思ハザリキ、然ルニ此戦争ヲ早メ、徳川氏滅亡ノ端ヲ開キタルハ、実ニ貴兄等ノ力ナリ、感謝ニ堪ヘズ」と、喜びを伝えている。策略家・西郷の作戦が、彼自身も驚くほど、まんまと図に当たったのである。

江戸を脱出した浪士を中心とした相楽総三らが一番隊、新選組脱退グループ・鈴木三樹三郎らが二番隊、水口藩士など近江勢が三番隊。赤報隊はこの三隊から成り、総勢二〇〇～三〇〇人くらいであった、という。頭と仰いだのは、京都を脱走した、公家の綾小路俊実、滋野井公寿、挙兵の場所は、湖東三山のひとつ、金剛輪寺（滋賀県秦荘町）であった。

赤報隊の三つの隊は、構成が別々であったように、必ずしも行動を共にしていない。東海道を選んだ滋野井隊の家臣九人が、一月二三日、安永村（桑名市）で長島藩から三百両の軍資金を差し出させたが、そのやり方に問題があったのか、二六日、後から来た東海道鎮撫総督府先鋒の肥前・大村藩によって九人共逮捕され（うち、七人？が処刑）、滋野井は京都に戻された。

一方、綾小路俊実（間もなく大原重実と改姓名）に従う二、三番隊は、いったん中山道コースを取り、二五日、加納（岐阜市）を立ち、鵜沼（各務原市）へと進んだのち、東海道コースに入るため、小牧（小牧市）を経て、二七日、名古屋へ入った。尾張藩ではちょうど一週間前の二〇日、倒幕に藩論を統一するクーデター・青松葉事件が起こっていたので、抵抗はなく、大曽根から京町・本町を経て、東本願寺名古屋別院に宿泊した。細野要斎の『葎の滴見聞雑剳』によれば、「官軍先鋒」の旗、「赤報隊」の纏（第五章一節参照）を持ち、「銃隊そのほか従行の者多し」とある。尾張藩も行列に加わり、尾張藩主慶勝とも会見するなど、好意的に迎えられた。このまま東海道を進む筈であったが、綾小路も滋野井と同じく、京都へ帰れとの命令が伝えられ、桑名を経て、帰京することになった。

つまり、太政官（総督府）では、浪士によって構成される滋野井・綾小路隊をいったん呼び戻し、東海道・東山道総督の下、各藩の正規兵を先頭に立てる方針に変更されていた。これは、浪士隊には博徒や無頼の徒も含まれていて、誤解を招きやすいこともあったのであろうが、倒幕派に加担する藩が急速に増え、倒幕派勝利の見通しが立つようになった結果、あえて浪士隊を先鋒として功をなさしめる必要がなくなったことにもよろう。この前後は第五章の図表五―一を参照。

ところが、相楽ら一番隊は、命令に従わず、公卿抜きで進撃を続ける。しかも、本来命ぜられた東海道ではなく、東山道を進むので、よけいに総督府の反発を招いた。開戦のきっかけとなる仕事で薩摩藩に貢献し、薩摩藩の軍艦で江戸湾から脱走し、東寺で西郷から京都を脱走する両卿の東征軍の先鋒隊を頼まれた相楽ら浪士にしてみれば、二、三番隊と異なり功績もある、説明すれば自分たちの主張は認められる、心配は要らない、と、自信満々であったに違いない。江戸の郷士の家に生まれ、平田国学の素養もある隊長の相楽総三は、背は五尺七寸（約一・七三m）近く、痘痕が少しあったが、胆力もあり、壮士のリーダーとして申し分ない非凡な人だった、と先の落合直亮は証言している。やはり配下の藤井誠三郎（峰尾小一郎）は、「ちょっと見ると怖いようだが、非常に優しく、気性は上に強く下に弱かった。是なりと信じたら梃子でも動かない、そういったことが欠点といえば欠点だ」と、晩年（大正期）に語っている。

相楽の自信、仲間からの信望、薩摩藩への過度の信用、撤回しない年貢半減令―これらが後述の理由とも重なり合って、のち三月三日、下諏訪で偽官軍として処刑される最悪の事態を招くことにつながった。

## 加納宿の黒駒勝蔵

ところで、美濃国の旗本の陣屋は、一月一二日以降、赤報隊二番隊の荒井俊三（荒井陸之助、新選組脱退者）によって接収されているが、加納藩士の記録によると、「その節、長脇差の者一五、六人お召し連れ」、「長脇差の者、荒井様隊へ下筋より来たり」とある。この「長脇差の者」の中心は、水野弥太郎（本名は弥三郎）の手のうちの者であった。弥太郎は、綾小路・滋野井による挙兵を工作した綾小路家の食客・吉仲直吉の働きかけで、赤報隊の応援に配下の者を動員させた。関ヶ原宿では、抜き身の槍を持つ七〇人余、加納宿では、約一四〇人を、それぞれ繰り出させている。水野は吉仲直吉と知り合う以前にも、新選組で暗殺された高台寺党の伊東甲子太郎（鈴木三樹三郎の兄）と深い関係にあったという。水野が、赤報隊の年貢半減令を周辺にＰＲする役目をしていたことが、「右同高札（年貢半減令）岐阜・水野弥太郎ヨリ村方ホカ知行所一同、高札相請ケ申シ候事」との文書によっても知られる。

　この水野弥太郎を引き出すのに一役買っていたもう一人の人物に、吉仲直吉らと行動を共にし、赤報隊の裏方を演じていた黒駒の勝蔵がいる。もちろん清水次郎長との長年の争いで有名な、あの黒駒勝蔵である。勝蔵の名が赤報隊の名簿にないのは、工作要員であったためらしい。加納宿問屋・熊田助右衛門の『御用日記』に「（加納宿）西本陣へハ先鋒隊長トシテ黒駒勝蔵ト申者入リ込ミ逗留仕リ居リ申シ候。此者全クハ岐阜弥三郎ト申ス者ノ手下ノ者ニコレアリ（この表現

## コラム2　黒駒勝蔵と清水次郎長

講談・映画でおなじみの、甲斐国・黒駒勝蔵と駿河国の清水次郎長との争いは、一八六二（文久二）年頃から始まる。

　勝蔵の親分格・竹居村の安五郎（通称は竹居のドモ安）は、一八五八（安政五）年、新島を抜け出し故郷へ帰ったが、一八六一（文久元）年、石和代官所の手の者、或いは石和代官所に協力した祐天仙之助らに捕えられて処刑された。毒殺ともいう。ドモ安の死によって、甲斐国内の縄張りが縮小されたことが、勝蔵の他国（駿河・遠江）進出となり、次郎長の縄張りと競合し、紛争のタネになったのであろう。

　ところで、戊辰戦争に際して、四条隆謌が駿府鎮撫使となって六月六日に駿府に入っているが、この一行の中に小宮山勝蔵から池田数馬と姓名を改めた勝蔵がいた。勝蔵は、ライバル次郎長をこの機会に抹殺しようとして、彼が旧幕府側に通じているから、捕えて死刑にすべきだと、浜松藩士で駿河の市政を担当している伏谷如水に告げた。伏谷に呼ばれた次郎長は、「伏谷様はご存知ないかも知れませんが、彼こそは甲州の大盗・黒駒勝蔵です」と答えた。まさに一触即発の危機であったが、伏谷の才配で衝突に至らなかった。この話は、次郎長の伝記である天田愚庵の『東海遊侠伝』に記されている。

　一八七一（明治四）年、勝蔵が斬首の刑で四〇年の生涯を閉じたのに対し、次郎長は七四歳まで生き延び、一八九三（明治二六）年この世を去った。

は不正確）―秦」と記され、一八七一（明治四）年、勝蔵の斬刑直前の『黒駒勝蔵口供（供述）書』に、「去ル辰年正月中、ヨキ手引ヲ得、赤胞（報）隊へオ抱エ入相成ル」と供述している。勝蔵と同じ甲斐国上黒駒村（山梨県東八代郡御坂町）の神官・武藤外記が、明治元年の一月頃、京都へ出向いたときの日記にも、「若宮小池吉左衛門二男勝蔵、当時四条殿御兵隊長・小宮山勝蔵と相改め、自分宿へ尋ね来る」とある（但し、この日記には疑義も出ている）。武藤外記は、一八六四（元治元）年の筑波山挙兵、息子の藤太は、一八六七（慶応三）年の甲州挙兵計画にも関係している尊王攘夷派で、同じ村の庄屋の次男に生まれた勝蔵は、影響を受けていたようだ。一八六三（文久三）年以来上京していた勝蔵は、いまや、尊王攘夷の活動家という側面を持っていた。

『御用日記』には、加納で「綾小路様の右あくたれ人数二百七十人余」が、鶏や豚を潰して井戸端で料理し生活する様子が、嫌悪感まるだしで、綴られている。長髪でジーンズのヒッピーを見た大人の感覚に例えられようか。筆者の熊田助右衛門にとっては、諸道具の九割方を一里余も離れた所へ避難させなければならなかった戦争への危機意識とあいまって、当惑することばかりの毎日だった。

## 水野弥太郎の逮捕

水野弥太郎が名古屋に滞在していた二月三日、東山道鎮撫総督から出頭命令が出された。「右の者、これまで如何の風聞も候へ共、勤王の志これある趣あい聞こえ、御用品もこれある間、罷出で申すべき事」とある。総督の力点は「如何の風聞」の方にあったのだが、弥太郎は「勤王の志」を讃えられたものと喜んだ。水野家は代々京都西本願寺のご典医であったが、祖父のとき、門跡に従って岐阜に移住した。弥太郎は医業より武芸に熱心で、アウト・ローの親分になったという。このとき、六四歳の老齢であった。早駕篭を仕立て、高価な大小の刀を携え、上下姿（かみしも）で、弟・嘉太郎と草履取を連れて本陣へ出頭した弥太郎を待ちかまえていたのは「天下ノ大禁ヲ犯シ、良民ヲ悩シ候件少ナカラズ　剰（あまつさ）へ人命ヲ絶チ候段、申訳相立タズ」という理由の死であった（発表では牢内で縊死（いし））。このとき取調にあたったのが、次節にも登場する脇田頼三である。『御用日記』にもあるような博徒集団の派手な動き、諸藩・幕領での赤報隊その他の対応の拙さが、総督側をして、先鋒隊としての権限を逸脱した行為だ、との判断を下したためであろう。それにしても、この時点で、黒駒勝蔵が全く免除されているのは、同類とはいえ、諜報係としての役割を評価されてのことであろうか。

加納宿では、東本陣を宿舎にして、西本陣の二番隊・鈴木三樹三郎に関係深い黒駒勝蔵・水野弥太郎（と配下の者）と一定の距離を置いたかにみえる相楽総三ら一番隊にも、やがて水野弥太郎に似た運命が待ち受けていた。

西郷隆盛が、一月二三日、大久保利通に宛てた手紙に、次のような一節がある。

綾小路様にても誰様（だれさま）にてもお差し向け相成る儀にござ候わば、参謀の者お撰びあらせられ候儀、肝要に存じ奉り候。東国の浪士も地利・国情は得候事には候得共、格別智謀（ちぼう）の士もござなく候に付き、御随従だけは相調えもうすべく候……

この手紙は、西郷の戦略の手のうちをよく物語る。討幕には東国の地の利や状況をよく知っている「東国の浪士」を使うのが重宝（ちょうほう）で得策だが、西郷の目からみると、「智謀の士」はいないので、あくまで薩長側から参謀を選び、しっかり統制しなければならない。この考えの先は、統制を少しでもはみ出す者は、京都へ戻らせ謹慎させるか、見せしめのため現地で処罰（死罪その他）するのは当然、ということになる。

一方、岩倉具視の側近の大橋慎三は、岩倉に宛てて、「いま、諸藩の兵が盛んに討幕側に参加しているからといって、草莽の者を塵芥のごとくお捨てになっては、朝廷として義理にかける」と進言しているが、この日付が二月六日であるところをみると、岩倉（つまり、討幕側）は、利用するだけ利用した草莽を、早くも見捨てようとしていた、とみなくてはならない。政治の冷徹なリアリズムがここにはある。

江戸時代の研究者・大石慎三郎氏は、かつて、赤報隊の偽官軍事件に触れ、「これによって薩長土等の志士と肩を並べたろう関東派の志士が一挙に殺されてしまったということである。……維新政争がほぼ終末に近づき、後はその成果の分前をという段階において、西南志士達が関東系志士を一挙に謀殺した可能性を感じさせる事件である」と、述べている。ここでいう関東に、東海地方を含めても、凡その傾向に変化はあるまい。

軍資金を所持した上で進軍する倒幕側（総督府側）の管理下にある正規軍と異なり、志によって参加した場合、途中でどうしても、〝借り貰い〟的な調達がつきまとう。そこを衝いて〝偽官軍〟のように見做されて批判を受けると、弱みを見せることがある。

だが、ここで留意しておきたいのは、江戸撹乱の薩摩藩側の立役者である伊牟田尚平が二月、益満休之助が五月に亡くなっていることである。伊牟田は二月に部下（赤報隊）が京都や大津で辻斬り強盗をしたとの責任を問われ、京都の藩邸で自刃させられている。薩摩藩邸焼き討ちの際に捕えられて勝海舟の監視下におかれ、西郷・勝の会見の際、幕臣・山岡鉄舟の道案内を勧めたことで知られる益満は、上野戦争で受けた傷がもとで亡くなっている。討幕側の戦死四一人に含まれている筈である。上野寛永寺の黒門口に薩摩藩の主力を配置したので、死傷の可能性が高かったのであろう。

この二人を死なせない努力は、薩摩藩として、西郷として、やろうと思えばできたのではないか。二人が戊辰戦争の初期に世を去っているところからすれば、江戸攪乱という事実そのものを、歴史から抹殺したい、という暗鬱な力が、背後に働いていたのではないか、との疑いを抱かざるをえない。

山伏を父とした郷士、自身は医者出身の壮士であった伊牟田はともかくとして、剣の腕がたち、山岡鉄舟とも旧知の仲の益満については、「西郷が愛した男」（薩摩藩士・市来四郎の言葉）といわれる。確かに、西郷は、彰義隊の戦の翌日の五月一六日、重傷を負った益満の傷をおもんぱかって、薩摩藩小荷駄方に宛てて、「重傷者を横浜へ回送して下さい。益満休之助は、すぐ横浜病院へ回し、特別にお手当下さい」という、一見して愛情溢れる手紙を出している。海音寺潮五郎は、遺稿となった『西郷隆盛』の末尾で、「この手紙が疑惑を吹き飛ばしてくれる」と記しているが、そこに引かれた三田村鳶魚の、益満を危険な場に立たせて戦死させ、闇から闇に葬った、との見解の方が、より正鵠を射ているのではないだろうか。

## 二、『夜明け前』と『山の民』

### 郡上藩憎し

戊辰戦争が始まって間もない二月四日、駕籠に乗った東山道鎮撫先発の竹沢寛三郎（新田邦光）の一行一五、六人が、幕領の飛騨高山陣屋に入った。高山陣屋の主である郡代・新見正功は、先に益田街道を経て脱出させた妻子とは別に、前月二六日早朝、家来らと共に阿多野口（大野郡高根村）から野麦峠（岐阜県高根村）を通って逃げ出していた。出発にあたって、自分の俸禄を割いて、四〇〇俵を高山・古川の小前百姓に贈与し、最後の恩恵を示した。郡代と入れ替わるように、一月二八日、郡上藩から約二六〇人が高山へ入り、照蓮寺の塔頭（たっちゅう）の五か寺に分散して宿泊した。郡上藩は、大原騒動、つまり、一七七三（安永二）年、代官大原彦四郎の検地強行・出目（増石）に反対した農民を郡上藩が兵を送って弾圧した事件によって、飛騨の人々の恨みを買っていたので、高山では出兵に驚くと共に、憎悪の視線を送った。世にいう青山騒動がここから起こる。

竹沢寛三郎が高山に着いた二月四日には、郡上藩と同じく東山道鎮撫総督から飛騨・信濃国の取締の任務を受けた尾張藩・服部哲太郎以下三〇人が、高山の雲竜寺を屯所にした。藩士たちは、陣羽織を着用し、鉄砲・鑓で武装していた。引き続き、郡上藩家老・鈴木兵左衛門が、鉄砲・大砲を携える部下を率い、屯所とする照蓮寺に身を落ち着けた。先着の郡上藩勢と合わせて四〇〇人弱を数えた。

高山の人たちは、郡上藩兵のやることなすことを虚仮（こけ）にして、年来の鬱憤を晴らす種にした。新来の三者の行動も、たちまち次のような畏敬と軽蔑の歌にされた（傍点は秦）。

当日、竹沢様御陣内へ御入なれハ
陣内へ直クに御着の竹沢に徳ぞまされんふしだちもせず
尾州様の両將ハ東山へ入りたまい、誠ニ物静カなる風聞なれハ
蒲団着て休ミたまへる名士こそ見とどけ及ぶ初メをわりを
鈴木様の宿所ハ御坊のくり也、兼て竹沢公江或ハ挑（イドミ）、且ついきおいの趣キなり
本陣へ尻向ケてこそおわします元トより腹のあわぬ青山　（註：郡上藩は青山氏）

すっかり嫌われてしまった郡上藩は、二月一八日に高山を去るが、藩内から旧幕府側についた凌霜（りょうそう）隊が

誕生したのも、ひょっとしたら、この苦い体験が引金の一つになったかも知れない。

## 高山における年貢半減令

竹沢寛三郎は、どのような人物だったのだろうか。阿波国（兵庫県）美馬郡拝原村に生まれた彼は、若い頃から尊王・神道主義者で、諸藩の有志と交わり、門人を得た。尾張国の勤王派・田宮如雲（じょうん）とも親しく、熱田神宮が伊勢神宮に次いで重視されるべきことを説いた、という。竹沢が今度の任務につくきっかけとなったのは、一八六七（慶応三）年の王政復古に際して神祇官の再興を建白し、一二月に神祇官が再興されると、その御用掛に就任したことにある。戊辰戦争が起こると、美濃国の笠松と飛騨国の高山を天朝の領地とすれば、東山・東海・北陸の三道の諸藩が戦わずに勤王＝討幕側になる、一刻も猶予はならない、と建白した。建白マニアともいえる竹沢の熱意が、少しでも人の手を借りたい太政官の採用するところとなり、一月一日、岩倉具視から基本方針を示された。書面を要求した竹沢に対し、岩倉は、私の言葉を信じて早く出発せよ、と言い、朝廷には金穀の蓄えがないので、どのようにでも工夫せよ、と付け加えた。要するに手弁当でやれ、ということである。竹沢は、その日のうちに京都にいる尾張藩家老の成瀬隼人正に会い、出兵を依頼している。竹沢が動かすことのできる兵は、せいぜい門人十数人に過ぎなかったからだ。

この年四〇歳になる竹沢は、一月一四日美濃国に入って笠松郡代の支配地を天朝御料とし、一月二五日には笠松を発って高山へ向かった。この間、一月二三日には飛騨郡代に「万端不都合これなきよう取計ひこれあるべく候」との書面を、「急御用」で送っていた。この手紙が届く頃には、飛騨郡代の新見は、すでに逃走の用意を終えていた。

高山の郡上藩家老・鈴木は、高山へ入った翌日、郡上藩が入国したため益田街道筋が難渋し、高山近辺の仕事を妨げ迷惑をかけたとして、米二〇〇俵を沿道筋へ、米一〇〇俵を高山及び近在へ与えると申し出たが、町役人・郡中惣代は、「飯粒で鯛を釣るようなものだ」と、きっぱり断ってしまった。郡上藩が高山で果たした悪役ぶりは、竹沢側にきわめて有利に作用した。竹沢の密命を受けた町年寄・郡中惣代は、天朝の直支配を希望する村むらの連名の願書を持って、大垣・京都の総督府へ向かった。

彼らが高山を発った七日、竹沢は陣屋門前に「天朝御用所」の大高札を建て、郡中惣代らに「当年御年貢の儀は半減に仰せつけらるべく、諸運上物の儀は篤とお調べの上、差別をもってお省きにあいなり候儀もこれあるべく、又はお取立にあいなる分もこれあるべく……」と述べた。

これが、のちに問題となる竹沢の年貢半減令である。

## 撤回されていた年貢半減令

太政官(総督府)によって出された年貢半減令は、実はすでに撤回されていた。撤回命令それ自体は発見されていないが、越智川(滋賀県愛知川町)に滞陣した東山道鎮撫総督府の岩倉具足(ともたり(る))(一八歳)が、一月二六日、父・具視に宛てた手紙に、「年貢半減も大分それぞれご施行候やに申し来たり候とも、今日ニテハ、又、朝儀お止メニあいなり候やの儀、実以って容易ならざる儀ニ付、いかが仕り候やト苦心仕り候。何分ニもいったん朝命を以て半減トご沙汰これあり候以上、なお又お止メトハ甚だ申しがたく……」(傍点は秦)とあって、方針変更に当惑して、適切な指示を仰いでいることが判(わ)かる。このあと、説明を伝える岩倉具視からの使者と手紙(未発見)を受けて、具足は弟・具経(一四歳)と連名で、次のような手紙を父に送っている。

年貢半減之儀、御施行あそばされがたき趣き、承知仕り候。貧民共江よく金穀ヲ散ジ、王化ニ服シ候よう、いたすべき旨、おそれ奉り候。

これも同じ一月二六日付であるところをみると、事態が実に慌しく転回していたことを物語る。征夷大将軍・各鎮撫総督に宛てた一月二七日付文書も、年貢半減令の箇所が、「まず無告の貧民……御救助、これあるべく候……」と、岩倉（父）子の手紙にあるような貧民救助にすりかえられている。具視は、数日前の一月二三日、東山道鎮撫総督の補翼・香川敬三に、「半減をやるハしかるべからざる事」と答えているから、すでにこの時点で、岩倉ら（西郷・大久保も含めて）は方針を切り替えていたのである。

諸藩が、予想に反して、「バスに乗り遅れるな」とばかりに討幕側に急速に傾く大勢からみて、年貢半減（先年未納分と本年分）の約束は、討幕側・新政府側にとって障害となると判断したからだが、このことが初心を信じた先発の人々に混乱をもたらすことになる。

中央の方針変更にともない、主旨を徹底すべく、竹沢寛三郎にもたびたび総督府へ出頭するよう呼出しがあったが、高山での政務に明け暮れて、一日延ばしになっていた。

二月一一日付の東山道総督府の出頭命令は、いたって厳しい。

……足下（アナタ）ニ於テハ天下ヲ治ルノ大要ヲ知ラズ。漫ニ民心ヲ取ントシテ、一時之小悪ヲ施シ、年貢半減ヲ許シ、……以テノ外ノ事ニ候。ソレ民ハ無知ノ童子ナリ。……然ルニ足下ノ如キハ、姑息・小悪ヲ以ッテ、民ニ惰心ヲ生ゼシメ候。……朝廷の御趣意ニ背キ、コレニ加ヘテ、三軍糧食コノタメ殆ド尽ントス。コレニヨッテ、再三召サルルト雖モ、背テ来ラズ、何ヲ以テ忠義ノ士ト言フベケンヤ。

竹沢が方針変更を全く知らなかったとは思えないが、農民の支持を得るため必要だと信じていたのであろうか。二月一三日、大垣の総督府に出頭し弁明に努めた竹沢は、直ちに高山で年貢半減令を否定してはいない。高山の惣代が同じ日に東山道軍の参謀・宇田栗園（りつえん）に会い、竹沢の管理を讃え、郡上藩支配を嫌悪する気持ちを縷々（るる）述べたことが、ひとときの休止をもたらしたのだろうか。

しかし、竹沢に不安を抱いた総督府は、「彼ノ人ノミニテハ何カト覚束（オボツカ）ナク」（香川敬三）と、多田郷士・脇田頼三を高山に小監察として送りこんだ。すでに竹沢は見限られていたのである。

## 『夜明け前』の中の嚮導隊

中山道を東へ進軍する相楽総三ら赤報隊第一番隊―正確には、赤報隊解散後は嚮導隊（きょうどうたい）という―の本隊は、年貢半減令を布告しつつ、二月六日には、下諏訪（長野県諏訪郡下諏訪町）に到着した。飛騨郡代の家族を江戸に送りとどけた人が国許に送った手紙に、「下諏訪に佐賀良惣蔵（ママ）と申者頭として、其外、バクチ打、又はゴロツキどもかり集め、三百人ばかり」とある。偽官軍のイメージが、かなり広まっていたことを思わせる。それ以前に、佐久郡落合村（長野県佐久市）の神主・水野丹波は、先年の残納年貢免除と当年の年貢半減を、「綾小路殿御内官軍赤報隊　大嶋弥太郎」の名で、佐久・小県の藩領村むらへ回した。この私的な触書は、二月七日、和田宿に入った嚮導隊本隊によって改めて布告され、正式のものとなった。

水野丹波は、前年の一二月中旬、下野国（栃木県）の流山で挙兵して失敗した人びとの生き残りで、平田鉄胤（かねたね）の門人。喜んで嚮導隊に加入すると共に、平田学徒たちに参加・献金を働きかけている。

島崎藤村「夜明け前」（藤村文庫）

その中に、島崎藤村の父・正樹、すなわち、『夜明け前』の主人公・青山半蔵がいる。正樹は、下諏訪で三月三日に処刑された相楽らの魁塚が一八七〇（明治三）年に下諏訪の片田舎に建設されたとき、「思ふこと成るも難きも国のため、尽くす心は四方に聞こえつ」の歌を捧げた。『夜明け前』には、嚮導隊が木曽福島を通ったかのように書いている誤りがあるが、市村咸人の『伊那尊王思想史』（一九二六年）や『諏訪史料叢書　第十三巻（相楽総三関係史料集）』（一九三〇年）を読んで書かれているだけに、見逃せない内容を含んでいる。相楽らが捕縛された下諏訪宿本陣・岩波太左衛門の家は、藤村が東京―馬篭の旅の定宿・亀屋であった。昔話を聞く機会もあったと思われる。

小説には、半蔵が福島の役所に再度出頭をしたときの様子が、次のように描かれている（藤村文庫本）。

上段に居竝ぶ年寄、用人などの前で、きびしいお叱りを受けた。その意味は、官軍先鋒の嚮導隊などと称へ当国へ罷り越した相良惣三等のために周旋し、あまつさへその一味のもの伊達徹之助に金子二十両を用達てたのは不埒である。本来なら、もっと重い御詮議もあるべきところだが、特に手錠を免じ、きっと叱り置く。これは半蔵父子とも多年御奉公申し上げ、頼母子講御世話方も行き届き、その尽力の功績を没すべきものではないから、特別の憐憫を加へられたのであるとの申し渡しだ。

年貢半減については、年長の友人・景蔵と半蔵の対話がある。

（景蔵）「あの仲間が旗印にして来た租税半減といふのは」（半蔵）「さあ、東山道軍から言へば、あれも問題でせうね。実際新政府では、租税半減を人民に約束するのかと、沿道の諸藩から突込まれた場合に、軍の執事は何と答へられますかさ。兎に角、綾小路等の公達が途中から分かれて引返してしまふのはよくよくです。これにはわれわれの知らない事情もありませうよ」……（景蔵）「まあ、百二十人あまりからの同勢で、おまけに皆、血気壮んな人達と来てゐます。随分無理もあらうぢゃありませんか」（半蔵）「われわれの宿場を通った頃は、あの仲間もかなり神妙にしてゐましたがなあ」……（景蔵）「なにしろ、止めて止められるような人達ぢゃありませんからね。風は蕭々として易水寒し（壮士ひとたび去ってまた還らず、と続く、刺客・荊軻の詩）ですか。あの仲間はあの仲間で、行くところまで行かなけりゃ承知は出来ないんでせう。さかんではあるが、鋭過ぎますさ」

他の箇所では、半蔵が、「でも、相良惣三等のこころざしは汲んでやっていい。やはりその精神は先駆といふところにあったと思ひます。ですから地方の有志は進んで献金もしたわけです」と語る。平田学派として草莽に肩入れする半蔵（ら）、そして藤村の考え方が、濃密に打ち出されている。だが、嚮導隊に賛同する半蔵のような献金者がいる一方で、共鳴しない人々は、強奪されたと訴える。景蔵は、江戸薩摩藩邸を拠点とした行動に触れながら、念を押す。「川育ちは川で果てるとも言ふぢゃありませんか。今度はあの仲間が自分に復讐を受けるやうなことになりましたね。そりゃ不純なものも混ってゐましたらう。しかし、ただ地方を撹乱するために、乱暴狼藉を働いたと見られては、あの仲間も浮かばれますまい」。

嚮導隊の人びとに対する鋭い批評を含みつつも、二人の会話は、さながらレクイエムのように深々と響く。

## 梅村速水　高山へ

話を、高山の状況に戻そう。

総督府は、二月二三日付で、元水戸藩士・梅村速水に飛騨国出役、竹沢・脇田に召喚を命じた。竹沢は、糸紬運上を軽減し、醤油屋・薬屋・質屋・紙漉などの運上を免除するなどの政策を実施しようとしていたし、郡中物代も竹沢に細かい改革案を願い出、その半分以上が許可されていた。廃絶している神社を再興しようという、神道思想にもとづく竹沢独自のプランもあった。しかし、竹沢の任期は事実上終わっていた。相楽総三らが処刑された三月三日、梅村は槍を構えた七人を率い、烏帽子・陣羽織の出で立ちで、馬にまたがり、高山に入った。

梅村は水戸藩士であったが、脱藩し、三条実美の下にあった後、長崎・長州を廻り、上方から濃尾地方にかけて往来した。桜井誠一ともいい、このとき二七歳だった。梅村を飛騨国取締に推薦したのは、やがて民部省租税大輔となる長沢喜間太（のち、棚橋衡平）だった。旗本・岡田家の家老・長沢は、天狗党が美濃路に入ったとき、好意をもって迎えたので、梅村は長沢を頼り、しばらく滞在した。宇田栗園から飛騨国取締の内命を受けた長沢が梅村にその役を譲ったのは、このときの親交によるものだった。高山の町年寄・吉住礼助の書いたものに、「美濃国・関又は揖斐に寓居して、博奕の徒にも入りし人の由も聞ゆ」とあるのは、水野弥太郎あたりとの交流も推察される。江馬修（なかし、しゅう）の『山の民』では、「博徒の親方・水野弥太郎ともじっこんにし、力にもなり、厄介にもなった」と、水野弥太郎（前節参照）との関係にも踏み込んだ叙述をしている。

竹沢が高山を発つ前日の三月一二日の夜、今も有名な山王祭の屋台が引き出された。本楽の一五日に先立って、竹沢らや、同じく撤兵する尾張藩兵に見物してもらうことになったのである。華麗な屋台、刺繍の鮮やかな緞帳、そして何よりも祭に託して新しい政治の到来を喜ぶ民衆のエネルギー。日頃は質素を説いていた竹沢も、そのことを棚上げして名残を惜しんだ。

ではいったい、年貢半減令はどうなったのか?

一九一一(明治四四)年四月五日の「高山新報」に、竹沢の側用人で、この年七一歳になる安藤貞助(加亭)の談話が掲載されている。安藤は美濃国安八郡北今ケ渕村(安八町)の人で、代々医者を職業とし、このとき名古屋市島田町二丁目(中区錦)で開業していた。

安藤が大阪で修行中に知り合った桜井誠一が、明治元年の一月、棚橋衡平の使いとして訪ねてきて、協力を要請した。即答しかねているうちに、竹沢の門人の小寺又蔵から依頼を受けたので、後者の方を優先した。梅村速水が高山へ到着したとき、竹沢の命令で宿舎の大雄寺を訪れ、初めて梅村速水が旧知の桜井と同一人物であることを知った。「おー、君か」と、一応の挨拶が終わると、梅村は、直ちに「竹沢は年貢半減を達したのか」と聞いた。安藤が、「事実だ」と答えたところ、「それは困った」と、意外そうな顔つきをした。安藤は、「竹沢氏の政策は妥当だ」と説得したが、梅村は覚悟を決めた素振りをみせた。梅村・竹沢の引継の日、安藤は用務で列席できなかったが、立ち会った波多野万弥は、竹沢から年貢半減を確認した梅村が、「感心せられざりし様子なりし」と、心配して急いで安藤に告げた、という。

梅村は、年貢半減令を否定すると共に、竹沢路線の継承を求める郡中惣代六人を宿預けにするなど、高姿勢に出た。

## 中山道の脇田頼三

高山藩知事となった梅村は、人材登用、商法局の専売制、米不足の住民を支えた人別米・山方米の廃止、国境番所の取締による流通統制、新田開発、郷兵取立て、風俗の是正など、意欲的な政策を次々と実施した。部分的には見るべき点があるにしても、民衆の負担を増したことが反発を強め、梅村騒動と呼ばれる飛騨をゆるがす大一揆の悲劇の主人公（東京の監獄で病死）となっていく。

竹沢はといえば、美濃国津保谷（郡上郡八幡町）に滞在中、加納へ出頭させられ、捕縛された。竹沢は、是非総督府で調べて欲しいと嘆願したため、揖斐藩から出向の一六人に護送され、下諏訪にいる脇田頼三に引き渡され、忍藩（埼玉県行田市）に幽閉された。六か月後、自由の身となってからは、神道修成派の管長の道を歩んでいる。

竹沢を護送中の脇田は、長窪（長久保）宿（長野県小県郡長門町）で、残納年貢の

## コラム3 磅礴隊、信濃をゆく

尾張藩は、戊辰戦争にあたって、いくつかの草莽隊（草莽をリーダーとする庶民出身者の軍隊）を組織した。その中の磅礴隊は、豪農ら有志二〇人が藩に歎願する形式をとったもので、貧しい庶民から構成されていた。総括したのは、下野国（栃木県）壬生藩出身の松本暢（省庵）であった。磅礴とは、混ぜ合わせて一つにする、の意味である。

磅礴隊は東海道、東山道（信越）方面の二手に分かれたが、後者は、一揆を背景に前年未納年貢の延納を要求する藩領農民と渡り合った。いっときは、磅礴隊などの武力をもってしても、年貢を差出させることができず、政府の財政逼迫を訴えて、「天朝御用御繰替金」三千両を村むらの名主から借用し、板橋宿の総督府へ届けている。

しかし、やがて、貧農の指導者、和田宿に住む上野国無宿・実五郎ら三人を斬り殺し、未納年貢の取立てへと態度を硬化させていった。相対峙した磅礴隊員の大多数も信濃国住民も、同じ階層といってよい。嚮導隊や農民に理解を示した和田宿の名主・善左衛門は、この推移の中で絶望し、熱田神宮の神官の道を歩み、故郷へは帰ろうとしなかった。

このような事実は、長谷川昇（『博徒と自由民権』中央公論社、一九七七年、現在平凡社ライブラリー）や中島明（前節コラム１参照）の研究によって明らかになった。

徴発を命ずる尾張藩磅礴（ほうはく）隊に対して、二五年賦上納の目標を掲げて直訴する農民たちに出くわした。彼は、扇動者と目される無宿人二人を逮捕したが、彼らは上州無宿・実五郎の配下であった。二人を博徒として長窪藩から追放することによって、先に触れた水野丹波に始まる年貢半減令を掲げる運動を分裂させようとする狙いがあった。脇田は、一方では粘り強く農民や村役人と話合った結果、前年の年貢未納分の取立てをこの年秋まで延期するところまで農民たちに歩み寄ったが、「ひとかたならず騒動致し候次第、御時節柄も顧みず、もっての外の事に候」とクギを刺した。脇田もまた「年貢半減」の後始末に追われる一人になった。

## 『山の民』の魅力

『夜明け前』が今日も愛読され、馬篭・妻篭宿や木曽路の良き手引にもなっているのは、宿場という一見小さな場を通して歴史をたどる視点の新鮮さ、自然の移り変わりの丹念な描写、知的なアプローチ、そして、晩年の藤村の円熟した文体、といったところにあろう。藤村の国学の捉え方や本陣の経済的描写の不充分さを衝いた服部之総の「青山半蔵」は必読の文章だが、戦前の歴史学の状況を考慮すれば、やむを得ない限界でもあった。三田村鳶魚が批判したような書生言葉は、様式美に傾きがちな歴史小説を、今日にたぐり寄せるユニークな手法とさえいえる。黙読するより、朗読した方が、すばらしいリズム感が心に染み透る。

この点、『山の民』はどうか。

第一部「なだれする国」で竹沢寛三郎の入・出国と青山騒動（郡上藩追い出し）から説き起こした江馬修は、第二部で「梅村速水」、第三部で「蜂起」を描く。梅村速水の政治とその崩壊、つまり、梅村騒動が主題となる（冬芽書房、現在は春秋社の版による）。

人間の描写が類型的で、プロレタリア文学の欠点が出ている。勧善懲悪の時代劇のようだ、文学の香りが

江馬修「山の民」（冬芽書房）

乏しい、と底の浅さを批判する声もある。

しかし、雪と山に閉ざされた厳しい自然の飛騨の風土とそこに生きる人間を、『夜明け前』のように、知識人を中心とするのではなく、動乱の中に村役人も農民も含めた民衆全体を主人公として描いたこのような長編が、この作以前に、いや以後もあっただろうか。江馬修が、妻だった三枝子と共に郷土にいくども居を据えながら、風土に溶け込み、民俗学的研究に励んだ成果が、庶民の生活・風俗の細かい襞に立ち入った描写として色濃く滲み出ている。『夜明け前』では、半蔵に向かって、「誰もお前さまに本当のことを言ふものがあらすか」という側の農民が、ここでは、猥雑な面も含みつつ、縦横に活写され、誰も手をつけなかった世界へと私たちを誘う。

江馬修の父・弥平は梅村政権下の商法局々長に抜擢され（そのため打ちこわしにあう）、梅村の政策を終生評価していたといい、弥平の描写の多さ（特に第二部）を指摘する声もあるが、このことが革新的な面もありながら悲劇的な道を歩んだ梅村（政権）の特質を多元的に浮かび上がらせることともなって、かえって、作品にふくらみをもたらしているのではあるまいか。いや、それどころか、弥平を主人公にすえてさらに深く掘り下げた方が、魅力的な作品に仕上がったのではないか、とさえ思われる。

「夜明け前」は、一九二九年から「中央公論」に年四回連載され、一九三二年、第一部、一九三五年、第二部が新潮社から発行された。藤村という日本近代文学を飾る文学者の晩年の恵まれた仕事であることは、誰しも認めるところであろう。

これに対し「山の民」は、一九三八年から一八四〇年に三冊本として自費出版されたあと、戦後、冬芽書房（のち春秋社）→角川文庫→理論社と出版を重ねるたびに、枚数が増加した。このように何度も著者の手を加えているところをみれば、この作に賭ける作者の熱意とこだわりが並々ならぬことが窺われるものの、「好評増版」として売れに売れたケースではなかった。戦後、左翼の文学者が、党派的に「新日本文学」と「人民文学」（江馬が所属）とに別れ、お互いに敵視し合う状況にあったので、片方からは全く無視されることになったらしい。貧しい農民を正面にすえた大作であったにもかかわらず、作者にとって酬われない労作に留まった。

むしろ好意的に取上げ評価したのは、歴史文学を論ずる人びとであった。

大岡昇平は、「歴史小説には、歴史それ自身としての評価と、文学作品の芸術的価値の二つの軸があり」、「仮に二つの価値の調和という観点から見れば、江馬修『山の民』が、これまでに生まれた最も欠点のない作品というのが私の結論である」と、この作品を高く評価する。菊池昌典は、「『山の民』の優れている点は、何よりも、歴史の流れの非情さを、権力者の運命の転変とからませて描いている点にある」という。「全体を動きのなかでとらえる発想」が、「この長編の流動性や厚味となった」。尾崎秀樹の「梅村は政治家としてはせっかちだが、それは理想主義の現れでもあった。農民がこれを受け容れるはずがない、というむずかしさ、これが歴史ですよ」とのコメントも、この作品の厚味を捉えている。

何よりも問題は、『山の民』が余り読まれていないことである。かつて角川文庫化されたように入手しやすい形で広く親しまれ、飛騨・高山を訪れる人が、これをもとに散策するようになれば、『夜明け前』とも対比されて、それぞれの持味が認識されるのではなかろうか。高山は、この作品を高山祭に劣らぬ高山文化として、もっと宣伝し、県の内外へ拡めるべきであろう。ひょっとしたら、高山の恥部も描かれているので、あまり外へ知られたくない、との思惑が高山の人びとの心の底にあるからなのか。今は岐阜県に属する飛騨（北）と美濃（南）のコントラストも見逃せない。

しかし、『山の民』の描いた歴史は、今日も明日も世界のどこかで、形を変えながら、繰り返されていく普遍性を秘めている――。

（本章は第一章、第五章などと重複するところが多い。読物的文章として愛着があるので、削除せずに生かした。）

**主な参考文献**


長野教育界諏訪部会『相楽總三関係文書集』（長野教育会、一九三九年）
太政官編『復古記』（内外書籍、一九二九―一九三〇年）
史談会『史談会速記録』（合本、原書房、一九七一―七六年）
原口　清『戊辰戦争』（塙書房、一九六三年）
西郷隆盛全集編集委員会『西郷隆盛全集』（大和書房、二巻、一九七七年）
岐阜市『岐阜市史』史料編近代一（一九七七年）、通史編近代（岐阜市、一九八一年）
岐阜県『岐阜県史』近代上（岐阜県、一九六五年）
丹羽邦男・伊藤光司『岐阜県の百年』（山川出版社、一九八九年）
子母沢寛『任侠の世界』（新人物往来社、一九七二年）
仲村　研『山国隊』（学生社、一九六八年）
芳賀　登『偽官軍と明治維新政権』（教育出版センター、一九八二年）
原口清・田中彰「相楽総三と赤報隊」『人物・日本の歴史⑩維新の群像』（読売新聞社、一九六五年）
しまねきよし「『草莽』の栄光と悲惨―相楽総三と赤報隊」『明治の群像②戊辰戦争』（三一書房、一九六八年）
長谷川昇「黒駒勝蔵の『赤報隊』参加について―水野弥太郎冤罪・獄死事件―」（東海近代史研究、四号、一九八二年）
原口　清「『年貢半減令』は朝廷がだしたのではなかったのか?」（教科書裁判証言意見書）
佐々木克「赤報隊の結成と年貢半減令」（人文学報、七三号、一九九四年）

大石慎三郎「関東地方史研究」（歴史評論、九五号、一九五八年）
岡村利平『飛騨史料　維新前後之二』（飛騨史談会、一九二七年）
市村咸人『伊那尊王思想史』（初版）（国書刊行会、一九二九年）
北小路健『木曽路　文献の旅「夜明け前」探究』（正続）（芸艸堂、一九七〇・一九七一年）
芳賀　登『草莽の精神』（塙書房、一九七〇年）
鈴木昭一「『夜明け前』の研究」（桜楓社、一九八七年）
大岡昇平『歴史小説論』（岩波書店、一九九〇年）
菊池昌典『歴史小説とは何か』（筑摩書房、一九七九年）
尾崎秀樹・菊地昌典『歴史文学読本　人間学としての歴史学』（平凡社、一九八〇年）
目良誠二郎「年貢半減令撤回に関する岩倉父子の書翰をめぐって」（海城中学・高等学校研究集録、一四集、一九九〇年）
宮地正人「『復古記』原史料の基礎的研究」（東京大学史料編纂所研究紀要、一号、一九九一年）
宮地正人「歴史のなかの『夜明け前』平田国学の幕末維新」（吉川弘文館、二〇一五年）
服部之総「青山半蔵」、服部之総著作集、六巻『明治の思想』所収（理論社、一九五五年）
永平和雄「『山の民』序説―初稿と自家版―」（椙山女学園大学研究論集、二三・二四号、一九九二・一九九三年）
（コラムで触れた文献を除く。）

# あとがき

本書は、次の既発表の文章がもとになっている。

（一章）「「草莽」―そのさまざまな肖像（一）」（「東海近代史研究」30号、二〇〇八年）、「尾張藩草莽隊の成立（前）」（「東海近代史研究」26号、二〇〇四年）を合併

（二章）「農兵隊と草莽隊」（「東海近代史研究」33号、二〇一三年）

（三章）「尾張藩磅礴隊の出兵について」（林董一博士古稀記念論文集刊行会編『近世近代の法と社会　尾張藩を中心として』清文堂、一九九八年）

（四章）「尾張藩正気隊の北越出兵」（「東海近代史研究」35号、二〇一四年）

（五章）「尾張藩草莽隊の成立（後）」（「東海近代史研究」27号、二〇〇五年）

（六章）「尾張藩草莽隊についての断片的覚書」（永井勉氏との共同執筆、「東海近代史研究」11号、一九八九年）

（七章）「解隊期の尾張藩草莽隊」（「東海近代史研究」13号、一九九〇年）

（八章）「赤報隊の悲劇」「『夜明け前』と『山の民』」（都築亨編『近世東海の群像―江戸と上方の間に生きた在の知恵―』（青山社、一九九五年）

以上の原稿の題を改めたり、若干の補足・訂正・統合をしたが、それは主として一九一六年から一七年初めにおこなわれた。全体を統一するよりも、章の中での統一に止めた。明らかな誤りは訂正したが、注にするとふくらみ過ぎるような場合、「補」として章末に少し長い文章を載せた。

拙いとはいえ、一書が成るに至るためお世話になった方について、お礼に替えて若干のコメントをしておきたい。

長谷川昇先生。東海近代史研究会の顧問として会を主宰し、発表の場を設けられた、事務局長の日比野元彦さんと共に怠惰な私に刺激を与えて下さった、忘れられない存在である。それより先、先生は私の中高の恩師で、生徒・学生時代を通じてお宅へ出入りし、人生全般にわたって大きな影響を受けた。「まえがき」に挙げた多くの本は、先生の書架で見つけたものが多く、お借りするか古本屋で購入したものがほとんど。先生との出会いがなければ、もう少し学業成績は上がったかもしれないが、読書に割く時間も少なく、私の人生は大きく変貌していたにちがいない。先生は体形も考え方も変化され、私と激論に及ぶこともあった。そのことを含めて、変化する人生や歴史の捉え方について考えさせられることが多かった。本書についていえば、仮蔵されていた磅礴隊の史料（岡文書）を見せて戴いたことが、その後の研究にもつながった。

教育と研究の両立を大切に、と励まされたことが、何とか両立できたことにつながった。先生ご自身、自由民権運動の先駆的研究に励みつつ、その信念を貫かれた。先生は「邂逅」の大切さを強調されたが、私の人生で最も貴重な「邂逅」であった。博徒など全く無関心の私に多少とも刺激を与え興味を抱かせたのは、長谷川先生や若くして亡くなられた水谷藤博さんのお蔭である。

なお、長谷川先生について私が書いたものを次に掲げる。

「尾張シンポの会」（高木傭太郎主宰）。多彩な顔ぶれで、東海近代史研究会が雑誌は発行しても研究会が減ってきただけに、大変貴重な存在であった。私も発表・発言のみならず、「太田三次郎」の合評会をしていただく。

「民衆史研究会」（稲田雅洋主宰）。東京中心のため参加の機会は少なかったが、渡良瀬川を下流から上流へ数泊しながら足尾鉱毒と田中正造をたどるフィールド・ワークは、優れた企画で、今も忘れ難い。

「古文書の会」（名古屋大谷クラブ主催、代表・宇治谷顕）。伊藤忠士・伊藤孝幸両先生による指導を受ける。受講者にも蟹江和子ら練達の人びとがいて、古文書苦手の私は、ご教示をいただく。現在は講師を欠き、会員相互で学習。

「映画を語る会（仮称）」。遠藤紀夫（世話役）、富田翼、伊藤和之ほか。拙著『学び舎にシネマを』発行を機にお誘いいただき、私が参加してからでも、今年で二十九年を数える。私にとっては、映画と歴史はドラマという点で重なり合う。監督・小津安二郎の研究者として大著もある藤田明も、時折、この会に顔を見せ、該博な知識を披露する。

「稲門会」（大学日本史同級会）。尾崎信厚の世話で、今年三月まで続く。日本史と限らず、さまざまな分野で活躍する会員から刺激を受けてきた。愛知県出身のもう一人の同門・石川紘介とは、交流が今も続く。他学部や前後の学年が集う大学の「歴研」から授業以上に影響を受けた。卒業八年ぐらい後（？）の学生運動で暴力的に潰されてしまったらしい。OB・OG会もないのは、淋しい。

「ほうこう会」。かつて九年間勤務した中村高校の旧組合員中心。学校近くの豊公（＝秀吉公）橋に由来した命名。つい最近まで永らく献身的に世話役を務めたのは、二村雅之。毎年、春・夏二回顔を合わせて交流を図ってきた。現役による組合が衰退期にあるので、今後が心配。今は、土谷・伊澤のコンビ。

本書関連の発表もさせていただいた「尾張シンポの会」、談話会「もくの会」（伊藤幹彦主宰）が、いずれも消滅してしまったのは惜しまれる。

個人へ目を移せば――。

別所興一。知多地区の教員として知り合う。退職後も彼の薦めで「もくの会」にも参加。地元・田原の渡辺崋山・杉浦明平の研究に貢献。そろそろ、大著を鶴首。

川島宏。やや年長。最初に赴任した学校で一緒。以来、何かにつけ兄事。拙文にいつもコメントをいただく。夫妻で長い間「世界史」の旅。父上にもお世話になった。

小野八十吉。最初に赴任した学校で一緒。漢文調の文を読みやすく、と注文。ヘーゲル研究家の彼の文は、ドイツ語が多いのに。

加藤鐐二。同じ高蔵寺ニュータウンに住んでいるためもあって、喫茶店などで雑談をしばしば。互いに高映連の役員でもあった。彼の慫慂（しょうよう）なくして、本書は成らなかったかも。

その他、中・高校同級の、故・鬼頭幸一、故・梅村亨祥（たかよし）に、鈴木理之（まさゆき）、川井（旧姓黒田）正彦、深見清、伊東重光、葛谷幸男、……。高七会の会員皆さんも。

最後に、父・義輔（よしすけ）、母・しづ（二人とももちろん故）。そして妻・真左子に感謝。日清戦争開戦の年（一八九四）に生まれた父、日露戦争開戦の年（一九〇四）に生まれた母。普通ならこの世に生を受けなかったかもしれない末ッ子の私が戦争への関心（もちろん非戦）を抱く一因であろうか。

戦争といえば、卒業生で忘れてはいけない一人、H・Kを。夜間定時制高校勤務二年目に、一年生の担任。彼女が五〇歳のときの同期会には、結婚もしていて元気な姿を見せたのに、七〇歳のときの会には、すでに亡くなっていた。赤ちゃんのとき、長崎郊外で被爆し、二年生の夏休みに名大病院で皮膚の移植手術を受けていただけに、再発（?）したのであろうか。ソフトボール部での物怖じしないプレーが目に浮かぶ。残念！

最後の最後に、人ではなく、私の愛聴するいくつかの曲から一曲に絞って、グスタフ・マーラー「（交響曲）大地の歌」から第六楽章。約三〇分と長いが、人生も残り少なくなった私にとって、「告別」（アルト、メゾ・ソプラノ独唱）は、本書を閉じるのにまことにふさわしい。

本書完成のため、風媒社の劉永昇編集長、ならびにスタッフの方々にはすっかりお世話になりました。感謝します。

ふ



ほ



む



や



よ



り



れ

## 事項索引

## ■人名索引■

**著者略歴**

秦　達之（はた　たつゆき）

1936（昭和 11）年、愛知県知多郡横須賀町（現・東海市）に生まれる。

1960（昭和 35）年、早稲田大学第一文学部卒業。愛知県立高校教師を経て、
愛知淑徳大学非常勤講師を務める。

東海近代史研究会会員。名古屋歴史科学研究会会員。

【著書】『幕末群像（第1巻）』（私家版、1976 年）

『学び舎にシネマを』（雁書館、1988 年）

『まなびや横丁こぼれ話』（風琳堂、1995 年）

『海軍の「坊つちやん」太田三次郎』（論創社、2005 年）

同書にて 2008 年に第 11 回「日本自費出版文化賞」研究・評論部門賞受賞
（選考委員長　色川大吉、選考委員　鎌田慧ほか）

装幀◎澤口　環

**尾張藩草莽隊**　戊辰戦争と尾張藩の明治維新

2018 年 5 月 20 日　第 1 刷発行　（定価はカバーに表示してあります）

著　者　　秦　達之

発行者　　山口　章

発行所　名古屋市中区大須 1-16-29
振替 00880-5-5616 電話 052-218-7808
http://www.fubaisha.com/
風媒社

＊印刷・製本／モリモト印刷　　乱丁本・落丁本はお取り替えいたします。

ISBN978-4-8331-0576-7